Notiz für den Buchbinder.

Der im ersten Band dieser Sammlung befindliche Titel ist herauszunehmen und dafür der beifolgende einzuheften.

Sammlung

der

in Elsaß-Lothringen in Geltung gebliebenen

französischen Strafgesetze

mit Erläuterungen und Sachregistern

herausgegeben von

R. Förtsch und A. Leoni,

Landgerichtsräthen in Zabern.

Erster Theil.

Presse. Fischerei. Jagd. Forstgesetze. Feldpolizei. Vereins- und Versammlungsrecht.

Straßburg,

Verlag von Karl J. Trübner.

1875.

Sammlung

der

in Elsaß-Lothringen in Geltung gebliebenen

französischen Strafgesetze

mit Erläuterungen und Sachregistern

herausgegeben von

R. Förtsch und A. Leoni

Landgerichtsräthen in Zabern.

Zweiter Theil (Schluß).

Wege-, Strom- u. Bahnpolizei. Fuhrwesen. Gewerbe u. Arbeit. Handel. Erfindungspatente. Schutz des geistigen u. gewerblichen Urheberrechts. Wucher. Lotterien u. Glücksspiele. Medizinalpolizei. Gesundheitspolizei. Mineralwasser. Sicherheitspolizei. Begräbnisse und Begräbnißplätze. Post und Telegraphie. Religion, Geistliche. Unterricht. Beamte und öffentliche Körperschaften. Uebertretung v. Polizeiverordnungen. Indirekte Steuern und Oktroi. Sitzungspolizei. Rückfall und mildernde Umstände. Aufgehobene Strafgesetze verschiedenen Inhalts. Anhänge: Code pénal, chronol. Tabelle.

Straßburg,

Verlag von Karl J. Trübner.

1876.

Vorwort.

Der gemeinsame Titel, unter welchem wir nach Abschluß unserer Sammlung nunmehr beide Theile derselben dem Publikum vorlegen, bedarf insofern einer Erläuterung, als unter „den in Geltung gebliebenen Strafgesetzen" nur diejenigen, aber auch alle diejenigen zu verstehen sind, deren Verletzung durch die ordentlichen Strafgerichte geahndet wird, so daß jetzt also auch die Steuergesetze, soweit bei ihnen diese Voraussetzung zutrifft, in die Sammlung aufzunehmen waren.

Von der statistischen Seite angesehen halten wir die Zusammenstellung für vollständig, ohne daß wir diese Vollständigkeit geradezu verbürgen möchten: eine ähnliche französische Sammlung ist uns nicht bekannt geworden und die Aufzählungen der délits und contraventions, welche sich bei verschiedenen Schriftstellern finden, erwiesen sich in keiner Beziehung als vollkommen zuverlässig; gleichwohl würde diese Seite unserer Aufgabe kaum Schwierigkeiten geboten haben, wenn überall klar wäre, ob und in welchem Sinne die verschiedenen alten Gesetze und Erlasse in Frankreich selbst in Geltung sind, aber gerade in dieser Beziehung herrschen nicht selten die größten Zweifel.

Bei der Untersuchung nun, ob diese Gesetze neben dem deutschen Strafgesetzbuche bestehen können, ging es uns wie jedem, der, mit festen Grundsätzen an ein Unternehmen gehend, erst durch die reiche Praxis des Lebens belehrt wird, ob und in wie weit jene Grundsätze die richtigen waren. So nothwendig es war, von vornherein gewisse Regeln aufzustellen — und als solche galten uns im Allgemeinen die in der Einleitung zu Förtsch, Code pénal in E.-L., enthaltenen — so gewiß ist es, daß erst, nachdem wir das ganze Gebiet des Landesstrafrechts und den fast in jedem einzelnen Falle ein anderes Gesicht annehmenden Kampf zwischen diesem und dem neuen Rechte auf der ganzen Linie übersehen konnten, jene Grundsätze eine feste Gestalt gewonnen haben, in der sie als praktisch erprobt angesehen werden dürfen. Die Oekonomie des Buches gestattete es nicht, jede einzelne Entscheidung eingehend zu begründen; darum scheint es zweckmäßig, die hauptsächlichsten Grundsätze, auf denen unsere Entscheidungen beruhen, hier kurz zusammen zu stellen.

I. „Materien" im Sinne des Art. II EG. sind erstens die Deliktsbegriffe.

1. Ein Landesgesetz „betrifft" einen Deliktsbegriff des StGB. und ist aufgehoben, wenn die von ihm behandelte Strafvorschrift, gleichviel ob crime, délit oder contravention, mit jenem Deliktsbegriffe den juristischen Kern gemeinsam hat, und zwar ist der

einzelne Artikel, von dem dies gilt, ganz aufgehoben, sofern sein Inhalt nicht in mehrere, nur äußerlich verbundene Thatbestände aufgelöst werden kann (vgl. z. B. Bem. zu Art. 3 G. 21. Mai 1836, Thl. II S. 237).

2. Strafvorschriften, bei denen die Voraussetzung zu 1 nicht zutrifft, gleichviel ob sie im Code pénal oder in Einzelgesetzen enthalten sind, heißen „besondere" und bleiben in Kraft.

Hierher gehören also auch diejenigen Vorschriften, welche zwar einen Thatbestand des StGB. berühren ohne jedoch den juristischen Kern mit ihm gemeinsam zu haben; sie bleiben ebenfalls in Geltung und Handlungen, welche beide Gesetze verletzen, sind nach den Regeln von der Idealkonkurrenz zu behandeln (so z. B. Dekr. v. 18. April 1866 u. § 367 6) StGB., Thl. II S. 119, Art. 8 G. v. 30. Mai 1851 u. § 360 8) StGB., Thl. II S. 64, Art. 10 Dekr. v. 10. August 1852 u. § 366 9) StGB., Thl. II S. 71); hebt aber der § des StGB. aus dem weiteren Thatbestande des Landesgesetzes einen besonders gestalteten Fall heraus, so ist für diesen besonderen Fall die Anwendbarkeit des Landesgesetzes ausgeschlossen, ein Verhältniß, das z. B. zwischen den in unzweifelhafter Geltung verbliebenen Bestimmungen über polizeiwidriges Jagen und Fischen und den §§ 293, 296 StGB. obwaltet (Thl. I S. 100 ff).

3. Die in Art. II EG. namhaft gemachten besonderen Vorschriften sind nur Beispiele.

4. Im Zweifel ist gegen die Fortdauer einer im Code pénal enthaltenen Strafvorschrift zu entscheiden (z. B. Artt. 421, 422, 438), während umgekehrt die in Einzelgesetzen aufgestellten Strafvorschriften die Vermuthung für sich haben, „besondere" zu sein.

Beispiel: Durch die §§ 303—305 StGB. über vorsätzliche Sachbeschädigung sind alle Bestimmungen des Code pénal über Vermögensbeschädigung, vorsätzliche wie fahrlässige (vgl. auch Satz 5), also sowohl Artt. 443—457 (Thl. I S. 163) als Art. 479 2) 3) 4) (Thl. II S. 60) aufgehoben. Ebenso sind die nicht ausdrücklich (wie z. B. Weidefrevel) in Kraft erhaltenen Vorschriften der Spezialgesetze über vorsätzliche Beschädigungen (z. B. Art. 6 G. v. 10. Juni 1854 Thl. II S. 403) beseitigt, wogegen die Bestimmungen der Spezialgesetze über fahrlässige

Beschädigungen in Kraft geblieben sind, z. B. Art. 9 Ges. v. 30. Mai 1851 Thl. II S. 65.

5. Stellt das StGB. einen allgemeinen, dem Code pénal in solcher Allgemeinheit nicht bekannten Deliktsbegriff auf, so sind Spezialgesetze, welche nur als Ergänzungen des Code pénal erscheinen, ebenso wie die Artt. des Code pénal aufgehoben, z. B. die Gesetze über tromperies v. 27. März 1851, 5. Mai 1855, 27. Juli 1867 (Thl. II S. 183 ff.) mit 405, 423 Code pénal durch den „Betrug" des StGB.

6. Enthält dagegen der Code pénal einen dem StGB. analogen Thatbestand, so sind die neben dem Code pénal ergangenen Spezialgesetze auch heute noch als besondere Gesetze anzusehen, so z. B. die in verschiedenen Gesetzen (Art. 33 FG. Thl. 1 S. 83, Art. 10 Ges. v. 30. Mai 1851 Thl. II S. 65) enthaltenen Strafbestimmungen über gewisse Fälle von Ungehorsam oder Widersetzlichkeit, welche, wie ehemals neben Art. 209 Code pénal, so jetzt neben § 113 StGB. weiter gelten.

II. „Materien" sind zweitens die allgemeinen Grundsätze des Strafrechts als solche d. h. als Regeln, welche bestimmt sind, das gesammte Strafrecht zu beherrschen, z. B. die Regeln über die Verjährung.

1. Diese Materie wird von einem Landesgesetz berührt, wenn dasselbe entweder eine derartige allgemeine Regel aufstellt, oder auf die anderweit (im C. p.) bestimmte Regel Bezug nimmt bezw. von dieser Regel Anwendung macht. An Stelle des Landesgesetzes tritt die Regel des StGB.

Eine scheinbare Ausnahme hiervon machen die Bestimmungen des Code pénal über Straferhöhung bei récidive und Strafmilderung bei circonstances atténuantes; dieselben sind als Regel zwar ebenfalls beseitigt, aber als das Strafmaß betreffend mit jedem in Kraft gebliebenen Landesgesetze, auf das sie überhaupt anwendbar waren, ebenso unzertrennlich verbunden wie die prinzipale Strafandrohung des Gesetzes selbst.

2. Als besondere und darum in Kraft gebliebene Vorschrift ist dagegen hier diejenige anzusehen, welche für ein Spezialdelikt von der Regel des französischen Rechts abweichende Bestimmung trifft, so Art. 62 FG. über die Verjährung (Thl. I S. 62), die

Thl. I S. 121 aufgeführten Ausnahmebestimmungen über Strafkumulation, die Einheitsstrafe bei Forst- und Ruraldelikten ꝛc.

Entsprechend den vielseitigen polizeilichen Aufgaben des Staats berührt unsere Sammlung fast alle Kreise des bürgerlichen Lebens und dürfte deshalb auch bei einem größeren Publikum Eingang und Aufnahme finden; doch ist bei Benutzung und Beurtheilung derselben nicht außer Acht zu lassen, daß sie eine Sammlung von Strafgesetzen sein und auch zu diesen keinen eigentlichen Kommentar bieten soll.

Mittheilungen über Entscheidungen reichsländischer Gerichte, welche auf das Landesstrafrecht Bezug haben, sowie über entdeckte Weglassungen werden den Verfassern jederzeit erwünscht sein.

Zabern im Juli 1876.

Inhaltsübersicht.

Anhang.

VII.

Wege-, Strom- und Bahn-Polizei
(Voirie).

Inhaltsübersicht.

Vorbemerkung.

I. Die französische Gesetzgebung über Wege-Polizei zerfällt in zwei Theile, deren einer die grande voirie, der andre die petite voirie begreift. Begriff und Inhalt dieser beiden Bezeichnungen haben gewechselt. In der älteren Zeit verstand man unter grande voirie den Inbegriff der Vorschriften, welche sich auf die Anlegung, die Unterhaltung und das Alignement sämmtlicher öffentlichen Wege bezogen, während man unter petite voirie die zum Schutze derselben Wege gegen Beschädigungen und Verkehrsstörungen erlassenen Bestimmungen zusammenfaßte. Seit dem Dekrete vom 7. Oktober 1790, welches die Zuständigkeit der an Stelle der bureaux des finances getretenen corps administratifs, welche ihrerseits später durch die Präfekten ersetzt wurden, des Näheren festsetzte, ist es nicht mehr der Charakter der Vorschrift, sondern die Natur des Weges, welche den Unterschied bestimmt. Seitdem werden allgemein unter «grande voirie» die grandes routes (Staats- und Departementalstraßen) und bezw. die Gesammtheit der darauf bezüglichen Vorschriften verstanden, während die petite voirie alle übrigen Wege, also vor Allem die Vicinal- und Landwege umschließt (cf. Dalloz, Rép. V° Voirie de terre n° 22). Die städtischen Straßen (voirie urbaine) gehörten gleichfalls zur petite voirie, ausgenommen soweit sie nur eine Verlängerung von grandes routes bildeten, in welchem Falle sie bezüglich des Alignement und der Unterhaltung den Regeln der grande voirie, im Uebrigen jedoch auch den Verordnungen der städtischen Polizei unterlagen (cf.

Dalloz, Rép. l. c. nº 1475, D. P. 1854. 1. 304). Einen Bestandtheil der grande voirie bildeten ferner die flöß- und schiffbaren Wasser, sowie nach Art. 1 Ges. v. 15. Juli 1845 die Eisenbahnen.

Die Wichtigkeit dieser Unterscheidung machte sich unter der Herrschaft des Code pénal sowohl für die materielle als die formelle Beurtheilung von Uebertretungen wege-polizeilicher Vorschriften geltend. Das Dekret vom 19.—22. Juli 1791 hatte ausdrücklich die fortdauernde Geltung der alten lois et règlements sur la voirie ausgesprochen, und es bildeten diese letzteren nach allgemeiner Annahme den Kodex der Vorschriften über strafbare Uebertretungen der grande voirie, der nur bezüglich der Straßenbäume durch das Dekret vom 16. März 1811 modifizirt, und hinsichtlich der angedrohten Strafen durch das Gesetz vom 23.—30. März 1842 den milderen Anschauungen der Neuzeit angepaßt worden ist. Von den Vorschriften des Code pénal konnte nur Art. 471 15), und dieser nur ausnahmsweise, für die grandes routes zur Anwendung kommen, sofern eine nicht schon vorgesehene Maßregel von dem Präfekten auf Grund der ihm auch über diese Straßen zustehenden Polizei-Gewalt war angeordnet worden; prinzipiell aber wurde die grande voirie als eine Spezial-Materie betrachtet, welche durch die Strafbestimmungen des Code pénal nicht berührt wurde, so daß insbesondere die Artt. 471 3) und 479 12) trotz der darin gebrauchten ganz allgemeinen Ausdrücke «voie publique und chemin public» auf die grandes routes nicht bezogen wurden (cf. Dalloz, Rép. l. c. 218, 232). — Im Gegensatze hierzu bildete die petite voirie einen Bestandtheil der allgemeinen Strafgesetzgebung, des Code pénal, der vor Einführung des StGB. alle Strafandrohungen gegen contraventions de petite voirie enthielt, und namentlich auch da zur Anwendung gelangte, wo das übertretene Verbot auf älteren Vorschriften beruhte.

Dem entsprechend wurden die Zuwiderhandlungen gegen das Edikt vom Dec. 1607, dessen Bestimmungen über Alignement und Gebäude=Construktion sich auf sämmtliche Wege erstrecken, wenn die Zuwiderhandlung sich auf eine grande route bezog, auf Grund des Gesetzes vom 23.—30. März 1842, wenn aber auf einen anderen öffentlichen Weg, auf Grund des Art. 471 3) Code pénal bestraft.

Im Anschlusse hieran waren nur die contraventions de petite voirie der richterlichen Entscheidung zugewiesen, während die Aburtheilung der contraventions de grande voirie den Präfektur=Räthen oblag. (Ges. v. 29. Flor. X.)

II. Durch Art. XII. des Einführungsgesetzes zum StGB., dessen allgemeiner Wortlaut keine Ausnahme zuläßt (es handle sich denn um eine Zuständigkeit, wie diejenige der Rheinschifffahrtsgerichte, welche auf internationalen Verträgen beruht) ist wohl ohne Zweifel die straf=richterliche Kompetenz der Präfektur=Räthe beseitigt, so daß jetzt in Elsaß=Lothringen sämmtliche Kontraventionen sowohl der grande als der petite voirie durch die Gerichte abzuurtheilen sind (cf. Oppenhoff, StGB. zu Art. XII. n° 4). Nicht in derselben einfachen Weise löst sich das Verhältniß der materiellen Bestimmungen zu einander, und erwachsen insbesondere folgende Fragen allgemeiner Natur:

1) Das StGB. enthält in den §§ 366 8)—10), 367 15), 370 1) 2) Bestimmungen, welche sowohl in den die grande voirie beherrschenden lois et règlements als im Code pénal vorgesehen sind. Unbestreitbar sind die Bestimmungen des Code pénal dadurch aufgehoben; wie aber ist es im Verhältniß zur grande voirie, sind deren strafrechtliche Normen auch heute noch als spezielle Materien singulärer Natur zu betrachten? sind auch die öffentlichen Wege und Straßen des StGB. nur dieselben, welche bisher die petite voirie bildeten? Diese Frage ist zu verneinen. Dem

StGB. ist der Zusammenhang, in welchem der Code pénal mit der übrigen französischen Gesetzgebung stand, natürlich fremd; ferner kann, was als öffentlicher Weg ꝛc. ꝛc. anzusehen ist, nur aus seinem Texte und dem deutschen Sprachgebrauche erläutert werden, und darnach werden regelmäßig darunter alle öffentlichen Wege, gleichviel von welcher Verwaltung sie im einzelnen Lande abhängen, zu verstehen sein. Eine andere Ansicht würde übrigens dahin führen, daß dieselbe Handlung in dem einen Lande nach Reichs-, in dem anderen nach Landesgesetzen bestraft würde.

Auch die Vorschriften der grande voirie sind daher durch die entsprechenden Bestimmungen des StGB. als beseitigt zu betrachten; auch auf die Vorschriften der grande voirie sind die allgemeinen Strafandrohungen des StGB. zu beziehen, so daß beispielsweise die Zuwiderhandlungen gegen das Edikt vom Dez. 1607 heute ohne Rücksicht auf den Charakter der Wege stets mit der Strafe des § 367 15) StGB. zu ahnden sind.

2) Nach § 366 10) StGB. wird mit Geldbuße bis zu 10 Thalern bestraft, wer die zur Erhaltung der Sicherheit, Bequemlichkeit, Reinlichkeit und Ruhe auf den öffentlichen Wegen, Straßen und Plätzen oder Wasserstraßen (Fassung v. 1876) erlassenen Polizei-Verordnungen übertritt.

Vorschriften der hier qualificirten Art finden sich auch in den lois et règlements sur la voirie und entsteht die Frage, ob in diesen Fällen, sofern natürlich sie materiell nicht beseitigt sind, an Stelle der früheren Strafen nunmehr diejenige des § 366 Platz greift. Diese lois et règlements sind allgemeine für den ganzen Staat verbindliche Anordnungen, welche vom Könige oder dem Staatsrath erlassen wurden. Ginge man nun von der Ansicht aus, daß unter den Polizei-Verordnungen des § 366 10) nur die von den zuständigen Polizeibehörden erlassenen Verordnungen zu verstehen sind (vgl. Rüdorff,

StGB. zu § 366 n° 8), so wäre die Anwendbarkeit der Strafe dieses § ausgeschlossen, da weder der Staatsrath noch das Staatsoberhaupt als derartige Behörden betrachtet werden können. Es wird aber richtiger sein, unter dieser Bezeichnung alle Vorschriften, ganz abgesehen von ihrer Quelle, zu verstehen, welche die Wege-Polizei unter den angegebenen Gesichtspunkten betreffen, also die „Polizei-Verordnungen ꝛc.ꝛc." gleichbedeutend mit Vorschriften polizeilichen Inhalts zu nehmen, in welcher Unterstellung der Anwendung der Strafe des § 366 nichts mehr im Wege steht. Diese letztere Auslegung wird dadurch unterstützt, daß § 366 10) wörtlich dem preußischen StGB. § 344 8) entlehnt ist, und daß das preußische Gesetz vom 11. März 1850 „über die Polizei-Verwaltung", unter „Polizei-Verordnungen" auch königliche Verordnungen begreift.

3) Die unter 1 und 2 entwickelten Ansichten führen zu einer weiteren auf die Eisenbahnen bezüglichen Betrachtung. Die Bahn-Polizei war in Frankreich durch das Gesetz vom 15. Juli 1845 geregelt, welches in Artt. 2 und 3 die lois et règlements sur la grande voirie auf Eisenbahnen anwendbar erklärte, in den folgenden Artikeln sodann mehrere selbstständige Bestimmungen traf, und auf die Uebertretung dieser sämmtlichen Vorschriften im Art. 11 eine besondere Strafe festsetzte. Es kann nun zunächst nicht wohl bezweifelt werden, daß die fraglichen lois et règlements, weil und soweit sie durch Bestimmungen des StGB. über öffentliche Wege und Straßen berührt und beseitigt sind, aus diesem Grunde nicht auch bezüglich der Eisenbahnen außer Kraft gesetzt werden. Auch hier kann vielmehr nur die Terminologie des StGB. entscheiden, welches die Eisenbahnen nicht schlechthin unter die öffentlichen Wege subsumirt; es bleibt daher insbesondere auch § 366 10) StGB. für die Eisenbahnen außer Anwendung.

Nur da, wo ein allgemeiner Wortlaut es gestattet, wie in den Fällen der §§ 366 8) und 367 15) StGB., werden auch bezüglich der Eisenbahnen die entsprechenden Vorschriften und Strafandrohungen der lois et règlements aufgehoben. Es ist übrigens die Anwendbarkeit sowohl dieser letzteren als des Gesetzes vom 15. Juli 1845 durch das im Reichslande eingeführte Bahnpolizei-Reglement für die Eisenbahnen Deutschlands v. 4. Jan. 1875 (Zentralblatt für das deutsche Reich 1875 S. 57 u. Amtsblatt des Bezirks Unter-Elsaß 1875 n° 8) wesentlich beschränkt. Dasselbe wiederholt nämlich in den §§ 57 u. 60 Verbote, welche die erwähnten französischen Gesetze und Verordnungen enthielten, und bedroht in § 62 die Zuwiderhandlung mit Geldbuße bis zu 10 Thalern, „sofern nicht nach den allgemeinen Strafbestimmungen eine höhere Strafe verwirkt ist." Zu solchen allgemeinen Strafbestimmungen sind aber die Vorschriften des Ges. v. 15. Juli 1845 und der lois et règlements sur la voirie nicht zu rechnen; auch diese sind vielmehr nur Spezialgesetze, deren Inhalt zwar theilweise über das engere Gebiet der Bahnpolizei hinausgehend die Wegepolizei überhaupt betrifft, aber auch gerade insoweit den Gegenstand einer singulären von besonderen Rechtsgrundsätzen beherrschten Gesetzgebung bildet, deren Bestimmungen ohne Zweifel nicht als „allgemeine" im Sinne des § 62 aufgefaßt werden können. Auch schien es keinem Bedenken zu unterliegen, dem Bahnpolizei-Reglement derogirende Kraft selbst früheren gesetzlichen Bestimmungen gegenüber beizulegen; denn dasselbe beruht auf einer ausdrücklichen Verfügung des Art. 43 der Reichsverfassung, und muß daher dieselbe Wirksamkeit beanspruchen können, wie jeder andere in der Reichsverfassung begründete gesetzgeberische Akt, ohne daß die Form (Verordnung nicht Gesetz) als solche von Bedeutung wäre, sofern sie nur in der vorliegenden Weise der Verfassungsvorschrift entspricht.

4) Es sind Zweifel erhoben worden, ob die in § 62*) des BPR. angedrohte Strafe in Elsaß-Lothringen ausgesprochen werden dürfe und das LG. Straßburg hat durch Urtheil v. 20. Aug. 1875 (Jur. Zeitschr. 1876 S. 30) sich im verneinenden Sinne ausgesprochen, weil „nach der in Elsaß-Lothringen geltenden Gesetzgebung derartige Strafbestimmungen nicht durch Verordnung sondern blos auf dem Wege des Gesetzes erlassen werden können und die Reichsgesetzgebung daran nichts geändert hat."

Von diesen beiden Sätzen kann nur der erste als richtig anerkannt werden und auch dieser nur, wenn man unter der „Gesetzgebung" die „Landesgesetzgebung" versteht. Mit dem Landesrecht aber, dieses Wort im Gegensatz zum Reichsrecht verstanden, hat die vorliegende Frage nichts zu thun, wenigstens so lange nichts zu thun, als es möglich ist, auf dem Boden des Reichsrechts Entscheidungsgründe zu finden; denn das BPR. ist ein Theil des Reichsrechts: dasselbe ist erlassen auf Grund der §§ 42 u. 43 der Reichsverfassung und speziell auf Grund der Bestimmung in § 43:

„Es sollen . . . gleiche Bahnpolizei-Reglements eingeführt werden",

eine Bestimmung die ohne Zweifel dahin zu verstehen ist, daß diese Reglements durch die Organe des Reichs, nicht etwa dahin, daß sie durch Verträge zwischen den einzelnen Staaten einzuführen sind. Jetzt kann es sich also nur fragen, ob nach den Grundsätzen des Reichsrechts der Bundesrath befugt ist, in das BPR. eine besondere Strafandrohung aufzunehmen.

Nun gehört es allerdings a priori nicht nothwendig zu dem Wesen eines Polizei-Reglements, daß dasselbe

*) § 68 der im GBl. für Elj.-Lothr. v. 1872 S. 92 ff. publizirten früheren Redaktion. S. die §§ 53—62 BPR. als Anhang zur Wege- 2c. 2c. Polizei.

selbstständige Strafandrohungen enthält, in Frankreich z. B. enthalten polizeiliche Reglements eine solche nicht, da die Strafe, wenn nicht ein Spezialgesetz anders bestimmt (z. B.: Art. 21 des Ges. über die Eisenbahnpolizei für die Uebertretungen der Betriebs- u. Polizei-Reglements), ein für allemal durch Art. 471 15) Code pénal gegeben ist; andererseits kann aber wohl kaum ein Zweifel aufkommen, daß die Reichsverfassung das Wort „Polizei-Reglement" nicht in diesem französischen Sinne verstanden hat. Die Reichsverfassung ist auf Grund der Verfassung des Norddeutschen Bundes entstanden, aus welcher die §§ 42 u. 43 entnommen sind, und zu einer Zeit, als bereits ein BPR. für die Eisenbahnen im Norddeutschen Bunde (BGBl. 1870 S. 461) erlassen war, welches in § 68 dieselbe Strafandrohung enthält, wie die späteren Redaktionen desselben für die Eisenbahnen Deutschlands v. 29. Dec. 1871 u. 4 Jan. 1875. Bei Abschluß der das deutsche Reich gründenden Verträge konnte also ein Zweifel über die Bedeutung des § 43 nicht herrschen, und dies konnte um so weniger der Fall sein, als der Sprachgebrauch der Norddeutschen Bundesverfassung dem Staatsrecht der einzelnen Bundesstaaten, namentlich Preußens entspricht, wo die polizeilichen Gewalten mit dem Rechte ausgestattet sind, ihren Verordnungen selbstständige Strafandrohungen beizufügen. Freilich fehlt es an einer reichsgesetzlichen Bestimmung der Gränze für die Höhe der Strafe, wie solche für Preußen durch das Ges. v. 11. März 1850 über die Polizeiverwaltung geregelt ist; da aber die Bahnpolizei-Reglements gleiche sein sollen, so mußten die in Art. II der Bekanntmachung v. 29. Dec. 1871 (RGBl. S. 34) genannten Länder das Norddeutsche BPR. übernehmen, wie es im Norddeutschen Bunde zu Recht bestand. Wie in anderen Punkten so ist auch hier ein Stück preußisches Recht zum Reichsrecht geworden.

Müßten die Strafen für Uebertretungen des BPR. aber dennoch aus dem Landesrecht entnommen werden, so würde nicht, wie in dem Eingangs erwähnten Urtheile geschieht, Art. 471 15) des Code pénal, sondern allein Art. 21 des Ges. v. 15. Juli 1845 in Betracht kommen können.

In ähnlicher Weise ist endlich die Frage zu entscheiden, in welcher Art das Bahnpolizei-Reglement zu publiziren war. Die einzelnen Landesrechte können hier ebenfalls nicht in Betracht kommen, da nicht die Regierungen der Einzelstaaten es sind, welche reglementarische Verordnungen der Reichsgewalt in Kraft setzen. Es ist also, da die Reichsverfassung nicht ausdrücklich bestimmt, in welcher Weise Verordnungen in Ausübung der dem Reiche durch Art. 4 n° 8 überwiesenen Beaufsichtigung der Eisenbahnen bekannt zu machen sind (§ 1 Ges. v. 26. Juli 1867 spricht nur von Anordnungen des Bundespräsidiums), der Reichsgewalt überlassen, hierüber Bestimmung zu treffen; demgemäß wird auch der Richter die Beachtung der neuesten Redaktion des BPR's nicht aus dem Grunde ablehnen können, weil die Verkündung desselben nicht mehr durch das Reichsgesetzblatt sondern durch das Zentralblatt für das deutsche Reich erfolgt ist. (Vgl. über die Frage auch Bem. zu Art. 471 15) Code pénal a. E.)

III. Die flöß- und schiffbaren Wasser, welche wie oben bemerkt gleichfalls zur grande voirie gehörten, stehen unter dem Schutze besonderer Verordnungen, deren Strafen durch das Gesetz vom 23.—30. März 1842 auch eine Milderung erfuhren. Das StGB. in seiner ursprünglichen Fassung hatte bezüglich der hier in Frage kommenden Delikte weder dem Thatbestande noch der Strafe nach etwas geändert; eine solche Aenderung trat aber in umfassender Weise ein durch die Strafgesetz-Novelle vom 26. Februar 1876, welche die Bestimmungen der n° 3, 9 u. 10 des § 366 auf

Wasserstraßen ausdehnte und in dem neuen § 366a auch die Uebertretung der zum Schutze der Flußufer sowie der auf denselben vorhandenen Anpflanzungen und Anlagen erlassenen Polizei-Verordnungen vorsieht. In Folge dieser Modifikationen ist nunmehr bei Zuwiderhandlungen gegen die wasserpolizeilichen Vorschriften die Anwendbarkeit der alten Strafen und resp. des Ges. v. 23. März 1842 fast ganz beseitigt, da das StGB. für alle Fälle mit Einer Ausnahme (Ord. v. 1723), die Strafe bestimmt.

IV. Wir müssen hier noch einiger Eigenthümlichkeiten erwähnen, welche sich an die Beurtheilung der contraventions de grande voirie knüpften:

1) Im französischen wie im deutschen Strafrechte ist es einer der Fundamental-Grundsätze, daß eine Handlung nur dann bestraft werden kann, wenn die Strafe vorher durch das Gesetz ausdrücklich angedroht ist. Auch die Präfectur-Räthe haben diesen Grundsatz öfters sanctionnirt; trotzdem bieten ihre Entscheidungen Abweichungen hiervon, indem namentlich die Strafe der Ordonnanz v. 4. August 1731 in mehreren Fällen ausgesprochen wurde, ohne daß diese Voraussetzung vorlag, so beispielsweise bei Zuwiderhandlung gegen Art. 4 des arrêt du conseil v. 13. Mai 1720, welcher den Angrenzern die Verpflichtung auflegt, den beim Aufräumen der Gräben sich ergebenden Schutt auf ihren Grundstücken aufzunehmen. Diese Praxis, welche auf Zweckmäßigkeitsgründen beruhte, kann nicht länger von den Gerichten befolgt werden, daher wir von den fraglichen Fällen ganz abgesehen haben.

Es ist ferner zu bemerken, daß auch durch die Vorschrift des § 366 10) StGB. die Frage, ob überhaupt eine Handlung strafbar ist oder nicht, insoweit wenigstens als das Verbot oder die Verpflichtung auf älteren Verordnungen beruht, nicht berührt wird. Die Tendenz dieser Vorschrift geht offenbar nur dahin, eine einheitliche Strafe herzustellen; es kann aber nicht angenommen werden, daß durch eine so allgemeine Bestimmung alle die verschiedenen Ge- und Verbote, welche im Laufe der Zeit erlassen und nur von civilrechtlichen Folgen begleitet waren, unter strafrechtliche Sanction gestellt sein sollen.

2) In den lois et règlements sur la voirie finden wir mehrfach neben der Hauptstrafe die Konfiskation von Geräthschaften und sonstigem Material, von Thieren und selbst ganzen Heerden angedroht. Dieselbe wurde jedoch als mit den strafrechtlichen Grundsätzen der neueren Gesetzgebung im Widerspruch stehend für beseitigt erachtet und nicht mehr ausgesprochen (cf. Dalloz, Rép. V° Voirie de terre 216, 232, 2276 und Potiquet, Recueil des Lois et Décrets etc., etc. S. 18).

3) Anderseits unterliegt es keinem Bedenken, auf die «démolition des ouvrages», welche u. A. das arrêt vom 27. Februar 1765 und Art. 11 Ges. v. 15. Juli 1845 verordnen, wenn gegen gewisse baupolizeiliche Vorschriften gefehlt wird, auch jetzt noch zu erkennen, da diese démolition nur bezweckt den angerichteten Schaden wieder herzustellen. Dieselbe bildet nur einen Civil-Schadenersatz, dessen Geltendmachung ausnahmsweise vor den Strafrichter verwiesen ist (cf. Dalloz, l. c. n° 2287, Oppenhoff StGB. zu Art. VI E. G. n° 5).

Es ist jedoch hervorzuheben, daß Seitens der Präfectur-Räthe die démolition nur dann verfügt wurde, wenn die versäumte Genehmigung überhaupt oder in concreto nicht nachgeholt werden konnte.

4) Schließlich ist noch anzuführen, daß die französische Rechtsprechung auch gegen Gemeinden und juristische Personen (êtres moraux) Geldstrafen wegen contraventions de grande voirie zuließ; ausdrücklich angedroht ist eine solche nur im Art. 97 des Dekrets vom 16. Dez. 1811 gegen Gemeinden. Im Gegensatze hierzu ist es nach den

Grundsätzen der deutschen Doktrin und Praxis (cf. Schaper in Holzendorfs Handbuch Bd. 2 S. 111, Schütze Lehrbuch S. 116, Oppenhoff zu § 47 n° 6) unbestritten, daß nur das Individuum, der willensfreie und deshalb für seine Handlungen verantwortliche Mensch bestraft werden kann, während gegen die fingirten Rechtssubjecte selbst wegen Polizei-Uebertretungen eine Strafverfolgung nicht zulässig ist. Diese deutschrechtliche Auffassung wird heute allein zur Richtschnur dienen; selbstredend da, wo keine ausdrückliche entgegenstehende Vorschrift vorliegt; aber auch im Falle des Art. 97. Die Zulässigkeit der Geldstrafen gegen Gemeinden hing offenbar damit zusammen, daß man darin nur Ordnungsstrafen erblickte; diese Anschauung entbehrt jedoch heute, nachdem nicht mehr die vorgesetzte Verwaltungsbehörde sondern die Gerichte die Strafe verhängen, ihrer natürlichen Voraussetzung. Es kömmt hinzu, daß die Uebertretung des Art. 97 jetzt nach § 366 10) StGB. bestraft wird, eine Umwandlung derselben nach § 28 nicht möglich wäre, und man sich in Widerspruch mit Begriff und Natur einer im StGB. vorgesehenen Strafe setzen würde, wollte man ihre Anwendbarkeit auf Rechtssubjecte ausdehnen, welche nach den Grundsätzen desselben Gesetzbuches nicht bestraft werden können.

Edict du décembre 1607, contenant l'ordre et reiglement que le Roy veut estre obserué en la fonction et droicts de l'office de grand Voyer.

Das Ges. vom 19.—22. Juli 1791 bestätigte ausdrücklich les règlements anciens touchant la voirie etc.; seitdem ist die Geltung des Edikts von 1607 sowie der nachfolgenden Verordnungen für ganz Frankreich unbestritten und zwar auch für diejenigen Landestheile, in denen dieselben ursprünglich nicht publizirt waren. Vgl. Dalloz Rép. V° voirie p. t. n° 1938.

Henry etc.

Art. 3. Mat. des § 366 9) StGB.; hinsichtlich der Eisenbahnen durch §§ 60, 62 Bahnpolizei-Reglements beseitigt.

4. Deffendons à nostre dict grand Voyer ou ses Commys de permettre qu'il soict faict aulcunes saillyes, aduences et pans de bois ès ruës aulx bastimens neufz, et mesmes à ceulx où il y en a present de construitz, les redifier, ny faire ouurages qui les puissent conforter, conseruer et soustenir, ny faire aulcun encorbellement en aduences pour porter aulcun mur, pan de bois ou aultre chose en saillye et porter à faux, sur lesdictes ruës: Ains faire le tout continuer à plomb, despuis le retz et chaussee tout contremont, et pourveoir à ce que les ruës s'embelissent et eslargissent au mieux que faire se pourra, et en baillant par luy les allignemens, redressera les murs où il y aura ply ou conde, et de tout sera tenu de donner par escript son procez verbal de lui signé et de son greffier, portant l'allignement des ediffices de deulx thoises en deulx thoises à ce qu'il n'y soict contreuenu . . . . . .

5. Comme aussy nous deffendons à tous nos dictz subjectz de ladicte ville (Paris), faulxbourgs, Preuosté

et Vicomté, et aultres villes de ce Royaulme, faire aulcun ediffice, pans de mur, jambe estryère, encoigneure, caul ny trauail forme ronde en saillye, sieges, barrières, contrefenestres, huis de caues, bornes, pas, marches, sieges, montoirs à cheual, auluens, enseignes, establiz, caiges et menuisiries, chassis à verre et aultres aduences sur ladicte Voyrie, sans le congé et allignement de nostre dict grand Voyer ou desdicts Commys. Pourquoy faire luy auons attribué et attribuons la somme de soixante sols tournoiz, et après la perfection d'iceulx, seront tenuz lesdictz particuliers d'en aduertir ledict grand Voyer ou Commys, afin qu'il recolle lesdictz allignemens et recongnoisse si les ouuriers auront trauaillé suiuant iceulx, sans toutesfois payer aulcune chose pour ledict recollement et confrontation, et où il se trouueroict qu'ils auroient contreuenu ausdictz allignemens, seront lesdictz particuliers assignez par deuant ledict Preuost de Paris ou son Lieutenant, pour veoir ordonner que la besogne mal plantée sera abbattuë, et condemnez en telle amende que de raison, applicable comme dessuz.

7. Faisons aussy deffenses à touttes sortes de personnes de faire creuser aulcunes caues soubz les ruës: et pour le regard de ceulx qui voudront faire degrez à monter en leurs maisons, par le moyen desquelz les ruës estrecissent, faire sieges ès dictes ruës, estail ou auluens, clorre ou fermer aulcunes ruës, faire planter bornes au coing d'iceues, ès autrees de maisons, poser enseignes nouuelles, ou faire le tout reparer, prennent congé dudict grand Voyer ou Commys. . . . .

Et où aulcuns vouldroient faire telles entreprises sans lesdictes permissions, les pourra faire condemner en ladicte amende de dix liures, payables comme dessus, ou plus grande somme sy le cas y eschet, et faire abattre les dictes entreprises: le tout au cas que lesdictes entreprises n'incommodent le publicq, et pour cest effect sera tenu le Commys dudict grand Voyer se transporter sur les lieux auparauant que donner la permission et congé de faire lesdictes entreprises.

Die Uebertretung der vorstehenden Artt. 4, 5 u. 7, welche mit dem arrêt v. 27. Februar 1765 die Grundlage für die Bestimmungen über das Alignement bilden, wird jetzt nach § 367 15) StGB. bestraft, gleichgültig ob der betreffende Weg zur grande voirie oder zur petite voirie gehörte, in welch letzterem Falle schon bisher der Art. 471 5) Code pénal maßgebend war [vgl. Vorbem. II 1)].

Auf Grund des Art. 3 Ges. v. 15. Juli 1845 sind die Artt. 4, 5 u. 7 auch auf Eisenbahnen anzuwenden und ist auch hinsichtlich dieser die Strafandrohung in § 367 15) enthalten, der in so weit den Art. 11 des cit. Gesetzes ersetzt.

Die Aburtheilung erfolgt jetzt in allen Fällen durch die Gerichte, welche auch die Beseitigung der vorschriftswidrigen Bauten auszusprechen haben. Vgl. hierüber Vorbem. II 1) 2) u. IV 3).

8. Beseitigt durch § 366 8) 9) StGB. u. bezw. §§ 60, 62 BPR.

9. Deffendons aussy à toutes personnes de faire des esuiers plus haults que retz de chaussee, s'ilz ne sont couuerts jusques audict retz de chaussee, et mesmes sans la permission de nostre dict grand Voyer, ses Lieutenans ou Commys, pour laquelle permission luy sera payé trente solz . . . . .

Strafbestimmung jetzt § 367 15) StGB. Vgl. im Uebrigen die Bem. zu Artt. 4. 5. 7.

11. Mat. des § 366 8) 9) StGB. u. §§ 60, 62 BPR.

Ordonnance du Roi d'août 1669, pour les eaux et forêts.

TIT. XXVII. *De la police et conservation des forêts, eaux et rivières.*

Art. 42. Nul, soit propriétaire ou engagiste, ne pourra faire moulins, bâtardeaux, écluses, gords, pertuis, plant d'arbres, amas de pierres, de terres et de fascines, ni autres édifices ou empêchements nuisibles au cours de l'eau dans les fleuves et rivières navigables et flottables ni même y jeter aucunes ordures, immondices ou les amasser sur les quais et rivages, à peine d'amende arbitraire. Enjoignons à toutes personnes de les ôter dans trois mois du jour de la publication des présentes: et si aucuns se trouvent subsister après ce temps, voulons qu'ils soient incessament ôtés et levés à la diligence de nos procureurs des maîtrises, aux frais et dépens de ceux qui les auront faits ou causés, sous peine de cinq cents livres d'amende, tant contre les particuliers que contre le juge et notre procureur qui auront négligé de le faire, et de répondre en leurs privés noms des dommages et intérêts.

Der Inhalt dieses Artikels u. des Art. 44 ist in den Artt. 1 u. 4 des arrêt v. 24. Juni 1777, welche auch die Strafe änderten, wiederholt.

44. Défendons à toutes personnes de détourner l'eau des rivières navigables et flottables ou d'en affaiblir et altérer le cours par tranchées, fossées et canaux, à peine contre les contrevenants d'être punis comme usurpateurs, et les choses réparées à leurs dépens.

Vgl. Bemerkung zu Art. 42.

TIT. XXVIII. *Des routes et chemins royaux ès forêts et marchepieds des rivières.*

6. Mat. des § 304 StGB.

7. Les propriétaires des héritages aboutissants aux rivières navigables, laisseront le long des bords vingt-quatre pieds au moins [7 m. 80 c.] de place en largeur pour chemin royal et trait des chevaux, sans qu'ils puissent planter arbres ni tenir clôture ou haie plus près de trente pieds [9 m. 75] du côté que les bâteaux se tirent, et dix pieds [3 m. 25 c.] de l'autre bord: à peine de cinq cents livres d'amende, confiscation des arbres, et d'être les contrevenants contraints à réparer et remettre les chemins en état à leurs frais.

Wiederholt in Art. 2 arrêt du conseil v. 24. Juni 1777.

Arrêt du Conseil d'Etat du Roi du 3 mai 1720, concernant la largeur et la plantation des routes.

Art. 8. Aufgehoben durch Art. 43 RG. u. Art. 101 Dekr. v. 16. Dec. 1811.

Arrêt du Conseil d'Etat du Roi du 17 juin 1721, concernant les alignements des grands chemins, et la police pour leur conservation et liberté.

Sa Majesté, en son conseil, a ordonné et ordonne que lesdits arrêts des 26 mai 1705 et 3 mai 1720 seront exécutés selon leur forme et teneur; et en conséquence que les nouveaux ouvrages de pavé, et les relevés à bout des anciennes chaussées, seront conduits du plus droit alignement que faire se pourra, et qu'aux endroits où il ne se trouvera pas encore de fossés faits, et où les entrepreneurs n'en seront pas tenus par leurs baux, il sera laissé aux deux côtés desdits chemins la largeur nécessaire tant pour lesdits accotements, que pour les fossés non faits, de manière qu'ils puissent être confectionnés aussitôt qu'il plaira à Sa Majesté de les ordonner; . . . . .

Fait, Sa Majesté, défense à tous particuliers, même à tous seigneurs, sous prétexte du droit de justice ou de voirie, de troubler les entrepreneurs dans leurs travaux, combler lesdits fossés et de labourer ou faire labourer en dedans de la largeur bornée par lesdits fossés, d'y mettre aucuns fumiers, décombres et autres immondices, soit en pleine campagne ou dans les villes, bourgs et villages où passent lesdites chaussées, d'y faire aucunes fouilles, ni de planter des arbres ou haies vives, sinon à six pieds de distance des fossés séparant le chemin de leurs héritages, et à cinq toises du pavé où il ne se trouvera pas encore de fossé de faits, le toute à peine d'amende contre les contrevenants, même de confiscation des fumiers, chevaux et équipages . . . . .

Vgl. Bemerkung zu der ergänzenden Ordonnanz v. 4. Aug. 1731.

Ordonnance du Roi du 27 juillet 1723, portant défense aux mariniers et voituriers par eau d'endommager les ouvrages qui se font dans les rivières par ordre du Roi.

Louis etc.

Le Roi a fait et fait très-expresses inhibitions et défenses à tous mariniers, voituriers par eau et conducteurs de trains de faire passer leurs bateaux et trains de bois par les arches dans lesquelles on travaille aux piles, crèches et radiers, et à tel autre ouvrage que ce puisse être, de faire aucun dommage aux bâtardeaux, ponts de service, cintres, pieux, échafauds et autres préparatifs pour lesdits ouvrages, à peine de 300 livres d'amende, outre le dédommagement des entrepreneurs, au dire d'experts nommés par les parties ou d'office.

Die Strafe kann jetzt auf Grund des Ges. v. 23. März 1842 bis zu 16 Fr. ermäßigt werden; § 366 10) StGB. greift hier nicht ein.

Eine Beschädigung gehört u. E. nicht unbedingt zum Thatbestand, der vielmehr schon durch das vorschriftwidrige Durchfahren erfüllt wird. Hält man aber eine Beschädigung für erforderlich, so würde die Strafvorschrift der Ordonnanz gleichwohl nicht durch §§ 303, 321 StGB. beseitigt sein, da sie, als ein Fall fahrlässiger Sachbeschädigung im Spezialgesetze, eine „besondere" Vorschrift bildet.

Ordonnance du Roi du 4 août 1731, qui défend d'enlever les pavés et autres matériaux des routes, et de dégrader les chemins publics.

Louis, etc.

Sa Majesté a ordonné et ordonne que les règlements et arrêts de son Conseil concernant les chaussées, grands chemins et voies publiques seront exécutés suivant leur forme et teneur: en conséquence . . .

Fait Sa Majesté itératives défenses à tous gravatiers, laboureurs, vignerons, jardiniers et autres, de combler les fossés et **d'abattre les berges qui bornent la largeur des grands chemins,** et d'anticiper sur cette largeur par leurs labours ou autrement, en quelque manière que ce soit; de planter aucuns arbres à une moindre distance que celle de six pieds du bord extérieur desdits fossés et berges, **et de décharger aucuns gravois, fumiers, immondices et autres empêchements au passage public,** tant sur les chaussées de pavés et chemins de terre que sur les ponts et dans les rues des bourgs et villages, **d'abattre aucunes bornes mises pour empêcher le passage des voitures sur les accotements des chaussées, celles qui défendent les murs de soutènement et les parapets des ponts, non plus que lesdits parapets; le tout à peine de confiscation des chevaux, voitures et équipages, et de 500 livres de dommages et intérêts contre chacun des contrevenants, applicables comme dessus, et, en outre, de prison pour ceux qui seront pris sur le fait:** De toutes lesquelles condamnations les maîtres desdites voitures demeureront civilement garants et responsables . . . . .

Die Ordonnanzen von 1721 u. 1731 sind neben dem, sich auch auf die petite voirie beziehenden Edikt v. 1607 der Sitz der contraventions de grande voirie; sie betreffen also nur die in N° I der Vorbemerkung bezeichneten Wege der grande voirie sowie die Eisenbahnen. Ihre Bestimmungen sind, soweit sie sich nicht decken, aus einander zu ergänzen; aus diesem Grunde ist das Verbot der Ordonnanz von 1721 «de mettre aucuns fumiers etc.» unter dem in der Ord. v. 1731 hervorgehobenen Gesichtspunkte der empêchements au passage public aufzufassen und daher wie das entsprechende Verbot der letzteren Ord. durch § 366 9) StGB. bezw. § 60 BPR. beseitigt. Desgleichen ist heute als durch §§ 304 u. 305 StGB. beseitigt anzusehen das Verbot des Zerschlagens von Prellsteinen und Brustwehren und durch § 370 1) die Beschädigung der Böschungen, sowie, jedoch nur bezüglich der Eisenbahnen, das faire des fouilles durch § 60 BPR., welcher alle Beschädigungen des Bahnkörpers begreift.

Es bleiben also folgende vom StGB. nicht berührte Verbote der beiden Ordonnanzen hins. der grandes routes bestehen:

troubler les entrepreneurs,
combler les fossés,
labourer oder anticiper par labours, etc.,
faire des fouilles,
planter, etc.

Alle diese Vorschriften fallen unter die in § 366 10) StGB. hervorgehobenen Gesichtspunkte; bezüglich der Gräben um deßwillen, weil diese nur als Theile der öffentlichen Wege anzusehen sind, zu deren Reinlichkeit und Sicherheit sie dienen; daher, was die Staats- und die Departementalstraßen betrifft, die Strafe sich jetzt allein nach § 366 StGB. richtet.

Auch für die Eisenbahnen sind, mit Ausnahme des faire des fouilles (s. oben), die vorgenannten Verbote der Ordonnanzen noch maßgebend; da aber auf Eisenbahnen § 366 10) StGB. nicht anwendbar ist, so muß die Strafe auch heute noch aus Art. 11 des Ges. v. 15. Juli 1845 entnommen werden.

Wenn die Ord. v. 1731 von 500 livres de dommages et intérêts spricht, so ist damit nichts weiter als die amende der Ord. von 1721 gemeint, wie denn in den älteren Gesetzen die amende vielfach nur als eine Art des Schadensersatzes aufgefaßt wurde (vgl. Vorbem. zu den Forstgesetzen N° III).

Was endlich die in der Ord. v. 1721 angedrohte confiscation anbetrifft, so wurde dieselbe schon von den französischen Präfekturräthen grundsätzlich nicht mehr ausgesprochen [vgl. Vorbem. IV 2].

Arrêt du Conseil d'Etat du Roi du 14 mars 1741, portant règlement pour l'ouverture des carrières voisines des grands chemins.

Sa Majesté, en son Conseil, a confirmé et confirme l'ordonnance dudit sieur Demote; fait en conséquence très-expresses défenses audit Bridé, à tous carriers et particuliers, dans toute l'étendue du royaume, d'ouvrir aucunes carrières de pierre de taille, mœllon, glaise, marne ou autres, de quelque espèce que ce soit, sur les bords et côtés des routes et grands chemins, sinon à 300 toises de distance du bord ou extrémité de la largeur qu'auront lesdits chemins ou qu'ils doivent avoir, suivant la disposition des ordonnances et derniers règlements; lequel bord sera mesuré du pied des arbres, lorsqu'il y en aura de plantés au long desdits chemins, à la distance réglée par l'arrêt du 3 mai 1720; et lorsqu'il n'y aura ni arbres ni fossés, lesdites carrières ne pourront être fouilées qu'à 32 toises de l'extrémité de la largeur, **le tout à peine de 300 livres d'amende, confiscation des matériaux, outils et équipages,** et de tous dépens, dommages et intérêts.

Fait sa Majesté pareils défenses auxdits carriers ou autres particuliers qui ouvriront des carrières à la distance des grands chemins permise par le présent arrêt, de pousser les rameaux ou rues desdites carrières du côté desdits chemins, même de souchever tant soit peu au dedans de leurs fouilles le solide du terrain dont Sa Majesté veut qu'elles soient séparées de la voie publique; **le tout sous les mêmes peines d'amende et de confiscation, et, en outre, de punition exemplaire.**

Die Strafen hinsichtlich der grandes routes (nur auf

diese und die Eisenbahnen ist das arrêt anwendbar) richtet sich jetzt nach § 366 10) StGB., während für die Eisenbahnen noch Art. 11 des Ges. v. 15. Juli 1845 maßgebend ist. Die §§ 172, 173, 183, 184 des Berggesetzes v. 16. Dec. 1873 bleiben, und zwar auch bezüglich der unterirdischen Steinbrüche, außer Betracht, da die Vorschrift des arrêt die Sicherheit der Wege im Auge hat.

Ueber den Wegfall der Konfiskation vgl. Vorbem. IV 2). Im Uebrigen s. auch arrêt v. 5 April 1772.

Arrêt du Conseil d'Etat du Roi du 7 septembre 1755, portant règlement concernant les matériaux à prendre dans tous les endroits non clos pour l'usage des travaux des ponts et chaussées.

Art. 1er. Les arrêts du conseil des 3 octobre 1667, 3 décembre 1672 et 22 juin 1706, seront exécutés selon leur forme et teneur; en conséquence, les entrepreneurs de l'entretien de pavé de Paris, ainsi que ceux des autres ouvrages ordonnés pour les ponts, chaussées et chemins du royaume ..... pourront prendre la pierre, le grès, le sable et autres matériaux pour l'exécution des ouvrages dont ils sont adjudicataires, dans tous les lieux qui leur seront indiqués par les devis et adjudications desdits ouvrages, sans néanmoins qu'ils puissent les prendre dans les lieux qui seront formés de murs, ou autre clôture équivalente, suivant les usages du pays. Fait sa Majesté défenses aux seigneurs ou propriétaires desdits lieux non clos, de leur apporter aucun trouble ni empêchement, sous quelque prétexte que ce puisse être, à peine de toute perte, dépens, dommages et intérêts, même d'amende et de telle autre condamnation qu'il appartiendra, selon l'exigence des cas, sauf néanmoins auxdits seigneurs et propriétaires à se pourvoir contre lesdits entrepreneurs pour leur dédommagement, ainsi qu'il sera réglé ci-après: dans les cas où les matériaux indiqués par les devis, ne seront pas jugés convenables ou suffisants, les inspecteurs généraux ou ingénieurs pourront en indiquer à prendre dans d'autres lieux; mais lesdites indications seront données par écrit et signées desdits inspecteurs ou ingénieurs. Veut Sa Majesté que les entrepreneurs ne puissent faire aucun autre usage des matériaux qu'ils auront extraits des terres appartenantes aux particuliers, que de les employer dans les ouvrages, dont ils sont adjudicataires, à peine de tous dommages et intérêts envers les propriétaires, et même de punition exemplaire.

Die willkürlichen Strafen, welche Art. 1 ausspricht, sind jetzt nach dem Gesetze vom 23. März 1842 innerhalb der Grenzen von 16 bis 300 Fr. zu bemessen. Bei Anwendung des Art., welcher sich ursprünglich nur auf die grandes routes bezog, auf Eisenbahnen tritt zwar dieselbe Strafe, aber auf Grund des Art. 11 Ges v. 15. Juli 1845 ein.

Die Artt. 2, 3, 4 regeln die Voraussetzungen, an welche die Entnahme der Baumaterialien geknüpft ist, wozu insbesondere auch eine vorgängige Entschädigung der Grundeigenthümer gehört.

Die Bezeichnung der Grundstücke, aus denen die Materialien zu entnehmen sind, ist durch das Ges. v. 28. Juli 1791 den Präfekten übertragen.

Arrêt du Conseil d'Etat du Roi du 16 décembre 1759, qui défend à tous pâtres et conducteurs de bestiaux de les conduire en pâturage, ou de les laisser répandre sur le bord des grands chemins plantés d'arbres.

Le Roi, étant en son Conseil, a ordonné et ordonne que les règlements faits pour les plantations des grands chemins seront exécutés selon leur forme et teneur; en conséquence fait Sa Majesté très-expresses inhibitions et défenses à tous pâtres at autres gardes et conducteurs de bestiaux de les conduire en pâturage ou de les laisser répandre sur les bords des grands chemins plantés soit d'arbres, soit de haies d'épines ou d'autres, à peine de confiscation de bestiaux et de 100 livres d'amende, de laquelle amende les maîtres, pères, chefs de famille et propriétaires de bestiaux seront et demeureront civilement responsables.

Das Verbot des vorstehenden arrêt ist durch die §§ 303, 304 StGB. nicht beseitigt, sondern als „besondere" Vorschrift wegepolizeilicher Natur gleich wie die feld- und forstpolizeilichen Weidefrevel, deren Weitergeltung zweifellos ist, noch in Kraft. Desgleichen ist die Strafe, da das Verbot wesentlich zum Schutze gegen Beschädigungen dient und nur indirekt unter einen der Gesichtspunkte von § 366 10) StGB. zu bringen wäre, die frühere geblieben, also Geldstrafe von 16 bis 100 Fr. (Ges. v. 23. März 1842). Ueber den Wegfall der Konfiskation vgl. Vorbemerkung IV 2).

Die Vorschrift des arrêt erleidet übrigens nur noch auf die grandes routes (vgl. Vorbem. I) Anwendung, da sie hinsichtlich der Eisenbahnen durch §§ 57, 62 BPR. ersetzt ist.

Arrêt du Conseil d'Etat du Roi du 27 février 1765, concernant les permissions de construire et les alignements sur les routes entretenues aux frais du Roi.

Fait Sa Majesté défenses à tous particuliers, propriétaires ou autres, de construire, reconstruire ou réparer aucuns édifices, poser échoppes ou choses saillantes le long desdites routes sans en avoir obtenu les alignements ou permissions desdits trésoriers de France, commissaires de Sa Majesté, ou dans le cas ci-dessus spécifié d'un autre trésorier de France dudit bureau des finances, à peine de démolition desdits ouvrages, confiscation des matériaux et de 300 livres d'amende, et contre les maçons, charpentiers et ouvriers, de pareille amende, et même de plus grande peine en cas de récidive.

Die Strafbestimmung enthält jetzt § 367 15) StGB. Vgl. im Uebrigen Bem. zu Artt. 4, 5, 7. Edikt v. 1607.

Arrêt du Conseil d'Etat du Roi du 5 avril 1772, portant règlement pour l'ouverture des carrières.

Le Roi, étant en son Conseil, a ordonné et ordonne ce qui suit:

Art. 1er. Les règlements précédemment faits, concernant l'ouverture des carrières, seront exécutés selon leur forme et teneur. Aucune carrière de pierre de taille, mœllon, grès, et autres fouilles pour tirer de la marne, glaise ou sable, ne pourra être ouverte qu'à trente toises (58 m. 47 c.) de distance du pied des arbres plantés au long des grandes routes, et ne pourront les entrepreneurs desdites carrières, pousser aucune fouille ou galerie souterraine du côté desdites routes, à moins de trente toises (58 m. 47 c.) de distance desdites plantations ou des bords extérieurs desdites routes, conformément aux dispositions de l'arrêt du Conseil du 14 mars 1741, et de l'ordonnance du bureau des finances du 29 mars 1754, concernant la police générale des chemins.

2. Les propriétaires ou entrepreneurs desdites carrières ne pourront ouvrir aucuns passages entre les arbres et sur les fossés desdites routes royales, sans en avoir obtenu une permission expresse et par écrit du Sieur Commissaire du Conseil, chargé de veiller à

l'entretien desdites routes, et ladite permission ne poura leur être accordée que sur la soumission qu'ils donneront de se conformer aux articles suivants:

Die Strafandrohung für die in Artt. 1 und 2 enthaltenen Verbote, welche eine Ergänzung der Bestimmungen des arrêt vom 14. März 1741 bilden, ist wie für letztere jetzt in § 366 10) StGB. resp. in Art. 11 Ges. v. 15. Juli 1845 enthalten. Vgl. Bem. zu dem arrêt v. 14 März 1741.

6. Défend Sa Majesté à tous voituriers de pierres, mœllons, grès et autres matériaux provenant des carrières, de se frayer d'autres passages pour aborder les grands chemins, que ceux qui auront été ainsi disposés pour leur usage, **à peine de cinq cents livres d'amende et de confiscation desdits matériaux,** desquelles amendes ils seront tenus solidairement avec les propriétaires et entrepreneurs desdites carrières; comme aussi de toute dégradation arrivée par leur fait aux berges, fossés, plantations et accotements desdites routes.....

Hins. der Strafe gilt das zu Artt. 1 und 2 Gesagte; wie letztere bezieht sich Art. 6 nur auf grandes routes und Eisenbahnen.

Arrêt du Conseil d'Etat du Roi du 24 juin 1777, portant règlement pour la navigation de la rivière de Marne et autres rivières et canaux navigables.

Die in den Artt. 1—4 und 9 des arrêt, bezw. in den Artt. 42, 44 Tit. 27 und 7 Tit 28 der Ord. v. Aug. 1669, enthaltenen Anordnungen dienen entweder zur Erhaltung der Sicherheit, Bequemlichkeit, Reinlichkeit und Ruhe auf öffentlichen Wasserstraßen oder bezwecken den Schutz der Flußufer und der auf denselben vorhandenen Anpflanzungen und Anlagen; ihre Nichtbefolgung ist demnach jetzt nach § 366 10) oder 366 a StGB. zu bestrafen, während bis zum Erlaß der Novelle vom 26. Februar 1876 die in dem arrêt ausgesprochenen Strafen mit der durch das Ges. v. 23. März 1842 gebotenen Modifikation maßgebend waren.

Auf die Beseitigung vorschriftswidriger Anlagen oder Unternehmungen ist auch neben den Strafen des StGB. zu erkennen. Vgl. Vorbem. IV 3).

Le Roi, étant en son Conseil, a ordonné et ordonne ce qui suit:

Art. 1er. Les ordonnances rendues sur le fait de la navigation, notamment celles des eaux et forêts de 1669, et du bureau de la ville de Paris de 1672, et tous autres règlements sur cette partie, seront exécutés selon leur forme et teneur. Sa Majesté fait en conséquence défenses à toutes personnes, de quelque qualité et condition qu'elles soient, de faire aucuns moulins, pertuis, vannes, écluses, arches, bouchis, gors ou pêcheries, ni autres constructions ou autres empêchements quelconques, sur ou au long des rivières et canaux navigables, à peine de mille livres d'amende et de démolition desdits ouvrages. . . . .

2. Enjoint Sa Majesté à tous propriétaires riverains de livrer vingt-quatre pieds (7 m. 80 c.) de largeur pour le halage des bateaux et traits des chevaux le long des bords de ladite rivière de Marne et autres fleuves et rivières navigables, ainsi que sur les îles où il en serait besoin, sans pouvoir planter arbres ni haie, tirer fossé ni clôture plus près desdits bords que de trente pieds (9 m. 75 c.); et où il se trouverait aucuns bâtiments, arbres, haies, clôtures ou fossés dans ladite largeur prescrite pour les chemins de halage d'un ou d'autre bord, ordonne Sa Majesté que lesdits bâtiments, arbres, haies et clôtures seront abattus, démolis et enlevés, et les fossés comblés par les propiétaires, dans le terme d'un

mois à compter de la publication du présent arrêt, à peine par lesdits riverains de demeurer garants et responsables des évênements et retards, de cinq cents livres d'amende, et d'être contraints à leurs dépens auxdites démolitions . . . . .

Vgl. Art. 7 Tit. 28 der Ord. v. Aug. 1669.

3. Ordonne pareillement Sa Majesté à tous riverains, mariniers ou autres de faire enlever les pierres, terres, bois, pieux, débris de bateaux et autres empêchements étant de leur fait ou à leur charge dans le lit desdites rivières ou sur leurs bords, à peine de cinq cents livres d'amende, confiscation desdits matériaux et débris, et d'être en outre contraints au paiement des ouvriers qui seront employés auxdits enlèvements et nettoiements, lesquels, après ledit délai passé, pourront être faits, en vertu du présent arrêt, par tous voituriers par eau et mariniers.

4. Défend Sa Majesté, sous les mêmes peines, à tous riverains et autres, de jeter dans le lit desdites rivières et canaux, ni sur leurs bords, aucuns immondices, pierres graviers, bois, paille ou fumiers, ni rien qui puisse en embarrasser et attérir le lit, ni d'en affaiblir et changer le cours par aucunes tranchées ou autrement, ainsi que d'y planter aucuns pieux, mettre rouir des chanvres, comme aussi d'y tirer aucunes pierres, terres, sables et autres matériaux, plus près des bords que de six toises (11 m. 69 c.).

5. 8. ohne Straffanktion. Vgl. Dalloz, Rép. V° voirie p. eau n° 304 u. 380, arrêt du Cons. d'État 6 janv. 1858. D. P. 58. 3. 51.

9. Défend très-expressément Sa Majesté aux propriétaires ou meuniers d'exiger ou recevoir des mariniers ou marchands qui auront causé le chômage des moulins, autres et plus forts droits que ceux fixés par les ordonnances et de retarder en aucune facon la

navigation et le flottage; leur ordonne, Sa Majesté, de tenir les passages de leurs pertuis et bouchis ouverts en tous temps, quand il y aura 2 pieds d'eau en rivière, et lorsque, les eaux étant plus basses, lesdits passages seront bouchés, de les ouvrir toutes les fois qu'ils en seront requis, et les laisser ouverts pendant un temps suffisant pour que les bateaux ou trains de bois puissent profiter du flot pour arriver à un autre bouchis, sans pouvoir pour ce exiger aucuns deniers ou marchandises, à peine de 1000 livres d'amende.

Die Bestrafung der Ueberforderung ist, wie die der anderen in dem Art. erwähnten Handlungen, zur Erhaltung eines ungehemmten Verkehrs angedroht und daher jetzt ebenfalls durch § 366 10) StGB. vorgesehen.

11. Mat. der §§ 304, 305 StGB.

Décret du 28 sept.—6 octobre 1791, concernant les biens et usages ruraux et la police rurale.

Tit. II. Artt. 40, 41, 43, 44. S. unter Feldpolizei.

Loi du 6 frimaire an VII, relative au régime, à la police et à l'administration des bacs et bateaux sur les fleuves, rivières et canaux navigables.

§ 5. *De la police.*

31. Les opérations relatives à l'administration, la police et la perception des droits de passage sur les fleuves, rivières et canaux navigables, appartiendront aux administrations centrales de département, dans l'étendue desquelles se trouvera situé le passage, sans préjudice de la surveillance de l'administration municipale de chaque lieu: la poursuite des délits criminels et de police continuera, conformément au Code des délits et des peines, à être de la compétence des tribunaux.

35. S'il se trouve des réparations ou des reconstructions à faire auxquelles les adjudicataires soient assujettis, ils y seront contraints par les administrations centrales, ainsi et par les mêmes voies que pour les autres entreprises nationales.

Strafbestimmung in § 366 10) StGB. Vgl. Bem. zu Art. 51.

36. Les ingénieurs constateront également la situation des travaux construits dans le lit des rivières, sur les cales, ports, abordages et chemins nécessaires pour y arriver. Ils observeront les changements qui pourraient être survenus dans leur cours, soit à raison des débordements, éboulis, glaces, ensablement, soit à raison de toute autre cause.

Ils indiqueront ensuite les travaux à faire; et si, pour leur confection il était utile de changer le cours de l'eau, le concours de l'agence des eaux et forêts sera nécessaire, et son avis annexé au procès-verbal.

Vgl. Bem. zu Art. 51.

44. Le Directoire déterminera également les mesures de police et de sûreté relatives à chaque passage: en conséquence, il désignera les lieux, et les circonstances, dans lesquels le bac ou bateau devra avoir attaché à sa suite un batelet ou canot, et celles dans lesquelles les batelets ou canots devront être disposés à la rive, à l'effet de porter secours à ceux des passagers auxquels un accident imprévu ferait courir quelques risques. — Il prescrira le mode le plus convenable d'amarrer les bacs et bateaux lors de l'embarquement ou du débarquement, afin d'éviter les dangers que le recul du bateau pourrait occasionner. — Il fixera aussi le nombre des passagers et la quantité de chargement que chaque bac ou bateau devra contenir en raison de sa grandeur.

Vgl. Bem. zu Art. 51.

47. Les adjudicataires ne pourront se servir que de gens de rivière ou mariniers reconnus capables de conduire sur les fleuves, rivières et canaux: à cet effet, les employés devront, avant que d'entrer en exercice, être munis des certificats des commissaires civils de la marine, dans les lieux où ces sortes d'emplois sont établis, ou de l'attestation de quatre anciens mariniers conducteurs, donnée devant l'administration municipale de leur résidence, dans les autres lieux.

Vgl. Bem. zu Art. 51.

§ 7. *Dispositions pénales.*

Art. 51. Il est enjoint aux adjudicataires, mariniers et autres personnes employées au service des bacs, de se conformer aux dispositions de police administrative et de sûreté contenues dans la présente loi, ou qui pourraient leur être imposées par le Directoire et par les administrations pour son exécution, à peine d'être responsables, en leur propre et privé nom, des suites de leur négligence, et, en outre être condamnés pour chaque contravention, **en une amende de la valeur de trois journées de travail,** le tout à la diligence des commissaires du Directoire exécutif près les administrations centrales et municipales.

Die Bestimmungen des gegenwärtigen Gesetzes, auf welche der Art. 51 Bezug nimmt, sind in den oben abgedruckten Artt. 35, 36, 44 und 47 enthalten.

Die Strafe ist jetzt aus § 366 10) StGB. zu entnehmen (Geldstrafe bis zu 60 ℳ oder Haft bis zu 14 Tagen), da sowohl die Anordnungen des Gesetzes selbst in den erwähnten Artikeln als diejenigen, welche zur Ausführung desselben erlassen werden, sammt und sonders die Erhaltung der Sicherheit rc. auf Wasserstraßen bezwecken. Vgl. Vorbem. II 2).

52. Il est expressément défendu aux adjudicataires, mariniers et autres personnes employées au service des bacs et bateaux, d'exiger, dans aucun temps, autres et plus fortes sommes que celles portées aux tarifs, à peine d'être condamnés par le juge de paix du canton, soit sur la réquisition des parties plaignantes, soit sur celle des commissaires du Directoire, à la restitution des sommes indûment perçues, et en outre, par forme de simple police, à une amende qui ne pourra être moindre de la valeur d'une journée de travail et d'un jour d'emprisonnement, ni excéder la valeur de trois journées de travail et trois jours d'emprisonnement: le jugement de condamnation sera imprimé et affiché aux frais du contrevenant.

En cas de récidive, la condamnation sera prononcée par le tribunal de police correctionelle, conformément à l'art. 607 du Code des délits et des peines.

Die Veröffentlichung des Urtheils, welche hier als Zusatzstrafe, nicht wie in §§ 200, 165 StGB. als Privatgenugthuung sich darstellt, ist eine dem StGB. unbekannte Strafart, weshalb auf dieselbe nach Art. V EG. zum StGB. nicht mehr erkannt werden kann. Vgl. Bem. zu Art. 80 Ges. v. 19 brum. IV (s. u. Gold- u. Silberwaaren). Der Schlußsatz des Artikels war bereits dadurch bedeutungslos geworden, daß der Code pénal eine generelle Rückfallsstrafe für Kontraventionen, wie solche Art. 607 des Code v. 3. brum. IV enthielt, nicht aufgenommen hat.

Der Werth eines Arbeitstages wird durch die Bezirkstage bestimmt.

53. Mat. des § 253 StGB.

54. Les adjudicataires seront, dans tous les cas, civilement responsables des restitutions, dommages et

intérêts, amendes et condamnations pécuniaires, prononcés contre leurs préposés et mariniers.

56. Toute personne qui se soustrairait au paiement des sommes portées auxdits tarifs, sera condamnée par le juge de paix du canton, outre la restitution des droits, à une amende qui ne pourra être moindre de la valeur d'une journée de travail, ni excéder trois jours.

En cas de récidive le juge de paix prononcera, outre l'amende, un emprisonnement qui ne pourra être moindre d'un jour, ni être plus de trois; et l'affiche du jugement sera aux frais du contrevenant.

Die erhöhte Rückfallsstrafe wird hier nicht, wie in Art. 52 durch Bezugnahme auf die allgemeine Regel des Art. 607 Code v. brum. IV, sondern besonders normirt. Sie bildete von Anfang an eine Spezialvorschrift, die auch jetzt noch in Kraft ist. Im Uebrigen vgl. Bemerkung zu Art. 52.

57. Mat. der §§ 185, 240, 253 StGB.

58. Mat. der §§ 47—50 StGB.

CODE PÉNAL.

Contraventions de police et peines.

CHAPITRE II. SECTION Ire

Art. 471 4) Mat. der §§ 366 9) u. 10) StGB.

5) der erste Theil dieser Strafvorschrift betraf der Hauptsache nach nur die Zuwiderhandlungen gegen das Edikt von 1607 und das arrêt vom 27. Februar 1765 im Gebiete der petite voirie (vgl. Vorbem. I), welche jetzt nach § 367 15) StGB. bestraft werden. Die Verordnungen der Ortspolizeibehörden und Präfekten standen auch auf diesem Gebiete unter dem Schutze der Strafandrohung der Nr. 15 des Art. 471, welche jetzt, die Wegepolizei anlangend, im Wesentlichen durch § 366

10) StGB. ersetzt ist. Vgl. Faustin Hélie th. d. C. p. zu Art. 471 5).

Der zweite Theil betr. die Mat. des § 367 13) StGB.

6) Mat. des § 366 8) StGB.

479 11) Mat. des § 370 1) StGB.

Seront punis, etc.

12) Ceux qui, sans y être dûment autorisés, auront enlevé des chemins publics les gazons, terres ou pierres, ou qui, dans les lieux appartenant aux communes, auraient enlevé les terres ou matériaux, à moins qu'il n'existe un usage général qui l'autorise.

Mat. des § 370 2) StGB. Der usage général wird auch jetzt noch bei der Entnahme von Erde rc. aus Gemeindeländereien, als den Begriff des Unbefugten ausschließend, zu berücksichtigen sein.

Décret du 6 décembre 1811, contenant règlement sur la construction, la réparation et l'entretien des routes.

SECTION II. *Plantations nouvelles.*

88. Toutes les routes impériales non plantées, et qui sont susceptibles de l'être sans inconvénient, seront plantées par les particuliers ou communes propriétaires riverains de ces routes, dans la traversée de leurs propriétés respectives.

Nach einem Circular des Ministers der öff. Arbeiten v. 9. Aug. 1850 (Potiquet recueil etc. Bd. I S. 345) soll von der Befugniß der Straßenbauverwaltung, die Privaten zur Bepflanzung der Straßen anzuhalten, nur noch ausnahmsweise Gebrauch gemacht, insbesondere bei Staatsstraßen von einer 10 Meter überschreitenden Breite das Setzen der Bäume stets von der Verwaltung selbst auf dem Wegekörper bewirkt werden.

89. Ces propriétaires ou ces communes demeureront propriétaires des arbres qu'ils auront plantés.

90. Les plantations seront faites au moins à la

distance d'un mètre du bord extérieur des fossés, et suivant l'essence des arbres.

93. Tous les arbres morts ou manquants seront remplacés dans les trois derniers mois de chaque année, par le planteur sur la simple réquisition de l'ingénieur en chef.

95. A l'expiration du délai fixé en exécution de l'art. 91 pour l'achèvement de la plantation dans chaque département, les préfets feront constater, par les ingénieurs, si des particuliers ou communes propriétaires n'ont pas effectué les plantations auxquelles le présent décret les oblige, ou ne se sont pas conformés aux dispositions prescrites pour les alignements et pour l'essence, la qualité, l age des arbres à fournir.

Le préfet ordonnera au vu dudit rapport de l'ingénieur en chef, l'adjudication des plantations non effectuées ou mal exécutées par les particuliers ou les communes propriétaires.

Der angezogene Art. 91 war nur von transitorischer Bedeutung.

96. Les dispositions de l'article précédent sont applicables à tous particuliers ou communes propriétaires qui n'auraient pas remplacé leurs arbres morts ou manquants, aux termes de l'art. 93 du présent décret.

97. Tous particuliers et communes au lieu et place desquels il aura été effectué des plantations en vertu des deux articles précédents, seront condamnés à l'amende d'un franc par pied d'arbre que l'administration aura planté à leur défaut: et ce indépendamment du remboursement de tous les frais de plantation.

Durch Bepflanzen der Wege mit Bäumen wird im Wesentlichen bezweckt, die Sicherheit und Bequemlichkeit des Verkehrs zu befördern und zu erhalten. Aus diesem Grunde sind die Strafandrohungen des gegenwärtigen

Dekrets, einer Polizeiverordnung im Sinne des § 366 10) StGB. (vgl. Vorbem. II 2), durch die des letztgenannten Paragraphen ersetzt.

Damit ist auch die Möglichkeit einer Bestrafung von Gemeinden gegenwärtig ausgeschlossen (vgl. Vorbem. IV 4): gegen sie wird jetzt nur noch mit Verwaltungsmaßregeln vorzugehen sein.

SECTION III. *Dispositions générales.*

99. Les arbres plantés sur le terrain de la route et appartenant à l'État, ceux plantés sur les terres riveraines, soit par les communes, soit par les particuliers, en exécution du présent décret ou antérieurement, ne pourront être coupés et arrachés qu'avec l'autorisation du directeur général des ponts et chaussées, accordée sur la demande du préfet, laquelle sera formée seulement lorsque le dépérissement des arbres aura été constaté par les ingénieurs, et toujours à la charge du remplacement immédiat.

101. Tout propriétaire qui sera reconnu avoir coupé, sans autorisation, arraché ou fait périr les arbres plantés sur son terrain, sera condamné à une amende **égale à la triple valeur de l'arbre détruit.**

Strafe jetzt nach § 366 10) StGB. Vgl. Bem. zu Art. 97. A. A. der KH. München (Stenglein 1874 S. 36), welcher das Verbot auch bestehen läßt, aber die Strafe aus § 304 entnimmt.

105. Les particuliers ne pourront procéder à l'élagage des arbres qui leur appartiendraient sur les grandes routes, qu'aux époques et suivant les indications contenues dans l'arrêt du préfet, et toujours sous la surveillance des agents des ponts et chaussées, sous peine de poursuites comme coupables de dommages causés aux plantations des routes.

Strafe wie bei Art. 101.

Loi du 23 mars 1842, relative à la police de la grande voirie.

Art. 1er. A dater de la promulgation de la présente loi, les amendes fixes établies par les règlements de grande voirie antérieurs à la loi des 19—22 juillet 1791, pourront être modérées, eu égard au degré d'importance ou aux circonstances atténuantes des délits, jusqu'au vingtième desdites amendes, sans toutefois que ce mimimum puisse descendre au-dessous de 16 fr.

A dater de la même époque, les amendes dont le taux, d'après ces règlements, était laissé à l'arbitraire du juge, pourront varier entre un minimum de 16 fr. et un maximum de 300 fr.

Bezüglich der grandes routes ist die Anwendbarkeit des Dekrets heute beschränkt auf die Uebertretung der arrêts v. 7. Sept. 1755 u. 16. Dez. 1759, hinsichtlich der Strompolizei auf die der Ordonnanz vom 27. Juli 1723.

Vgl. Vorbem. III u. Bem. zu Art. 11 Ges. v. 15. Juli 1845.

Loi du 15 juillet 1845, sur la police des chemins de fer.

Das Gesetz ist durch Ges. v. 12. Juli 1865 auf Lokal- und industrielle Bahnen ausgedehnt worden.

TITRE Ier. *Mesures relatives à la conservation des chemins de fer.*

Art. Ier. Les chemins de fer construits ou concédés par l'Etat font partie de la grande voirie.

Der bei weitem größte Theil der in Elsaß-Lothringen bestehenden Eisenbahnen steht jetzt unter der durch A. Erlaß v. 9. Dec. 1871 (GBl. 1872 S. 4) geschaffenen „K. Generaldirektion der Eisenbahnen in E.-L."; nur einige Bahnen von untergeordneter Bedeutung sind den bisherigen Aufsichtsbehörden unterworfen geblieben. Vgl. § 30 der „Sicherheitsordnung ꝛc." v. 24. April 1876 (GBl. S. 13).

2. Sont applicables aux chemins de fer les lois et règlements sur la grande voirie, qui ont pour objet d'assurer la conservation des fossés, talus, levées et ouvrages d'art dépendant des routes, et d'interdire, sur toute leur étendue, le pacage des bestiaux et les dépôts de terres et autres objets quelconques.

3. Sont applicables aux propriétés riveraines des chemins de fer les servitudes imposées par les lois et règlements sur la grande voirie, et qui concernent: l'alignement, l'écoulement des eaux, l'occupation temporaire des terrains en cas de réparation, la distance à observer pour les plantations et l'élagage des arbres plantés, le mode d'exploitation des mines, minières, tourbières, carrières et sablières, dans la zone déterminée à cet effet. — Sont également applicables à la confection et à l'entretien des chemins de fer, les lois et règlements sur l'extraction des matériaux nécessaires aux travaux publics.

Der Umstand, daß heute die Eisenbahnen zu ihrem größten Theile nicht mehr unter den bisherigen Behörden der grande voirie stehen, hat grundsätzlich an der Weitergeltung der lois et règlements sur la grande voirie in strafrechtlicher Beziehung nichts geändert; thatsächlich sind jedoch die Vorschriften der letzteren in einer Reihe von Fällen durch entsprechende Bestimmungen des Strafgesetzbuchs und des in Gemäßheit der Artt. 42 u. 43 der Reichsverfassung erlassenen Bahnpolizei-Reglements v. 26. December 1871 (GBl. 1872, S. 92) beseitigt oder modifizirt (vgl. Vorbem. II 3) u. 4)). Dieses BPR. bezog sich seinem unzweideutigen Wortlaute nach auf alle Eisenbahnen Elsaß-Lothringens ohne Ausnahme, beseitigte also die Bestimmungen der alten lois et règlements s. l. gr. v.

soweit es den Gegenstand derselben berührt (und in demselben Maße auch die des gegenwärtigen Gesetzes) ganz allgemein für alle Bahnen, welches auch der Charakter derselben sei. Jene Bestimmungen sind demnach dadurch, daß auf Grund des § 74 des BPR's in der neuen Fassung vom 4. Jan. 1875 gewisse Bahnen untergeordneter Bedeutung von den Vorschriften des Reglements ausgenommen worden sind (vgl. z. B. Amtsblatt für U.-E. 1875 S. 59), bezüglich dieser Bahnen nicht etwa wieder in Kraft getreten, wie solches bei Artt. 8 u. 11 Ed. v. 1607, einigen Bestimmungen der Ord. v. 4. Aug. 1731, dem arrêt v. 16. Dec. 1759 (u. Art. 4 d. G.) in Frage kommen könnte.

In Geltung geblieben sind, und zwar für Bahnen jeder Art:

zu Art. 2: arrêt v. 17. Juni 1721 u. Ord. v. 4. Aug. 1731. Vgl. Bemerkung zu dieser Ordonnanz.

zu Art. 3: über alignement Artt. 4. 5. 7. 9 Ed. v. 1607 u. arrêt v. 27. Febr. 1765,
über occupation 2c. arrêt v. 7. Sept. 1755,
über plantations 2c. Ord. v. 4. Aug. 1731 u. Dekr. v. 16. Dec. 1811,
über carrières 2c. arrêts v. 14. März 1741 u. 5. April 1772.

Hins. des écoulement bestehen keine allgemeinen positiven, Vorschriften, doch wird auf Grund verschiedener in der généralité von Paris ergangener Reglements eine allgemeine Verpflichtung der angrenzenden Eigenthümer, das von den grandes routes abfließende Wasser aufzunehmen, hergeleitet. Vgl. Dalloz, Rép. V° voirie p. t. n° 139. Eine Strafandrohung auf die Zuwiderhandlung gegen diese Servitut fehlte jedoch; bezüglich der Eisenbahnen ist dieselbe jetzt durch Art. 11 des Ges. gegeben.

Der letztgenannte Artikel enthält nämlich die Strafe

nicht blos für die Uebertretungen der Artt. 4—9 sondern auch für die Zuwiderhandlungen gegen die in Artt. 2 u. 3 auf Eisenbahnen angewendeten Vorschriften. Ausgeschlossen wird die Anwendbarkeit des Art. 11 nur durch § 367 15) StGB. nicht durch § 366 10). Vgl. Vorbem. II 3) u. IV.

4. Durch Abschn. I des BPR. v. 29. Dec. 1871 aufgehoben. Vgl. Bemer. zu Art. 3.

5. A l'avenir, aucune construction autre qu'un mur de clôture ne pourra être établi dans une distance de deux mètres d'un chemin de fer. — Cette distance sera mesurée soit de l'arête supérieure du déblai, soit de l'arête inférieure du talus du remblai, soit du bord extérieur des fossés du chemin, et, à défaut d'une ligne tracée, à un mètre cinquante centimètres à partir des rails extérieurs de la voie de fer. — Les constructions existantes au moment de la promulgation de la présente loi, ou lors de l'établissement d'un nouveau chemin de fer, pourront être entretenues dans l'état, où elles se trouveront à cette époque. — Un règlement d'administration publique déterminera les formalités à remplir par les propriétaires pour faire constater l'état desdites constructions, et fixera le délai dans lequel ces formalités devront être remplies.

6. Dans les localités où le chemin de fer se trouvera en remblai de plus de trois mètres au-dessus du terrain naturel, il est interdit aux riverains de pratiquer sans autorisation préalable, des excavations dans une zone de largeur égale à la hauteur verticale du remblai, mesurée à partir du pied du talus. — Cette autorisation ne pourra être accordée sans que les concessionnaires ou fermiers de l'exploitation du chemin de fer aient été entendus ou dûment appelés.

Ist die excavation ein „Bau", so tritt nicht die Strafe des Art. 11 sondern die des § 367 15) StGB. ein.

7. Il est défendu d'établir, à une distance de moins de vingt mètres d'un chemin de fer desservi par des machines à feu, des couvertures en chaumes, des meules de paille, de foin, et aucun autre dépôt de matières inflammables. — Cette prohibition ne s'étend pas aux dépôts de récoltes faits seulement pour le temps de la moisson.

8. Dans une distance de moins de cinq mètres d'un chemin de fer, aucun dépôt de pierres ou objets non inflammables ne peut être établi sans l'autorisation préalable du préfet. — Cette autorisation sera toujours révocable. — L'autorisation n'est pas nécessaire, — 1° Pour former, dans les localités où le chemin de fer est en remblai, des dépôts de matières non inflammables, dont la hauteur n'excède pas celle du remblai du chemin; — 2° Pour former des dépôts temporaires d'engrais et autres objets nécessaires à la culture des terres.

9. Lorsque la sûreté publique, la conservation du chemin et la disposition des lieux le permettront, les distances déterminées par les articles précédent pourront être diminuées en vertu d'ordonnances royales rendues après enquêtes.

11. Les contraventions aux dispositions du présent titre **seront constatées, poursuivies et réprimées comme en matière de grande voirie. — Elles** seront punies d'une amende de seize à trois cents francs, sans préjudice, s'il y a lieu, des peines portées au Code pénal et au titre III de la présente loi. Les contrevenants seront, en outre, condamnés à supprimer, dans le délai déterminé par l'arrêté **du conseil de préfecture,** les excavations, couvertures, meules ou dépôts faits contrairement aux dispositions précédentes. — A défaut par eux, de satisfaire à cette condamnation dans le délai fixé, la suppression aura

lieu d'office, et le montant de la dépense sera recouvré contre eux par voie de contrainte, comme en matière de contributions publiques.

Wie aus den gesetzgeberischen Verhandlungen hervorgeht, hat der Art. 11 zugleich die Bestimmung, an Stelle der in den alten lois et règlements, (nach Artt. 2 und 3 auf Eisenbahnen anwendbar), angedrohten Strafen eine gleichmäßige mildere Strafe nach Vorgang des Ges. v. 23. März 1842 zu setzen. Vgl. Dalloz, Rép. v° voirie p. ch. d. f. N° 250 und Bem. zu Artt. 2 und 3.

Ueber die derogirende Kraft des BPR.s gegenüber den Bestimmungen des gegenwärtigen Gesetzes und der lois et règlements s. l. gr. v. vgl. Vorbem. II 3).

TITRE II. *Des contraventions de voirie commises par les concessionnaires ou fermiers de chemins de fer.*

12. Lorsque le concessionnaire ou le fermier de l'exploitation d'un chemin de fer contreviendra aux clauses du cahier des charges, ou aux décisions rendues en exécution de ces clauses, en ce qui concerne le service de la navigation, la viabilité des routes royales, départementales et vicinales, ou le libre écoulement des eaux, procès-verbal sera dressé de la contravention, soit par les ingénieurs des ponts et chaussées ou des mines, soit par les conducteurs, gardes-mines et piqueurs, dûment assermentés.

Der Art. ist nur noch auf diejenigen Eisenbahnen anwendbar, welche nicht unter der Verwaltung der Generaldirection stehen.

13. Mit der Zuständigkeit der Präfekturräthe beseitigt.

14. Les contraventions prévues à l'art. 12 seront punies d'une amende de trois cents francs à trois mille francs.

15. L'administration pourra, d'ailleurs, prendre

immédiatement toutes mesures provisoires pour faire cesser le dommage, ainsi qu'il est procédé en matière de grande voirie. — Les frais qu'entraînera l'exécution de ces mesures seront recouvrés, contre le concessionnaire ou fermier, par voie de contrainte, comme en matière de contributions publiques.

TITRE III. *Des mesures relatives à la sûreté de la circulation sur les chemins de fer.*

16—17. Mat. der §§ 305, 315 StGB.

18. Mat. des § 126 StGB.

19. Mat. des § 316 StGB.

20. Mat. der §§ 316, 319 StGB.

21. Toute contravention aux ordonnances royales portant règlement d'administration publique sur la police, la sûreté et l'exploitation du chemin de fer, et aux arrêtés pris par les préfets, sous l'approbation du ministre des travaux publics, pour l'exécution desdites ordonnances, sera punie d'une amende de seize à trois mille francs. — En cas de récidive dans l'année, l'amende sera portée au double, et le tribunal pourra, selon les circonstances, prononcer, en outre, un emprisonnement de trois jours à un mois.

Die Anwendbarkeit des Art. ist dadurch wesentlich beschränkt, daß durch den Uebergang der Elsaß-Lothringischen Eisenbahnen in das Eigenthum oder die Verwaltung des Reichs und den Erlaß deutscher Betriebs- und Polizeireglements alle unter der Strafandrohung des Art. 21 erlassenen Bestimmungen betreffend die police, sûreté und exploitation, sowie durch Einsetzung der Generaldirection die Zuständigkeit der Präfekten für diese Bahnen in Wegfall gekommen sind, und daß Zuwiderhandlungen gegen Verordnungen, welche vom Reich oder von Reichsbehörden erlassen sind, nur dann und so weit bestraft werden können, als es nach Reichsrecht zulässig ist. Vgl. Vorbem. II 4) und Bem. zu Art. 471 15) C. p. a. E.

Augenblicklich ist demnach der Art. 21 nur auf diejenigen Eisenbahnen anwendbar, auf welche sich die Sicherheitsordnung v. 24. April 1876 (GBl. S. 13) bezieht.

25. Mat. des § 113 StGB. Vgl. §§ 66, 68 BPR.

26. L'article 463 du Code pénal est applicable aux condamnations qui seront prononcées en exécution de la présente loi.

27. Wiederholt die durch §§ 73 ff. StGB. ersetzte Regel des Code pénal.

Loi du 12—19 juillet 1865, relative aux chemins de fer d'intérêt local.

4. Les chemins de fer d'intérêt local sont soumis aux dispositions de la loi du 15 juillet 1845 sur la police des chemins de fer, sauf les modifications ci-après: — Le préfet peut dispenser de poser des clôtures sur tout ou partie des chemins. — Il peut également dispenser d'établir des barrières au croisement des chemins peu fréquentés.

Der klein gedruckte Theil des Art. ist durch die Bestimmungen in Abschn. I der Sicherheitsordnung vom 24. April 1876 (GBl. S. 13) ersetzt worden.

Von den strafrechtlichen Bestimmungen des Ges. v. 15. Juli 1845 erleiden auf Bahnen des gegenwärtigen Gesetzes auch heute noch unbeschränkt Anwendung die Artt. 5—9; in wie weit die übrigen noch anwendbar sind, s. bei den einzelnen Artt.

8. Les dispositions de l'art. 4 de la présente loi seront également applicables aux concessions de chemins de fer destinés à desservir des exploitations industrielles.

Vgl. Bem. zu Art. 4.

Décret impérial des 1er—19 mai 1869,

portant promulgation de la convention revisée pour la

navigation du Rhin, signée à Mannheim, le 17 octobre 1868, entre la France, le grand-duché de Bade, la Bavière, le grand-duché de Hesse, les Pays-Bas et la Prusse.

32. Les contraventions aux prescriptions de police en matière de navigation établies pour le Rhin d'un commun accord par les gouvernements des Etats riverains, seront punies d'une amende de 10 à 300 francs.

Die fortdauernde Geltung der Rhein-Schifffahrtsakte für Elsaß-Lothringen ist thatsächlich anerkannt, wie aus der nochmaligen Publikation der im Jahre 1868 vereinbarten „Schifffahrtspolizei-" und Floßordnung für den Rhein" in den Amtsblättern (Vgl. Amtsblatt des Bezirks Unter-Elsaß 1872 S. 131) hervorgeht. Rechtlich ist die Sache jedoch zweifelhaft. Nach Art. 11 des Frankfurter Friedensvertrags sollen zwar „die Schifffahrtsverträge wieder in Kraft treten"; damit ist aber an sich nur gesagt, daß Verträge, welche zwischen Frankreich und den deutschen Staaten abgeschlossen sind, zwischen diesen Mächten weiter gelten sollen, nicht aber auch, daß diese Verträge jetzt das Verhältniß von Elsaß-Lothringen zu den deutschen Staaten regeln sollen, ein Punkt, der strenggenommen nicht Gegenstand eines Friedensvertrags mit Frankreich sein konnte.

Gilt die Akte noch, so gehört auch die Aburtheilung der Rheinschifffahrtskonventionen vor die Rheinschifffahrtsgerichte, obwohl das Einf.-Ges. zum StGB. von besonderen Gerichten in Art. XVI nur die Kriegsgerichte aufrecht erhält. Anders § 3 des Entwurfes eines Gerichtsverfassungs-Gesetzes für das deutsche Reich.

Anhang.

In Gemäßheit der Artikel 42 u. 43 der Reichsverfassung hat der Bundesrath des deutschen Reichs an Stelle des Bahnpolizei=Reglements für die Eisenbahnen im Norddeutschen Bunde v. 3. Juni 1870 und des Nachtrags zu demselben vom 29. Dezember 1871 das nachfolgende

Bahnpolizei=Reglement

für die Eisenbahnen Deutschlands

beschlossen:

IV. Bestimmungen für das Publikum.

§ 53.

Die Eisenbahn=Reisenden müssen den allgemeinen Anordnungen nachkommen, welche von der Bahnverwaltung behufs Aufrechterhaltung der Ordnung beim Transport der Personen und Effekten getroffen werden, und haben den dienstlichen Anordnungen der in Uniform befindlichen oder mit einem Dienstabzeichen oder mit einer besonderen Legitimation versehenen Bahnpolizei=Beamten (§ 66) Folge zu leisten.

§ 54.

Das Betreten des Planums der Bahn, der dazu gehörigen Böschungen, Dämme, Gräben, Brücken und sonstigen Anlagen ist ohne Erlaubnißkarte nur der Aufsichtsbehörde und deren Organen, den in der Ausübung ihres Dienstes befindlichen Forstschutz=, Zoll=, Steuer=, Telegraphen=, Polizeibeamten, den Beamten der Staatsanwaltschaften und den zur Rekognoszirung dienstlich entsendeten Offizieren gestattet; dabei ist jedoch die Bewegung wie der Aufenthalt innerhalb der Fahr= und Rangirgeleise zu vermeiden. Das Publikum darf die Bahn nur an den zu Ueberfahrten oder Uebergängen bestimmten Stellen überschreiten und zwar nur so lange, als die letzteren nicht durch Barrieren verschlossen sind. Es ist dabei jeder unnöthige Verzug zu vermeiden.

Die Gewährung von Erlaubnißkarten zum Betreten der vorstehens bezeichneten Bahnanlagen bedarf der Genehmigung der Aufsichtsbehörde.

Es ist untersagt, die Barrieren oder sonstigen Befriedigungen eigenmächtig zu öffnen, zu überschreiten oder zu übersteigen, oder etwas darauf zu legen oder zu hängen.

§ 55.

Außerhalb der bestimmungsmäßig dem Publikum für immer oder zeitweise geöffneten Räume darf niemand den Bahnhof ohne Erlaubnißkarte betreten, mit Ausnahme der in Ausübung ihres Dienstes befindlichen Chefs der Militär- oder Polizeibehörde, sowie der in § 54 gedachten und der Postbeamten.

Den Festungskommandanten, Fortifikationsoffizieren und den durch ihre Uniform als solche kenntlichen Fortifikationsbeamten ist gestattet, auch den Bahnkörper wie die Bahnhöfe innerhalb des Festungsrayons zu betreten.

Die Wagen, welche Reisende zur Bahn bringen oder daher abholen, müssen auf den Vorplätzen der Bahnhöfe, an den dazu bestimmten Stellen auffahren.

Die Ueberwachung der Ordnung auf den für diese Wagen bestimmten Vorplätzen, soweit dies den Verkehr mit Reisenden und deren Gepäck betrifft, steht den Bahnpolizei-Beamten zu, insofern in dieser Beziehung nicht besondere Vorschriften ein Anderes bestimmen.

§ 56.

Das Hinüberschaffen von Pflügen, Eggen und anderen Geräthen, sowie von Baumstäumen und anderen schweren Gegenständen über die Bahn darf, sofern solche nicht getragen werden, nur auf Wagen oder untergelegten Schleifen erfolgen.

§ 57.

Für das Betreten der Bahn und der dazu gehörigen Anlagen durch Vieh bleibt derjenige verantwortlich, welchem die Aufsicht über dasselbe obliegt.

Das Treiben von größeren Viehherden über die Bahnübergänge ist innerhalb zehn Minuten vor dem erwarteten Eintreffen eines Zuges nicht mehr gestattet.

§ 58.

Privatübergänge dürfen nur von den Berechtigten unter den von der Aufsichtsbehörde genehmigten Bedingungen benutzt werden.

§ 59.

So lange die Uebergänge geschlossen sind, müssen Fuhrwerke, Reiter, Treiber von Viehherden und Führer von Lastthieren bei den aufgestellten Warnungstafeln halten. Das Gleiche gilt, sobald die Glocken an den mit Zugbarrieren versehenen Uebergängen ertönen. Fußgänger dürfen sich den geschlossenen Barrieren nähern, dieselben aber nicht öffnen.

§ 60.

Alle Beschädigungen der Bahn und der dazu gehörigen Anlagen, mit Einschluß der Telegraphen, sowie der Betriebsmittel nebst Zubehör, ingleichen das Auflegen von Steinen, Holz und sonstigen Sachen auf das Planum, oder das Anbringen sonstiger Fahrhindernisse sind verboten, ebenso die Erregung falschen Alarms, die Nachahmung von Signalen, die Verstellung von Ausweichevorrichtungen und überhaupt die Vornahme aller, den Betrieb störender Handlungen.

§ 61.

Das Einsteigen in einen bereits in Gang gesetzten Zug, der Versuch, sowie die Hülfeleistung dazu, ingleichen das eigenmächtige Oeffnen der Wagenthüren oder Aussteigen, während der Zug sich noch in Bewegung befindet, ist verboten.

§ 62.*)

Wer den Bestimmungen der §§ 53—61 und den nachfolgenden Bestimmungen des Betriebs-Reglements für die Eisenbahnen Deutschlands vom 11. Mai 1874 zuwiderhandelt, welche also lauten:

> Feuergefährliche Gegenstände, sowie alles Gepäck, welches Flüssigkeiten und andere Gegenstände enthält, die auf irgend eine Weise Schaden verursachen, können, insbesondere geladene Gewehre, Schießpulver, leicht entzündbare Präparate und andere Sachen gleicher Eigenschaft, dürfen in den Personenwagen nicht mitgenommen werden. Das Eisenbahndienstpersonal ist berechtigt, sich in dieser Beziehung die nöthige Ueberzeugung zu verschaffen. Jägern und im öffentlichen Dienste stehenden Personen ist jedoch die Mitführung von Handmunition gestattet,

wird mit einer Geldstrafe bis zu dreißig Mark bestraft, sofern nicht nach den allgemeinen Strafbestimmungen eine härteré Strafe verwirkt ist.

Berlin, den 4 Januar 1875.

Der Reichskanzler.

---

*) Ueber die Geltung dieses § vgl. Vorbem. II 4).

VIII.

Fuhrwesen

(Roulage, voitures publiques).

Inhaltsübersicht.

Vorbemerkung:

Code pénal Artt. 475 3) 4), 476, 478, 479 2).
Ges. v. 30. Mai 1851, Artt. 1—10, 12—19, 29.
Dekr. v. 10. Aug. 1852, Artt. 1—6, 8—45.
Dekr. v. 24. Febr. 1858, Artt. 2, 3.
Dekr. v. 29. Aug. 1863.

Vorbemerkung.

I. Die zur Zeit der Einführung des StGB. maßgebenden Strafvorschriften des französischen Rechts über das Fuhrwesen finden sich in dem Art. 475 des Code pénal unter Nr. 3 u. 4 sowie in dem umfangreichen Gesetze v. 30. Mai 1851 nebst den zur Ausführung desselben ergangenen Dekreten, wogegen die des neuen Rechts, abgesehen von einigen Paragraphen des Postgesetzes (G.=Bl. 1871 S. 349) sich auf die Bestimmungen in Nr. 2 bis 5 des § 366 StGB. beschränken.

In der ursprünglichen Fassung des Code pénal reichte die Nr. 4 des Art. 475 nur bis zu den Worten «ou la mauvaise direction des voitures» und bezog sich demzufolge, ebenso wie die Nr. 3, auf Fuhrwerk jeder Art und Straßen ohne Unterschied, und in gleicher Weise nahmen beide Bestimmungen, abgesehen von dem ersten Theil der Nr. 4, auf besondere Polizei=Reglements Bezug, deren Straffanktion sie enthielten; in letzterer Beziehung fällt jedoch ein Unterschied zwischen beiden auf den ersten Blick in die Augen, welcher darin besteht, daß Nr. 3, wenigstens in ihrem ersten und letzten Satze, die durch Reglements den Fuhrleuten aufzuerlegenden Verpflichtungen so genau bestimmt, daß kaum etwas übrig bleibt, was hinsichtlich dieser Verpflichtungen durch besondere Reglements noch näher reguliert werden könnte. Dies ist denn auch der Grund gewesen, daß die französischen Gerichte in konstanter Uebung daran festhielten, daß diese Verpflichtungen der Fuhrleute, sich unausgesetzt bei ihren Thieren zu halten und entgegenkommenden Fuhrwerken auszuweichen, auch ohne Bestätigung durch besondere Polizeiverordnungen als unter der Strafe des Art. 475 stehend betrachtet wurden. [Vgl. Dalloz, Rép. V° contravention n° 295, voitures publ. n° 75, F. Hélie th. d. c. p. zu 475 3).]

Es ist hier nicht der Ort, auf die mit den Fortschritten der Technik zusammenhängende und mit ihnen wechselnde Entwickelung des das Fuhrwesen betreffenden Theiles der Polizei näher einzugehen, es muß jedoch erwähnt werden, daß vor wie nach der Einführung des Code pénal dieses Gebiet der Polizei fortgesetzt Gegenstand von Gesetzen, Dekreten und namentlich Königlicher Ordonnanzen gewesen ist und zwar nicht blos nach den in Art. 475 4) (der ursprünglichen Fassung) hervorgehobenen Gesichtspunkten des chargement, der rapidité und der mauvaise direction sondern auch nach anderen, namentlich den in dem jetzigen Schlußsatze der Nr. 4 angeführten Richtungen hin, wobei jedoch zu bemerken, daß diese Anordnungen der obersten Regierungsgewalt sich im Wesentlichen auf Personentransportfuhrwerk (voitures publiques) und Frachtfuhrwerk (roulage) beschränkten (s. die Zusammenstellung bei Dalloz, Rép. V° voit. publ.). Was aber die Strafe für Uebertretung dieser polizeilichen Anordnungen betraf, so enthielt nur das in dieser Beziehung durch den Code pénal modifizirte, später durch das Gesetz von 1851 ganz aufgehobene Gesetz vom 29 flor. X besondere Bestimmungen, im Uebrigen wurde (abgesehen von einer später durch Ord. v. 5. Mai 1822 ausdrücklich beseitigten Bestimmung des Art. 12 der Ord. v. 4. Febr. 1820) die Strafsanktion für Nichtbeachtung der Vorschriften der Ordonnanzen in dem Art. 475 Code pénal gesucht. Die Gerichte trugen jedoch Bedenken, die Kgl. Ordonnanzen als règlements im Sinne der Nr. 4 («violé les règlements», etc.) anzuerkennen und aus dieser Veranlassung erging das Gesetz v. 28. Juni 1829, dessen

Bestimmung später durch Gesetz v. 28. April 1832 der Nr. 4 des Art. 475 wörtlich, jedoch (was F. Hélie th. d. C. p. übersieht) mit dem Zusatze angehängt wurde, daß die Strafe des Artikels nicht blos auf die Uebertretung der Ordonnanzen sondern auch auf die von règlements gesetzt wurde. Dieser Schlußsatz von Nr. 4 betrifft ausdrücklich nur voitures publiques, beschränkt sich aber nicht auf Straßen besonderer Art.

Es folgte nun im Jahre 1851 das Gesetz v. 30 Mai «sur la police du roulage et des messageries publiques», welches im Wesentlichen dieselben Punkte, die der neue Schlußsatz von Art. 475 4) als Gegenstand besonderer Reglements hinstellt, sowie mehr oder weniger auch die übrigen in Nr. 3 u. 4 enthaltenen Vorschriften einer umfassenden Neugestaltung, auch hinsichtlich der Strafen, unterwirft, jedoch einerseits, wie Art. 1 ergiebt, nur den Verkehr auf routes nationales et départementales und auf chemins vicinaux de grande communication zum Gegenstande hat und andererseits, neben Bestimmungen, die sich auf Fuhrwerke jeglicher Art beziehen, hauptsächlich nur über Frachtfuhrwerk und öffentliches Personentransportfuhrwerk reglementarische Anordnungen trifft.

Das Gesetz hebt zwar in Art. 29 (resp. das Dekret v. 10. Aug. 1851 in Art. 45) die noch in Betracht kommenden Kgl. Ordonnanzen auf, spricht sich aber über seine Einwirkung auf die Vorschriften des Code pénal und die in Gemäßheit derselben erlassenen Reglements nicht ausdrücklich sondern nur den allgemeinen Satz aus: «Sont abrogées toutes dispositions contraires à celles de la présente loi», es wird aber nach dem Gesagten zunächst der allgemeine Satz aufzustellen sein, daß jene Vorschriften nnd Reglements, soweit sie das Fuhrwesen auf Wegen regeln, die nicht zu den in Art. 1 des Gesetzes genannten Straßen gehören, durch das Ges. v. 30. Mai

1851 und die auf Grund desselben ergangenen Dekrete nicht berührt werden, außerdem aber muß diese Weitergeltung, eventuell in beschränktem Maße, sich auch auf diejenigen Vorschriften erstrecken, welche zwar den Verkehr auf grandes routes betreffen aber mit dem Gesetze oder Dekrete nicht in Widerspruch stehen, weil sie in denselben entweder gar nicht oder nicht für Fuhrwerk jeder Art wiederholt bezw. anders reguliert sind [wie dies z. B. von dem ersten und dritten Satze v. 475 3) galt, deren Vorschrift in dem Dekret nur für roulage und messagerie wiederholt ist, also für anderes Fuhrwerk auch auf grandes routes weiter geltend blieb. Vgl. Dalloz, Rép. V° voit. publ. n° 75, 28, 29, F. Hélie th. d. C. p. zu Art. 475 3) u. 4).

II. Was nun das StGB. anbetrifft, so kann beim ersten Anblick der Anschein entstehen, als ob die Strafe für Uebertretungen fahrpolizeilicher Bestimmungen generell durch § 366 10) geregelt sei; allein, so allgemein gehalten die Ausdrücke hier sind, so ist doch anzunehmen, daß der Gesetzgeber nicht nur seine Ausdrücke sondern auch den Platz dieser Bestimmung anders gewählt haben würde, wenn er in derselben nicht blos die Wege- sondern auch die Fahrpolizei hätte begreifen wollen; polizeiliche Vorschriften der letzteren Art sind in den Nummern 2 bis 5 enthalten und unmittelbar hinter Nr. 5, nicht hinter Nr. 9, welche rein straßenpolizeilichen Inhalts ist, wäre in diesem Falle der Ort für Nr. 10 gewesen.

Diese Thatbestände des § 366 stehen folgenden verwandten Bestimmungen des französischen Rechts gegenüber:

Nr. 2. Uebermäßig schnelles Fahren — rapidité in Art. 475 4),

Nr. 3. Muthwilliges Verhindern des Vorbeifahrens — Bestimmungen über das Ausweichen in Art. 475 3) u. Art. 9 Dekr. v. 10. Aug. 1852.

Nr. 5. Führen ohne die erforderlichen Sicherheitsmaßregeln. — Vorschrift über das Führen in Art. 475 3), Artt. 14. 15. 27. 28. 33. 34. Dekr. v. 10. Aug. 1852, mauvaise direction in Art. 475 4).

Sieht man zunächst ab von denjenigen Bestimmungen des französischen Rechts, welche bestimmte Ge- oder Verbote nicht aufstellen sondern solche den Verordnungen der polizeilichen Gewalten überlassen, so scheiden sich die übrig bleibenden gewissermaßen von selbst in solche, welche ganz allgemein Anordnungen für Fuhrwerk aller Art auf Straßen ohne Unterschied und solche, welche spezielle Vorschriften für roulage oder messageries auf grandes routes enthalten. Zu den ersteren gehören die generellen Bestimmungen des Art. 475 3) (vgl. oben unter I) über Ausweichen und Führen, zu den zweiten die citt. Artt. 9. 14. 15. 27. 28 34 u. 35 des Dekr. v. 1852, welche den Fuhrleuten auf grandes routes je nach der Art des Fuhrwerks ganz spezielle Anweisungen über die Art des Ausweichens und die zu beobachtenden Sicherheitsmaßregeln ertheilen.

Hält man nun fest, daß zwar Art. II Einf.-Ges. zum StGB. hinsichtlich der Uebertretungen keine andern Normen aufstellt als über Verbrechen und Vergehen, daß es also nur darauf ankommt, ob die Materien sich „betreffen", „berühren", nicht darauf, ob die Vorschrift des neuen Rechts die des alten deckt, daß aber im Zweifel einer Vorschrift des Code pénal der Charakter einer „besonderen" Vorschrift abzusprechen, dagegen der Bestimmung eines Spezialgesetzes zuzuerkennen ist, so gelangt man zu dem Resultate, daß Art. 475 3) in seinem ersten und letzten Satze als Strafvorschrift des gemeinen Rechts jetzt durch § 366 Nr. 3 u. 5 beseitigt ist, dagegen die mehrfach citirten Artikel des Dekrets mit der in dem Gesetze von 1851 enthaltenen Strafandrohung als „besondere" Vorschriften neben dem StGB. in Geltung geblieben sind.

Was nun die in Gemäßheit der Nr. 4 Art. 475 über rapidité oder mauvaise direction erlassenen oder zu erlassenden Polizeiverordnungen betrifft, so kann die Frage über ihre Weitergeltung nicht einfach mit ja oder nein entschieden werden; es wird vielmehr bei jeder einzelnen Bestimmung dieser Reglements zu prüfen sein, ob dieselbe sich in ähnlichen allgemeinen Ausdrücken wie Nr. 2 u. 5 § 366 StGB. bewegt, oder ob sie in Berücksichtigung lokaler Besonderheiten den Fuhrleuten oder Fuhrwerksbesitzern ganz besondere Verpflichtungen auferlegt. Nur Vorschriften der letzteren Art können auf Weitergeltung neben dem StGB. Anspruch machen, stehen dann aber auch nach wie vor unter der Straffanktion des Art. 475.

Endlich aber steht der Weitergeltung der letzterwähnten Vorschriften sammt ihrer Straffanktion sowie der obenerwähnten Artikel des Dekrets von 1852, soweit sie den Fuhrleuten besondere Sicherheitsmaßregeln zur Pflicht machen, nicht entgegen, daß § 366 5) allgemein von Vernachlässigung der erforderlichen Sicherheitsmaßregeln spricht, da diese Worte dem § 366 keineswegs den Charakter einer generellen Straffanktion für Uebertretung landesrechtlicher Sicherheitsvorschriften verleihen wollen, wie solche durch Nr. 10 für Uebertretungen der Wegepolizei gegeben ist, sondern nur die durch die Natur der Sache gebotenen Vorsichtsmaßregeln im Auge haben [vgl. Oppenhoff zu § 366 5)].

CODE PÉNAL.

Contraventions de police et peines.

CHAPITRE II. SECTION II.

Art. 475. Seront punis d'amende depuis six francs jusqu'à dix francs inclusivement:

3° Les rouliers, charretiers, conducteurs de voitures quelconques ou de bêtes de charge, qui auraient contrevenu aux règlements par lesquels ils sont obligés **de se tenir constamment à portée de leurs chevaux, bêtes de trait ou de charge et de leurs voitures et en état de les guider ou conduire;** d'occuper un seul côté des rues, chemins ou voies publiques; **de se détourner ou ranger devant toutes autres voitures et à leur approche de leur laisser libre au moins la moitié des rues, chaussées, routes et chemins.**

Die erste und letzte Vorschrift der Nr. 3 waren hinsichtlich der messagerie und roulage auf grandes routes bereits durch Artt. 9, 14 und 34 Dekr. v. 10. Aug. 1852 ersetzt; auch in ihrer beschränkten Anwendbarkeit sind dieselben heute durch § 366 Nr. 2 und 5 StGB. beseitigt. Vgl. hierüber Vorbem. II. Der dort entwickelten Ansicht steht nicht entgegen, daß der Art. nach seinem Wortlaute auf règlements Bezug nimmt, da eine feststehende Praxis zur Strafbarkeit des ersten und letzten Gebots die Existenz solcher Reglements nicht erforderte. Wenn übrigens Faustin Hélie als solche Polizeiverordnungen die Ordonnanzen v. 28. Aug. 1808, 14. Febr. 1820 und 15. Mai 1822 anführt, so übersieht er, daß dieselben durch Art. 40 d. Ord. v. 18. Juli 1828 ausdrücklich aufgehoben sind.

Dagegen ist die zweite Vorschrift, welche zu ihrer Wirksamkeit nothwendig eine nähere polizeiliche Bestimmung erfordert, weder durch das Dekret v. 1852 noch durch das StGB. berührt. Ueber eine derartige im Departement des Ober-Rhein am 25. April 1836 erlassene

Verordnung vgl. Dalloz Rép. V° Contravention Nr. 296 Anm. 2.

4° Ceux qui auront **fait ou laissé courir les chevaux, bêtes de trait, de charge ou de monture dans l'intérieur d'un lieu habité** ou violé les règlements contre le chargement, la rapidité ou la mauvaise direction des voitures;

Ceux qui contreviendront aux dispositions des **ordonnances et** règlements ayant pour objet: la solidité des voitures publiques; — leurs poids; — le mode de leur chargement; — le nombre et la sûreté des voyageurs; — l'indication, dans l'intérieur des voitures, des places qu'elles contiennent et des prix des places; — l'indication, à l'extérieur, du nom du propriétaire.

Der klein gedruckte Theil des ersten Satzes ist durch § 366 5) StGB. ersetzt.

Was den weiteren Inhalt der Nr. 4 betrifft, so ist das Fuhrwesen auf den routes nationales und départementales und den chemins vicinaux de grande communication jetzt der Hauptsache nach durch das Gesetz v. 30. Mai 1851 und das Dekret vom 10. Aug. 1852 geregelt. Die Anwendbarkeit der Strafbestimmung des Art. 475 beschränkt sich daher auf die Uebertretung von Verordnungen der Bezirks-Präsidenten und Bürgermeister, welche entweder das Fuhrwesen auf andern als den eben bezeichneten Wegen, also namentlich auf Landwegen und städtischen Straßen zum Gegenstande haben oder zwar die grandes routes betreffen aber Punkte regulieren, welche in dem Gesetz von 1851 und den auf Grund desselben ergangenen Dekreten nicht vorgesehen sein sollten.

Haben solche Polizeiverordnungen die rapidité oder mauvaise direction zum Gegenstande, so ist bezüglich ihres Verhältnisses zum StGB. zu unterscheiden, ob sie über diese beiden Punkte nur Vorschriften allgemeiner Natur enthalten oder lokalen Besonderheiten Rechnung tragen; Vorschriften der ersteren Art sind durch § 366 2) und 5) beseitigt, die andern sind dagegen als weiter geltend zu betrachten und nach Art. 475 strafbar. Vgl. Vorbem. II a. E.

Die in dem Schlußsatz erwähnten Ordonnanzen, als welche Faustin Hélie die vom 4. Febr. 1820, 27. Sept. 1827 und 16. Juli 1828 benennt, sind ausdrücklich theils durch Art. 40 der Ord. v. 1828, theils durch Art. 45 Dekr. v. 10. Aug. 1852 aufgehoben.

Vgl. übr. Vorbem. I.

476. Pourra, suivant les circonstances, être prononcé, outre l'amende portée en l'article précédent, l'emprisonnement pendant trois jours au plus, contre les rouliers, charretiers, voituriers et conducteurs en contravention; contre ceux qui auront contrevenu aux règlements ayant pour objet, soit la rapidité, la mauvaise direction ou le chargement des voitures ou des animaux, soit la solidité des voitures publiques, leur poids, le mode de leur chargement, le nombre et la sûreté des voyageurs. . . .

Die weggelassenen Worte beziehen sich auf die beseitigten Nr. 6 und 8 des Art. 475.

478. La peine de l'emprisonnement pendant cinq jours au plus sera toujours prononcée en cas de récidive, contre toutes les personnes mentionnées dans l'article 475. . . .

SECTION III.

479. Seront punis d'une amende de onze à quinze francs inclusivement,

2° Ceux qui auront occasionné la mort ou la blessure des animaux ou bestiaux appartenant à autrui. . . , par la rapidité ou la mauvaise direction ou le chargement excessif des voitures, chevaux, bêtes de trait, de charge ou de monture.

Die Nr. 2 des Art. 479 sieht, wie die Nr. 1, 3 und 4, einen Fall fahrlässiger Sachbeschädigung vor, welcher, als dem früheren gemeinen Rechte angehörend, durch § 303 StGB. beseitigt ist; letzterer erfordert allerdings Vorsätzlichkeit, wodurch jedoch die Gemeinschaftlichkeit der Materie „strafbare Beschädigung fremden Eigenthums" nicht ausgeschlossen wird. Die Mehrzahl der in den Nr. 2, 3 und 4 vorgesehenen Handlungen fällt übrigens, abgesehen von dem Resultate der Beschädigung, schon unter schärfere Strafandrohungen des StGB., z. B. §§ 366 2) 3), 367 13).

Anders muß die Entscheidung ausfallen, wenn ein Spezialgesetz von einem bestimmten polizeilichen Gesichtspunkte aus einen besonderen Fall fahrlässiger Sachbeschädigung (unter Umständen auch vorsätzlicher, z. B. Weidefrevel) für strafbar erklärt, z. B. im Falle des Art. 9 des folgenden Ges. v. 30. Mai 1851.

483. Rückfall und mildernde Umstände, s. Thl I. S. 17.

Loi du 30 mai—8 juin 1851, sur la police du roulage et des messageries publiques.

Das Gesetz regelt, wie namentlich aus Artt. 1 u. 3 hervorgeht, nur das Fuhrwesen auf den s. g. grandes routes (vgl. Art. 1), beschränkt sich aber nicht, wie aus der Ueberschrift geschlossen werden könnte, unbedingt auf Bestimmungen über Fracht- und öffentliches Personenfuhrwerk, sondern enthält in Verbindung mit Tit. I Dekr. v. 10. Aug. 1852 in Art. 2 § 1 auch Bestimmungen über Fuhrwerk jeder Art.

TITRE PREMIER. *Des conditions de la circulation des voitures.*

Art. 1er. Les voitures suspendues ou non suspendues, servant au transport des personnes ou des marchandises, peuvent circuler sur les routes nationales, départementales et chemins vicinaux de grande communication, sans aucune condition de réglementation de poids, ou de largeur de jantes.

2. Des règlements d'administration publique déterminent:

§ 1er. Pour toutes les voitures,

1° La forme des moyeux, le maximum de la longueur des essieux, et le maximum de leur saillie au-delà des moyeux; — 2° La forme des bandes des roues; — 3° La forme des clous des bandes; — 4° Les conditions à observer pour l'emplacement et les dimensions de la plaque prescrite par l'article 3; — 5° Le maximum du nombre des chevaux de l'attelage, que peut comporter la police ou la libre circulation des routes; — 6° Les mesures à prendre pour régler momentanément la circulation pendant les jours de dégel, et les précautions à prendre pour la protection des ponts suspendus.

Hierzu Tit. I des Dekr. v. 10. Aug. 1852.

§ 2. Pour les voitures ne servant pas au transport des personnes,

1° La largeur du chargement; — 2° La saillie des colliers des chevaux; — 3° Les modes d'enrayage; — 4° Le nombre des voitures qui peuvent être réunis en un même convoi, l'intervalle, qui doit rester libre d'un convoi à un autre, et le nombre de conducteurs exigé pour la conduite de chaque convoi; — 5° Les autres mesures de police à observer pour les conducteurs, notamment en ce qui concerne le stationnement sur les routes, et les règles à suivre pour éviter ou dépasser d'autres voitures. — Sont affranchies de toute réglementation de largeur de chargement les voitures de l'agriculture servant au transport des récoltes de la ferme aux champs et des champs à la ferme, ou au marché.

Hierzu Tit. II d. Dekr. v. 10. Aug. 1852.

§ 3. Pour les voitures de messageries,

1° Les conditions relatives à la solidité et à la stabililé des voitures; — 2° Le mode de chargement, de conduite et d'enrayage des voitures; — 3° Le nombre de personnes qu'elles peuvent porter; — 4° La police des relais; — 5° Les autres mesures de police à observer pour les conducteurs, cochers ou postillons, notamment pour éviter ou dépasser d'autres voitures.

Hierzu Tit. III d. Dekr. v. 10. Aug. 1852.

3. Toute voiture circulant sur les routes nationales, départementales et chemins vicinanx de grande communication doit être munie d'une plaque conforme au modèle prescrit par le règlement d'administration publique rendue en vertu du n° 4 du premier paragraphe de l'art. 2. — Sont exceptées de cette disposition, — 1° Les voitures particulières destinées au transport des personnes, mais étrangères à un service public des messageries; — 2° Les malles-postes et autres voitures appartenant à l'administration des postes; — 3° Les voitures d'artillerie, chariots et fourgons appartenant au département de la guerre et de la marine. — Des décrets du président de la République déterminent les marques distinctives que doivent porter les voitures désignées aux paragraphes II et III, et les titres, dont leurs conducteurs doivent être munis; — 4° Les voitures employées à la culture des terres, au transport des récoltes, à l'exploitation des fermes, qui se rendent de la ferme aux champs ou des champs à la ferme, ou qui servent au transport des objets récoltés du lieu où ils ont été recueillis jusqu'à celui où, pour les conserver ou les manipuler, le cultivateur les dépose ou les rassemble.

TITRE II. *De la pénalité.*

4. Toute contravention aux règlements rendus en exécution des dispositions des nos 1, 2, 3, 5 et 6 du premier paragraphe de l'article 2 et les nos 1, 2 et 3 du deuxième paragraphe du même article, est punie d'une amende de 5 à 30 fr.

5. Toute contravention aux règlements rendus en exécution des dispositions des nos 4 et 5 du deuxième paragraphe de l'article 2 est punie d'une amende de 6 à 10 fr. et d'un emprisonnement de un à trois jours. En cas de récidive, l'amende pourra être portée à 15 fr. et l'emprisonnement à cinq jours.

6. Toute contravention aux règlements rendus en vertu du troisième paragraphe de l'article 2 est punie d'une amende de 16 à 200 fr. et d'un emprisonnement de six à dix jours.

7. Tout propriétaire d'une voiture circulant sur des voies publiques sans qu'elle soit munie de la plaque prescrite par l'article 3 et par les règlements rendus en exécution du no 4 du premier paragraphe de l'article 2, sera punie d'une amende de 6 à 15 fr., et le conducteur d'une amende de 1 à 5 fr.

8. Tout propriétaire ou conducteur de voiture qui aura fait usage d'une plaque portant un nom ou domicile faux ou supposé sera puni d'une amende de 50 à 200 fr. et d'un emprisonnement de six jours au moins et de six mois au plus. — La même peine sera applicable à celui qui, conduisant une voiture dépourvue de plaque, aura déclaré un nom ou domicile autre que le sien ou que celui du propriétaire pour le compte duquel la voiture est conduite.

Die Schlußbestimmung des Artikels, soweit sie die Angabe eines falschen Namens mit Strafe bedroht, ist durch § 360 8) StGB. nicht beseitigt, da diese Handlung hier im Verein mit der Nichtführung eines Schildes einen besonderen Thatbestand bildet. Der Fall ist nach den Grundsätzen der Idealkonkurrenz zu behandeln. Vgl. Oppenhoff Anm. 61 zu § 360 8).

9. Lorsque, par la faute, la négligence ou l'imprudence du conducteur, une voiture aura causé un dommage quelconque à une route ou à ses dépendances, le conducteur sera condamné à une amende de 3 à 50 fr. — Il sera, de plus, condamné aux frais de la réparation.

Als ein Fall fahrlässiger Sachbeschädigung in einem Spezialgesetze durch §§ 303 ff. StGB. nicht berührt. Vgl. oben Bem. zu Art. 479 2) C. p.

10. Sera puni d'une amende de 16 à 100 fr., indépendamment de celle qu'il pourrait avoir encourue pour toute autre cause, tout voiturier ou conducteur qui, sommé de s'arrêter par l'un des fonctionnaires ou agents chargés de constater les contraventions, refuserait d'obtempérer à cette sommation et de se soumettre aux vérifications prescrites.

Der Artikel enthält, ähnlich wie Art. 33 Fisch-Ges., einen Fall der Widersetzung, der zu seinem Thatbestande weder Gewalt noch Drohung mit Gewalt erfordert. Er bildete eine Spezialvorschrift bereits neben Art 209 Code pénal und ist demnach auch heute durch § 113 StGB. nicht aufgehoben.

11. Les dispositions du livre III, titre I, chapitre III, section IV, paragraphe 2 du Code pénal, sont applicables en cas d'outrages ou de violences envers les fonctionnaires ou agents chargés de constater les délits et contraventions prévus par la présente loi.

Nach Art. III. Einf.-Ges. zum StGB. treten an Stelle der in Art. 11 angezogenen, jetzt durch §§ 113 ff., 185 ff., 223 ff. StGB. ersetzten strafrechtlichen Vorschriften diese letzteren. Zur Beurtheilung ob „Rechtmäßigkeit" im Sinne des § 113 StGB. vorliegt, ist auf die Bestimmungen des gegenwärtigen Gesetzes, insbesondere Artt. 15 u. 16, zu rekurriren.

12. Lorsqu'une même contravention ou un même délit prévu aux articles 4, 7 et 8 a été constaté à plusieurs reprises, il n'est prononcé qu'une seule condamnation, pourvu qu'il ne se soit pas écoulé plus de vingt-quatre heures entre la première et la dernière constatation. — Lorsqu'une même contravention ou un même délit prévu à l'article 6 a été constaté à plusieurs reprises pendant le parcours d'un même relais, il n'est prononcé qu'une seule condamnation. — Sauf les exceptions mentionnées au présent article, lorsqu'il aura été dressé plusieurs procès-verbaux de contravention, il sera prononcé autant de condamnations qu'il y aura eu de contraventions constatées.

Insofern der Schlußsatz des Artikels die Kumulation der Strafen nicht blos für contraventions i. e. S. sondern auch für Handlungen anordnet, welche der Strafe nach délits sind, enthält er eine in Kraft gebliebene Ausnahme von der Regel des Art. 365 C. d'instr. cr., während er in Anwendung auf jene contraventions der in der franz. Praxis befolgten Regel entspricht und demnach durch die, materiell nicht verschiedene Regel des StGB. ersetzt ist.

Die ersten Sätze des Artikels berühren zwar die Lehre von der Konkurrenz, bestimmen aber materiell über den strafbaren Thatbestand selbst (fortgesetztes Vergehen) und sind unverändert in Kraft geblieben.

13. Tout propriétaire de voiture est responsable des amendes, des dommages-intérêts et des frais de réparation prononcés en vertu des articles du présent titre, contre toute personne préposée par lui à la conduite de sa voiture. — Si la voiture n'a pas été conduite par ordre ou pour le compte du propriétaire, la res-

ponsabilité est encourue par celui qui a préposé le conducteur.

14. Les dispositions de l'article 463 du Code pénal sont applicables dans tous les cas où les tribunaux correctionnels ou de simple police prononcent en vertu de la présente loi,

TITRE III. *De la procédure.*

15. Sont spécialement chargés de constater les contraventions et délits prévus par la présente loi, les conducteurs, agents-voyers, cantonniers, chefs et autres employés du service des ponts et chaussées ou des chemins vicinaux de grande communication, commissionnés à cet effet, les gendarmes, les gardes champêtres, les employés des contributions indirectes, agents forestiers ou des douanes et employés des poids et mesures ayant droit de verbaliser, et les employés des octrois ayant le même droit. — Peuvent également constater les contraventions et les délits prévus par la présente loi, les maires et adjoints, les commissaires et agents assermentés de police, les ingénieurs des ponts et chaussées, les officiers et les sous-officiers de gendarmerie et toute personne commissionée par l'autorité départementale pour la surveillance et l'entretien des voies de communication. — Les dommages prévus à l'article 9 sont constatés pour les routes nationales et départementales, par les ingénieurs, conducteurs et autres employés des ponts et chaussées commissionés à cet effet, et pour les chemins vicinaux de grande communication par les agents-voyers, sans préjudice du droit réservé à tous les fonctionnaires et agents mentionnés au présent article de dresser procès-verbal du fait de dégradation qui aurait lieu en leur présence.

— Les procès-verbaux dressés en vertu du présent article font foi jusqu'à preuve contraire.

16. Les contraventions prévues par les articles 4 et 6 ne peuvent, en ce qui concerne les voitures publiques allant au trot, être constatées qu'au lieu de départ, d'arrivée, de relais et de stations desdites voitures, ou aux barrières d'octroi, sauf toutefois celles qui concernent le nombre des voyageurs, le mode de conduite des voitures, la police des conducteurs, cochers ou postillons, et les modes d'enrayage.

Zu Artt. 15—16, vgl. Bemerkung zu Art. 11.

17. **Les contraventions prévues par les articles 4 et 9 sont jugées par le conseil de préfecture du département où le procès-verbal a été dressé.** — Tous les autres délits et contraventions prévus par la présente loi, sont de la compétence des tribunaux.

Die Kompetenz der Präfekturräthe ist durch Art. XII Einf. Ges. zum StGB. aufgehoben. Vgl. Vorbem. zur Wegepolizei II.

18. Les procès-verbaux rédigés par les agents mentionnés au paragraphe 1er de l'article 15 ci-dessus doivent être affirmés dans les trois jours, à peine de nullité, devant le juge de paix du canton ou devant le maire de la commune, soit du domicile de l'agent qui a verbalisé, soit du lieu où la contravention a été constatée.

19. Les procès-verbaux doivent être enregistrés au débet dans les trois jours de leur date ou de leur affirmation, à peine de nullité.

26. **L'instance à raison des contraventions de la compétence des conseils de préfecture est périmée par six mois, à compter de la date du dernier acte des poursuites, et l'action publique est éteinte, à moins de fausses indications sur la plaque, ou de fausse déclaration en cas d'absence de plaque.**

27. **Les amendes se prescrivent par une année, à compter de la date de l'arrêté du conseil de préfecture, ou à compter de la décision du Conseil d'État, si le pourvoi a eu lieu. — En cas de fausses indica-**

tions sur la plaque, ou de fausses déclarations de nom ou de domicile, la prescription n'est aquise qu'après cinq années.

Die Artt. 26 u. 27, von denen der erstere die Verjährung der Strafverfolgung, der zweite die Verjährung der Strafvollstreckung betrifft, leiden an einer sehr unklaren Fassung; sie scheinen jedoch nur den Fall im Auge zu haben, daß eine zur Kompetenz der Präfekturräthe gehörige Strafthat oder wenigstens eine solche in Konkurrenz mit einer andern (wie käme sonst in beide Artt. die fausse indication?) vorliegt. Mit dem Wegfall der Kompetenz der Präfekturräthe fallen nothwendiger Weise auch die prozessualischen Bestimmungen, welche sich darauf gründeten. Dahin gehören auch die Bestimmungen über Verjährung. Vgl. Oppenhoff N. 1 zu § 66. Der Schlußsatz des Art. 27 wiederholt nur die jetzt beseitigte Regel des Art. 636 C. d'instr. cr.

TITRE IV.

29. Sont et demeurent abrogés à dater de la promulgation de la présente loi: La loi du 29 floréal an V (19 mai 1802), relative à la police du roulage; la loi du 7 ventôse an XII (27 février 1804); le décret du 23 juin 1806; ainsi que toutes autres dispositions contraires à celles de la présente loi.

Décret du 10 août 1852, portant règlement sur la police du roulage et des messageries publiques.

TITRE Ier. *Dispositions applicables à toutes les voitures.*

Straffanktion in Art. 4 Ges. v. 30. Mai 1851.

Art. 1er. Les essieux des voitures ne pourront avoir plus de deux mètres cinquante centimètres de longueur, ni dépasser à leurs extrémités le moyeu de plus de six centimètres. -- La saillie des moyeux, y compris celle de l'essieu, n'excédera pas de plus de douze centimètres le plan passant par le bord extérieur des bandes. Il est accordé une tolérance de deux centimètres sur cette saillie, pour les roues qui ont déjà fait un certain service.

2. Il est expressément défendu d'employer des clous à tête de diamant. Tout clou de bande sera rivé à plat, et ne pourra, lorsqu'il sera posé à neuf, former une saillie de plus de cinq millimètres.

3. Il ne peut être attelé, — 1° Aux voitures servant au transport des marchandises, plus de cinq chevaux si elles sont à deux roues; plus de huit si elles sont à quatre roues, sans qu'il puisse y avoir plus de cinq chevaux de file; — 2° Aux voitures servant au transport des personnes, plus de trois chevaux si elles sont à deux roues; plus de six si elles sont à quatre roues.

4. Lorsqu'il y aura lieu de transporter des blocs de pierre, des locomotives ou d'autres objets d'un poids considérable, l'emploi d'un attelage exceptionnel pourra être autorisé, sur l'avis des ingenieurs ou des agents-voyers, par les préfets des départements traversés.

5. Les prescriptions de l'article 3 ne sont pas applicables sur les parties de routes ou de chemins vicinaux de grande communication affectées de rampes d'une déclivité ou d'une longueur exceptionnelle. — Les limites de ces parties de routes ou de chemins sur lesquelles l'emploi de chevaux de renfort est autorisé sont déterminées par un arrêté du préfet, sur la proposition de l'ingénieur en chef ou de l'agent-voyer en chef du département, et indiquées sur place par des poteaux portant cette inscription: *chevaux de renfort.* — Pour les voitures marchant avec relais réguliers et servant au transport des personnes ou des marchandises, la faculté d'atteler des chevaux de renfort s'étend à toute la longueur des relais dans lesquels sont placés

les poteaux. L'emploi de chevaux de renfort peut être autorisé temporairement sur les parties de routes ou de chemins de grande communication, lorsque, par suite de travaux de réparation ou d'autres circonstances accidentelles, cette mesure sera nécessaire. Dans ce cas, le préfet fera placer des poteaux provisoires.

6. En temps de neige ou de verglas, les prescriptions relatives à la limitation du nombre des chevaux demeurent suspendues.

7. Aufgehoben durch Dekret v. 29. Aug. 1863.

8. Pendant la traversée des ponts suspendus, les chevaux seront mis au pas; les voituriers ou rouliers tiendront les guides ou le cordeau; les conducteurs et postillons resteront sur leurs siéges. — Défense est faite aux rouliers et autres voituriers de dételer aucun de leurs chevaux pour le passage du pont. — Toute voiture attelée de plus de cinq chevaux ne doit pas s'engager sur le tablier d'une travée, quand il y a déjà sur cette travée une voiture d'un attelage supérieur à ce nombre de chevaux. — Pour les ponts suspendus qui n'offriraient pas toutes les garanties nécessaires pour le passage des voitures lourdement chargées, il pourra être adopté par le ministre des travaux publics ou par le ministre de l'intérieur, chacun en ce qui le concerne, telles autres dispositions qui seront jugées nécessaires. — Dans les circonstances urgentes, les préfets et les maires pourront prendre telles mesures que leur paraîtra commander la sûreté publique, sauf à en rendre compte à l'autorité supérieure. — Les mesures prescrites pour la protection des ponts suspendus seront, dans tous les cas, placardées à l'entrée et à la sortie de ces ponts.

9. Tout roulier ou conducteur de voiture doit se ranger à sa droite, à l'approche de toute autre voiture,

de manière à lui laisser libre au moins la moitié de la chaussée.

Ueber die Weitergeltung dieser Bestimmung vgl. Vorbem. II.

10. Il est interdit de laisser stationner sans nécessité sur la voie publique aucune voiture attelée ou non attelée.

Im Falle der Verkehrshinderung, welche Art. 10 nicht erfordert, liegt Idealkonkurrenz mit § 366 9) StGB. vor.

TITRE II. *Dispositions applicables aux voitures ne servant pas au transport des personnes.*

Strafsanktion in Artt. 4 u. 5 Ges. v. 30. Mai 1851.

11. La largeur du chargement des voitures qui ne servent pas au transport des personnes ne peut excéder deux mètres cinquante centimètres. Toutefois, les préfets des départements traversés peuvent délivrer des permis de circulation pour les objets d'un grand volume qui ne seraient pas susceptibles d'être chargés dans ces conditions. — Sont affranchies, conformément à la loi du 30 mai 1851, de toute réglementation de largeur de chargement, les voitures d'agriculture lorsqu'elles sont employées au transport des récoltes de la ferme aux champs, et des champs à la ferme ou au marché.

12. La largeur des colliers des chevaux ou autres bêtes de trait ne peut dépasser quatre-vingt-dix centimètres, mesurés entre les points les plus saillants des pattes des attelles.

13. Lorsque plusieurs voitures marchent à la suite les unes des autres, elles doivent être distribuées en convois de quatre voitures au plus si elles sont à quatre roues et attelées d'un seul cheval; de trois voitures au plus si elles sont à deux roues et attelées d'un seul cheval; et de deux voitures au plus si l'une d'elles est

attelée de plus d'un cheval. — L'intervalle d'un convoi à l'autre ne peut être moindre de cinquante mètres.

14. Tout voiturier ou conducteur doit se tenir constamment à portée de ses chevaux ou bêtes de trait et en position de les guider. — Il est interdit de faire conduire par un seul conducteur plus de quatre voitures à un cheval si elles sont à quatre roues, et plus de trois voitures à un cheval si elles sont à deux roues. — Chaque voiture attelée de plus d'un cheval doit avoir un conducteur. Toutefois, une voiture dont le cheval est attaché derrière une voiture attelée de quatre chevaux au plus n'a pas besoin d'un conducteur particulier. — Les règlements de police municipale détermineront, en ce qui concerne la traverse des villes, bourgs et villages, les restrictions qui peuvent être apportés aux dispositions du présent article et de celui qui précède.

Vgl. zu Art. 9.

15. Aucune voiture marchant isolément ou en tête d'un convoi ne pourra circuler pendant la nuit sans être pourvue d'un falot ou d'une lanterne allumée. — Cette disposition pourra être appliquée aux voitures d'agriculture par des arrêtés des préfets ou des maires.

Vgl. zu Art. 9.

16. Tout propriétaire de voiture ne servant pas au transport des personnes est tenu de faire placer, en avant des roues, et au côté gauche de sa voiture, une plaque métallique portant, en caractères apparents et lisibles ayant au moins cinq millimètres de hauteur, ses noms, prénoms et profession, le nom de la commune, du canton et du département de son domicile. — Sont exceptées de cette disposition, conformément à la loi du 30 mai 1851, — 1° Les voitures particulières destinées au transport des personnes, mais étrangères

à un service public de messageries; — 2° Les malles-poste et autres voitures appartenant à l'administration des postes; — 3° Les voitures d'artillerie, chariots et fourgons appartenant aux départements de la guerre et de la marine. — Des décrets du Président de la République déterminent les marques distinctives que doivent porter les voitures désignées aux paragraphes 2 et 3, et les titres dont leurs conducteurs doivent être munis. — 4° Les voitures employées à la culture des terres, au transport des récoltes, à l'exploitation des fermes, qui se rendent de la ferme aux champs ou des champs à la ferme, ou qui servent au transport des objets récoltés du lieu où ils ont été recueillis jusqu'à celui où, pour les conserver ou les manipuler, le cultivateur les dépose ou les rassemble.

TITRE III. *Dispositions applicables aux voitures des messageries.*

Straffanktion in Art. 6. Ges. v. 30. Mai 1851.

17. Les entrepreneurs des voitures publiques allant à destination fixe déclareront le siége principal de leur établissement, le nombre de leurs voitures, celui des places qu'elles contiennent, le lieu de destination, les jours et heures de départ et d'arrivée. Cette déclaration sera faite, dans le département de la Seine, au préfet de police, et, dans les autres départements, aux préfets ou sous-préfets. — Ces formalités ne seront obligatoires pour les entrepreneurs actuels qu'au renouvellement de leurs voitures, ou lorsqu'ils en modifieront la forme ou la contenance. — Tout changement aux dispositions arrêtées par suite du premier paragraphe du présent article donnera lieu à une déclaration nouvelle.

18. Aussitôt après les déclarations faites en vertu

des paragraphes 1 et 2 de l'article précédent, le préfet ou le sous-préfet ordonne la visite des voitures, afin de constater si elles sont entièrement conformes à ce qui est prescrit par les articles ci-après, de 19 à 29 inclusivement, et si elles ne présentent aucun vice de construction qui puisse occasionner des accidents. Cette visite, qui pourra être renouvelée toutes les fois que l'autorité le jugera nécessaire, sera faite en présence du commissaire de police, par un expert nommé par le préfet ou le sous-préfet. — L'entrepreneur a la faculté de nommer, de son côté, un expert pour opérer contradictoirement avec celui de l'administration. — La visite des voitures ne peut être faite qu'à l'un des principaux établissements de l'entreprise; les frais sont à la charge de l'entrepreneur. — Le préfet prononce sur le vu du procès-verbal d'expertise et du rapport du commissaire de police. Aucune voiture ne peut être mise en circulation avant la délivrance de l'autorisation du préfet.

19. Mit Aufhebung der Besteuerung des öffentlichen Fuhrwerks durch Ges. v. 21. Mai 1873 (GBl. S. 87) bedeutungslos geworden.

20. La largeur de la voie pour les voitures publiques est fixée au minimum à un mètre soixante-cinq centimètres entre le milieu des jantes de la partie des roues reposant sur le sol. — Toutefois, si les voitures sont à quatre roues, la voie de devant pourra être réduite à un mètre cinquante-cinq centimètres. — En pays de montagnes, les entrepreneurs peuvent être autorisés, par les préfets, sur l'avis des ingénieurs et des agents-voyers, à employer des largeurs de voies moindres que celles réglées par les paragraphes précédents, mais à la condition que les voies seront au moins égales à la voie la plus large des voitures en usage dans la contrée.

21. La distance entre les axes des deux essieux, dans les voitures publiques à quatre roues, sera égale au moins à la moitié de la longueur des caisses mesurées à la hauteur de leur ceinture, sans pouvoir néanmoins descendre au-dessous de un mètre cinquante-cinq centimètres.

22. Le maximum de la hauteur des voitures publiques, depuis le sol jusqu'à la partie la plus élevée du chargement, est fixé à trois mètres pour les voitures à quatre roues, et à deux mètres soixante centimètres pour les voitures à deux roues. — Il est accordé, pour les voitures à quatre roues, une augmentation de dix centimètres, si elles sont pourvues à l'avant-train de sassoires et contre-sassoires formant chacune au moins un demi-cercle de un mètre quinze centimètres de diamètre, ayant la cheville ouvrière pour centre. — Lorsque par application du troisième paragraphe de l'article 20, on autorisera une réduction dans la largeur de la voie, le rapport de la hauteur de la voiture avec la largeur de la voie sera, au maximum de un trois quarts. — Dans tous les cas, la hauteur est réglée par une traverse en fer placée au milieu de la longueur affectée au chargement, et dont les montants, au moment de la visite prescrite par l'article 17, sont marqués d'une estampille constatant qu'ils ne dépassent pas la hauteur voulue; ils doivent, ainsi que la traverse, être constamment apparents. — La bâche qui recouvre le chargement ne peut déborder ces montants ni la hauteur de la traverse. — Il est défendu d'attacher aucun objet en dehors de la bâche.

23. Les compartiments des voitures publiques seront disposés de manière à satisfaire aux conditions suivantes: — Largeur moyenne des places, quarante-huit centimètres; — Largeur des banquettes, quarante-cinq cen-

timètres; — Distance entre deux banquettes, quarante-cinq centimètres; — Distance entre la banquette du coupé et le devant de la voiture, trente-cinq centimètres; — Hauteur du pavillon au-dessus du fond de la voiture, un mètre quarante centimètres; — Hauteur des banquettes, y compris le coussin, quarante centimètres. — Pour les voitures parcourant moins de vingt kilomètres et pour les banquettes à plus de trois places, la largeur moyenne des places pourra être réduite à quarante centimètres.

24. Il peut être placé sur l'impériale une banquette destinée au conducteur et à deux voyageurs, ou à trois voyageurs lorsque le conducteur se placera sur le même siége que le cocher. — Cette banquette, dont la hauteur, y compris le coussin, ne dépassera pas trente centimètres, ne peut être recouverte que d'une capote flexible. — Aucun paquet ne peut être chargé sur cette banquette.

25. Le coupé et l'intérieur auront une portière de chaque côté. — La caisse de derrière ou la rotonde peut n'avoir qu'une portière ouverte à l'arrière. — Chaque portière sera garnie d'un marche-pied.

26. Les essieux seront en fer corroyé, de bonne qualité, et arrêtés à chaque extrémité, soit par un écrou assujetti au moyen d'une clavette, soit par une boîte à huile, fixée par quatre boulons traversant la longueur du moyeu, soit par tout autre système qui serait approuvé par le ministre des travaux publics.

27. Toute voiture publique doit être munie d'une machine à enrayer agissant sur les roues de derrière et disposée de manière à pouvoir être manœuvrée de la place assignée au conducteur. — Les voitures doivent être en outre pourvues d'un sabot et d'une chaine d'enrayage, que le conducteur placera à chaque des-

cente rapide. — Les préfets peuvent dispenser de l'emploi de ces appareils les voitures qui parcourent uniquement des pays de plaine.

28. Pendant la nuit, les voitures publiques seront éclairées par une lanterne à réflecteur placée à droite et à l'avant de la voiture.

Zu Artt. 27 u. 28 vgl. Vorbem. II.

29. Chaque voiture porte à l'extérieur, dans un endroit apparent, indépendamment de l'estampille délivrée par l'administration des contributions indirectes, le nom et le domicile de l'entrepreneur, et l'indication du nombre des places de chaque compartiment.

30. Elle porte à l'intérieur des compartiments: 1° le numéro de chaque place; 2° le prix de la place depuis le lieu de départ jusqu'à celui d'arrivée. — L'entrepreneur ne peut admettre dans les compartiments de ses voitures un plus grand nombre de voyageurs que celui indiqué sur les panneaux, conformément à l'article 29.

31. Chaque entrepreneur inscrit sur un registre coté et paraphé par le maire le nom des voyageurs qu'il transporte; il y inscrit également les ballots et paquets dont le transport lui est confié. — Il remet au conducteur, pour lui servir de feuille de route, une copie de cet enregistrement, et à chaque voyageur un extrait en ce qui le concerne, avec le numéro de sa place.

32. Les conducteurs ne peuvent prendre en route aucun voyageur, ni recevoir aucun paquet, sans en faire mention sur les feuilles de route qui leur ont été remises au point de départ.

33. Toute voiture publique dont l'attelage ne présentera de front que deux rangs de chevaux pourra être conduite par un seul postillon ou un seul cocher. — Elle devra être conduite par deux postillons ou par

un cocher et un postillon, lorsque l'attelage comportera plus de deux rangs de chevaux.

34. Les postillons ou cochers ne pourront, sous aucun prétexte, descendre de leurs chevaux ou de leurs siéges. — Il leur est enjoint d'observer, dans les traversées des villes et des villages, les règlements de police concernant la circulation dans les rues. — Dans les haltes, le conducteur et le postillon ne peuvent quitter en même temps la voiture tant qu'elle reste attelée. — Avant de remonter sur son siége, le conducteur doit s'assurer que les portières sont exactement fermées.

Zu Artt. 33 u. 34 vgl. Vorbem. II.

35. Lorsque, contrairement à l'article 9 du présent décret, un roulier ou conducteur de voiture n'aura pas cédé la moitié de la chaussée à une voiture publique, le conducteur ou postillon qui aurait à se plaindre de cette contravention devra en faire la déclaration à l'officier de police du lieu le plus rapproché, en faisant connaître le nom du voiturier d'après la plaque de sa voiture. — Les procès-verbaux de contravention seront sur-le-champ transmis au procureur de la république, qui fera poursuivre les délinquants.

36. Les entrepreneurs de voitures publiques, autres que celles conduites par les maîtres de poste, feront à Paris, à la préfecture de police, et, dans les départements, à la préfecture ou sous-préfecture du lieu où sont établis leurs relais, la déclaration des lieux où ces relais sont situés et du nom des relayeurs. — Une déclaration semblable sera faite chaque fois que les entrepreneurs traiteront avec un nouveau relayeur.

37. Les relayeurs ou leurs préposés seront présents à l'arrivée et au départ de chaque voiture, et s'assureront par eux-mêmes, et sous leur responsabilité, que les postillons ne sont pas en état d'ivresse. — La tenue

des relais, en tout ce qui intéresse la sûreté des voyageurs, est surveillée à Paris, par le préfet de police, et, dans les départements, par les maires des communes où ces relais se trouvent établis.

38. Nul ne peut être admis comme postillon ou cocher, s'il n'est âgé de seize ans au moins et porteur d'un livret délivré par le maire de la commune de son domicile, attestant ses bonnes vie et mœurs et son aptitude pour le métier qu'il veut exercer.

39. A chaque bureau de départ et d'arrivée, et à chaque relai, il y a un registre coté et paraphé par le maire, pour l'inscription des plaintes que les voyageurs peuvent avoir à former contre les conducteurs, postillons ou cochers. Ce registre est présenté aux voyageurs à toute réquisition par le chef du bureau ou par le relayeur. — Les maîtres de poste qui conduisent des voitures publiques présentent, aux voyageurs qui le requièrent, le registre qu'ils sont obligés de tenir d'après le règlement des postes.

40. Les dispositions qui précèdent ne sont pas applicables aux malles-poste destinées au transport de la correspondance du gouvernement et du public, la forme, les dimensions, le chargement et le mode de conduite de ces voitures étant déterminés par des règlements particuliers. — Les voitures des entrepreneurs qui transportent les dépêches ne sont pas considérées comme malles-poste.

41. Les voitures publiques qui desservent les routes des pays voisins, et qui partent des villes frontières ou qui y arrivent, ne sont pas soumises aux règles ci-dessus prescrites. Elles doivent, toutefois, être solidement construites.

42. Les articles ci-dessus, de 16 à 38, seront constamment placardés, à la diligence des entrepreneurs

des voitures publiques, dans le lieu le plus apparent des bureaux et des relais. — Les articles, de 28 à 38 inclusivement, seront imprimés à part et affichés dans l'intérieur de chacun des compartiments des voitures.

TITRE IV. *Dispositions transitoires.*

43. Il est accordé un délai de deux ans, à partir de la promulgation du présent décret, pour l'exécution de l'article 12, relatif à la saillie des colliers.

44. Les contraventions au présent règlement seront constatées, poursuivies et réprimées conformément aux titres II et III de la loi du 30 mai 1851, sans préjudice des mesures spéciales prescrites par les règlements locaux.

45. Les ordonnances des 23 décembre 1816 et 16 juillet 1828 sont et demeurent rapportées.

Décret du 24 février 1858, qui modifie et complète quelques-unes des dispositions du décret du 10 août 1852, sur la police du roulage et des messageries publiques.

Art. 1. Aufgehoben durch Dekr. v. 29. Aug. 1863.

2. Les préfets pourront appliquer, par des arrêtés spéciaux, aux voitures particulières servant au transport des personnes, les dispositions du premier paragraphe de l'article 15 du décret du 10 août 1852, relatives à l'éclairage des voitures.

3. Les préfets pourront restreindre, lorsque la dimension des objets transportés donnera au convoi une longueur nuisible à la liberté ou à la sûreté de la circulation, le nombre des voitures dont l'article 13 du décret du 10 août 1852 permet la réunion en convoi. Leurs arrêtés seront affichés sur les parties de routes auxquelles ils s'appliqueront.

Décret du 29 août 1863, relatif à l'établissement sur les routes impériales et départementales, ainsi que sur les chemins de grande communication, de barrières pour restreindre la circulation pendant le dégel.

Art. 1er. Le ministre des travaux publics détermine les départements dans lesquels il pourra être établi, sur les routes impériales et départementales, des barrières pour restreindre la circulation pendant le dégel. — Les préfets, dans chaque département, déterminent les routes impériales et départementales, ainsi que les chemins de grande communication, sur lesquels ces barrières pourront être établies. — Ils prennent, sur l'avis des ingénieurs des ponts et chaussées ou des agents-voyers, les mesures que la fermeture ou l'ouverture des barrières rendent nécessaires. — Peuvent seuls circuler pendant la fermeture des barrières de dégel: — 1° Les courriers de la malle; — 2° Les voitures de voyage suspendues étrangères à toute entreprise publique de messagerie; — 3° Les voitures non chargées; — 4° Les voitures chargées, montées sur roues à jantes d'au moins onze centimètres de largeur, et dont l'attelage n'excédera pas le nombre de chevaux qui sera fixé par le préfet, à raison du climat, du mode de construction et de l'état des chaussées, de la nature du sol, du nombre des roues, de la voiture et des autres circonstances locales. — Toute voiture prise en contravention aux dispositions du présent article sera arrêtée, et les chevaux seront mis en fourrière dans l'auberge la plus rapprochée, le tout sans préjudice de l'amende stipulée à l'article 4, titre II de la loi du 30 mai 1851, et des frais de réparation mentionnés dans l'article 9 de ladite loi. — Les préfets rendront compte immédiatement à notre ministre de l'agriculture, du commerce et des travaux publics, des mesures qu'ils auront arrêtées en vertu du présent décret. — Sont et demeurent rapportés l'article 7 de notre décret du 10 août 1852 et l'article 1er de notre décret du 24 février 1858.

IX.

Gewerbe und Arbeit.

Inhaltsübersicht.

Dekr. v. 25. März 1852, Art. 2, tabl. B. 8) 9).
Dekr. v. 18. April 1866, Artt. 1—7.
Dekr. v. 31. Dec. 1866.
Dekr. v. 9. Febr. 1867, Artt. 1—14.

10. Dampfmaschinen.
Ges. v. 21. Juli 1856, Artt. 1—23.
Dekr. v. 25 Jan. 1865, Artt. 1—34.

B. Einzelne Gewerbe.

1. Bäcker und Metzger.
Edikt v. Febr. 1776, Art. 6.
Code pénal Art. 479 6), 480.
2. Schlosser.
3. Tröbler (Fripiers brocanteurs ambulants).
Dekl. v. 29. März 1778.
4. Gast- und Schenkwirthe.
Code pénal Artt. 154, 475 2).
Dekr. v. 29. Dec. 1851, Artt. 1, 2, 3.
5. Wahrsager.
Code pénal Artt. 479 7), 480, 481, 482.
6. Auswanderungsagenten.
Ges. v. 18. Juli 1860, Artt. 1, 2, 10.
Dekr. v. 9. März 1861, Artt. 1, 3, 4.
7. Leihhäuser.
Code pénal Art. 411.
8. Stellenvermittelungsgeschäfte (Bureaux de placement).
Dekr. v. 25. März 1852, Artt. 1—5, 7.
9. Gold- u. Silberwaaren (Matières d'or et d'argent).
Vorbemerkung.
Dekr. v. 26. Jan. 1749, Artt. 14, 16, 17.
Ges. v. 19. brum. IV, Artt. 61, 65, 66, 67, 72—81, 86, 87, 88, 92—100, 108, 109, 113—116, 121, 122.
10. Medaillen.
Arrêté v. 5. germ. XII, Artt. 1, 2, 3.
11. Weberei (Tissage et bobinage).
Ges. v. 29. Nov. 1849, Artt. 1—9.
Ges. v. 21. Juli 1856, Artt. 1, 2, 3.

A. Allgemeines.

1. Lehrlinge.

Décret du 3 août 1810, concernant la juridiction des prud'hommes.

TITRE II. *Attribution des prud'hommes en matière de police.*

Art. 4. Tout délit tendant à troubler l'ordre et la discipline de l'atelier, tout manquement grave des apprentis envers leur maître, pourront être punis, par les prud'hommes d'un emprisonnement qui n'excédera pas trois jours, sans préjudice de l'exécution de l'art. 19 tit. 5 de la loi du 22 germ. an XI, et de la concurrence des officiers de police et des tribunaux.

Da der Art. nur die Ausübung eines Züchtigungsrechts regelt, so wird er durch die Kompetenzbestimmungen des Einf. Ges. zum StGB. nicht betroffen.

Loi des 22 janvier, 3—22 février, 4 mars 1851, relative aux contrats d'apprentissage.

TITRE I. *Du contrat d'apprentissage.* SECTION. I. *De la nature et de la forme du contrat.*

Art. 1er. Le contrat d'apprentissage est celui par lequel un fabricant, un chef d'atelier ou un ouvrier s'oblige à enseigner la pratique de sa profession à une autre personne, qui s'oblige, en retour, à travailler avec lui; le tout à des conditions et pendant un temps convenu.

SECTION II. *Des conditions du contrat.*

4. Nul ne peut recevoir des apprentis mineurs s'il n'est âgé de vingt-et-un ans au moins.

5. Aucun maître, s'il est célibataire ou en état de

veuvage, ne peut loger, comme apprenties, des jeunes filles mineures.

6. Sont incapables de recevoir des apprentis: les individus qui ont subi une condamnation pour crime, ceux qui ont été condamnés pour attentat aux mœurs; ceux qui ont été condamnés à plus de trois mois d'emprisonnement pour les délits prévus par les articles 388, 401, 405, 406, 407, 408, 423 du Code pénal.

Einem auf Grund des StGB. bestraften Lehrherrn ist jetzt in Gemäßheit des Art. III Einf. Ges. zum StGB. die Annahme von Lehrlingen dann untersagt, wenn die Handlung, wegen deren er bestraft ist, entweder

1) einem crime des franz. Rechts entspricht, oder
2) ein Verbrechen oder Vergehen gegen die Sittlichkeit (§ 171—184 StGB.), oder
3) ein Vergehen der §§ 301, 269, 274 1) StGB. bildet und die Strafe wenigstens 3 Monate Gefängniß betrug.

7. L'incapacité résultant de l'article 6, pourra être levée par le préfet, sur l'avis du maire, quand le condamné, après l'expiration de sa peine, aura résidé pendant trois ans dans la même commune.

SECTION III. *Devoirs des maîtres et des apprentis.*

9. La durée du travail effectif des apprentis âgés de moins de quatorze ans ne pourra dépasser dix heures par jour. — Pour les apprentis âgés de quatorze à seize ans, elle ne pourra dépasser douze heures. — Aucun travail de nuit ne peut être imposé aux apprentis âgés de moins de seize ans. — Est considéré comme travail de nuit tout travail fait entre neuf heures du soir et cinq heures du matin. — Les dimanches et jours de fêtes reconnues ou légales, les apprentis, dans aucun cas, ne peuvent être tenus, vis-à-vis de leur

maître, à aucun travail de leur profession. — Dans le cas où l'apprenti serait obligé, par suite des conventions ou conformément à l'usage, de ranger l'atelier aux jours ci-dessus marqués, ce travail ne pourra se prolonger au-delà de dix heures du matin. — Il ne pourra être dérogé aux dispositions contenues dans les trois premiers paragraphes du présent article que par un arrêté rendu par le préfet, sur l'avis du maire.

10. Si l'apprenti âgé de moins de seize ans ne sait pas lire, écrire ou compter, ou s'il n'a pas encore terminé sa première éducation religieuse, le maître est tenu de lui laisser prendre, sur la journée de travail, le temps et la liberté nécessaires pour son instruction. — Néanmoins, ce temps ne pourra pas excéder deux heures par jour.

TITRE II. *De la compétence.*

20. Toute contravention aux articles 4, 5, 6, 9 et 10 de la présente loi sera poursuivie **devant le tribunal de police** et punie d'une amende de cinq à quinze francs. — Pour les contraventions aux articles 4, 5, 9 et 10, le tribunal **de police**, pourra, dans le cas de récidive, prononcer, outre l'amende, un emprisonnement d'un à cinq jours. — En cas de récidive, la contravention à l'article 6 sera poursuivie **devant les tribunaux correctionnels**, et punie d'un emprisonnement de quinze jours à trois mois, sans préjudice d'une amende, qui pourra s'élever de cinquante francs à trois cents francs.

Hinſ. der Kompetenz jetzt Art. XI u. XII Einf. Geſ. zum StGB. maßgebend.

21. Les dispositions de l'article 463 du Code pénal sont applicables aux faits prévus par la présente loi.

22. Sont abrogés les articles 9, 10 et 11 de la loi du 22 germinal an XI.

2. Arbeitsdauer.

Décret du 9—14 septembre 1848, relatif aux heures de travail dans les manufactures et usines.

Art. 1er. La journée de l'ouvrier dans les manufactures et usines ne pourra pas excéder douze heures de travail effectif.

2. Des règlements d'administration publique détermineront les exceptions qu'il sera nécessaire d'apporter à cette disposition générale, à raison de la nature des industries ou des causes de force majeure.

Vgl. das Dekr. v. 17. Mai 1851.

3. Il n'est porté aucune atteinte aux usages et aux conventions qui, antérieurement au 2 mars, fixaient pour certaines industries la journée de travail à un nombre d'heures inférieur à douze.

4. Tout chef de manufacture ou usine qui contreviendra au présent décret et aux règlements d'administration publique promulgués en exécution de l'article 2, sera puni d'une amende de 5 fr. à 100 fr. Les contraventions donneront lieu à autant d'amendes qu'il y aura d'ouvriers indûment employés, sans que ces amendes réunies puissent s'élever au-dessus de 1000 fr. Le présent article ne s'applique pas aux usages locaux et conventions indiqués dans la présente loi.

Hinſ. der Kumulation gilt das zu Art. 12 Geſ. v. 22. März 1841 über Kinderarbeit Geſagte.

5. L'article 463 du Code pénal pourra toujours être appliqué.

6. Le décret du 2 mars, en ce qui concerne la limitation des heures de travail, est abrogé.

Décret du 17—31 mai 1851, qui apporte des exceptions à l'article 1er de la loi du 9 septembre 1848 sur la durée du travail dans les manufactures et usines.

Art. 1er. Ne sont point compris dans la limite de

durée du travail fixée par la loi du 9 septembre 1848, les travaux industriels ci-après déterminés: Travail des ouvriers employés à la conduite des fourneaux, étuves, sécheries ou chaudières à débouillir, lessiver ou aviver; travail des chauffeurs attachés au service des machines à vapeur, des ouvriers employés à allumer les feux avant l'ouverture des ateliers, des gardiens de nuit; travaux de décatissage; fabrication et dessication de la colle forte; chauffage dans les fabriques de savon; mouture des grains; imprimeries typographiques et imprimeries lithographiques; fonte, affinage, étamage, galvanisation de métaux; fabrication de projectiles de guerre.

2. Sont également exceptés de la disposition de l'art. 1er de la loi du 9 septembre 1848: — 1° le nettoiement des machines à la fin de la journée; — 2° les travaux que rendent immédiatement nécessaires un accident arrivé à un moteur, à une chaudière, à l'outillage ou au bâtiment même d'une usine, ou tout autre cas de force majeure.

3. La durée du travail effectif peut être prolongée au delà de la limite légale: — 1° D'une heure à la fin de la journée de travail, pour le lavage et l'étendage des étoffes dans les teintureries, blanchisseries et dans les fabriques d'indiennes; — 2° De deux heures dans les fabriques et raffineries de sucre, et dans les fabriques de produits chimiques; — 3° De deux heures, pendant cent vingt jours ouvrables par année, au choix des chefs d'établissement, dans les usines de teinturerie, d'imprimerie sur étoffes, d'apprêt d'étoffes et de pressage.

4. Tout chef d'usine ou de manufacture qui voudra user des exceptions autorisées par le dernier paragraphe de l'art. 3 sera tenu de faire savoir préalablement au préfet, par l'intermédiaire du maire, qui donnera récé-

pissé de la déclaration, les jours pendant lesquels il se propose de donner au travail une durée exceptionnelle.

Décret impérial du 31 janvier—19 février 1866, relatif à la durée du travail dans les ateliers de filature de soie.

Art. 1er. Par exception à la limitation établie dans l'article 1er de la loi du 9 septembre 1848, la durée du travail effectif dans les ateliers de filature de soie pourra être prolongée d'une heure par jour pendant soixante jours, du 1er mai au 1er septembre.

3. Kinderarbeit.

Loi du 22—24 mars 1841, relative au travail des enfants employés dans les manufactures, usines ou ateliers.

Art. 1er. Les enfants ne pourront être employés que sous les conditions déterminées par la présente loi: — 1° Dans les manufactures, usines et ateliers à moteur mécanique ou à feu continu et dans leurs dépendances; — 2° Dans toute fabrique occupant plus de vingt ouvriers réunis en atelier.

2. Les enfants devront, pour être admis, avoir au moins 8 ans. — De 8 à 12 ans, ils ne pourront être employés au travail effectif plus de 8 heures sur 24, divisées par un repos. — De 12 à 16 ans, ils ne pourront être employés au travail effectif plus de 12 heures sur 24, divisées par des repos. — Ce travail ne pourra avoir lieu que de 5 heures du matin à 9 heures du soir. — L'âge des enfants sera constaté par un certificat délivré, sur papier non timbré et sans frais, par l'officier de l'état civil.

3. Tout travail entre 9 heures du soir et 5 heures du matin est considéré comme travail de nuit. Tout travail de nuit est interdit pour les enfants au-dessous de 13 ans. Si la conséquence du chômage d'un moteur hydraulique ou des réparations urgentes l'exigent, les

enfants au-dessus de 13 ans pourront travailler la nuit, en comptant deux heures pour trois, entre 9 heures du soir et 5 heures du matin. Un travail de nuit des enfants ayant plus de 13 ans, pareillement supputé, sera toléré, s'il est reconnu indispensable, dans les établissements à feu continu dont la marche ne peut pas être suspendue pendant le cours des vingt-quatre heures.

4. Les enfants au-dessous de 16 ans ne pourront être employés les dimanches et jours de fêtes reconnus par la loi.

5. Nul enfant âgé de moins de 12 ans ne pourra être admis qu'autant que ses parents ou tuteurs justifieront qu'il fréquente actuellement une des écoles publiques ou privées existant dans la localité. Tout enfant admis devra, jusqu'à l'âge de 12 ans, suivre une école. Les enfants âgés de plus de 12 ans seront dispensés de suivre une école, lorsqu'un certificat, donné par le maire de leur résidence, attestera qu'ils ont reçu l'instruction primaire élémentaire.

6. Les maires seront tenus de délivrer au père, à la mère ou au tuteur, un livret sur lequel seront portés l'âge, le nom, les prénoms, le lieu de naissance et le domicile de l'enfant, et le temps pendant lequel il aurait suivi l'enseignement primaire. Les chefs d'établissement inscriront: 1° sur le livret de chaque enfant, la date de son entrée dans l'établissement et de sa sortie; 2° sur un registre spécial, toutes les indications mentionnées au présent article.

7. Des règlements d'administration publique pourront: 1° étendre à des manufactures, usines ou ateliers autres que ceux qui sont mentionnés dans l'art. 1, l'application des dispositions de la présente loi; 2° élever le minimum de l'âge et réduire la durée du travail

déterminés dans les articles deuxième et troisième, à l'égard des genres d'industrie où le labeur des enfants excèderait leurs forces et compromettrait leur santé; 3° déterminer les fabriques où, par cause de danger ou d'insalubrité, les enfants au-dessous de 16 ans ne pourront point être employés; 4° interdire aux enfants, dans les ateliers où ils sont admis, certains genres de travaux dangereux ou nuisibles; 5° statuer sur les travaux indispensables à tolérer de la part des enfants, les dimanches et fêtes, dans les usines à feu continu; 6° statuer sur les cas de travail de nuit prévus par l'article troisième.

8. Des règlements d'administration publique devront: 1° pourvoir aux mesures nécessaires à l'exécution de la présente loi; 2° assurer le maintien des bonnes mœurs et de la décence publique dans les ateliers, usines et manufactures; 3° assurer l'instruction primaire et l'enseignement religieux des enfants; 4° empêcher, à l'égard des enfants, tout mauvais traitement et tout châtiment abusif; 5° assurer les conditions de salubrité et de sûreté nécessaires à la vie et à la santé des enfants.

9. Les chefs des établissements devront faire afficher dans chaque atelier, avec la présente loi et les règlements d'administration publique qui y sont relatifs, les règlements intérieurs qu'ils sont tenus de faire pour en assurer l'exécution.

10. Le gouvernement établira des inspections pour surveiller et assurer l'exécution de la présente loi. Les inspecteurs pourront, dans chaque établissement, se faire représenter les registres relatifs à l'exécution de la présente loi, les règlements inférieurs, les livrets des enfants et les enfants eux-mêmes: ils pourront se faire accompagner par un médecin commis par le préfet ou le sous-préfet.

11. En cas de contravention, les inspecteurs dresseront des procès-verbaux, qui feront foi jusqu'à preuve contraire.

12. En cas de contravention à la présente ou aux règlements d'administration publique rendus pour son exécution, les propriétaires ou exploitants des établissements seront traduits devant le juge de paix du canton et punis d'une amende de simple police, qui ne pourra excéder 15 fr. Les contraventions qui résulteront soit de l'admission d'enfants au-dessous de l'âge, soit de l'excès de travail, donneront lieu à autant d'amendes qu'il y aura d'enfants indûment admis ou employés, sans que ces amendes réunies puissent s'élever au-dessus de 200 fr. — S'il y a récidive, les propriétaires ou exploitants des établissements seront traduits devant le tribunal de police correctionnel et condamnés à une amende de 16 à 100 fr. Dans le cas prévu par le second paragraphe du présent article, les amendes réunies ne pourront jamais excéder 500 fr. Il y aura récidive, lorsqu'il aura été rendu contre le contrevenant, dans les douze mois précédents, un premier jugement pour contravention à la présente loi ou aux règlements d'administration publique qu'elle autorise.

Die Zuständigkeit wird jetzt durch Artt. XI u. XII Einf.-Ges. zum StGB. geregelt, wonach heute in allen Fällen das Polizeigericht zuständig ist.

Die Bestimmungen des Artikels über die Kumulation bildeten für die délits des zweiten Paragraphen eine Ausnahme von der auch für Geldstrafen geltenden Regel des Art. 365 C. d'instr. cr., und enthielten ferner eine Besonderheit durch Festsetzung des Maximums von 200 resp. 500 Fr.; sie sind nach beiden Richtungen noch in Kraft, was für die erste Ausnahme wegen der nunmehrigen Uebereinstimmung mit der Regel des StGB. nur noch von formeller Bedeutung ist.

4. Arbeitsbücher.

Loi du 22—26 juin 1854, sur les livrets d'ouvriers.

Durch dieses Gesetz ist die Einrichtung der Arbeitsbücher, welche bis dahin auf Art. 12 des Ges. v. 22 germ. XI u. dem arrêté v. 9 frim. XII beruhte, in umfassender Weise neu geregelt worden.

Art. 1er. Les ouvriers de l'un ou de l'autre sexe attachés aux manufactures, fabriques, usines, mines, minières, carrières, chantiers, ateliers et autres établissements industriels, ou travaillant chez eux pour un ou plusieurs patrons, sont tenus de se munir d'un livret.

Hinsichtlich der Bergarbeiter ist durch das Berggesetz v. 16. Dec. 1873 nichts geändert.

2. Les livrets sont délivrés par les maires. . . . . Il n'est perçu pour la délivrance des livrets que le prix de confection. Ce prix ne peut dépasser vingt-cinq centimes.

3. Les chefs ou directeurs des établissements spécifiés en l'art. 1er ne peuvent employer un ouvrier soumis à l'obligation prescrite par cet article, s'il n'est porteur d'un livret en règle.

4. Si l'ouvrier est attaché à l'établissement, le chef ou directeur doit, au moment où il le reçoit, inscrire sur son livret la date de son entrée. — Il transcrit sur un registre non timbré, qu'il doit tenir à cet effet, les noms et prénoms de l'ouvrier, le nom et le domicile du chef de l'établissement qui l'aura employé précédemment, et le montant des avances dont l'ouvrier serait resté débiteur envers celui-ci. — Il inscrit sur le livret, à la sortie de l'ouvrier, la date de la sortie et l'acquit des engagements. — Il y ajoute, s'il y a lieu,

le montant des avances dont l'ouvrier resterait débiteur envers lui, dans les limites fixées par la loi du 14 mai 1851.

5. Si l'ouvrier travaille habituellement pour plusieurs patrons, chaque patron inscrit sur le livret le jour où il lui confie de l'ouvrage, et transcrit, sur le registre mentionné en l'article précédent, les nom et prénoms de l'ouvrier, et son domicile. — Lorsqu'il cesse d'employer l'ouvrier, il inscrit sur le livret l'acquit des engagements, sans aucune autre énonciation.

6. Le livret, après avoir reçu les mentions prescrites par les deux articles qui précèdent, est remis à l'ouvrier et reste entre ses mains.

7. Lorsque le chef ou directeur d'établissement ne peut remplir l'obligation déterminée au troisième paragraphe de l'art. 4 et au deuxième paragraphe de l'art. 5, le maire ou le commissaire de police, après avoir constaté la cause de l'empêchement, inscrit, sans frais, le congé d'acquit.

8. Dans tous les cas, il n'est fait sur le livret aucune annotation favorable ou défavorable à l'ouvrier.

9. Le livret, visé gratuitement par le maire de la commune où travaille l'ouvrier . . . . . tient lieu de passeport à l'intérieur, sous les conditions déterminées par les règlements administratifs.

10. Des règlements d'administration publique déterminent tout ce qui concerne la forme, la délivrance, la tenue et le renouvellement des livrets. — Ils règlent la forme du registre prescrit par l'art. 4, et les indications qu'il doit contenir.

Die Ausführungsbestimmungen zu Artt. 9 und 10 enthält das Dekr. v. 30. April 1855.

11. Les contraventions aux articles 1, 3, 4, 5 et 8 de la présente loi sont poursuivies devant le tribunal de

simple police, et punies d'une amende d'un à quinze francs, sans préjudice des dommages-intérêts, s'il y a lieu. — Il peut, de plus, être prononcé, suivant les circonstances, un emprisonnement de un à cinq jours.

12. Mat. des § 363 StGB.

13. Mat. der §§ 363 u. 271 StGB.

14. Wie 12 u. 13.

Décret du 30 avril 1855, portant règlement sur les livrets d'ouvriers.

Art. 1er. Le livret est en papier blanc, coté et paraphé par les fonctionnaires, désignés en l'article 2 de la loi du 22 juin 1854. — Il est revêtu de leur sceau. — Sur les premiers feuillets sont imprimés textuellement la loi précitée, le présent décret, la loi du 18 mai 1851 et les articles 153 et 463 du Code pénal. — Il énonce: — 1° Le nom et les prénoms de l'ouvrier, son âge, le lieu de sa naissance, son signalement, sa profession; — 2° Si l'ouvrier travaille habituellement pour plusieurs patrons, ou s'il est attaché à son établissement; — 3° Dans ce dernier cas, le nom et la demeure du chef d'établissement chez lequel il travaille ou a travaillé en dernier lieu; — 4° Les pièces, s'il en est produit, sur lesquelles le livret est délivré. — Les livrets sont imprimés d'après le modèle annexé au présent décret.

An Stelle des Art. 153 (463) c. p. ist der § 363 StGB. getreten.

2. Il est tenu dans chaque commune un registre sur lequel sont relatés, au moment de leur délivrance, les livrets et les visas de voyage mentionnés ci-après. — Ce registre porte la signature des impétrants ou la mention qu'ils ne savent ou ne peuvent signer.

3. Le premier livret d'un ouvrier lui est délivré

sur la constatation de son identité et de sa position. — A défaut de justification suffisante, l'autorité appelée à délivrer le livret peut exiger de l'ouvrier une déclaration souscrite sous la sanction de l'art. 13 de la loi du 22 juin 1854, dont il lui est donné lecture.

Die entsprechende Straffanktion enthält jetzt § 271 StGB.

4. Le livret rempli ou hors d'état de servir est remplacé par un nouveau, sur lequel sont rapportés: — 1° La date et le lieu de la délivrance de l'ancien livret; — 2° Le nom et la demeure du chef d'établissement chez lequel l'ouvrier travaille ou a travaillé en dernier lieu; — 3° Le montant des avances dont l'ouvrier resterait débiteur. — Le remplacement est mentionné sur le livret hors d'usage, qui est laissé entre les mains de l'ouvrier.

5. L'ouvrier qui a perdu son livret peut en obtenir un nouveau sous les garanties mentionnées en l'article 3. — Le nouveau livret reproduit les mentions indiquées en l'article 4.

6. L'ouvrier est tenu de représenter son livret à toute réquisition des agents de l'autorité.

7. L'ouvrier ne travaillant que pour un seul établissement doit avant de le quitter et d'être admis dans un autre, faire inscrire sur son livret l'acquit des engagements. — L'ouvrier travaillant habituellement pour plusieurs patrons peut, sans cet acquit, obtenir du travail d'un ou de plusieurs autres patrons.

8. Le registre spécial que les chefs d'établissements doivent tenir, conformément aux articles 4 et 5 de la loi du 22 juin 1854, est dressé d'après le modèle annexé au présent décret. — Il est coté et paraphé, sans frais, par les fonctionnaires chargés de la délivrance des livrets, et communiqué, sur leur demande, au maire et au commissaire de police.

9. Le chef d'établissement indique, tant sur son registre que sur le livret, si l'ouvrier travaille pour un seul établissement ou pour plusieurs patrons. — A l'égard de l'ouvrier travaillant pour plusieurs patrons, le chef d'établissement n'est tenu de remplir les formalités du paragraphe précédent que lorsqu'il l'emploie pour la première fois.

10. Si l'ouvrier est quitte envers le chef d'établissement, celui-ci, lorsqu'il cesse de l'employer, doit inscrire sur le livret l'acquit des engagements.

11. Lorsque le livret spécialement visé à cet effet, doit tenir lieu de passe-port à l'intérieur, le visa du départ indique toujours une destination fixe et ne vaut que pour cette destination. — Ce visa n'est accordé que sur la mention de l'acquit des engagements prescrite par les art. 4 et 5 de la loi du 22 juin 1854, et sous les conditions déterminées par les règlements administratifs, conformément à l'article 9 de la même loi.

12. Le livret ne peut être visé pour servir de passe-port à l'intérieur, si l'ouvrier a interrompu sa profession, ou s'il s'est écoulé plus d'une année depuis le dernier certificat de sortie inscrit au livret.

13. Le présent règlement ne fait pas obstacle à ce que des dispositions spéciales aux livrets soient prises dans les limites de leur compétence en matière de police. . . par les autorités locales.

14. Sont abrogés toutes les dispositions des règlements antérieurs contraires au présent décret.

5. Koalitionen.

Loi du 25 mai 1864, qui modifie les articles 414, 415 et 416 du Code pénal.

Art. 1er. Les articles 414, 415 et 416 du Code pénal sont abrogés. Ils sont remplacés par les articles suivants:

414. Sera puni d'un emprisonnement de six jours à trois mois et d'une amende de seize francs à trois mille francs ou de l'une de ces deux peines seulement, quiconque, à l'aide de violences, voies de fait, menaces ou manœuvres frauduleuses, aura amené ou maintenu, tenté d'amener ou de maintenir une cessation concertée de travail, dans le but de forcer la hausse ou la baisse des salaires ou de porter atteinte au libre exercice de l'industrie ou du travail.

415. Lorsque les faits punis par l'article précédent auront été commis par suite d'un plan concerté, les coupables pourront être mis, par l'arrêt ou le jugement, sous la surveillance de la haute police pendant deux ans au moins et cinq ans au plus.

416. Seront punis d'un emprisonnement de six jours à trois mois, et d'une amende de seize francs à trois cents francs, ou de l'une de ces deux peines seulement, tous ouvriers, patrons et entrepreneurs d'ouvrages qui, à l'aide d'amendes, défenses, prescriptions, interdictions prononcées par suite d'un plan concerté, auront porté atteinte au libre exercice de l'industrie ou du travail.

2. Les articles 414, 415 et 416 ci-dessus sont applicables aux propriétaires et fermiers, ainsi qu'aux moissonneurs, domestiques et ouvriers de la campagne; les articles 19 et 20 du titre II de la loi des 28 sept.— 6 oct. 1791 sont abrogés.

Die durch das vorstehende Gesetz geregelte Frage, unter welchen Voraussetzungen Vereinigungen zum Zwecke der Einwirkung auf die Lohnverhältnisse strafbar sind, ist vom StGB. nicht behandelt, sondern auch im übrigen Reiche Gegenstand „besonderer" Gesetzgebung in den §§ 152 u. 153 der Reichsgewerbeordnung gewesen.

Bei Ausmessung der Strafe ist im Falle mildernder

Umstände Art. 463 zu berücksichtigen, auf Grund dessen die Strafe bis auf einen Tag Gefängniß oder 80 Pf. ermäßigt werden kann.

An Stelle der Polizeiaufsicht ist im Falle des Art. 415 die Zulässigkeit derselben auszusprechen.

Einen Fall erhöhter Strafbarkeit stellt Art. 462 c. p. auf. S. dens. unter „Gesundheitspolizei.“

6. Hülfskassen.

Loi des 8 mars, 5, 15—20 juillet 1850, sur les sociétés de secours mutuels.

Art. 1er. Les associations connues sous le nom de sociétés de secours mutuels pourront, sur leur demande, être déclarées établissements d'utilité publique aux conditions ci-après déterminées:

12. . . . . Les autres sociétés de secours mutuels actuellement constituées, ou qui se formeraient à l'avenir, s'administrent librement, tant qu'elles ne demanderont pas à être reconnues comme établissements d'utilité publique. — Néanmoins elles pourront être dissoutes par le gouvernement, le Conseil d'Etat entendu, dans le cas de gestion frauduleuse, ou si elles sortaient de leur condition de sociétés mutuelles de bienfaisance. — En cas de contravention à l'arrêté de dissolution les membres, chefs ou fondateurs, seront punis correctionnellement des peines portées en l'article 13 de la loi du 28 juillet 1848.

Der Art. wird durch § 360 9) StGB. nicht berührt, da dieser Paragraph eine Vorschrift voraussetzt, durch welche die Errichtung der frgl. Kassen oder Anstalten von staatlicher Genehmigung abhängig gemacht wird. (Vgl. Oppenhoff zu § 360 9). Dagegen ist die Strafe jetzt aus § 128 StGB. zu entnehmen, da durch diesen Paragraphen der Art. 13 des Dekrets v. 28. Juli 1848 «sur les clubs», enthaltend das Verbot geheimer Gesellschaften, aufgehoben worden ist. (Art. III E.G. zum StGB. Vgl. Vorbem. zum „Vereins- u. Versammlungsrecht".) Die Funktionen des Staatsraths nimmt der Oberpräsident wahr. (§ 9 Ges. v. 30 Dec. 1871).

Auf die dem Reichsgesetz vom 7. April 1876 (RGBl. S. 125) unterliegenden eingeschriebener Hülfskassen findet der Art. 12 keine Anwendung; über die Art und die Folgen der Auflösung dieser Kassen bestimmen ausschließlich die §§ 29 ff. des Gesetzes.

7. Sonntagsfeier.

Loi du 18 novembre 1814, relative à la célébration des fêtes et dimanches.

Das Gesetz v. 18. Nov. 1814 wird von vielen Schriftstellern für aufgehoben erklärt. Diese Ansicht stützt sich darauf, daß dasselbe in engem Zusammenhange mit Art. 6 der Charte vom 4. Juni 1814, welcher die katholische Religion als Staatsreligion anerkannte, gestanden und nur bezweckt habe, die Prärogativen der Staatskirche festzusetzen und zu schützen; da die Charte von 1830 sowie die späteren Verfassungen die Einrichtung einer Staatsreligion nicht mehr kennen, sei das Gesetz als inconstitutionell hinfällig geworden. (F. Hélie th. d. c. p. t. III n° 940, circ. min. v. 24. März 1848, D. P. 48. 3. 81.) Entgegen dieser Ansicht hat der französische Kassationshof die Geltung dieses Gesetzes bis in die neuste Zeit anerkannt. (D. P. 54. 1. 198 u. 260, 55. 1. 360, 66. 1. 185.)

Art. 1er. Les travaux ordinaires seront interrompus les dimanches et jours de fêtes reconnues par la loi de l'Etat.

2. En conséquence, il est défendu lesdits jours, — 1° aux marchands, d'étaler et de vendre, les ais et volets des boutiques ouverts; — 2° aux colporteurs et

étalagistes, de colporter et d'exposer en vente leurs marchandises dans les rues et places publiques; — 3° aux artisans et ouvriers, de travailler extérieurement et d'ouvrir leurs ateliers; — 4° aux charretiers et voituriers employés à des services locaux, de faire des chargements dans les lieux publics de leur domicile.

3. Dans les villes dont la population est au-dessous de cinq mille âmes, ainsi que dans les bourgs et villages, il est défendu aux cabaretiers, marchands de vin, débitants de boissons, traiteurs, limonadiers, maîtres de paume et de billard, de tenir leurs maisons ouvertes et d'y donner à boire et à jouer lesdits jours pendant le temps de l'office.

4. Les contraventions aux dispositions ci-dessus, seront constatées par procès-verbaux des maires et adjoints, ou des commissaires de police.

5—6. An Stelle der in diesen Artt. festgesetzten Strafe ist die des § 366 1) StGB. getreten: Mit Geldstrafe bis zu 20 Thalern oder mit Haft bis zu 14 Tagen wird bestraft: 1) wer den gegen die Störung der Feier der Sonn- und Festtage erlassenen Anordnungen zuwiderhandelt.

7. Les défenses précédentes ne sont pas applicables, 1° aux marchands de comestibles de toute nature; — sauf cependant l'exécution de l'art. 3; — 2° à tout ce qui tient au service de santé; — 3° aux postes, messageries et voitures publiques; — 4° aux voituriers de commerce par terre et par eau, et aux voyageurs; — 5° aux usines dont le service ne pourrait être interrompu sans dommage; — 6° aux ventes usitées dans les foires et fêtes dites patronales, et au débit des menues marchandises dans les communes rurales, hors le temps du service divin; — 7° aux chargements des navires marchands et autres bâtiments du commerce maritime.

8. Sont également exceptés des défenses ci-dessus, les meuniers et les ouvriers employés, — 1° à la moisson et autres récoltes; — 2° aux travaux urgents de l'agriculture; — 3° aux constructions et réparations motivées par un péril imminent, à la charge, dans ces deux derniers cas, d'en demander la permission à l'autorité supérieure.

9. L'autorité administrative pourra étendre les exceptions ci-dessus aux usages locaux.

10. Les lois et règlements de police antérieurs, relatifs à l'observation des dimanches et fêtes, sont et demeurent abrogés.

8. Schädigung der inländischen Industrie.

CODE PÉNAL.

LIVRE III. TITRE II. CHAPITRE II. SECTION II. § V.

Violation des règlements relatifs aux manufactures, au commerce et aux arts.

Art. 413. Toute violation des règlements d'administration publique relatifs aux produits des manufactures françaises qui s'exporteront à l'étranger, et qui ont pour objet de garantir la bonne qualité, les dimensions et la nature de fabrication, sera punie d'une amende de deux cents francs au moins, de trois mille francs au plus, et de la confiscation des marchandises. Ces deux peines pourront être prononcées cumulativement ou séparément, selon les circonstances.

Reglements der in dem Artikel vorgesehenen Art sind nicht bekannt und für die Zukunft schwerlich zu erwarten, weshalb der Art., welcher den Art. 5 Ges. v. 22 germ. XI ersetzt hat, als veraltet anzusehen sein dürfte.

417. Quiconque, dans la vue de nuire à l'industrie française, aura fait passer en pays étranger, des di-

recteurs, commis ou des ouvriers d'un établissement, sera puni d'un emprisonnement de six mois à deux ans, et d'une amende de cinquante francs à trois cents francs.

418. Tout directeur, commis, ouvrier de fabrique, qui aura communiqué ou tenté de communiquer à des étrangers ou à des Français résidant en pays étrangers des secrets de la fabrique où il est employé, sera puni d'un emprisonnement de deux à cinq ans, et d'une amende de cinq cents francs à vingt mille francs. — Il pourra, en outre, être privé des droits mentionnés **en l'article 42 du présent Code pendant cinq ans au moins et dix ans au plus, à compter du jour où il aura subi sa peine. Il pourra aussi être mis sous la surveillance de la haute police pendant le même nombre d'années.** — Si ces secrets ont été communiqués à des Français résidant en France, la peine sera d'un emprisonnement de trois mois à deux ans, et d'une amende de seize francs à deux cents francs.

Le maximum de la peine prononcée par les paragraphes 1er et trois du présent article, sera nécessairement appliqué, s'il s'agit de secrets de fabriques d'armes et munitions de guerre appartenant à l'Etat.

Fœrtsch, Code pénal, faßt die Materie der Artt. 417 u. 418 zu weit, wenn er als solche den Schutz gegen Schädigung der Industrie bezeichnet, da dieser Schutz hier nur nach einer bestimmten, dem StGB. unbekannten Richtung hin gewährt wird.

An Stelle der angedrohten Ehrenstrafe ist jetzt Aberkennung der bürgerlichen Ehrenrechte im Raume von 1 bis 5 Jahren, § 32 StGB., und statt der Stellung unter Polizeiaufsicht die Zulässigkeit derselben, § 38 StGB. auszusprechen.

Einen Fall erhöhter Strafbarkeit in Art. 462.

462. S. unter „Gesundheitspolizei“.

9. Schadendrohende gewerbliche Anlagen.
(Établissements dangereux, insalubres ou incommodes.)

Vorbemerkung.

I. Wie die Reichsgewerbeordnung in §§ 16 ff. zur Errichtung von Anlagen, welche für die Nachbarn oder das Publikum überhaupt erhebliche Nachtheile, Gefahr oder Belästigung herbeiführen können, die Genehmigung der Obrigkeit erfordert, so ist auch in Frankreich die Anlegung von «établissements dangereux, insalubres ou incommodes», wie sie ein feststehender Gebrauch zu bezeichnen pflegt, von einer durch die Präfekten bezw. Unterpräfekten zu ertheilenden Erlaubniß abhängig gemacht worden.

Das Grund legende Dekret v. 15. Oct. 1810 ist, mit geringen durch die Ordonnanz v. 14. Jan. 1815 und das Dezentralisationsdekret v. 1852 eingeführten Modifikationen, bis heute auch das maßgebende geblieben; die später ergangenen Verordnungen beschäftigen sich entweder mit Klassifizirung der einzelnen Anlagen, in welcher Beziehung jetzt die durch Dekret v. 31. Dec. 1866 veröffentlichte «nomenclature» eine vollständige Zusammenstellung bietet, oder sie treffen Anordnungen für den Betrieb einzelner besonders gefährlicher Fabriken und Anlagen, wie die Ord. v. 25. Juni 1823 über Fabrikation und Verkauf von Pulver und andern explodirenden Stoffen, die v. 30. Oct. 1836 über Fabrikation von Knallquecksilber, das Dekret v. 18. April 1866 über Niederlagen von Petroleum (u. anderen Kohlenwasserstoffverbindungen) und das Dekret v. 9. Febr. 1867 über Gas-Beleuchtungs- und Heizungsanlagen. Die früher unter dem gleichen Gesichtspunkt behandelte Anlegung von Dampfmaschinen hat durch die neuere Gesetzgebung, insbesondere das Ges. v. 21. Juli 1856, eine abweichende Regelung erfahren, weshalb sie in dem Verzeichnisse des Dekr. v. 31. Dec. 1866 als régime spécial bezeichnet wird und in gegenwärtiger Sammlung einen besonderen Platz erhalten hat.

Während nun die RGO. in § 147 2) eine selbständige Strafvorschrift für die unerlaubte Errichtung oder den bedingungswidrigen Betrieb solcher Anlagen beifügt, ist in dem Dekr. v. 15. Oct. 1810 eine Strafandrohung nicht zu finden und nur die Ord. v. 25. Juni 1823 in Art. 7 sowie das Dekr. v. 18. April 1866 in Art. 6 weisen auf Verfolgung der Uebertretungen vor den Polizeigerichten hin.

Eine Zuwiderhandlung gegen die Bestimmungen der hier in Rede stehenden Verordnungen ist aber in verschiedener Art denkbar; sie kann bestehen einmal in der Errichtung ohne die vorgeschriebene Erlaubniß, einem Falle, welchem der einer Fortsetzung des Betriebs trotz erfolgter Entziehung der Erlaubniß gleichzustellen ist, und sodann in der Nichtbefolgung der für den Betrieb gegebenen Vorschriften, welche wiederum entweder durch die erwähnten Verordnungen der höchsten Polizeigewalt ertheilt sind oder durch die auf Grund solcher Verordnungen erlassenen arrêtés der unteren Polizeibehörden, Präfekten (Polizeipräfekten) oder Bürgermeister gegeben werden.

Seitdem nun durch Ges. v. 28. April 1832 in der neu eingefügten Nr. 15 des Art. 471 C. p. die bis dahin «péniblement» (s. F. Hélie) in dem Code du 3 brum. IV Artt. 605 u. 606 gesuchte Straffanktion für Uebertretungen von Reglements der Centralbehörden sowohl wie der Departemental- u. Munizipalbehörden geschaffen ist, herrscht in der französischen Jurisprudenz kein Zweifel mehr, daß sämmtliche oben angedeutete Zuwiderhandlungen der Strafe des Art. 471 resp. 474 in Verb. mit 483 Code pénal unterliegen, die einen als Kontraventionen gegen «règlements légalement faits par l'autorité administrative», die anderen als Uebertretungen von «règlements ou arrêtés publiés par l'autorité municipale en vertu des articles 3 et 4 tit. II de la loi du 16—24 août 1790 et de l'article 46 de la loi du 19—22 juillet 1791.» [Vgl. Dalloz, Rép. V° manufactures, fabriques, etc. n° 183 ff., F. Hélie th. du C. p. zu Art. 471 15)]

Ebenso war bereits vor Einführung des Art. 471 15) durch Entscheidungen des Kassationshofes v. 17. Jan. 1829 u. 30. Febr. 1830 (s. bei Dalloz l. c. zu Nr. 185 u. 187) für die Folgezeit die gerichtliche Zuständigkeit zur Verhängung der Strafe außer Zweifel gestellt, eine Kompetenz der Strafgerichte, die ähnlich wie in andern Materien (z. B. voirie) sich auch auf den Ausspruch der Unterdrückung vorschriftswidriger Anlagen erstreckt (Dalloz 192), aber nicht auf Beurtheilung des Einwandes, daß der Beschuldigte die erforderliche Erlaubniß besitze (ibid. n° 190), ausgedehnt werden darf. In Fällen der letzteren Art hat das Gericht das Verfahren bis zur Entscheidung der Verwaltungsbehörde auszusetzen.

Wenn in der Regel dem gerichtlichen Verfahren eine auf Beseitigung der Anlage gerichtete Aufforderung Seitens der Verwaltungsbehörde vorangehen wird, so ist doch das Vorhandensein einer solchen an sich nicht als Erforderniß der Strafbarkeit anzusehen (Dalloz l. c. n° 191).

II. So sehr in die gegenwärtige Materie die RGO., wenn in Elsaß-Lothringen eingeführt, eingreifen würde, so wenig geschieht dies durch das StGB. von dessen Bestimmungen nur die Nr. 4, 5 u. 6 des § 367 hieher gehören.

Von diesen Bestimmungen ändert Nr. 5 nur die Strafe für die Zuwiderhandlungen gegen landesrechtliche Verordnungen betr. Aufbewahrung 2c. von Pulver 2c., ändert also an dem materiellen Inhalt dieser Verordnungen selbst nichts.

Der Nr. 6, betr. die fahrlässige Aufbewahrung leicht entzündlicher Stoffe, steht eine analoge Bestimmung von so allgemeiner Fassung im Landesrecht nicht gegenüber; es gibt hier nur allgemeine oder lokale Reglements, welche über die Aufbewahrung und die Behandlung einzelner besonderer Stoffe besondere Anordnungen treffen, und diese sind als Spezialbestimmungen in Spezialgesetzen von dem StGB. nicht berührt, sondern nach wie vor mit der Strafsanktion der Art. 471, 474 u. 483 Code pénal in Geltung.

Was endlich die Nr. 4 betrifft, so ist dieselbe unanwendbar, da seit Aufhebung des Pulvermonopols die Zubereitung von Pulver und anderen explodirenden Stoffen einer vorgängigen Erlaubniß nicht mehr unterliegt. Gleichwie für alle übrigen établissements dangereux, etc. besteht freilich auch für Anlegung von Pulverfabriken das Erforderniß polizeilicher Genehmigung, aber es besteht obwohl die Zubereitung von Pulver an sich so wenig wie die von andern gefährlichen oder übelriechenden Stoffen jetzt von obrigkeitlicher Erlaubniß abhängt. § 367 5) StGB. hat mit §§ 16 u. 147 2) RGO. nichts zu thun, also auch nichts mit den analogen Bestimmungen des franz. Rechts. (Vgl. Bem. zum Ges. v. 13 fruct. V unter „Waffen" 2c.).

In Frage könnte endlich noch kommen, ob Nr. 15 des § 367 StGB. die Anwendbarkeit des Art. 471 15) Code pénal bei Zuwiderhandlung der in Rede stehenden Art beschränken könne; dies ist jedoch zu verneinen, da jene Vorschrift des StGB. rein baupolizeilicher Natur ist und mit der Gewerbepolizei [also auch mit § 147 2) RGO.] nichts zu thun hat.

Nach alledem beschränkt sich die Einwirkung des StGB. auf Einsetzung anderer Strafen für die règlements über

Aufbewahrung ꝛc. von Schießpulver ꝛc. Selbstverständlich ist aber, daß nach den Grundsätzen von der Idealkonkurrenz außerdem die Strafe des Art. 471 15) Code pénal durch die des § 367 6) StGB. ausgeschlossen werden kann.

Décret du 15 octobre 1810, relatif aux manufactures et ateliers qui répandent une odeur insalubre ou incommode.

Ueber die Strafen, welche bei Nichtbeobachtung der Vorschriften dieses Dekrets und der folgenden Verordnungen auszusprechen sind, vgl. Vorbem. I.

Art. 1er. A compter de la publication du présent décret, les manufactures et ateliers qui répandent une odeur insalubre ou incommode, ne pourront être formés sans une permission de l'autorité administrative: ces établissements seront divisés en trois classes: — La première classe comprendra ceux qui doivent être éloignés des habitations particulières; — La seconde les manufactures et ateliers dont l'éloignement des habitations n'est pas rigoureusement nécessaire, mais dont il importe néanmoins de ne permettre la formation qu'après avoir acquis la certitude que les opérations qu'on y pratique sont exécutées de manière à ne pas incommoder les propriétaires du voisinage, ni à leur causer des dommages; — Dans la troisième classe, seront placés les établissements qui peuvent rester sans inconvénient auprès des habitations, mais doivent rester soumis à la surveillance de la police.

2. La permission nécessaire pour la formation des manufactures et ateliers compris dans la première classe, **sera accordée avec les formalités ci-après, par un décret rendu en notre Conseil d'Etat.** — Celle qu'exigera la mise en activité des établissements compris dans la seconde classe, le sera par les préfets, sur l'avis des sous-préfets. — Les permissions pour l'exploitation des établissements placés

dans la dernière classe seront délivrées par les sous-préfets, qui prendront préalablement l'avis des maires.

S. Bem. zu Art. 6.

3. La permission pour les manufactures et fabriques de première classe ne sera accordée qu'avec les formalités suivantes: — La demande en autorisation sera présentée au préfet, et affichée par son ordre dans toutes les communes, à cinq kilomètres de rayon. — Dans ce délai, tout particulier sera admis à présenter des moyens d'opposition. — Les maires des communes auront la même faculté.

4. S'il y a des oppositions, le conseil de préfecture donnera son avis, sauf la décision au Conseil d'Etat.

5. S'il n'y a pas d'opposition, la permission sera accordée, s'il y a lieu, sur l'avis du préfet, et le rapport de notre ministre de l'intérieur.

6. S'il s'agit de fabriques de soude, ou si la fabrique doit être établie dans la ligne des douanes, notre directeur général des douanes sera consulté.

Die Artt. 2—6 sind modifizirt durch die Ord. vom 4. Jan. 1815 und das Dezentralisationsdekret v. 25. März 1852 Art. 2, tabl. B. n° 8 u. 9.

7. L'autorisation de former des manufactures et ateliers compris dans la seconde classe, ne sera accordée qu'après que les formalités suivantes auront été remplies. — L'entrepreneur adressera d'abord sa demande au sous-préfet de son arrondissement, qui la transmettra au maire de la commune dans laquelle on projette de former l'établissement, en le chargeant de procéder à des informations de commodo et incommodo. Ces informations terminées, le sous-préfet prendra sur le tout un arrêté, qu'il transmettra au préfet. Celui-ci statuera, sauf le recours à notre Conseil d'Etat par toutes parties intéressées. — S'il y a opposition il en sera statué par le conseil de préfecture, sauf le recours au Conseil d'Etat.

8. Les manufactures et ateliers ou établissements portés dans la troisième classe ne pourront se former que sur la permission . . . du maire. — S'il s'élève des réclamations contre la décision prise par les maires, sur une demande en formation de manufacture ou d'atelier compris dans la troisième classe, elles seront jugées au conseil de préfecture.

Geändert durch Art. 3 Ord. v. 4. Jan. 1815.

9. L'autorité locale indiquera le lieu où les manufactures et ateliers compris dans la première classe pourront s'établir, et exprimera sa distance des habitations particulières. Tout individu qui ferait des constructions dans le voisinage de ces manufactures et ateliers après que la formation en aura été permise, ne sera plus admis à en solliciter l'éloignement.

10. La division en trois classes des établissements qui répandent une odeur insalubre ou incommode aura lieu conformément au tableau annexé au présent décret impérial. Elle servira de règle, toutes les fois qu'il sera question de prononcer sur des demandes en formation de ces établissements.

Jetzt maßgebend das durch Dekret v. 31. Dec. 1866 veröffentlichte Verzeichniß.

11. Les dispositions du présent décret n'auront point d'effet rétroactif: en conséquence, tous les établissements qui sont aujourd'hui en activité, continueront à être exploités librement, sauf les dommages dont pourront être passibles les entrepreneurs de ceux qui préjudicient aux propriétés de leurs voisins; les dommages seront arbitrés par les tribunaux.

12. Toutefois, en cas de graves inconvénients pour la salubrité publique, la culture, ou l'intérêt général, les fabriques et ateliers de première classe qui les causent pourront être supprimés en vertu d'un décret rendu en notre Conseil d'Etat, après avoir entendu la police locale,

pris l'avis des préfets, reçu la défense des manufacturiers ou fabricants.

13. Les établissements maintenus par l'art. 11 cesseront de jouir de cet avantage, dès qu'ils seront transférés dans un autre emplacement, ou qu'il y aura une interruption de six mois dans leurs travaux. Dans l'un et l'autre cas ils rentreront dans la catégorie des établissements à former, et ils ne pourront être remis en activité qu'après avoir obtenu, s'il y a lieu, une nouvelle permission.

Ordonnance du 14 janvier—15 février 1815, contenant règlement sur les manufactures, établissements et ateliers qui répandent une odeur insalubre ou incommode.

Art. 2. Le procès-verbal d'information de commodo exigé par l'art. 7 du décret du 15 octobre 1810, pour la formation des établissements compris dans la seconde classe de la nomenclature sera pareillement exigible, en outre de l'affiche de demande, pour la formation de ceux compris dans la première classe. — Il n'est rien innové aux autres dispositions de ce décret.

3. Les permissions nécessaires pour la formation des établissements compris dans la troisième classe seront délivrées dans les départements, conformément aux articles 2 et 8 du décret du 15 octobre 1810, par les sous-préfets, après avoir pris préalablement l'avis des maires et de la police locale.

5. Les préfets sont autorisés à faire suspendre la formation ou l'exercice des établissements nouveaux qui, n'ayant pu être compris dans la nomenclature précitée, seraient cependant de nature à y être placés.

Ils pourront accorder l'autorisation d'établissement pour tous ceux qu'ils jugeront devoir appartenir aux deux dernières classes de la nomenclature, en remplissant les formalités prescrites par le décret du 15 octobre 1810, sauf, dans les deux cas, à en rendre compte à notre directeur général des manufactures et du commerce.

Ordonnance du 25 juin 1823, ayant pour objet de prévenir les dangers qui peuvent résulter de la fabrication et du débit des différentes sortes des poudres et matières détonantes et fulminantes.

S. diese Ord. unter „Waffen, Schießpulver ꝛc.“

Ordonnance du roi du 20 sept.—15 oct. 1828, relative au classement de différentes fabriques, usines, etc. au nombre des établissements dangereux, insalubres ou incommodes.

4. La durée des affiches et des publications pour les demandes en permission d'établir des verreries est définitivement fixé à un mois, comme pour toutes les autres demandes relatives à la formation d'établissements dangereux, insalubres ou incommodes de la première classe . . . . .

Ordonnance du 30 octobre 1836, portant règlement sur les fabriques de fulminate de mercure, amorces fulminantes et autres matières dans la préparation desquelles entre le fulminate de mercure.

S. diese Ord. unter „Waffen, Schießpulver ꝛc.“

Décret du 25 mars 1852, sur la décentralisation administrative.

Art. 2. Ils (les préfets) statueront également sans l'autorisation du ministre de l'intérieur sur les divers objets concernant . . . les affaires commerciales et la police sanitaire et industrielle dont la nomenclature est fixée par le Tableau B ci-annexé.

Tableau B.

8° Autorisation des établissements insalubres de première classe dans les formes déterminées pour cette nature d'établissements et avec les recours existants aujourd'hui pour les établissements de deuxième classe; —

9° Autorisation de fabriques et ateliers dans le rayon des douanes, sur l'avis conforme du directeur des douanes.

Décret du 18 avril—12 mai 1866, portant règlement pour l'exploitation des dépôts et magasins d'huiles minérales ou autres hydrocarbures.

Napoléon, etc.; — Sur le rapport de notre ministre secrétaire d'Etat au département de l'agriculture, du commerce et des travaux publics; — Vu les lois des 16—24 août 1790 et 19—22 juill. 1791; — Vu le décret du 15 oct. 1810; — Vu les ord. des 14 janv. 1815 et 9 fév. 1829; — Notre Conseil d'Etat entendu; — Avons, etc.

Art. 1er. Le pétrole et ses dérivés, les huiles de schiste et de goudron, les essences et autres hydrocarbures pour l'éclairage, le chauffage, la fabrication des couleurs et vernis, le dégraissage des étoffes, ou pour tout autre emploi, sont distingués en deux catégories, suivant leur degré d'inflammabilité.

La première catégorie comprend les substances très-inflammables, c'est-à-dire celles qui émettent, à une température moindre de 35 degrés du thermomètre centigrade, des vapeurs susceptibles de prendre feu au contact d'une allumette enflammée.

La seconde catégorie comprend les substances moins inflammables, c'est-à-dire celles qui n'émettent de vapeurs susceptibles de prendre feu au contact d'une allumette enflammée qu'à une température égale ou supérieure de 35 degrés.

2. Les usines pour la fabrication, la distillation et le travail en grand de toutes les substances comprises dans l'art. 1 sont rangées dans la première classe des établissements régis par le décret du 15 oct. 1810 et par l'ord. roy. du 14 janv. 1815, concernant les ateliers dangereux, insalubres ou incommodes.

3. **Les dépôts de substances appartenant à la première catégorie sont rangés dans la première classe des établissements insalubres ou dangereux, s'ils contiennent, même temporairement 1050 litres au plus desdites substances. — Ils sont rangés dans la deuxième classe lorsque la quantité emmagasinée, supérieure à 150 litres, n'atteint pas 1050 litres.** — Les dépôts pour la vente au détail, en quantité n'excédant pas 150 litres, peuvent être établis sans autorisation préalable. Toutefois, leurs propriétaires sont tenus d'adresser au préfet une déclaration indiquant la désignation précise du local, et la quantité à laquelle ils entendent limiter leur approvisionnement, et de se conformer aux mesures générales énoncées dans l'article 5 ci-après.

4. **Les dépôts de substances appartenant à la deuxième catégorie sont rangés dans la première classe des établissements insalubres ou dangereux, s'ils contiennent, même temporairement 10,500 litres au plus desdites substances. Ils appartiennent à la deuxième classe, lorsque la quantité emmagasinée, supérieure à 1050 litres n'atteint pas 10,500 litres.** — Les dépôts pour la vente au détail, en quantité n'excédant pas 1050 litres, peuvent être établis sans autorisation préalable. Toutefois leurs propriétaires sont tenus d'adresser au préfet une déclaration indiquant la désignation précise du local et la quantité à laquelle ils entendent limiter leur approvisionnement, et de se conformer aux mesures générales énoncées dans l'article 5 ci-après.

Wegen der Klassifikation s. jetzt die «nomenclature» zum Dekr. v. 31. Dec. 1866 V° «Huiles de pétrole», etc.

5. Les dépôts pour la vente au détail de substances de la première catégorie, en quantité supérieure à 5 litres et n'excédant pas 150 litres, et les dépôts de substances de la deuxième catégorie, en quantité supérieure à 60 litres et n'excédant pas 1050 litres, qui, aux termes des art. 3 et 4, peuvent être établis sans autorisation préalable, sont assujettis aux conditions générales suivantes:

1° Le local du dépôt ne pourra être qu'une pièce

au rez-de-chaussée ou une cave; il sera dalée en pierres posées et rejointoyées en mortier de chaux et sable ou ciment;

2° Les portes de communication avec les autres parties de la maison et avec la voie publique seront garnies de seuils en pierre saillant d'un décimètre au moins sur le sol dallé, de manière à retenir les liquides qui viendraient à se répandre;

3° Si le dépôt est établi dans une cave, celle-ci devra être bien éclairée par la lumière du jour, convenablement ventilée et sans aucune communication avec les caves voisines, dont elle sera séparée par des murs pleins en maçonnerie solide de 30 centimètres d'épaisseur au moins.

4° Si le local du dépôt est au rez-de-chaussée, il ne pourra être surmonté d'étages; il sera largement ventilé et éclairé par la lumière du jour. Les murs seront en bonne maçonnerie et la toiture sera sur supports en fer;

5° Dans tous les cas, le local sera d'un accès facile et ne devra être en communication avec aucune pièce servant à l'emmagasinage du bois ou autres matières combustibles qui pourraient servir d'aliment à un incendie;

6° Les liquides seront conservés, soit dans des vases en métal munis d'un couvercle, soit dans des fûts solides et parfaitement étanches, cerclés en fer, dont la capacité ne dépassera pas 150 litres, soit dans des touries en verre ou en grès revêtues d'une enveloppe en tresses de paille, osier ou autres matières de nature à mettre le vase à l'abri de la casse par le choc accidentel d'un corps dur; la capacité de ces touries ne dépassera pas 60 litres, et elles seront très-soigneusement bouchées;

7° Les vases servant au débit courant seront fermés et munis de robinets;

8° Le transvasement ou dépotage des liquides en approvisionnement ne se fera qu'à la clarté du jour et, autant que possible, au moyen d'une pompe.

9° Dans la soirée, le local sera éclairé par une ou plusieurs lanternes fixées aux murs, en des points éloignés des vases contenant les liquides inflammables, et particulièrement de ceux qui serviront au débit courant;

10° Il est interdit d'y allumer du feu, d'y fumer et d'y garder des fûts vides, des planches ou toutes autres matières combustibles;

11° Une quantité de sable ou de terre proportionnée à l'importance du dépôt sera conservée dans le local pour servir à éteindre un commencement d'incendie, s'il venait à se déclarer.

12° Le propriétaire du dépôt devra toujours avoir à sa disposition une ou plusieurs lampes de sûreté garnies et en bon état, dont on se servirait, au besoin, pour visiter les parties du local, que les lanternes fixées aux murs n'éclaireraient pas suffisamment. Il est expressément interdit de circuler dans le local avec des lumières portatives, découvertes qui ne seraient pas de sûreté et pourraient communiquer le feu à un mélange d'air et de vapeurs inflammables.

Les marchands en détail, dont l'approvisionnement est limité à 5 litres de substances de la première catégorie, ou à 60 litres de substances de la deuxième catégorie, seront tenus d'observer les mesures de précaution qui, dans chaque cas, leur seront indiquées, et prescrites par l'autorité municipale.

6. Les dépôts qui ne satisferaient point aux conditions prescrites ci-dessus, ou qui cesseraient d'y satis-

faire, seront fermés sur l'injonction de l'autorité administrative, sans préjudice des peines encourues pour contravention aux règlements de police.

Die Strafe ist die der Artt. 471 15) u. 474 Code pénal, also 80 Pf. bis 4 M. und bei Rückfall (483) 1 bis 3 Tage Haft (vgl. Vorbem. I).

Gegenüber dem § 367 6) StGB. sind die Bestimmungen des Dekrets mit der Strafe der Artt. 471 15) u. 474 Code pénal als „besondere Vorschriften" in Kraft geblieben. Bei Zuwiderhandlungen gegen die Vorschriften der Artt. 5 u. 7 wird jedoch in den meisten Fällen zugleich der Thatbestand des § 367 6) vorliegen, in welchen Fällen dann die Regel von der idealen Konkurrenz zur Anwendung zu bringen ist (vgl. Vorbem. II).

7. Le transport de toutes les substances comprises dans l'art. 1, en quantité excédant 5 litres, sera fait exclusivement, soit dans des vases en tôle, en fer-blanc ou en cuivre bien étanches et hermétiquement clos, soit dans des fûts en bois parfaitement étanches, cerclés en fer, dont la capacité ne dépassera pas 150 litres, soit dans des touries ou bombonnes en ver ou en grès de 60 litres de capacité au plus, bouchées et enveloppées de tresses en paille, osier ou autres matières de nature à mettre le vase à l'abri de la casse.

Décret du 31 décembre 1866, contenant les établissements réputés insalubres, dangereux ou incommodes.

Art. 1er. La division en trois classes des établissements réputés insalubres, dangereux ou incommodes, aura lieu conformément au tableau annexé au présent décret. Elle servira de règle toutes les fois qu'il sera question de prononcer sur les demandes en formation de ces établissements.

Nomenclature des établissements insalubres, dangereux ou incommodes.

(Ihres großen Umfangs wegen verweisen wir auf Bull. d. l. 1867 n° 14860.)

Décret du 9—27 février 1867, portant règlement sur les établissements d'éclairage et de chauffage par le gaz.

Durch das Dekr. v. 31. Dec. 1866 sind die Gasanstalten für öffentlichen Gebrauch unter die zweite, die zum Privatgebrauch unter die dritte Klasse der schadendrohenden Anlagen gesetzt. Sowohl die Anlegung ohne die im Dekr. v. 15. Oct. 1810 resp. der Ord. v. 14. Jan. 1815 vorgeschriebene Erlaubniß als die Uebertretung der in dem Folgenden enthaltenen Vorschriften steht unter der Strafsanktion der Artt. 471 15) u. 474 Code pénal.

Weder Nr. 6 noch Nr. 14 des § 367 StGB. können hier in Betracht kommen. Vgl. hierüber Vorbem. II.

Napoléon etc; — Sur le rapport de notre ministre secrétaire d'Etat au département de l'agriculture, du commerce et des travaux publics; — Vu l'ordonnance royale du 27 janvier 1846, concernant les établissements d'éclairage par le gaz hydrogène; — Vu le décret du 31 décembre 1866; — Vu l'avis du comité consultatif des arts et manufactures; Notre Conseil d'Etat entendu, — Avons, etc.

Art. 1er. Les usines et ateliers de fabrication du gaz d'éclairage et de chauffage pour l'usage public, et les gazomètres qui en dépendent sont soumis aux conditions ci-après.

2. Les usines sont fermées par un mur d'enceinte ou une clôture solide en bois, de trois mètres de hauteur au moins; les ateliers de fabrication et les gazo-

mètres sont à la distance de trente mètres au moins des maisons d'habitation voisines.

3. Les ateliers de distillation et tous les bâtiments y attenants seront construits et couverts en matériaux incombustibles.

4. La ventilation desdits ateliers doit être assurée par des ouvertures suffisamment larges et nombreuses, ménagées dans les parois latérales et à la partie supérieure du toit.

5. Les appareils de condensation sont établis en plein air ou dans des bâtiments dont la ventilation est assurée comme celle des ateliers de distillation.

6. Les appareils d'épuration sont placés vers le centre de l'usine, en plein air ou dans des bâtiments dont la ventilation est assurée comme celle des ateliers de distillation et de condensation.

7. Les eaux ammoniacales et les goudrons produits par la distillation, qu'on n'enlèverait pas immédiatement, sont recueillis dans des citernes exactement closes et qui devront être parfaitement étanches.

8. L'épuration sera pratiquée et conduite avec les soins et précautions nécessaires pour qu'aucune odeur incommode ne se répande en dehors de l'enceinte de l'usine. La chaux ou les laits de chaux, s'il en est fait usage, seront enlevés chaque jour dans des vases ou tombereaux fermant hermétiquement, et transportés dans une voirie ou un local désigné par l'autorité municipale.

9. Les eaux de condensation peuvent être traitées dans l'usine elle-même, pour en extraire les sels ammoniacaux qu'elles contiennent, à la condition que les ateliers soient établis vers la partie centrale de l'usine et qu'il n'en sorte aucune exhalaison nuisible ou incommode pour les habitants du voisinage, et que l'é-

coulement des eaux perdues soit assuré sans inconvénient pour le voisinage.

10. Les goudrons ne pourront être brûlés dans les cendriers et dans les fourneaux qu'autant qu'il en résultera à l'extérieur ni fumée ni odeur.

11. Les bassins dans lesquels plongent les gazomètres seront complétement étanches; ils seront construits en pierres ou briques à bain de mortier hydraulique; en tôle ou en fonte.

12. Les gazomètres seront établis à l'air libre; la cloche de chacun d'eux sera maintenue entre des guides fixes, solidement établis, de manière que, dans son mouvement, son axe ne s'écarte pas de la verticale. La course ascendante en sera limitée de telle sorte que, lorsque la cloche atteindra cette limite, son bord inférieur soit encore à un niveau inférieur de trente centimètres au moins au bord du bassin ou cuve.

La force élastique du gaz dans l'intérieur du gazomètre sera toujonrs maintenue au-dessus de la pression atmosphérique. Elle sera indiquée par un manomètre très apparent.

13. Les usines et appareils mentionnés ci-dessus pourront, en outre, être assujettis aux mesures de précaution et dispositions qui seraient reconnues utiles dans l'intérêt de la sûreté et de la salubrité publiques et qui seraient déterminées par un règlement d'administration publique.

14. Les usines et ateliers régis par le présent décret seront soumis à l'inspection municipale, chargée de veiller à ce que les conditions prescrites soient observées.

15. Les dispositions de l'ordonnance précitée du du 27 janvier 1846 sont et demeurent rapportées.

10. Dampfmaschinen.

Ordonnance du 22 mai—24 août 1843, relative aux machines et chaudières à vapeur, autres que celles qui sont placeés sur des bateaux.

Aufgehoben durch Art. 34 Dekr. v. 25. Jan. 1865.

Ordonnance du 23 mai — 24 août 1843, relative aux bateaux à vapeur qui naviguent sur les fleuves et rivières.

S. diese umfangreiche Ordonnanz, welche wegen ihrer örtlich sehr beschränkten Anwendbarkeit hier nicht abgedruckt ist, im Bull. des lois 1843 II S. 390 Nr. 10,827 u. bei D. P. 43. 3. 250, u. die den Art. 31 modifizirende Ord. v. 15. Juni 1844 bei D. P. 44. 3. 178.

Die Straffanktion für Uebertretung der in der Ordonnanz enthaltenen Vorschriften war früher in dem Art. 471 15) Code pénal zu suchen und ist jetzt durch das Ges. v. 21. Juli 1856 gegeben, nämlich:

zu Tit. I Strafe in Artt. 8 u. 9 dieses Gesetzes,
zu Tit. II Sekt. I u. II in Art. 10,
zu Tit. II Sekt. III, IV, V in Artt. 11, u. 13—15,
zu Tit. III Artt. 41—49 in Art. 16,
zu Tit. III Art. 50 in Art. 12 und
zu Tit. IV in Art. 16 daselbst.

Loi du 21—26 juillet 1856, concernant les contraventions aux règlements sur les appareils et bateaux à vapeur.

Die Reglements, auf welche sich das Gesetz bezieht, sind jetzt die ordonnance du 23 mai—24 août 1843, relative aux bateaux à vapeur und das décret du 25 janvier 1865, relatif aux chaudières à vapeur autres que celles qui sont placées à bord des bateaux.

TITRE I. *Des contraventions relatives à la vente des appareils à vapeur.*

Art. 1er. Est puni d'une amende de 100 à 1000 fr., tout fabricant qui a livré une chaudière fermée, ou toute autre pièce destinée à produire de la vapeur, sans qu'elle ait été soumise aux épreuves exigées par les règlements d'administration publique.

Est puni de la même peine, le fabricant qui, après avoir fait dans ses ateliers des changements ou des réparations notables à une chaudière ou à toute autre pièce destinée à produire de la vapeur, l'a rendue au propriétaire sans qu'elle ait été de nouveau soumise auxdites épreuves.

2. Est puni d'une amende de 25 à 200 fr., tout fabricant qui a livré un cylindre, une enveloppe de cylindre, ou une pièce quelconque destinée à contenir de la vapeur, sans que cette pièce ait été soumise aux épreuves prescrites par lesdits règlements.

Zu Artt. 1 u. 2 vgl. Artt. 20—28 Ord. 23. Mai 1843 u. 1, 3 Dekr. v. 25. Jan. 1865.

TITRE II. *Des contraventions relatives à l'usage des appareils à vapeur établis ailleurs que sur les bateaux.*

3. Est puni d'une amende de 25 à 500 fr., quiconque a fait usage d'une machine ou chaudière à vapeur sur laquelle ne seraient pas appliqués les timbres constatant qu'elle a été soumise aux épreuves et vérifications prescrites par les règlements d'administration publique. — Est puni de la même peine quiconque, après avoir fait faire à une chaudière ou partie de chaudière des changements ou réparations notables, a fait usage de la chaudière modifiée ou réparée sans en avoir donné avis au préfet ou sans qu'elle ait été sou-

mise de nouveau, dans le cas où le préfet l'aurait ordonné, à la pression d'épreuve correspondante au numéro du timbre dont elle est frappée.

Art. 4 Dekr. 25. Jan. 1865.

4. Est puni d'une amende de 25 à 500 fr., quiconque a fait usage d'un appareil à vapeur sans être muni de l'autorisation exigée par les règlements d'administration publique.

L'amende est de 100 à 1000 fr., si l'appareil à vapeur dont il a été fait usage sans autorisation n'est pas revêtu des timbres mentionnés en l'article précédent. — Néanmoins l'amende n'est pas encourue si, dans le délai de deux mois pour les appareils à placer dans l'intérieur des établissements, et de trois mois pour les appareils placés en dehors il n'a pas été statué par l'administration sur l'autorisation demandée.

Das Erforderniß einer Autorisation, welches Art. 4 der durch Art. 34 Dekr. v. 25 Jan. 1865 aufgehobenen Ord. v. 22. Mai 1843 aufstellte, ist in dem Dekrete von 1865 nicht wiederholt.

5. Celui qui continue à se servir d'un appareil à vapeur pour lequel l'autorisation a été retirée ou suspendue en vertu des règlements d'administration publique, est puni d'une amende de 100 à 2000 fr., et peut être condamné en outre à un emprisonnement de trois jours à un mois.

Vgl. Bem. zu dem vorhergehenden Artikel.

6. Quiconque fait usage d'un appareil à vapeur autorisé sans s'être conformé aux prescriptions qui lui ont été imposées en vertu desdits règlements, en ce qui concerne les appareils de sûreté dont les chaudières doivent être pourvues et l'emplacement de ces chaudières, ou qui continue à en faire usage alors que les appareils de sûreté et les dispositions de local ont cessé de satisfaire à ces prescriptions, est puni d'une amende de 25 à 200 fr.

7. Le chauffeur ou mécanicien qui a fait fonctionner une machine ou chaudière à une pression supérieure au degré déterminé dans l'acte d'autorisation, ou qui a surchargé les soupapes d'une chaudière, faussé ou paralysé les autres appareils de sûreté, est puni d'une

amende de 25 à 500 fr., et peut être, en outre, condamné à un emprisonnement de trois jours à un mois. — Le propriétaire, le chef de l'entreprise, le directeur, le gérant ou le préposé par les ordres duquel a eu lieu la contravention prévue au présent article, est puni d'une amende de 100 à 2000 fr. et peut être condamné en outre à un emprisonnement de six jours à deux mois.

Zu Artt. 6 u. 7 vgl. Artt. 5—27 Dekr. v. 25. Jan. 1865.

TITRE III. *Des contraventions relatives aux bateaux à vapeur et aux appareils à vapeur placés sur ces bateaux.*

8. Est puni d'une amende de 100 à 2000 fr., tout propriétaire ou chef d'entreprise qui a fait naviguer un bateau sans un permis de navigation, délivré par l'autorité administrative, conformément aux règlements d'administration publique.

9. Le propriétaire ou chef d'entreprise qui a continué de faire naviguer un bateau à vapeur dont le permis a été suspendu ou retiré en vertu desdits règlements encourt une amende de 400 à 4000 fr., et peut être condamné en outre à un emprisonnement d'un mois à un an.

Zu Artt. 8 und 9 vgl. Artt. 2—15, 74, 75 Ord. v. 23. Mai 1843.

10. Est puni d'une amende de 400 à 4000 fr. tout propriétaire de bateau à vapeur ou chef d'entreprise qui fait usage d'une chaudière non revêtue des timbres constatant qu'elle a été soumise aux épreuves prescrites par les règlements d'administration publique, ou qui, après avoir fait faire à une chaudière ou partie de chaudière des changements ou réparations notables, a fait usage, hors le cas de force majeure, de la chaudière réparée ou modifiée sans qu'elle ait été soumise

à la pression d'épreuve correspondante au numéro du timbre dont elle est frappée.

Artt. 17—28. Ord. v. 23. Mai 1843.

11. Est puni d'une amende de 200 à 4000 fr., tout propriétaire de bateau à vapeur ou chef d'entreprise, qui, après avoir obtenu un permis de navigation, fait naviguer ce bateau sans se conformer aux prescriptions qui lui ont été imposées en vertu des règlements d'administration publique en ce qui concerne les appareils de sûreté dont les chaudières doivent être pourvues, l'emplacement des chaudières et machines, et les séparations entre cet emplacement et les salles destinées aux passagers. — La même peine est applicable dans le cas où le bateau a continué à naviguer après que les appareils de sûreté ou les dispositions du local ont cessé de satisfaire à ces prescriptions.

Artt. 29—40. Ord. v. 23. Mai 1843.

12. Est puni d'une amende de 200 à 2000 fr., tout propriétaire de bateau à vapeur ou chef d'entreprise qui a confié la conduite du bateau ou de l'appareil moteur à un capitaine ou à un mécanicien non pourvu des certificats de capacité exigées par les règlements d'administration publique.

Art. 50. Ord. v. 23. Mai 1843.

13. Est puni d'une amende de 50 à 500 fr. le capitaine d'un bateau à vapeur si par suite de sa négligence,

1° La pression de la vapeur dans les chaudières a été portée au-dessus de la limite fixée par le permis de navigation;

2° Les appareils prescrits soit pour limiter ou indiquer cette pression, soit pour indiquer le niveau de l'eau dans l'intérieur des chaudières, soit pour alimenter l'eau des chaudières, ont été faussés ou paralysés.

Artt. 11, 29—40. Ord. v. 23. Mai 1843.

14. Est puni d'une amende de 50 à 500 fr., et, en outre, d'un emprisonnement de trois jours à trois mois, le mécanicien ou chauffeur qui, sans ordre, a surchargé les soupapes, faussé ou paralysé les autres appareils de sûreté. — Lorsque la surcharge des soupapes a eu lieu hors du cas de force majeure, par l'ordre du capitaine ou du chef de manœuvre qui le remplace, le capitaine ou le chef de manœuvre qui a donné l'ordre est puni d'une amende de 200 à 2000 fr., et peut être condamné à un emprisonnement de six jours à deux mois.

15. Est puni d'une amende de 25 à 250 fr., et d'un emprisonnement de 3 jours à un mois le mécanicien d'un bateau à vapeur qui aura laissé descendre l'eau dans la chaudière au niveau des conduits de la flamme et de la fumée.

Zu Artt. 14 u. 15 vgl. Artt. 29—40. Ord. v. 23. Mai 1843.

16. Est puni d'une amende de 50 à 500 fr. le capitaine d'un bateau à vapeur qui a contrevenu aux dispositions des règlements d'administration publique, ou des arrêtés des préfets rendus en vertu de ces règlements, en ce qui concerne:

1° Le nombre des passagers qui peuvent être reçus à bord;

2° Le nombre et la nature des embarcations, agrès et apparaux dont le bateau doit être pourvu;

3° Les prescriptions relatives aux embarquements et débarquements, et celles qui ont pour objet d'éviter des accidents au départ, au passage sous les ponts ou à l'arrivée des bateaux, ou de prévenir les abordages.

Artt. 41—49, 51—69 Ord. v. 23. Mai 1843.

17. Dans le cas où, par inobservation des règle-

ments, le capitaine d'un bateau à vapeur a heurté, endommagé ou mis en péril un autre bateau, il est puni d'une amende de 50 à 500 fr., et peut être condamné en outre à un emprisonnement de six jours à trois mois.

Das StGB. kennt blos vorsätzliche und rechtswidrige Sachbeschädigung, daher Fälle fahrlässiger Sachbeschädigung, welche sich in Spezialgesetzen finden, als besondere Vorschriften in Kraft geblieben sind. Andere Beispiele: Ord. v. 27. Juli 1723 (Wegepolizei), Art. 9. Ges. v. 30. Mai 1851 (Fuhrwesen).

18. Le propriétaire du bateau à vapeur, le chef d'entreprise ou le gérant par les ordres de qui a lieu l'un des faits prévus par les art. 13, 14 et 16 de la présente loi, est passible de peines doubles de celles qui, conformément auxdits articles, seront appliqués à l'auteur de la contravention.

TITRE IV. *Dispositions générales.*

19. En cas de récidive, l'amende et la durée de l'emprisonnement peuvent être élevées au double du maximum porté dans les articles précédents. — Il y a récidive lorsque le contrevenant a subi dans les douze mois qui précèdent, une condamnation en vertu de la présente loi.

20. Si les contraventions prévues dans les titres 2 et 3 de la présente loi ont occasionné des blessures, la peine sera de huit jours à six mois d'emprisonnement et l'amende de 50 a 1000 fr.; si elles ont occasionné la mort d'une ou plusieurs personnes, l'emprisonnement sera de six mois à cinq ans et l'amende de 300 à 3000 fr.

Mat. der §§ 222 u. 230 StGB., welche in ihren Schlußsätzen Tödtung und Körperverletzung als Folge vernachläßigter Gewerbe- oder Berufspflichten allgemein vorsehen. Fälle der in dem Art. vorausgesetzten Art. enthalten also heute eine Idealkonkurrenz zwischen den Kontraventionen dieses Gesetzes und den angezogenen §§ und sind nach § 73 StGB. zu entscheiden.

21. Les contraventions prévues par la présente loi seront constatées par les ingénieurs des mines, les ingénieurs des ponts-et-chaussées, les gardes-mines, les conducteurs et autres employés des ponts-et-chaussées et des mines, commissionnés à cet effet, les maires et adjoints, les commissaires de police, et, en outre, pour les bateaux à vapeur, les officiers de port, les inspecteurs et gardes de la navigation, les membres des commissions de surveillance instituées en exécution des règlements . . . . .

22. Les procès-verbaux dressés en exécution de l'article précédent sont visés pour timbre et enregistrés en débet. — Ceux qui ont été dressés par des agents de surveillance et gardes assermentés doivent, à peine de nullité, être affirmés dans les trois jours devant le juge de paix ou le maire, soit du lieu du délit, soit de la résidence de l'agent. — Lesdits procès-verbaux font foi jusqu'à preuve contraire . . . . .

23. L'art. 463 Code pénal est applicable aux condamnations prononcées en exécution de la présente loi.

Décret du 25 janvier 1865, relatif aux chaudières à vapeur autres que celles qui sont placées à bord des bateaux.

Die Strafsanktion für Zuwiderhandlungen gegen dieses Dekret sind in den Artt. 1, 2, 3, 6, 7, 19 u. 23 des Ges. v. 21. Juli 1856 enthalten.

Art. 1er. Sont soumises aux formalités et aux mesures prescrites par le présent décret les chaudières fermées destinées à produire la vapeur, autres que celles qui sont placées à bord des bateaux.

TITRE I. *Dispositions relatives à la fabrication, à la vente et à l'usage des chaudières fermées destinées à produire la vapeur.*

2. Aucune chaudière neuve ou ayant déjà servie ne peut être livrée par celui qui l'a construite, réparée ou vendue, qu'après avoir subi l'épreuve prescrite ci-après. — Cette épreuve est faite chez le constructeur ou chez le vendeur, sur sa demande, sous la direction des ingénieurs des mines ou, à leur défaut, des ingénieurs des ponts-et-chaussées, ou des agents sous leurs ordres. — Les épreuves des chaudières venant de l'étranger sont faites, avant la mise en service, au lieu désigné par le destinataire dans sa demande.

3. L'épreuve consiste à soumettre la chaudière à une pression effective double de celle qui ne doit pas être dépassée dans le service, toutes les fois que celle-ci est comprise entre un demi kilogramme et six kilogrammes par centimètre carré inclusivement. — La surcharge d'épreuve est constante et égale à un demi kilogramme par centimètre carré pour les pressions inférieures, et à six kilogrammes par centimètre carré pour les pressions supérieures aux limites ci-dessus. — L'épreuve est faite par pression hydraulique. — La pression est maintenue pendant le temps nécessaire à l'examen de toutes les parties de la chaudière.

4. Après qu'une chaudière ou partie de chaudière a été éprouvée avec succès, il y est apposé un timbre indiquant en kilogrammes, par centimètre carré la pression effective que la vapeur ne doit pas dépasser. Les timbres sont placés de manière à être toujours apparents après la mise en place de la chaudière. Ils sont poinçonnés par l'agent chargé d'assister à l'épreuve.

5. Chaque chaudière est munie de deux soupapes

de sûreté chargées de manière à laisser la vapeur s'écouler avant que sa pression effective atteigne, ou, tout au moins, dès qu'elle atteint la limite maximum indiquée par le timbre dont il est fait mention à l'article précédent. — Chacune des soupapes offre une section suffisante pour maintenir à elle seule, quelle que soit l'activité du feu, la vapeur dans la chaudière à un degré de pression qui n'excède dans aucun cas la limite ci-dessus. — Le constructeur est libre de répartir, s'il le préfère, la section totale d'écoulement nécessaire des deux soupapes réglementaires entre un plus grand nombre de soupapes.

6. Toute chaudière est munie d'un manomètre en bon état, placé en vue du chauffeur, disposé et gradué de manière à indiquer la pression effective de la vapeur dans la chaudière. Une ligne très apparente marque sur l'échelle le point que l'index ne doit pas dépasser. — Un seul manomètre peut servir pour plusieurs chaudières ayant un réservoir de vapeur commun.

7. Toute chaudière est munie d'un appareil d'alimentation d'une puissance suffisante et d'un effet certain.

8. Le niveau que l'eau doit avoir habituellement dans chaque chaudière doit dépasser d'un décimètre au moins la partie la plus élevée des carneaux, tubes ou conduits de la flamme et de la fumée dans le fourneau. — Ce niveau est indiqué par une ligne tracée d'une manière très apparente sur les parties extérieures de la chaudière et sur le parement du fourneau. — La prescription énoncée au paragraphe 1er du présent article ne s'applique point: — 1° Aux surchauffeurs de vapeur distincts de la chaudière; — 2° A des surfaces relativement peu étendues et placées de manière à ne jamais rougir, même lorsque le feu est poussé à son maximum d'activité, telles que la partie supérieure des

plaques tubulaires des boîtes à fumée dans les chaudières de locomotives, ou encore telles que les tubes ou parties de cheminée qui traversent le réservoir de vapeur, en envoyant directement à la cheminée principale les produits de la combustion; — 3° Aux générateurs dits à production de vapeur instantanée et à tous autres qui contiennent une trop petite quantité d'eau pour qu'une rupture puisse être dangereuse. — Le ministre de l'agriculture, du commerce et des travaux publics peut, en outre, sur le rapport, des ingénieurs et à l'avis du préfet, accorder dispense de ladite prescription dans tous les cas où, à raison, soit de la forme ou de la faible dimension des générateurs, soit de la position spéciale des pièces contenant de la vapeur, il serait reconnu que la dispense ne peut pas avoir d'inconvénients.

9. Chaque chaudière est munie de deux appareils indicateurs du niveau de l'eau, indépendants l'un de l'autre et placés en vue du chauffeur. — L'un de ces deux indicateurs est un tube en verre disposé de manière à pouvoir être facilement nettoyé et remplacé au besoin.

TITRE II. *Dispositions relatives à l'établissement des chaudières à vapeur placées à demeure.*

10. Les chaudières à vapeur destinées à être employées à demeure ne peuvent être établies qu'après une déclaration au préfet du département. Cette déclaration est enregistrée à sa date. Il en est donné acte.

11. La déclaration fait connaître: — 1° Le nom et le domicile du vendeur des chaudières ou leur origine; — 2° La commune et le lieu précis où elles sont établies; — 3° Leur forme, leur capacité et leur surface de chauffe; — 4° Le numéro du timbre exprimant en kilogrammes, par centimètre carré, la pression effective

maximum, sous laquelle elles doivent fonctionner; — 5º Enfin, le genre d'industrie et l'usage auxquels elles sont destinées.

12. Les chaudières sont distinguées en trois catégories. — Cette classification est basée sur la capacité de la chaudière et sur la tension de la vapeur. — On exprime en mètres cubes la capacité de la chaudière avec ses tubes bouilleurs ou réchauffeurs, mais sans y comprendre les surchauffeurs de vapeur; on multiplie ce nombre par le numéro du timbre augmenté d'une unité. Les chaudières sont dans la première catégorie, quand le produit est plus grand que quinze; dans la deuxième, si ce même produit surpasse cinq et n'excède pas quinze; dans la troisième, s'il n'excède pas cinq. — Si plusieurs chaudières doivent fonctionner ensemble dans un même emplacement, si elles ont entre elles une communication quelconque, directe ou indirecte, on prend, pour former le produit comme il vient d'être dit, la somme des capacités de ces chaudières.

13. Les chaudières comprises dans la première catégorie doivent être établies en dehors de toute maison et de tout atelier surmonté d'étage. — N'est point considérée comme un étage au-dessus de l'emplacement d'une chaudière une construction légère dans laquelle les matières ne sont l'objet d'aucune élaboration nécessitant la présence d'employés ou ouvriers travaillant à poste fixe. — Dans ce cas, le local ainsi utilisé est séparé des ateliers contigus par un mur ne présentant que les passages nécessaires pour le service.

14. Il est interdit de placer une chaudière de première catégorie à moins de trois mètres de distance du mur d'une maison d'habitation appartenant à des tiers. — Si la distance de la chaudière à la maison est plus grande que trois mètres et moindre que dix mètres, la

chaudière doit être généralement installée de façon que son axe longitudinal prolongé ne rencontre pas le mur de ladite maison, ou que, s'il le rencontre, l'angle compris entre cet axe et le plan du mur soit inférieur au dixième d'un angle droit. Dans le cas où la chaudière n'est pas installée dans les conditions ci-dessus, la maison doit être garantie par un mur de défense. Ce mur, en bonne et solide maçonnerie, a un mètre au moins d'épaisseur en couronne; il est distinct du parement du fourneau de la chaudière et du mur de la maison voisine, et est séparé de chacun d'eux par un intervalle libre de trente centimètres de largeur au moins. — Sa hauteur dépasse de un mètre la partie la plus élevée du corps de la chaudière quand il est à une distance de celle-ci comprise entre trente centimètres et trois mètres. Si la distance est plus grande de trois mètres, l'excédant de hauteur est augmenté en proportion de la distance, sans toutefois excéder deux mètres. — Enfin, la situation et la longueur du mur sont combinées de manière à couvrir la maison voisine dans toutes les parties qui se trouvent à la fois au-dessous de la crête dudit mur, d'après la hauteur fixée ci-dessus, et à une distance moindre que dix mètres d'un point quelconque de la chaudière. — L'établissement d'une chaudière de première catégorie à la distance des dix mètres ou plus de maisons d'habitation n'est assujetti à aucune condition particulière. — Les distances de trois mètres et de dix mètres fixées ci-dessus sont réduites respectivement à un mètre cinquante et cinq mètres, lorsque la chaudière est enterrée de façon que la partie supérieure de ladite chaudière se trouve à un mètre au moins en contre-bas du sol du côté de la maison voisine.

15. Les chaudières comprises dans la deuxième

catégorie peuvent être placées dans l'intérieur de tout atelier, pourvu que l'atelier ne fasse pas partie d'une maison habitée par des personnes autres que le manufacturier, sa famille et ses employés, ouvriers et serviteurs.

16. Les chaudières de troisième catégorie peuvent être établies dans un atelier quelconque, même lorsqu'il fait partie d'une maison habitée par des tiers.

17. Les fourneaux des chaudières comprises dans la deuxième et la troisième catégorie sont entièrement séparés des maisons d'habitation appartenant à des tiers; l'espace vide est d'un mètre pour les chaudières de la deuxième catégorie et de cinquante centimètres pour les chaudières de la troisième.

18. Les conditions d'emplacement établies par les articles 13 et 17 ci-dessus, cessent d'être obligatoires lorsque les tiers intéressés renoncent â s'en prévaloir.

19. Le foyer des chaudières de toute catégorie doit brûler sa fumée. — Un délai de six mois est accordé, pour l'exécution de la disposition qui précède, aux propriétaires de chaudières auxquels l'obligation de brûler leur fumée n'a point été imposée par l'acte d'autorisation.

20. Si postérieurement à l'établissement d'une chaudière, un terrain contigu vient à être affecté à la construction d'une maison d'habitation, le propriétaire de ladite maison a le droit d'exiger l'exécution des mesures prescrites par les art. 14 et 17 ci-dessus, comme si la maison eût été construite avant l'établissement de la chaudière.

21. Indépendamment des mesures générales de sûreté prescrite au titre Ier de la déclaration prévue par les art. 10 et 11 du titre II, les chaudières à vapeur fonctionnant dans l'intérieur des mines sont soumises

aux conditions spéciales fixées par les lois et règlements concernant l'exploitation des mines.

Besondere Gesetze über Dampfmaschinen in Bergwerken existiren nicht.

TITRE III. ***Dispositions relatives aux chaudières des machines locomobiles et locomotives.***

22. Sont considérés comme locomobiles les machines à vapeur qui peuvent être transportées facilement d'un lieu dans un autre, n'exigent aucune construction pour fonctionner sur un point donné, et ne sont effectivement employées que d'une manière temporaire à chaque station.

23. Les chaudières de machines locomobiles sont soumises aux mêmes épreuves, et munies de mêmes appareils de sûreté que les générateurs établis à demeure; toutefois, elles peuvent n'avoir qu'un seul tube indicateur du niveau de l'eau en verre. Elles portent en outre une plaque sur laquelle sont gravés, en lettres très-apparentes, le nom du propriétaire, son domicile et un numéro d'ordre, si le propriétaire en possède plusieurs. — Elles sont l'objet d'une déclaration adressée au préfet du département où est le domicile du propriétaire de la machine.

24. Aucune locomobile ne peut être employée sur une propriété particulière à moins de cinq mètres de tout bâtiment d'habitation, et de tout amas découvert de matières inflammables appartenant à des tiers, sans le consentement formel de ceux-ci. — Le fonctionnement des locomobiles sur la voie publique est régi par les règlements de police locaux.

25. Les machines à vapeur locomotives sont celles qui, sur terre, travaillent en même temps qu'elles se déplacent par leur propre force.

26. Les dispositions de l'article 23 sont applicables aux chaudières des machines locomotives.

27. La circulation des locomotives sur les chemins de fer a lieu dans les conditions déterminées par des règlements d'administration publique. — Un règlement spécial fixera, s'il y a lieu, les conditions relatives à la circulation des locomotives sur les routes autres que les chemins de fer.

TITRE IV. *Dispositions générales.*

28. Les ingénieurs des mines ou à leur défaut, les ingénieurs des ponts et chaussées, ainsi que les agents sous leurs ordres commissionnés à cet effet, sont chargés, sous la direction des préfets et avec le concours des autorités locales, de la surveillance relative à l'exécution des mesures prescrites par le présent décret.

29. Les contraventions au présent règlement sont constatées, poursuivies et réprimées, conformément à la loi du 21 juillet 1856 sans préjudice de la responsabilité civile que les contrevenants peuvent encourir aux termes des articles 1382 et suivants du Code Napoléon.

30. En cas d'accident ayant occasionné la mort ou des blessures graves, le propriétaire ou le chef de l'établissement doit prévenir immédiatement l'autorité chargée de la police locale et l'ingénieur chargé de la surveillance. — L'autorité chargée de la police locale se transporte sur les lieux et dresse un procès-verbal, qui est transmis au préfet et au procureur impérial. L'ingénieur chargé de la surveillance se rend également sur les lieux dans le plus bref délai, pour visiter les chaudières, en constater l'état et rechercher les causes de l'accident. Il adresse sur le tout un rapport au préfet et un procès-verbal au procureur impérial. —

En cas d'explosion, les constructions ne doivent point être réparées, et les fragments de la chaudière rompue ne doivent point être déplacés ou dénaturés avant la clôture du procès-verbal de l'ingénieur.

31. Les chaudières qui dépendent des services spéciaux de l'Etat sont surveillées par les fonctionnaires et agents de ces services. Leur établissement reste assujetti à la déclaration prévue par l'art. 10, et à toutes les conditions d'emplacement et autres qui peuvent intéresser les tiers.

32. Les conditions d'emplacement prescrites pour les chaudières à demeure par le présent décret, ne sont point applicables aux chaudières pour l'établissement desquelles il aura été satisfait à l'ordonnance royale du 22 mai 1843.

34. L'ordonnance royale du 22 mai 1843, relative aux machines et chaudières à vapeur autres que celles qui sont placées sur des bateaux, est rapportée.

B. Einzelne Gewerbe.

1. Bäcker und Metzger.

Vorbemerkung.

Die Grenzen, innerhalb deren die polizeilichen Beschränkungen, welchen das Bäcker- und Metzgergewerbe unterworfen werden können, sich bewegen müssen, sind negativ durch das im Ges. v. 2. März 1791 sanktionnirte Princip der Gewerbefreiheit bezeichnet. Nur die Ausübung des Gewerbes, nicht die Berechtigung an sich kann darnach einer Regelung durch die Verwaltungsbehörden unterliegen, und nur in diesem Sinne durfte die Bestimmung des Art. 3 Tit. 11 Ges. 16.—24. Aug. 1790: «Les objets de police confiés à la vigilance et à l'autorité des corps municipaux sont: 4) L'inspection sur la fidélité du débit des denrées qui se vendent au poids, à l'aune, ou à la mesure, et sur la salubrité des comestibles exposés en vente publique», welche als das gesetzliche Fundament der bezüglichen Verordnungen betrachtet wird, ausgelegt und in Anwendung gebracht werden. Die Bedeutung beider Gewerbe, die Wichtigkeit, welche dieselben für die allgemeine Wohlfahrt haben, führte jedoch in früherer Zeit zu Vorschriften, welche über die Schranken einer polizeilichen Aufsicht weit hinausgingen. Insbesondere bildete das Bäcker=Gewerbe bis in die neueste Zeit den Gegenstand zahlreicher Ordonnanzen und Dekrete, welche einschneidende Bestimmungen über das Recht selbst und den Umfang des Betriebes enthielten; als eine Art Muster derselben bezeichnet Dalloz Rép. V° Boulangers n° 10 eine königl. Ordonnanz «portant règlement sur l'exercice de la profession de boulanger à Thionville», welche den Gewerbebetrieb von einer Erlaubnißertheilung des Maire abhängig machte, die Entziehung der Berechtigung durch dieselbe Behörde gestattete, ferner den Bäckern die Verpflichtung auferlegte, stets in Qualität und Quantität bestimmte Vorräthe von Getreide zu besitzen, und sogar die Anlegung und Beseitigung von Backöfen einer besondern Erlaubniß unterstellte. Durch Dekr. v. 22. Juni 1863 sind jedoch alle in Dekreten, Ordonnanzen oder règlements généraux enthaltenen Bestimmungen dieser Art, deren Legalität stets bezweifelt war (vgl. Dalloz, Rép. V° Boulanger n° 23, D. P. 64. 1. 231), aufgehoben und nur solche in Kraft erhalten worden «relatives à la salubrité et à la fidélité du débit des pains mis en vente.»

Auch bezüglich der Metzger waren, und zwar hier vorzugsweise in Localverordnungen, viele Ausnahmemaßregeln creirt worden, was zu einer Ministerialinstruktion v. 22. Dez. 1823 (Dalloz, Rép. V° Boucher n° 9) Ver=

anlassung gab, welche sich die Verbreitung einer gleichförmigen den Gesetzen entsprechenden Auffassung zur Aufgabe machte. Der Minister bezeichnet darin als unzulässig alle Bestimmungen, welche die freie Konkurrenz beschränken, die Ausübung des Gewerbes von einer besonderen Genehmigung oder bestimmten Taxen abhängig machen oder, was früher oft der Fall war, den Verkauf der einzelnen Fleischsorten nach den Jahreszeiten regeln. Dagegen ist die Zuständigkeit der Verwaltungsbehörden ohne Zweifel begründet zum Erlaß von Vorschriften, welche die Errichtung und Einrichtung öffentlicher Schlachthäuser, die Einrichtung der Verkaufsmagazine, die Qualität und den Preis des Fleisches zum Gegenstande haben.

Die Uebertretung aller hier in Frage kommenden Reglements, wer dieselben auch erlassen haben mag, ist allein nach Artt. 471 15), 474 Code pénal strafbar, da auf dem Verordnungswege keine selbstständigen Strafen geschaffen werden können (vgl. Dalloz. Rép. V° Boucher n° 82, Boulanger n° 75 ff.).

Als besondere Strafvorschriften kommen daneben nur noch in Betracht Art. 6 des Edikts von 1776 und Art. 479 6) Code pénal. Die Gültigkeit des Art. 6 cit. wird von Dalloz, Rép. V° Boulanger n° 26 bestritten, ist aber vom franz. Kassationshofe stets anerkannt worden. (D. P. 56. 1. 346. 58. 1. 335.)

Ueber das Feilhalten und den Verkauf verdorbener Waaren vgl. Bem. zu Ges. v. 27. März 1851 u. „Handel".

Der in die Sammlung von Roger & Sorel noch aufgenommene Art. 7 der Lettres patentes concernant la boucherie v. 1. Juni 1782 bezieht sich nur auf Paris.

Édit du février 1776.

Art. 6. Voulons que les maîtres actuels des communautés des bouchers, boulangers et autres dont le commerce a pour objet la subsistance journalière de nos sujets, ne puissent quitter leur profession qu'un an après la déclaration qu'ils seront tenus de faire devant le lieutenant général de police qu'ils entendent abandonner leur profession et commerce, à peine de 500 livres d'amende et de plus forte peine s'il y échoit.

Ueber den Wegfall der Schlußworte, welche eine arbiträre Strafe gestatteten, vgl. D. P. 58. 1. 335; ebendaselbst auch über die heutige Gültigkeit des Artikels.

CODE PÉNAL.

Art. 479. Seront punis d'une amende de 11 à 15 francs inclusivement, . . . 6° . . . Les boulangers et bouchers qui vendent le pain ou la viande au-delà du prix fixé par la taxe légalement faite et publiée.

480. Pourra, selon les circonstances, être prononcée la peine d'emprisonnement pendant cinq jours au plus, ... 3° . . . Contre les boulangers et bouchers, dans les cas prévus par le § 6 de l'article précédent; . . . .

Ueber die Strafe bei Rückfall und mildernden Umständen bestimmen Artt. 482 (s. S. 146) u. 483 (s. Thl. I S. 17).

2. Schlosser.

Nach Dalloz, Rép. V° Industrie 202 sind in Frankreich noch die Artt. 51 u. 52 der Lettres patentes v. 12. Okt. 1650 in Kraft, welche das unbefugte Oeffnen von Schlössern an Haus- und Stubenthüren oder an Behältnissen im Innern von Häusern mit Strafe bedrohen. Für Elsaß-Lothringen sind jedoch diese Vorschriften durch § 369 StGB. beseitigt. Die eben daselbst (Dalloz loc. cit.) angeführte ordonnance de police v. 4. Nov. 1778 hat nur für Paris Geltung.

3. Trödler.

(Fripiers-brocanteurs ambulants.)

Eine königliche Deklaration v. 29. März 1778 regelt die Ausübung des Gewerbes der «fripiers - brocanteurs ambulants», Hausirer mit Antiquitäten und Trödelwaaren. Nach Dalloz, Rép. V° Industrie n° 178 ist dieselbe noch in Kraft, und lassen wir uuten den Art. 1 derselben folgen; der übrige Theil der Deklaration stand uns dem Texte nach nicht zu Gebote, der Inhalt ist Dalloz loc. cit. angeführt.

Ausführlichere Bestimmungen finden sich in der ordonnance de police v. 4. Nov. 1778, welche den Handel mit alten Waaren überhaupt regelt. Dieselbe bezog sich aber nur auf Paris; auch ist die Einführung der in ihr enthaltenen Bestimmungen durch Localverordnungen stets für unzuläffig erklärt (vgl. D. P. 42. 1. 422; 51. 5. 40; 60. 5. 218).

Déclaration du 29 mars 1778.

Tous ceux ou celles qui voudront à l'avenir exercer la profession de fripiers - brocanteurs, seront tenus de se faire inscrire tant sur les livres de la police que ceux tenus par le syndic de ladite profession, à peine de confiscation de leurs marchandises, de tels dommages-intérêts qu'il appartiendra, et de dix livres d'amende envers nous.

4. Gast- und Schenkwirthe.

CODE PÉNAL.

LIVRE III. TITRE I. CHAPITRE III. SECTION I.

Du Faux. § V.

Art. 154. . . . . Les logeurs et aubergistes qui, sciemment, inscriront sur leurs registres, sous des noms faux ou supposés, les per-

sonnes logées chez eux, ou qui, de connivence avec elles, auront omis de les inscrire, seront punis d'un emprisonnemement de six jours au moins et de trois mois au plus.

Mat. des § 271 StGB., dessen Thatbestand zwar nicht durch die in Art. 154 vorgesehene Handlungsweise erfüllt wird, aber mit dem dieses Artikels sich insofern berührt, als der criminalpolitische Grund der Strafbarkeit bei beiden in der Fälschung von Schriftstücken beruht, die eine öffentliche Bedeutung haben.

Die Handlung gegen Art. 154 a. E. ist auch jetzt nicht straflos sondern unterliegt nur der milderen Strafe des Art. 475 2) Code pénal.

LIVRE IV. CHAPITRE II. SECTION II.

Art. 475. Seront punis d'amende depuis six francs jusqu'à 10 fr. inclusivement, . . . 2° Les aubergistes, hôteliers, logeurs ou loueurs de maisons garnies, qui auront négligé d'inscrire de suite et sans aucun blanc, sur un registre tenu régulièrement, les noms, qualités, domicile habituel, dates d'entrée et de sortie de toute personne qui aurait couché ou passé une nuit dans leurs maisons; ceux d'entre eux qui auraient manqué à représenter ce registre aux époques déterminées par les règlements ou lorsqu'ils en auraient été requis, aux maires, adjoints, officiers ou commissaires de police ou aux citoyens commis à cet effet: le tout sans préjudice des cas de responsabilité mentionnés en l'article 73 du présent Code. . . . .

Liegt Rückfall vor, so ist auf Haft bis zu 5 Tagen zu erkennen, während andererseits bei mildernden Umständen die Strafe bis auf 80 Pf. ermäßigt werden kann. Artt. 478, 483 Code pénal. (s. dies. Thl. I. S. 17.)

Décret du 29 décembre 1851, sur les cafés, cabarets et débits de boissons.

Art. 1er. Aucun café, cabaret ou autre débit de

boissons à consommer sur place ne pourra être ouvert à l'avenir, sans la permission préalable de l'autorité administrative.

Die Erlaubnißertheilung und Schließung gehört nach der Verordnung v. 28. Aug. 1875 (GBl. S. 171) zur Zuständigkeit der Kreisdirektoren.

2. La fermeture des établissements désignés en l'article 1er qui existent actuellement, ou qui seront autorisés à l'avenir, pourra être ordonnée par arrêté du préfet, soit après une condamnation pour contravention aux lois et règlements qui concernent ces professions, soit par mesure de sureté publique.

3. Tout individu qui ouvrira un café, cabaret ou débit de boissons à consommer sur place, sans autorisation préalable ou contrairement à un arrêté de fermeture pris en vertu de l'article précédent, sera poursuivi devant les tribunaux correctionnels et puni d'une amende de vingt-cinq à cinq cents francs et d'un emprisonnement de six jours à six mois. — L'établissement sera fermé immédiatement.

Das Gesetz v. 16. Nov. 1875 (GBl. S. 187) bestimmt: „An Stelle der in Artikel 3 des Dekrets über Schankwirthschaften vom 29. Dec. 1851 angedrohten Strafe tritt Geldstrafe bis zu 300 Mark und im Unvermögensfalle Haft."

5. Wahrsager.

CODE PÉNAL.

Art. 479. Seront punis d'une amende de onze à quinze francs inclusivement, . . . 7° Les gens qui font métier de deviner et pronostiquer, ou d'expliquer les songes;

480. Pourra, selon les circonstances, être prononcée la peine d'emprisonnement pendant cinq jours au plus. . . . , contre les interprètes de songes;

481. Seront, de plus, saisis et confisqués. . . . .
2° Les instruments, ustensiles et costumes servant ou destinés à l'exercice du métier de devin, pronostiqueur ou interprète de songes.

482. La peine d'emprisonnement pendant cinq jours aura toujours lieu, pour récidive, contre les personnes et dans les cas mentionnés en l'article 479.

483. Rückfall u. mildernde Umstände, s. Thl I. S. 17.

6. Auswanderungsagenten.

Loi du 18—23 juillet 1860, sur l'émigration.

Art. 1er. Nul ne peut entreprendre les opérations d'engagement ou de transport des émigrants sans l'autorisation du ministre de l'agriculture, du commerce et des travaux publics.

Die Erlaubniß wird jetzt vom Oberpräsidenten ertheilt. (GBl. 1872 S. 122.)

2. Un règlement d'administration publique détermine les conditions auxquelles est accordée l'autorisation, le taux et le mode du cautionnement à imposer, le cas où l'autorisation peut être retirée, et les obligations auxquelles sont soumises les agences d'émigration.

Die Ausführungsbestimmungen, soweit sie für Elsaß-Lothringen noch von Bedeutung sind, enthält das Dekr. v. 9. März 1861.

3—9. Beschäftigen sich mit der Auswanderungspolizei bezüglich der Seehäfen und Seeschiffe und sind daher, wie die meisten der nicht abgedruckten Artt. des Dekr. v. 9. März und das Dekr. v. 15. März 1861, für Elsaß-Lothringen bedeutungslos geworden.

Ein Dekr. v. 15. Jan. 1868 setzt unter Hinweis auf Art. 471 Code pénal die nach Art. 7 dieses Gesetzes bei Verzögerung der Abreise dem Auswanderer geschuldete

Entschädigung auf 2 Fr. per Tag fest; die Bedeutung der Strafandrohung bleibt jedoch in dieser Verbindung unerfindlich.

10. Toute infraction aux dispositions des articles 1 et 4 de la présente loi est punie d'une amende de 50 à 5000 fr. En cas de récidive dans l'année, l'amende est portée au double.

Toute contravention aux réglements d'administration publique, aux décrets impériaux et aux arrêtés ministériels pris pour l'exécution desdits réglements et décrets, en ce qui concerne la police de l'émigration, est punie des peines portées dans l'art. 471 Code pénal.

Bei Rückfall sind Artt. 474, 483 Code pénal zur Anwendung zu bringen. (S. Thl. I S. 181 u. 17.)

Décret impérial du 9 mars—6 avril 1861, qui détermine les conditions auxquelles peut être accordée l'autorisation d'entreprendre les opérations d'engagement et de transport des émigrants.

Art. 1er. Les compagnies ou agences d'émigration ne pourront être autorisées à entreprendre les opérations d'engagement et le transport des émigrants, conformément à l'art. 1er de la loi du 18 juill. 1860, qu'à la condition de fournir un cautionnement, qui sera fixé par le ministre de l'agriculture, du commerce et des travaux publics, dans la limite de 15,000 à 40,000 fr. . . . . .

Die Kaution bestimmt jetzt der Oberpräsident.

3. L'autorisation sera toujours révocable par le ministre en cas d'abus grave.

4. Les agents que les compagnies autorisées peuvent employer, soit en France, soit à l'étranger, doivent être munis d'une procuration authentique. — Les compagnies sont responsables des actes de leurs agents.

5. Les compagnies ou agences d'émigration seront

tenus de remettre à l'émigrant avec lequel elles auront traité, soit en France, soit à l'étranger, à défaut d'une copie de son contrat, un bulletin nominatif indiquant la nationalité de cet émigrant, le lieu de sa destination et les conditions stipulées pour le transport. . . . . .

7. Leihhäuser.

CODE PÉNAL.

LIV. III. TIT. II. CHAP. II. SECT. II. § III

Art. 411. Ceux qui auront établi ou tenu des maisons de prêt sur gages ou nantissement, sans autorisation légale, **ou qui ayant une autorisation, n'auront pas tenu un registre conforme aux règlements, contenant de suite, sans aucun blanc ni interligne, les sommes ou les objets prêtés, les noms, domicile et profession des emprunteurs, la nature, la qualité, la valeur des objets mis en nantissement,** seront punis d'un emprisonnement de quinze jours au moins, de trois mois au plus, et d'une amende de 100 à 2000 fr.

Nach Art. 1 Ges. v. 24. Juni—24. Juli 1851 sollen Leihhäuser (monts-de-piété ou maisons de prêt sur nantissement) künftighin nur als öffentliche Institute errichtet werden, womit die Möglichkeit der Concessionsertheilung an Private weggefallen ist (Dalloz, Rép. V° Monts-de-piété.)

Die Vorschriften, welche der Art. 411 über Buchführung ꝛc. aufstellt, können solchen Instituten gegenüber, nach den Grundsätzen des StGB. über Thäterschaft nur noch als reglementarische Vorschriften in Betracht kommen; bestraft werden könnte ihre Nichtbefolgung nur noch an Privatpersonen, die vor dem Gesetze von 1851 ein Concession erhalten haben, die Strafe würde aber dann aus § 360 12) StGB. zu entnehmen sein.

Die Eröffnung eines Leihhauses ohne Erlaubniß ist

dagegen heute noch nach dem Artt. 411 strafbar; § 360 12) StGB. läßt in dieser Beziehung die Strafe des Art. bestehen, da man eine Vorschrift, welche die Zulässigkeit des Gewerbebetriebs zum Gegenstande hat, nicht eine Anordnung nennen kann, welche der Pfandleiher bei Ausübung seines Gewerbes zu beobachten hat. (Anders ist es mit der Anzeigepflicht, welche die deutsche Gewerbeordnung in den §§ 14, 148 allen Gewerbetreibenden auferlegt.) Zu erwähnen ist, daß auf die Strafe des Art. 411 in Art. 4 Ges. v. 21. Mai 1836 über Lotterien Bezug genommen wird.

8. Stellenvermittelungsgeschäfte.
(Bureaux de placement.)

Décret du 25 mars—6 avril 1852, sur les bureaux de placement.

Art. 1er. A l'avenir, nul ne pourra tenir un bureau de placement, sous quelque titre et pour quelques professions que ce soit, sans une permission spéciale délivrée par l'autorité municipale, et qui ne pourra être accordée qu'à des personnes d'une moralité reconnue. — Les possesseurs actuels de bureaux de placement ont un délai de trois mois pour se pourvoir de ladite permission.

2. La demande à fin de permission doit contenir les conditions auxquelles le requérant se propose d'exercer son industrie. — Il est tenu de se conformer à ces conditions et aux dispositions réglementaires qui seraient prises en vertu de l'article 3.

3. L'autorité municipale surveille les bureaux de placement pour y assurer le maintien de l'ordre et la loyauté de la gestion. — Elle prend les arrêtés nécessaires à cet effet et règle le tarif des droits qui pourront être perçus par le gérant.

4. Toute contravention à l'article 1er, au second paragraphe de l'article 2 ou au règlements faits en vertu de l'article 3, sera punie d'une amende de un franc à quinze francs et d'un emprisonnement de cinq jours au plus, ou de l'une de ces deux peines seulement. Le maximum des deux peines sera toujours appliqué au contrevenant, lorsqu'il aura été prononcé contre lui, dans les douze mois précédents, une première condamnation pour contravention au présent décret ou aux règlements de police précités. Ces peines sont indépendantes des restitutions et dommages-intérêts auxquels pourraient donner lieu les faits imputables au gérant. — L'article 463 du Code pénal est applicable aux contraventions indiquées ci-dessus.

5. L'autorité municipale peut retirer la permission, — 1° Aux individus qui auraient encouru ou viendraient à encourir une des condamnations prévues par l'article 15, paragraphes 1er, 3, 4, 5, 6, 14 et 15, et par l'article 16 du décret du 2 février 1852. — 2° Aux individus qui auraient été ou qui seraient condamnés pour coalition; — 3° A ceux qui seraient condamnés à l'emprisonnement pour contravention au présent décret ou aux arrêtés pris en vertu de l'article 3.

Das unter Nr. 1 erwähnte Dekret v. 2. Febr. 1852 ist das décret organique pour l'élection des députés au corps législatif. Auf Grund des Art. III Einf. Ges. zum StGB. kann eine Entziehung der Erlaubniß, abgesehen von den Fällen unter Nr. 2 u. 3 des Art., jetzt in folgenden Fällen stattfinden:

1. wenn die bürgerlichen Ehrenrechte aberkannt sind,
2. wenn Verurtheilung wegen einer That, die nach dem franz. Rechte ein crime bildet, erfolgt ist,
3. wenn Bestrafung wegen der Vergehen der §§ 263, 242, 301, 269, 274, 350, 351, 183, 180, 181,

184, 166, der Uebertretung des § 367 7) StGB. oder wegen Gewohnheitswuchers ausgesprochen ist,

4. wenn wegen der Vergehen der §§ 110—119 StGB. oder des Art. 6 Ges. v. 27. Juli 1849 (Thl. I. S. 43.) auf mehr als ein Monat Gefängniß erkannt worden ist.

7. Les retraits de permission et les règlements émanés de l'autorité municipale, en vertu des dispositions qui précèdent, ne sont exécutoires qu'après l'approbation du préfet.

9. Gold- und Silberwaaren.
(Matières d'or et d'argent.)

Vorbemerkung.

I. Durch Aufhebung der Zünfte und Einführung der Gewerbefreiheit in Frankreich im Jahre 1791 wurde auch das Gewerbe der orfèvres (Goldschmiede) von vielen lästigen Bedingungen, welche bis dahin bestanden hatten, befreit. Die volle unbedingte Freiheit, wie solche für die meisten Industriezweige seitdem Platz griff, sollte jedoch damit nicht hergestellt werden; ein Dekr. v. 31. März—3. April 1791 ordnete vielmehr an, daß bis zum Erlaß eines neuen «règlement général sur la police et l'administration de l'orfèvrerie» die bestehenden Gesetze und Verordnungen «sur la marque et contrôle de matières d'or et d'argent» nach wie vor zur Ausführung kommen sollten. Die in diesem Dekrete in Aussicht genommene Neuregelung erfolgte in umfassender Weise durch die loi du 19 brum. an VI, relative à la surveillance du titre et à la perception des droits de garantie des matières et ouvrages d'or et d'argent, welches Gesetz bis heute der Hauptsitz der ganzen Materie geblieben ist. Wie die Aufschrift des Gesetzes andeutet, enthält dasselbe nicht allein Anordnungen gewerbepolizeilicher Natur, indem es theils den Feingehalt der Gold- und Silberwaaren normirt und die Bezeichnung desselben auf der Waare unter die Garantie einer amtlichen Prüfung und Abstempelung stellt, theils für den Geschäftsbetrieb mit diesen Waaren die Beobachtung besonderer Förmlichkeiten vorschreibt, sondern dasselbe verfolgt zugleich fiskalische Zwecke durch Festsetzung einer Gebühr für die Prüfung des Feingehalts.

II. Durch § 1 Nr. 8 Ges. v. 21. März 1873 (GBl. S. 87) sind die bestehenden Vorschriften über die Erhebung von Gebühren für die Prüfung des Feingehalts von Gold- und Silberwaaren aufgehoben, und damit alle darauf bezüglichen Bestimmungen des Brümaire-Gesetzes beseitigt. Es ist dadurch aber auch die in den Artt. 79, 87 und 98 dieses Gesetzes der Enregistrements-Verwaltung auferlegte Verpflichtung zur Lieferung von bordereaux an Fabrikanten und Händler für erloschen zu betrachten, da diese Verwaltungsbehörde in keiner amtlichen Beziehung mehr zu der Fabrikation und dem Handel mit Gold- und Silberwaaren steht, auch keinerlei Gegenleistung mehr empfängt; das entgegenstehende Bedenken, daß die fraglichen bordereaux zur Sicherheit der Käufer dienten, verliert dadurch an Gewicht, daß in Frankreich selbst von denselben seit längerer Zeit kein Gebrauch mehr gemacht wird. Dagegen ist der übrige Inhalt des Brümaire-Gesetzes, welcher die Bezeichnung und Gewähr des Feingehalts zum Gegenstande hat, abgesehen von der durch die Ordonnanz v. 7. April 1838 bewirkten Modifikation, unverändert in Kraft geblieben, und ebensowenig ist principiell an den darauf bezüglichen strafbaren Thatbeständen etwas geändert; es ist nur hervorzuheben, daß mehrere derselben (Artt. 81, 89, 110) durch Artt. 423 u. 141 Code pénal ersetzt waren, sowie daß in Folge der Bestimmung von Art. V E. G. zum StGB. einige der angedrohten Strafen (vgl. Artt. 80, 99, 109) nicht mehr ausgesprochen werden können.

III. Neben dem Brümaire-Gesetze kommen für die vorliegende Materie nur noch mehrere Artikel der Deklaration v. 26. Jan. 1749, welche übrigens eine nur beschränkte Geltung haben, sowie die Artt. 140, 141 u. 423 Code pénal in Betracht. Daß der Art. 423 Code pénal durch die Materie des § 263 StGB. berührt und beseitigt wird ergibt sich daraus, daß der Thatbestand dieses Artikels in dem allgemeineren des Betrugs, wie ihn das Strafgesetzbuch aufstellt, enthalten ist. Aber auch die Frage, ob der den Gold- und Silberwaaren aufgedrückte poinçon unter die Kategorie der öffentlichen Urkunden falle, ob folgeweise Artt. 140, 141 Code pénal, durch die §§ 267, 268 u. 271 StGB. aufgehoben sind, ist in bejahendem Sinne zu entscheiden. Nach der herrschenden Dokrin (vgl. Holzendorf, Handbuch III, S. 789) sind unter den Urkunden des StGB. alle Beglaubigungsmittel für rechtlich erhebliche Thatsachen, gleichgültig welcher Natur diese Mittel sind, verstanden. Zu solchen Mitteln gehört aber offenbar der Stempel (poinçon), welcher die Bestimmung hat, dem auf der Waare angegebenen Feingehalte eine amtliche Bekräftigung seiner Richtigkeit beizufügen.

Extrait d'une déclaration du Roi, en date, à Versailles, du 26 janvier 1749.

Die nachfolgenden Artt. der Deklaration sind mit der Ord. v. 19. Sept. 1821 im Bull. d. lois wieder abgedruckt worden, um damit ihre Geltung für ganz Frankreich auszusprechen.

Art. 14. Enjoignons à tous orfèvres, joaillers, fourbisseurs, merciers, graveurs et autres, travaillant et trafiquant des ouvrages d'or et d'argent, de tenir des registres cotés et paraphés par l'un des officiers de l'élection, dans lesquels ils enregistreront, jour par jour, par poids et espèce, la vaisselle et autres ouvrages vieux ou réputés vieux, suivant l'article 3, qu'ils achèteront pour leur compte ou pour les revendre, ceux qui leur seront portés pour les raccommoder, ou donnés en nantissement, pour modèle ou dépôt, ou sous quelque autre prétexte que ce puisse être, et ce, à l'instant que lesdits ouvrages leur auront été apportés ou qu'ils les auront achetés; seront aussi tenus de faire mention, dans lesdits enregistrements, de la nature et qualité des ouvrages, et des armes qui y seront gravées, des noms et demeures des personnes à qui ils appartiennent, sans qu'ils puissent travailler aux ouvrages qui leur auraient été apportés pour les raccommoder, qu'ils ne les aient portés sur leurs registres, le tout à peine de confiscation et de trois cents livres d'amende.

Die Anwendbarkeit des Art. ist durch Artt. 74 u. 80 des Ges. v. 19 brum. VI beschränkt.

16. Seront tenus lesdits orfèvres et autres de rayer sur leurs registres les ouvrages qui y auraient été portés en exécution de l'art. 14, à mesure qu'ils les vendront; et où ils ne vendraient pas en même temps tous ceux contenus en un seul article, ils feront mention, à la marge, des pièces qu'ils auront vendues, par espèce, poids et qualité, **et représenteront aux commis du fermier, lors de leurs visites, le surplus des pièces restant entre leurs mains, ou indiqueront les ouvriers auxquels ils les auront données pour les raccommoder,** le tout à peine de cent livres d'amendes.

17. **Lesdits orfèvres et autres travaillant et trafiquant des ouvrages d'or et d'argent seront tenus de faire marquer et de payer les droits des ouvrages qu'ils achèteront pour leur compte, soit pour les revendre, soit pour leur usage particulier, et ce dans vingt-quatre heures après qu'ils auront porté lesdits ouvrages sur leurs registres, ainsi qu'il est prescrit ci-dessus.** A l'égard des ouvrages qu'ils auront achetés et qui ne seront pas en état d'être vendu, ou qu'ils ne voudraient pas vendre ou prendre pour

leur compte, ils seront tenus, de les rompre et briser dans l'instant, en sorte que lesdits ouvrages soient hors d'état de servir à aucun usage; le tout à peine de confiscation et de trois cents livres d'amende.

Der erste Theil des Art. ist durch Artt. 77 u. 82 Ges. v. 19 brum. VI ersetzt. Wegen Aufhebung der Gebühr vgl. Vorbemerkung.

Loi du 19 brumaire an VI, relative à la surveillance du titre et à la perception des droits de garantie des matières et ouvrages d'or et d'argent.

TITRE Ier.

Tit. I enthält die Grundsätze über Bezeichnung des Feingehalts und die anzuwendenden Stempel; er ist in letzterer Beziehung modifizirt durch Art. 4 der Ord. v. 7.—12. April 1838.

SECTION I. *Des titres d'or et d'argent.*

SECTION II. *Des poinçons.*

TITRE II. *Des droits de garantie sur les ouvrages et matières d'or et d'argent.*

Die Bestimmungen dieses Tit. sind durch § 1 Nr. 8 Ges. v. 21. April 1873 (GBl. S. 87) aufgehoben.

TITRE III. *Suppression des maisons communes d'orfèvres.*

TITRE IV. *Des bureaux de garantie.*

Nach der Ord. v. 5. Febr. 1835 bestehen in den jetzt zu Elsaß-Lothringen gehörigen Landestheilen vier bureaux de garantie, nämlich zu Metz, Straßburg, Colmar und Mülhausen.

TITRE V. *Des fonctions des employés des bureaux de garantie.*

61. Lorsqu'un ouvrage d'or, d'argent ou de vermeil,

quoique marqué d'un poinçon indicatif de son titre, sera soupçonné de n'être pas au titre indiqué, le propriétaire pourra l'envoyer à l'administration des monnaies, qui le fera essayer avec les formalités prescrites pour l'essai des monnaies. — Si cet essai donne un titre plus bas, l'essayeur sera dénoncé aux tribunaux, et condamné, pour la première fois à une amende de 200 fr., pour la seconde à une amende de 600 fr., et la troisième fois il sera destitué.

Die Absetzung des Beamten kann nicht als eine dem StGB. unbekannte Strafart (Art. V Einf.-Ges.) angesehen werden, da der dauernde Verlust sämmtlicher öffentlicher Aemter nach § 33 Folge der Aberkennung der bürgerlichen Ehrenrechte ist. Vgl. auch § 35 StGB.

65. Si l'essayeur soupçonne aucun des ouvrages d'or, de vermeil ou d'argent, d'être fourré de fer, de cuivre, ou de toute autre matière étrangère, il le fera couper en présence du propriétaire. Si la fraude est reconnue, l'ouvrage sera saisi et confisqué, et le délinquant sera dénoncé aux tribunaux, et condamné à une amende de vingt fois la valeur de l'objet. — Mais, dans le cas contraire, le dommage sera payé sur-le-champ au propriétaire, et passé en dépense comme frais d'administration.

Das Spezialgesetz constituirt hier einen Fall der Strafbarkeit einer nur vorbereitenden Handlung, der auch gegenüber den Grundsätzen des Code pénal eine Besonderheit war. Die Strafvorschrift ist deshalb nicht durch die Bestimmungen des StGB. über Betrugs- oder Fälschungsversuch beseitigt.

66. Les lingots d'or et d'argent non affinés qui seraient apportés à l'essayeur du bureau de garantie pour être essayés, le seront par lui, sans autres frais que ceux fixés par la loi pour les essais. Ces lingots,

avant d'être rendus au propriétaire, seront marqués du poinçon de l'essayeur, qui en outre insculpera son nom, des chiffres indicatifs du vrai titre, et un numéro particulier. — L'essayeur fera mention de ces divers objets sur son registre, ainsi que du poids des matières essayées.

67. L'essayeur qui contreviendrait au précédent article, serait condamné à une amende de 100 fr. pour la première fois, de 200 fr. pour la seconde, et la troisième fois il serait destitué.

Ueber die Strafe der Absetzung s. Bem. zu Art. 61.

TIT. VI. SECT. I. *Des obligations des fabricants et marchands d'ouvrage d'or et d'argent.*

72. Les anciens fabricants d'ouvrage d'or et d'argent, et ceux qui voudront exercer cette profession, sont tenus de se faire connaître à l'administration de département et à la municipalité du canton où ils résident, et de faire insculper dans ces deux administrations leur poinçon particulier, avec leur nom, sur une planche de cuivre à ce destinée. L'administration de département veillera à ce que le même symbole ne soit pas employé par deux fabricants de son arrondissement.

73. Quiconque se borne au commerce d'orfèvrerie sans entreprendre la fabrication, n'est tenu que de faire sa déclaration à la municipalité de son canton, et est dispensé d'avoir un poinçon.

74. Les fabricants et marchands d'or et d'argent ouvrés, ou non ouvrés auront, un mois au plus tard après la publication de la présente loi, un registre coté et parafé par l'administration municipale, sur lequel ils inscriront la nature, le nombre, le poids et le titre des matières et ouvrages d'or et d'argent qu'ils achèteront

ou vendront, avec les nom et demeure de ceux de qui ils les auront achetés.

75. Ils ne pourront acheter que de personnes connues ou ayant des répondants à eux connus.

76. Ils sont tenus de présenter leurs registres à l'autorité publique toutes les fois qu'ils en seront requis.

77. Ils porteront au bureau de garantie dans l'arrondissement duquel ils sont placés, leurs ouvrages, pour y être essayés, titrés et marqués, ou, s'il y a lieu, être simplement revêtus de l'une des empreintes de poinçons prescrites à la deuxième section du Titre Ier.

78. Ils mettront dans le lieu le plus apparent de leur magasin ou boutique, un tableau énonçant les articles de la présente loi relatifs aux titres et à la vente des ouvrages d'or et d'argent.

79. **Ils remettront aux acheteurs, des bordereaux énonciatifs de l'espèce, du titre et du poids des ouvrages qu'ils leur auront vendus, et désignant si ce sont des ouvrages neufs ou vieux. — Ces bordereaux, préparés d'avance, et qui seront fournis au fabricant ou marchand par la régie de l'enregistrement, auront, daus toute la République, le même formulaire, qui sera imprimé: le vendeur y écrira à la main la désignation de l'ouvrage vendu, soit en or, soit en argent, son poids, et son titre, distingué par ces mots, „premier", „second" ou „troisième", suivant la réalité; il y mettra de plus le nom de la communne où se fera la vente, avec la date et sa signature.**

Wie Dalloz (Rép. v° matières d'or et d'argent n° 101) bezeugt, hat die franz. Enregistrementsverwaltung schon seit langer Zeit keine bordereaux mehr ausgeliefert und die deutsche Verwaltung kann seit Beseitigung der Prüfungsgebühren dazu überhaupt nicht mehr als verpflichtet angesehen werden, womit auch die Verpflichtung der Fabrikanten und Händler weggefallen ist.

80. Les contrevenants à l'une des dispositions prescrites dans les huit articles précédents, seront condamnés, pour la première fois, à une amende de 200 francs; pour la seconde, à une amende de 500 francs,

avec affiche, à leurs frais, de la condamnation, dans toute l'étendue du département; la troisième fois, l'amende sera de 1000 francs, **et le commerce de l'orfèvrerie leur sera interdit, sous peine de confiscation de tous les objets de leur commerce.**

So wenig wie die Entziehung des Gewerbebetriebs ist der öffentliche Anschlag des Urtheils eine dem StGB. bekannte Strafart. Die im Falle der §§ 200 und 165 dem Beleidigten zuzuerkennende Befugniß zur Veröffentlichung des Urtheils, welche Rüdorff als Nebenstrafe bezeichnet, hat vielmehr den Charakter einer Ehrenreparation, fällt also mehr unter den Gesichtspunkt einer privatrechtlichen Sühne als den einer öffentlichen Strafe. Vgl. Oppenhoff zu § 6 NEG. Nr. 7.

Die Konfiskation des ganzen Waarenlagers war schon durch die Charte von 1814 beseitigt.

81. Les articles 73, 74, 75, 76, 78, 79 et 80 sont applicables aux fabricants et marchands de galons, tissus, broderies, ou autres ouvrages en fils d'or ou d'argent . . . . .

Ergänzende Bestimmungen sind in den Ordd. v. 5. Mai 1824 u. 15. Oct. 1828 enhalten. Das Dekr. v. 20 flor. XIII sur la guimperie, les étoffes d'or et d'argent et les velours ist aufgehoben (S. u. „Schutz des Urheberrechts").

Der nicht abgedruckte Theil des Art. ist durch Art. 423 Code pénal aufgehoben.

86. Les joaillers ne sont pas tenus de porter aux bureaux de garantie les ouvrages montés en pierres fines ou fausses, et en perles, ni ceux émaillés dans toutes les parties, ou auxquels sont adaptés des cristaux; mais ils auront un registre coté et paraphé comme celui des marchands et fabricants d'ouvrages d'or et d'argent, à l'effet d'y inscrire, jour par jour, les ventes et les achats qu'ils auront faits.

87. Ils seront tenus, comme les fabricants et marchands orfèvres, de donner aux acheteurs un bordereau, qui sera également fournie par la régie de l'enregistrement, et sur lequel ils décriront la nature, la forme de chaque ouvrage, ainsi que la qualité des pierres dont il sera composé et qui sera daté et signé par eux.

Vgl. Bem. zu Art. 423 Code pénal.

88. La contravention aux deux articles précédents sera punie des mêmes peines portées en pareil cas contre les marchands orfèvres.

89. Aufgehoben durch Art. 423 Code pénal.

SECTION II. *Des obligations des marchands d'ouvrages d'or et d'argent, ambulants.*

92. Les marchands d'ouvrages d'or et d'argent, ambulants ou venant s'établir en foire, sont tenus, à leur arrivée dans une commune, de se présenter à l'administration municipale, ou à l'agent de cette administration dans les lieux où elle ne réside pas, et de lui montrer les bordereaux des orfèvres qui leur auront vendu les ouvrages d'or et d'argent dont ils sont porteurs . . . . .

Vgl. Bem. zu Art. 79.

93. La municipalité ou l'agent municipal fera examiner les marques de ces ouvrages par des orfèvres, ou, à défaut, par des personnes connaissant les marques et poinçons, afin d'en constater la légitimité.

94. L'administration municipale, ou son agent, fera saisir et remettre au tribunal de police correctionnelle du canton, les ouvrages d'or et d'argent qui ne seraient point accompagnés de bordereaux, ou ne seraient pas marqués du poinçon de vieux ou de recence, ainsi qu'il est prescrit à l'article 92, ou les ouvrages dont les marques paraîtraient contrefaites, ou enfin ceux qui n'auraient pas été déclarés conformément audit article 92. — Le tribunal de police correctionnelle appliquera aux délits des marchands ambulants les mêmes

peines portées dans la présente loi, contre les orfèvres, pour des contraventions semblables.

TITRE VII. *De la fabrication du plaqué et doublé d'or et d'argent sur tous métaux.*

95. Quiconque veut plaquer ou doubler l'or et l'argent sur le cuivre ou sur tout autre métal, est tenu d'en faire la déclaration à sa municipalité, à l'administration de son département, et à celle des monnaies.

96. Il peut employer l'or et l'argent dans telle proportion qu'il le juge convenable.

97. Il est tenu de mettre sur chacun de ses ouvrages son poinçon particulier, qui a dû être déterminé par l'administration des monnaies, ainsi qu'il est dit article 14 de la présente loi.

Il ajoutera à l'empreinte de ce poinçon celle de chiffres indicatifs de la quantité d'or ou d'argent contenue dans l'ouvrage, sur lequel il sera en outre empreint, en toutes lettres, le mot «doublé».

98. Le fabricant de doublé transcrira, jour par jour, les ventes qu'il aura faites, sur un registre coté et parafé par l'administration municipale. **Il lui sera fourni par la régie de l'enregistrement, des bordereaux en blanc, comme aux orfèvres et joailliers; et il sera tenu de remettre à chaque acheteur un de ces bordereaux daté et signé par lui, et rempli de la désignation de l'ouvrage, de son poids, et de la quantité d'or et d'argent qui y est contenue.**

Vgl. Bem. zu Art. 79.

99. En cas de contravention aux deux articles précédents, les ouvrages sur lesquels portera la contravention seront confisqués, et en outre le délinquant sera condamné à une amende, qui sera, pour la première fois, de dix fois la valeur des objets confisqués; pour la seconde fois, du double de la première, **avec affiche de la condamnation dans toute l'étendue du département, au frais du dé-**

linquant; enfin, la troisième fois, l'amende sera quadruple de la première, et le commerce, ainsi que la fabrication d'or et d'argent, seront interdits au délinquant, sous peine de confiscation de tous les objets de son commerce.

Vgl. Bem. zu Art. 80.

100. Le fabricant de doublé est assujetti, comme le marchand orfèvre, et sous les mêmes peines, à n'acheter des matières ou ouvrages d'or et d'argent que de personnes connues ou ayant des répondants à eux connus.

TITRE VIII. *Des formes à observer dans les recherches, saisies et poursuites relatives aux contraventions à la présente loi.*

108. Seront saisis également et confisqués tous les ouvrages d'or et d'argent sur lesquels les marques des poinçons se trouveront entées, soudées ou contretirées en quelque manière que ce soit; et le possesseur avec connaissance sera condamné à six années de fers.

Ueber die exorbitante Strafe des Artikels (jetzt Zuchthaus bis zu 6 Jahren, aber der Milderung nach Art. 463 Code pénal unterliegend) wird man sich mit den Worten, der «administration des monnaies» (Dalloz, Rép. V° mat. d'or et d'argent n° 134) trösten müssen:

„*Quel tribunal oserait prononcer que tel possesseur a cette connaissance?*"

Der Thatbestand des Art. ist aber wie der des Art. 109 zweifellos ein Spezialdelikt.

109. Les ouvrages marqués de faux poinçons seront confisqués dans tous les cas; et ceux qui les garderaient ou les exposeraient en vente avec connaissance, seront condamnés, la première fois, à une amende de 200 fr.; la deuxième, à une amende de 400 fr., avec affiche de la condamnation dans tout le département, aux frais du délinquant, et

la troisième fois, à une amende de 1000 fr., avec interdiction de tout commerce d'or et d'argent.

Vgl. Bem. zu Art. 80.

110. Aufgeh. durch Art. 141 Code pénal.

TIT. IX. SECT. I. *De l'affinage.*

113. Quiconque voudra départir et affiner l'or et l'argent pour le commerce, est tenu d'en faire la déclaration tant à sa municipalité qu'à l'administration du département, et à celle des monnaies; il sera tenu registre desdites déclarations, et délivré copie à besoin.

114. L'affineur ne pourra recevoir que des matières qui auront été essayées et titrées par un essayeur public autre que celui qui devra juger des lingots affinés.

115. L'affineur délivrera au porteur de ces matières une reconnaissance qui en désignera la nature, le poids, le titre tel qu'il aura été indiqué par l'essayeur, et le numéro.

116. Les affineurs tiendront un registre coté et parafé par l'administration de département, sur lequel ils inscriront jour par jour, et par ordre de numéros, la nature, le poids et le titre des matières qui leur seront apportées à affiner, et de même pour les matières qu'ils vendront après l'affinage.

121. L'affineur qui contreviendrait aux dispositions des artt. 113, 114, 115 et 116, encourra les mêmes peines portées à l'art. 80 contre les marchands orfèvres.

122. Les lingots et matières d'or et d'argent affinés qui seraient trouvés dans le commerce sans être revêtus du poinçon du bureau de garantie, seront confisqués, et l'affineur qui les aura délivrés, sera condamné à une amende de 500 fr.

CODE PÉNAL.

Art. 140. Mat. der §§ 267, 268 StGB. Vgl. auch Vorbem.

141. Mat. des § 271 StGB.

423. Mat. des § 263 StGB.

10. Medaillen.

Arrêté du 5 germinal an XII, relatif à la fabrication des médailles.

Art. 1er. Il est expressément défendu à toutes personnes, quelles que soient les professions qu'elles exercent de frapper ou faire frapper des médailles, jetons ou pièces de plaisir, d'or, d'argent et d'autres métaux, ailleurs que dans l'atelier destiné à cet effet dans la galerie du Louvre, à moins d'être munies d'une autorisation spéciale du gouvernement.

Der Umstand, daß gegenwärtig die auf das Reich übergegangene Münzhoheit in Elsaß-Lothringen nicht ausgeübt wird und eine Münzanstalt weder im Lande noch von Reichswegen besteht, ist ohne Einfluß auf das Verbot Medaillen ohne Erlaubniß anzufertigen. Das arrêté hat «un intérêt de police générale, celui d'assurer la prohibition de la fabrication des monnaies hors des ateliers du gouvernement» (cass. 5. 7. 51. D. P. 51. 5. 358), ein Interesse das nicht minder besteht, wenn das in Elsaß-Lothringen umlaufende Geld nicht vom Reiche sondern von den Bundesstaaten geprägt wird. Es bleibt also die Strafe des Art. 3 in Kraft.

Ueber den Begriff der Medaillen vgl. die Urtheile D. P. 51. 2. 110 u. 234, 52. 5. 358.

2. Néanmois, tout dessinateur ou graveur, ou autre individu, pourra dessiner ou graver, faire dessiner ou graver des médailles, et elles seront frappées avec le

coin qu'ils remettront à la monnaie des médailles. **Il sera déposé deux exemplaires de chaque médaille en bronze à la monnaie du Louvre et deux à la bibliothèque nationale.**

Die zur Zeit thatsächlich unmögliche Hinterlegung der zwei Exemplare nach der Vorschrift dieses Artikels schließt, sofern der Art. 3 überhaupt sich auf Nichtbefolgung dieser Vorschrift bezieht, jedenfalls jetzt eine solche Anwendung des Art. 3 aus.

3. Conformément à l'arrêté du conseil du quinze janvier 1683 chacun des contrevenants aux dispositions contenues dans les articles précédents sera condamné à une amende de 1000 fr. et à une somme double en cas de récidive.

11. Weberei.

(Tissage et bobinage.)

Loi des 29 nov. 1849—29 janv.—7—15 mars 1850, sur les moyens de constater les conventions entre patrons et ouvriers, en matière de tissage et de bobinage.

Art. 1er. Tout fabricant, commissionnaire ou intermédiaire qui livrera des fils pour être tissés, sera tenu d'inscrire, au moment de la livraison, sur un livret spécial, appartenant à l'ouvrier et laissé entre ses mains: — 1° Le poids et la longueur de la chaîne; — 2° Le poids de la trame et le nombre de fils de trame à indroduire par unité de surface de tissu; — 3° Les longueur et largeur de la pièce à fabriquer; — 4° Le prix de façon, soit au mètre de tissu fabriqué, soit au mètre de longueur ou au kilogramme de la trame introduite dans le tissu.

2. Tout fabricant, commissionnaire ou intermédiaire qui livrera des fils pour être bobinés, sera tenu d'inscrire, sur un livret spécial, appartenant à l'ouvrier et laissé entie ses mains: — 1° Le poids brut et le poids net

de la matière à travailler; — 2° Le numéro du fil; — 3° Le prix de façon, soit au kilogramme de matière travaillée, soit au mètre de longueur de cette même matière.

3. Le prix de façon sera indiqué en monnaie légale sur le livret par le fabricant, commissionnaire ou intermédiaire. — Toute convention contraire sera mentionnée, par lui, sur le livret.

4. L'ouvrage exécuté sera remis au fabricant, commissionnaire ou intermédiaire de qui l'ouvrier aura directement reçu la matière première. — Le compte de façon sera arrêté au moment de cette remise. — Toute convention contraire aux deux paragraphes précédents sera mentionné sur le livret par le fabricant, commissionnaire ou intermédiaire.

5. Le fabricant, commissionnaire ou intermédiaire inscrira sur un registre d'ordre toutes les mentions portées au livret spécial de l'ouvrier.

6. Le fabricant, commissionnaire ou intermédiaire tiendra constamment exposé aux regards, dans le lieu où se règlent habituellement les comptes entre lui et l'ouvrier: 1° les instruments nécessaires à la vérification des poids et mesures; 2° un exemplaire de la présente loi en forme de placard.

7. A l'égard des industries spéciales auxquelles serait inapplicable la fixation du prix de façon, soit au mètre du tissu fabriqué, soit au mètre de longueur de la trame indroduite dans le tissu, ou bien soit au kilogramme de matière travaillée, soit au mètre de longueur de cette même matière, le pouvoir exécutif pourra déterminer un autre mode, par des arrêtés en forme de règlements d'administration publique, après avoir pris l'avis des chambres de commerce, des chambres

consultatives et des conseils de prud'hommes, et, à leur défaut, des conseils de préfecture.

Il pourra pareillement, par des arrêtés rendus en la même forme, étendre les dispositions de la présente loi aux industries qui se rattachent au tissage et au bobinage.

En l'un et l'autre cas, ces arrêtés seront soumis à l'approbation de l'Assemblée législative, dans les trois ans qui suivront leur promulgation.

8. Seront punies d'une amende de onze à quinze francs: — 1° Les contraventions aux art. 1, 2, 3, 5 et 6; — 2° Les contraventions à la disposition finale de l'art. 4 et aux arrêtés pris en exécutions de l'art. 7.

Il sera prononcé autant d'amendes qu'il aura été commis de contraventions distinctes.

9. Si, dans les deux mois qui ont précédé la contravention, le contrevenant a encouru une condamnation pour infraction à la présente loi ou aux arrêtés pris en exécution de l'art. 7 de cette loi, le tribunal peut ordonner l'insertion du nouveau jugement dans un journal de la localité, aux frais du condamné,

Die Veröffentlichung des Urtheils durch Zeitungen ist eine dem StGB. unbekannte und deßhalb beseitigte Strafart. Vgl. Bem. zu Art. 80 Ges. v. 19. brum. VI. (Gold- und Silberwaaren.)

Loi du 21—26 juillet 1856, qui étend à la coupe du velours de coton, ainsi qu'à la teinture, au blanchiment et à l'apprêt des étoffes, les dispositions de la loi du 7 mars 1850 concernant le tissage et le bobinage.

Art. 1er. Tout fabricant, commissionnaire ou intermédiaire qui livre à un ouvrier une pièce de velours de coton pour être coupée, est tenu d'inscrire, au moment de la livraison, sur un registre spécial appartenant à l'ouvrier, et laissé entre ses mains: — 1° Les longueur, largeur et poids de la pièce à couper; — 2° Le prix de façon, au mètre de longueur.

2. Tout fabricant, commissionnaire ou intermédiaire qui livre à un ouvrier une pièce d'étoffe pour être teinte, blanchie ou apprêtée, est tenu d'inscrire, au moment de la livraison, sur un livre spécial appartenant à l'ouvrier et laissé entre ses mains: — 1° Les longueur, largeur et poids de la pièce à teindre, blanchir ou apprêter; — 2° Le prix de façon, soit au mètre de la largeur de la pièce, soit au kilogramme de son poids.

3. Les art. 3, 4, 5, 6, et 9 de la loi du 7 mars 1850, en matière de tissage et bobinage, sont applicables à la coupe du velours de coton, ainsi qu'à la teinture, au blanchiment et à l'apprêt des étoffes.

X.

Handel.

Inhaltsübersicht.

A. Börsen, Handelsmäkler, Wechselagenten.

Arrêt du conseil du 26 Novembre 1781, sur les bourses de commerce et agents de change.

Art. 13. Fait, Sa Majesté, défenses à toutes personnes autres que les agents de change, de s'immiscer dans les négociations d'effets royaux, et papiers commerçablés, comme aussi de prendre la qualité d'agent ou courtier de change, d'avoir et tenir dans la bourse aucuns carnets, pour y inscrire les cours des effets, et de rester à la bourse après le son de la cloche qui en indique la sortie, à peine, pour l'une ou l'autre de ces contraventions, de nullité des négociations, de trois mille livres d'amende, et, en cas de récidive, de punition corporelle.

Die Geldstrafe ist durch die des Art. 8 Ges. v. 28 vent. IX. ersetzt worden; die peine corporelle galt schon durch die Einführung des Code pénal beseitigt (Dalloz Rép. V° Bourse de comm. n° 167); die Wirksamkeit des Art. beschränkt sich daher auf die in demselben angedrohte Nichtigkeit der «négociations.»

Loi du 20 vendémiaire an IV, portant que le cours du change, et celui de l'or et de l'argent, soit monnayés, soit en barres, seront réglés chaque jour à l'issue de la bourse.

Art. 1er. Le cours du change et celui de l'or et de l'argent, soit monnayés, soit en barres, seront réglés chaque jour à l'issue de la bourse.

2. Les comités des finances et de salut public, réunis, nommeront deux agents de change qui seront chargés de calculer ce cours, d'en déterminer la fixation et de l'afficher à la bourse dans les lieux les plus apparents.

Geändert durch arrêté v. 15. pluv. IV.

Tout autre agent qui se permettrait de publier un

autre cours que celui légalement constaté, sera sur-le-champ destitué et puni de trois mois de détention.

Unter détention ist hier nicht die Strafe des Art. 7 c. p. für crimes sondern emprisonnement, wie die Deliktsstrafe im Art. 601 Code d. d. et p. v. 3 brum. IV bezeichnet wird, zu verstehen, daher an ihrer Stelle jetzt auf Gefängniß zu erkennen ist.

Loi du 28 ventôse an IX, relative à l'établissement des bourses de commerce.

TIT. I. *Établissement des bourses:*

Art. 1er Le gouvernement pourra établir des bourses de commerce dans tous les lieux où il n'en existe pas et où il le jugera convenable.

TIT. II. *Établissement des agents de change et courtiers.*

8. Il est défendu, sous peine d'une amende qui sera au plus du sixième du cautionnement des agents de change ou courtiers de la place, et au moins du douzième, à tous individus autres que ceux nommés par le gouvernement, d'exercer les fonctions d'agent de change ou courtier. — L'amende sera prononcée correctionnellement par le tribunal de première instance, payable par corps, et applicable aux enfants abandonnés.

Der Art. ist heute seinem ganzen Umfange nach beseitigt. Hinsichtlich der courtiers de marchandises war er es bereits durch das Ges. v. 18. Juli 1866, welches das Gewerbe der Waarenmäkler freigegeben hat. Die andern im Art. 77 c. d. comm. aufgeführten courtiers sowie die Wechselagenten sind nach französischer Auffassung officiers ministériels (vgl. Art. 91 Ges. v. 28. Apr. 1816 sur les finances u. Motive zu dem alleg. Ges. v. 18. Juli 1866, D. P. 66. 4. 120) und bekleiden demnach ein „öffentliches Amt" in demselben Sinne wie die Anwälte und Notare (§ 31 StGB). Eine Einmischung in ihre amtliche Thätigkeit fällt daher jetzt unter die allgemeine

Straffanktion des § 132 StGB., welcher gegenüber die Stellung des Art. 8 in einem Spezialgesetze ohne Bedeutung ist, da die dem § 132 entsprechende Vorschrift des Code pénal im Art. 258 sich nur auf die fonctionnaires publics bezog, zu welchen die officiers ministériels nicht gehören.

Wenn das Ges. v. 18. Juli 1866 den Waarenmäklern unter gewissen Voraussetzungen die Versteigerungen von Waaren vorbehält, so beschränkt es damit ein an sich den commissaires-priseurs, Gerichtsvollziehern, Gerichtsschreibern und Notaren zustehendes Recht (vgl. n° 7 der Motive zu diesem Ges. D. P. 66. 4. 120); die Vornahme von Versteigerungen durch Unbefugte ist daher ein Eingriff in die Funktionen dieser Beamten. Die Strafe, welche Art. 7 des Ges. v. 22 pluv. VII gegen solche Eingriffe enthielt, ist jetzt ebenfalls aus § 132 StGB. zu entnehmen; auch ist die durch Art. 8 des cit. Ges. begründete Kompetenz der Civilgerichte jetzt durch Artt. XI. XII EG. z. StGB. beseitigt.

S. übrigens Art. 4 arrêté v. 27 prair. X.

Arrêté du 27 prairial an X, concernant les bourses de commerce.

§ 1er. *Dispositions générales.*

Art. 3. Il est défendu de s'assembler ailleurs qu'à la Bourse, et à d'autres heures qu'à celles fixées par le règlement de police, proposer et faire de négociations, à peine de destitution des agents de change ou courtiers qui auraient contrevenu, et, pour les autres individus, sous les peines portées par la loi contre ceux qui s'immisceront dans les négociations sans titre légal . . . . .

Der Art. ersetzt den Art. 12 des arrêt v. 24. Sept.

1724. Die gegen Privatpersonen angedrohte Strafe war in dem durch § 132 StGB. ersetzten Art. 8 Ges. v. 28. vent. IX enthalten und ist nach Art. III EG. zum StGB. jetzt aus § 132 zu entnehmen.

4. Il est défendu, **sous les peines portées par les articles 13 de l'arrêt du conseil du 26 novembre 1781, et 8 de la loi du 28 ventôse an IX**, à toutes personnes autres que celles nommées par le gouvernement, de s'immiscer, en façon quelconque, et sous quelque prétexte que ce puisse être, dans les fonctions des agents de change et courtiers de commerce, soit dans l'intérieur, soit à l'extérieur de la Bourse. Les commissaires de police sont spécialement chargés de veiller à ce qu'il ne soit pas contrevenu à la présente disposition. Il est néanmoins permis à tous particuliers de négocier entre eux et par eux-mêmes les lettres de change ou billets à leur ordre ou au porteur, et tous les effets de commerce qu'ils garantiront par leur endossement, et de vendre aussi par eux-mêmes leurs marchandises.

Strafe jetzt die des § 132 StGB. Vgl. Bem. zu den in dem Art. angezogenen Gesetzesbestimmungen.

6. Il est défendu, sous les peines portées contre ceux qui s'immiscent dans les négociations sans être agents de change ou courtiers, à tout banquier, négociant ou marchand, de confier ses négociations, ventes ou achats, et de payer des droits de commission ou de courtage à d'autres qu'aux agents de change et courtiers . . . . .

Ueber die Strafe vgl. Bem. zu Art. 3.

Nachdem durch das Ges. v. 18. Juli 1866 das Gewerbe der Waarenmäkler frei gegeben ist, können Berufsgeschäfte derselben nunmehr jedem übertragen werden. Nur die Versteigerungen von Waaren machen hiervon eine Ausnahme. Vgl. Art. 4 des cit. Ges.

10. Les agents de change et les courtiers de commerce ne pourront être associés, teneurs de livres ni caissiers d'aucun négociant, marchand ou banquier; ne pourront pareillement faire aucun commerce de marchandises, lettres, billets, effets publics et particuliers, pour leur compte, ni endosser aucun billet, lettre de change ou effet négociable quelconque, ni avoir entre eux ou avec qui que ce soit, aucune société de banque ou en commandite, ni prêter leur nom, pour une négociation, à des citoyens non commissionnés, sous peine de 3000 fr. d'amende et de destitution .....

Nach Dalloz (Rép. V° Bourse de comm. n° 291 u. 299) ist der Art. in seinen weitergehenden Bestimmungen neben Artt. 85 u. 86 C. d. comm. in Kraft geblieben.

§ II. *Obligations des agents de change et courtiers.*

18. Ne pourront les agents de change et courtiers de commerce, sous peine de destitution et de 3000 fr. d'amende, négocier aucune lettre de change, billet, vendre aucune marchandise appartenant à des gens dont la faillite serait connue.

CODE DE COMMERCE.

LIV. I, TIT. V, SECT. II. *Des agents de change et courtiers.*

Art. 85. Un agent de change ou courtier ne peut, dans aucun cas et sous aucun prétexte, faire des opérations de commerce ou de banque pour son compte. Il ne peut s'intéresser directement ni indirectement, sous son nom ou sous un nom interposé, dans aucune entreprise commerciale. Il ne peut recevoir ni payer pour le compte de ses commettants.

Der Art. modifizirt den Art. 10 des arrêté v. 27 prair. X; vgl. Bem. zu dems. Beide Artt. sind auf die Waarenmäkler, welche jetzt nur noch den Beschränkungen der Artt. 6 u. 7 Ges. v. 18. Juli 1866 unterliegen, nicht mehr anwendbar.

Dem § 266 3) StGB. gegenüber hat der Art. 85 und ebenso der folgende Art. 86 den Charakter einer besonderen Dienstvorschrift.

S. im Uebrigen § 1 3) EG. zum HGB., der in Uebereinstimmung mit Art. 84 HGB. die Bestimmungen über das Börsen- u. Mäklerwesen und über öffentliche Waarenverkäufe in Wirksamkeit erhält.

86. Il ne peut se rendre garant de l'exécution des marchés dans lesquels il s'entremet.

87. Toute contravention aux dispositions énoncées dans les deux articles précédents entraîne la peine de destitution et une condamnation d'amende, qui sera prononcée par le tribunal de police correctionnelle, et qui ne peut être au-dessus de 3000 fr., sans préjudice de l'action des parties en dommages et intérêts.

Vgl. Bem. zu Art. 85 u. bez. der Strafe der Amtsentsetzung Bem. zu Art. 61 Ges. v. 19 brum. VI S. 156.

Die Kompetenz bestimmen jetzt die Artt. XI u. XII EG. zum StGB.

Loi du 18—24 juillet 1866, sur les courtiers de marchandises.

Art. 1er. A partir du 1er janvier 1867, toute personne sera libre d'exercer la profession de courtier de marchandises, et les dispositions contraires du Code de commerce, des lois, décrets, ordonnances et arrêtés actuellement en vigueur seront abrogées.

2. Il pourra être dressé par le tribunal de commerce une liste des courtiers de marchandises de la localité qui auront demandé à y être inscrits . . . . .

4. Les ventes publiques de marchandises aux enchères et en gros qui, dans les divers cas prévus par la loi, doivent être faites par un courtier, ne pourront être confiées qu'à un courtier inscrit sur la liste dressée

conformément à l'article 2, ou, à défaut de liste, désigné, sur la requête des parties intéressées, par le président du tribunal de commerce.

Zuwiderhandlungen gegen diesen Art. werden an dem Auftraggeber nach Art. 6 des Arrêté v. 27. prair. X, an dem unbefugten Versteigerer nach Art. 4 dieses Arrêté bestraft, jetzt also in beiden Fällen mit der Strafe des § 132 StGB. Vgl. auch Bem. zu Art. 8 des Ges. v. 28. vent. IX (S. 172) u. zu Art. 6 Ges. v. 25. Juni 1841 über die Versteigerung neuer Waaren (S. 177).

6. Le courtier chargé de procéder à une vente publique, ou qui aura été requis pour l'estimation de marchandises déposées dans un magasin général, ne pourra se rendre acquéreur, pour son compte, des marchandises dont la vente ou l'estimation lui aura été confiée. Le courtier qui aura contrevenu à la disposition qui précède sera rayé par le tribunal de commerce, statuant disciplinairement et sans appel, sur la plainte d'une partie intéressée ou d'office, de la liste des courtiers inscrits, et ne pourra plus y être inscrit de nouveau, sans préjudice de l'action des parties en dommages-intérêts.

7. Tout courtier qui sera chargé d'une opération de courtage pour une affaire où il avait un intérêt personnel, sans en prévenir les parties auxquelles il aura servi d'intermédiaire, sera poursuivi devant le tribunal de police correctionnelle et puni d'une amende de 500 fr. à 3000 francs sans préjudice de l'action des parties en dommages-intérêts. S'il était inscrit sur la liste des courtiers dressée conformément à l'art. 2, il en sera rayé et ne pourra plus y être inscrit de nouveau.

Die Kompetenz bestimmen jetzt Artt. XI u. XII EG. zum StGB. Die Artt. 6 u. 7 werden von der Materie des § 266 3) StGB. (Untreue) nicht berührt, ebensowenig wie die Artt. 85 u. 86 C. d. comm.

B. Versteigerungen neuer Waaren.

Loi du 25 juin 1841, sur les ventes aux enchères de marchandises neuves.

Art. 1er. Sont interdites les ventes en détail des marchandises neuves, à cri public, soit aux enchères, soit au rabais, soit à prix fixe proclamé avec ou sans l'assistance des officiers ministériels.

2. Ne sont pas comprises dans cette défense les ventes prescrites par la loi ou faites par autorité de justice, non plus que les ventes après décès, faillite ou cessation de commerce, ou dans tous les autres cas de nécessité dont l'appréciation sera soumise au tribunal de commerce. — Sont également exceptées les ventes à cri public de comestibles et objets de peu de valeur, connus dans le commerce sous le nom de menue mercerie.

5. Les ventes publiques et par enchères après cessation de commerce, ou dans les autres cas de nécessité prévus par l'art. 2 de la présente loi, ne pourront avoir lieu qu'autant qu'elles auront été préalablement autorisées par le tribunal de commerce, sur la requête du commerçant propriétaire, à laquelle sera joint un état détaillé des marchandises. — Le tribunal constatera, par son jugement, le fait qui donne lieu à la vente; il indiquera le lieu de son arrondissement où se fera la vente; il pourra même ordonner que les adjudications n'auront lieu que par lots dont il fixera l'importance. — Il décidera, d'après les lois et règlements d'attribution, qui, des courtiers ou des commissaires-priseurs et autres officiers publics, sera chargé de la réception des enchères. — L'autorisation ne pourra être accordée pour cause de nécessité qu'au marchand sédentaire, ayant

depuis un an au moins son domicile réel dans l'arrondissement où la vente doit être opérée. — Des affiches apposées à la porte du lieu où se fera la vente énonceront le jugement qui l'aura autorisée.

6. Les ventes publiques aux enchères de marchandises en gros continueront à être faites par le ministère des courtiers, dans les cas, aux conditions et selon les formes indiqués par les décrets des . . . . .

Die Bestimmungen über Versteigerungen von Waaren im Großen finden sich in den Gesetzen v. 28. Mai 1858 u. 3. Juli 1861, sowie den dazu ergangenen Ausführungsverordnungen v. 12. März 1859, 30. Mai, 6. Juni u. 29. August 1863. Besondere Strafandrohungen sind darin nicht enthalten; die unbefugte Ausübung des Amts der zur Vornahme von Versteigerungen berechtigten officiers ministériels ist nach § 132 StGB. strafbar. Vgl. Bem. zu Art. 8 Ges. v. 28. vent. IX (S. 171).

7. Toute contravention aux dispositions ci-dessus sera punie de la confiscation des marchandises mises en vente, et, en outre, d'une amende de 50 à 3000 fr., qui sera prononcée solidairement tant contre le vendeur que contre l'officier public qui l'aura assisté, sans préjudice des dommages-intérêts s'il y a lieu. — Les condamnations seront prononcées par les tribunaux correctionnels.

Mit Androhung solidarischer Verurtheilung will das Gesetz nicht eine einheitliche Strafe gegen Verkäufer und Beamten zusammen ausgesprochen haben, sondern wiederholt damit nur die Regel des Art. 55 Code pénal, eine Regel, welche durch den allgemeinen Theil des StGB. beseitigt ist. (Vgl. Vorbem. zu den Forstgesetzen Bd. I S. 117.) Hins. der Kompetenz jetzt Artt. XI u. XII Einf.-Ges. zum StGB. maßgebend.

8. Seront passibles des mêmes peines les vendeurs ou officiers publics qui comprendraient sciemment dans

les ventes faites par autorité de justice, sur saisie, après décès, faillite, cessation de commerce ou dans les autres cas de nécessité prévus par l'art. 2 de la présente loi, des marchandises neuves ne faisant pas partie du fond ou mobilier mis en vente.

C. Münzen, Maße, Gewichte.

Loi du 18 germinal an III, relative aux poids et mesures.

Loi du 19 frimaire an VIII, qui fixe définitivement la valeur du mètre et du kilogramme.

Beide vorstehende Gesetze sind ausdrücklich durch § 10 Ges. v. 19. Dec. 1874 (GBl. 1875 S. 1) aufgehoben.

Arrêté du 3 germinal an IX, relatif aux permissions nécessaires pour l'établissement de presses, moutons, laminoirs, balanciers et coupoirs.

Mat. des § 360 4) StGB., nämlich Ueberwachung der zur Münzfälschung geeigneten Apparate im Privatbesitze. Damit sind auch die lettres patentes v. 28. Juli 1783, auf deren Strafandrohung das arrêté Bezug nimmt, beseitigt.

Arrêté du 7 brumaire an IX, relatif à l'établissement de bureaux de pesage, mesurage et jaugeage publics.

Ueber das Verhältniß dieses arrêté zu dem Ges. v. 29. flor. X vgl. Dalloz Rép. V° poids n° 182 sowie die zu Art. 4 erwähnten Urtheile. Das Ges. v. 19. Dec. 1874 (GBl. 1875 S. 1) hat die öffentlichen Wäge- und Meßanstalten (vgl. § 36 der deutschen Gew. O.) unberührt gelassen, insbesondere sind die Geschäfte derartiger Anstalten denen der staatlichen Eichungsämter völlig fremd.

Art. 1er. Dans toutes les villes où le besoin du commerce l'exigera, il sera établi par le préfet, sur la demande des maires et adjoints, approuvée par le sous-préfet, des bureaux de pesage, mesurage et jaugeage publics, où tous les citoyens pourront faire peser, mesurer et jauger leurs marchandises, moyennant une rétribution juste et modérée, qui, en exécution de l'art. 21 de la loi du 28 mars 1790 sera proposée par les conseils généraux des municipalités . . . . .

Hierzu Art. 1 Ges. v. 29. flor. X.

2. Nul ne pourra exercer les fonctions de peseur, mesureur et jaugeur, sans prêter le serment de bien et fidèlement remplir ses devoirs: ce serment sera reçu par le président du tribunal de commerce, ou devant le juge de police du lieu.

3. Dans les lieux où il ne sera pas nécessaire d'établir des bureaux publics, les fonctions de peseur, mesureur et jaugeur, seront confiées, par le préfet, à des citoyens d'une probité et d'une capacité reconnues, lesquels prêteront serment.

4. Aucune autre personne que lesdits employés ou préposés, ne pourra exercer, dans l'enceinte des marchés, halles et ports, la profession de peseur, mesureur et jaugeur, à peine de confiscation des instruments destinés au mesurage.

Der Art. 4 ist durch das Ges. v. 29. flor. X nicht beseitigt; so Dalloz Rép. V° poids n° 191 u. Urtheil der ch. réun. D. P. 50. 1. 333.

Sofern im einzelnen Falle nicht zugleich Uebertretung eines in Gemäßheit des Ges. v. flor. X erlassenen Reglements vorläge, müßte es bei der Strafe des Art. 4 sein Bewenden behalten. Dalloz Rép. l. c. n° 194, die Begründung des Urtheils D. P. 57. 1. 315.

Wegen der gerichtlichen Zuständigkeit vgl. Dalloz Rép. l. c. n° 191 u. D. P. 51. 1. 329.

Loi du 29 flor. an X, relative à l'établissement de bureaux de pesage, mesurage et jaugeage.

Vgl. das zu dem vorhergehenden arrêté Gesagte.

Art. 1er. Il sera établi dans les communes qui en seront jugées susceptibles par le Gouvernement, des bureaux de pesage, mesurage et jaugeage publics. Nul ne sera contraint à s'en servir, si ce n'est dans les cas de contestation.

Nach Art. 2 u. tabl. B. nº 7 des Decentralisationsdekrets v. 25. März 1852 ist unter dem gouvernement der Präfekt zu verstehen. D. P. 57. 1. 315.

2. Les tarifs des droits à percevoir dans ces bureaux, et les règlements y relatifs, seront proposés par les conseils des communes, adressés aux sous-préfets et aux préfets, qui donneront leur avis, et soumis au Gouvernement, qui les approuvera, s'il y a lieu, en la forme usitée pour les règlements d'administration publique.

Uebertretungen der Reglements werden nach Art. 471 15 Code pénal gestraft, event. auch mit der Strafe des Art. 4 arr. v. 7. brum. IX.

CODE PÉNAL.

LIV. III, TIT. I, CHAP. III, SECT. I, § 1er *Fausse monnaie.*

Art. 132—135. 138. Mat. der §§ 146—152 StGB.
136. 137 aufgeh. durch Ges. v. 28. April 1832.

TIT. II, CHAP. II, SECT. II, § V.

423. Mat. des § 263 StGB.

LIV. IV, CHAP. II, SECT. II.

475. Seront punis d'amende, depuis 6 fr. jusqu'à 10 fr. inclusivement,

11° Ceux qui auraient refusé de recevoir les espèces et monnaies nationales, non fausses ni altérées, selon la valeur pour laquelle elles ont cours;

Das Nähere über diese Verpflichtung bestimmen jetzt die Artt. 9 u. 10 Münzges. v. 9. Juli 1873 (RGBl. S. 236) eingef. in Elſ.-Lothr. durch Gef. v. 15. Nov. 1874 (RGBl. S. 131). Ein Zwang zur Annahme von Reichskassenscheinen besteht für Privatpersonen nicht, § 5 Ges. v. 30. April 1874 (RGBl. S. 40).

478. Rückfall s. Thl. I S. 17.

479 5) aufgehoben durch Art. 9, Ges. v. 27. März 1851.
6) erster Theil. Mat. des § 369 2) StGB.

483. Rückfall u. mildernde Umstände, s. Thl. I S. 17.

Loi du 4 juillet 1837, relative aux poids et mesures.

Ordonnance du 17 avril 1839, relative à la vérification des poids et mesures.

Ordonnance du 16 juin 1839, relative aux poids, mesures et instruments de pesage et de mesurage.

Das Ges. v. 1837 ist mit den Ordd. v. 1839 durch § 10 Ges. v. 19. Dec. 1874 aufgehoben. Die Nichtanwendung der gesetzlichen Bezeichnungen in Urkunden (Art. 5 Ges. v. 1837 u. vorher Artt. 9 Dekr. v. 1 vend. IV u. 17 Ges. v. 25 vent. XI) ist darnach jetzt straflos; auch Art. 14 § 4 des Münzgesetzes v. 9. Juli 1873 (RGBl. 1873 S. 238) enthält keine Straffanktion.

Loi des 10—19—27 mars, 1er avril 1851, tendant à la répression plus efficace de certaines fraudes dans la vente des marchandises.

(S. d. Ges. u. unter E S. 188).

D. Cheks.

Loi du 14—20 juin 1865, concernant les chèques.

Art. 1er. Le chèque est l'écrit qui, sous la forme

d'un mandat de payement, sert au tireur à effectuer le retrait, à son profit ou au profit d'un tiers, de tout ou partie de fonds portés au crédit de son compte chez le tiré et disponibles. — Il est signé par le tireur et porte la date du jour où il est tiré. — Il ne peut être tiré qu'à vue. — Il peut être souscrit au porteur ou au profit d'une personne dénommée. — Il peut être souscrit à ordre et transmis même par voie d'endossement en blanc.

2. Le chèque ne peut être tiré que sur un tiers ayant provision préalable; il est payable à présentation.

6. Le tireur qui émet un chèque sans date ou qui le revêt d'une fausse date est passible d'une amende égale à six pour cent de la somme pour laquelle le chèque est tiré. — L'émission d'un chèque sans provision préalable est passible de la même amende, sans préjudice de l'application des lois pénales, s'il y a lieu.

E. Täuschungen im Waarenhandel.
(Tromperies.)

Vorbemerkung.

I. Die Fürsorge für das Wohl der arbeitenden Klassen, welcher das Ges. v. 27. März 1851 «tendant à la répression de certaines fraudes dans la vente des marchandises» seine Entstehung verdankt, wird in dem Gesetze nach einer doppelten Richtung zum Ausdruck gebracht: die Absicht dem Volke preisentsprechende und gesunde Lebensmittel zu sichern, soll erreicht werden, einmal indem man den Käufern durch Bestrafung betrügerischer Verkäufer Schutz zu gewähren sucht und ferner, indem man das in den Handel Bringen verfälschter oder verdorbener Nahrungsmittel überhaupt unterdrückt. Die hierauf bezüglichen

Bestimmungen des Code pénal in den Artt. 318, 423, 475 6) u. 14) wurden als unzureichend befunden, insbesondere der Art. 423, welcher unter den von ihm aufgezählten Fällen betrügerischen Handels die Täuschung des Käufers über die Qualität der Waaren nicht enthält und deshalb vor allem zu ergänzenden Bestimmungen Veranlassung gab. (Vgl. die gesetzgeb. Verhandlungen D. P. 51. 4. 59.)

Solche Bestimmungen, welche also der ersteren Richtung angehören, enthält nun der Art. 1 des Ges., welcher, auf die Strafe des Art. 423 Code pénal Bezug nehmend, unter Nr. 3 diejenigen mit Strafe bedroht, welche den Käufer über Maß oder Gewicht der Waaren täuschen oder zu täuschen versuchen, unter Nr. 2 diejenigen, welche wissentlich gefälschte oder verdorbene «substances ou denrées alimentaires ou médicamenteuses» verkaufen oder zum Verkauf stellen, und unter Nr. 1 diejenigen, welche Stoffe der genannten Art, die zum Verkauf bestimmt sind, verfälschen. Wir haben die Reihenfolge des Art. umgedreht, nur um, deutlicher noch als es schon durch die Bezugnahme auf Art. 423 geschieht, zu veranschaulichen, daß, wie der Schlußsatz des Art. 2 ergiebt, in allen diesen Fällen die Täuschung eines Käufers, sei es als vollendet, sei es als versucht oder wenigstens vorbereitet zum Thatbestand gehört; daß dies namentlich auch bei der Nr. 1 der Fall ist, ergeben die Worte destinés à être vendues sowie eine bei der Berathung des Gesetzes stattgehabte lange Debatte über das Wort «frauduleusement», welches sich im Regierungsentwurfe nach «falsifieront» fand und als überflüssig schließlich gestrichen wurde. (Vgl. D. P. l. c.)

Von einer Täuschung sehen dagegen ab der Schlußsatz des Art. 2 und der Art. 3, der erstere indem er ausdrücklich erklärt, daß die Handlungen des Art. 1 oder des Art. 423, wenn sie sich auf gesundheitsgefährliche Stoffe beziehen, einer erhöhten Strafe unterliegen sollen, selbst wenn der Käufer die Eigenschaft des Stoffes kannte (!), der Art. 3, indem er schon den Besitz gefälschter oder verdorbener substances, etc. oder falscher Gewichte mit Strafe bedroht, wenn sich dieselben in Verkaufsläden, Waarenlagern, Markthallen ꝛc. vorfinden.

Das StGB. enthält, abgesehen von dem „gemeingefährlichen Verbrechen" des § 324, ausdrückliche Bestimmungen über einen Gegenstand des, durch Ges. v. 5. Mai 1855 auf Getränke ausgedehnten Gesetzes v. 1851 nur in dem § 367 unter Nr. 7 u. § 369 Nr. 2, Bestimmungen die der zweiten, der polizeilichen Richtung dieses Gesetzes entsprechen. Die Täuschung eines andern über Beschaffenheit oder Gewicht ꝛc. von Waaren, wird im StGB. nicht ausdrücklich erwähnt; als nothwendige Voraussetzung zur Strafbarkeit eines Waarenhandels kann sie aber in so fern in Betracht kommen, als unter den Erfordernissen des Betrugs im Sinne des § 263 StGB. sich auch das der Irrthumserregung findet. Es entsteht nun zunächst die Frage, ob, den §§ 263—266 gegenüber, der Art. 1 des Ges. v. 1851 als eine „besondere" Vorschrift im Sinne des Art. II EG. zum StGB. anzusehen ist, eine Frage für deren bejahende Beantwortung die Stellung der Vorschrift außerhalb des Code pénal sowie die Thatsache angeführt werden kann, daß die Täuschung über die qualité erst durch dieses Gesetz strafbar geworden ist. Beide Thatsachen müssen jedoch vor der Erwägung zurücktreten, daß der Code pénal ein Vergehen des „Betrugs" in dem Umfange des StGB. nicht kennt sondern gewisse betrügerische Handlungen unter verschiedene Thatbestände vereinigt, namentlich unter den der escroquerie Art. 405 und unter den des Art. 423 (tromperies), auch des Art. 401 (filouterie), eine Kasuistik, die nothwendig die Ergänzung durch Spezialgesetze (z. B. noch Gess. v.

28. Juli 1824, 27. Juli—2. Aug. 1867) zur Folge hatte. Solche Spezialgesetze sind also besondere Gesetze nicht in dem Sinne, als wäre ihr Inhalt contra tenorem des Code pénal, sie stehen vielmehr gegenüber dem umfassenden Begriffe des Betrugs in gleicher Linie mit den Thatbeständen des Code pénal und sind daher mit diesen in allen ihren Einzelbestimmungen, namentlich über Versuch und vorbereitende Handlungen durch das neue Recht beseitigt; und dieser Untergang trifft auch den Art. 2, welcher trotz des Schlußsatzes grundsätzlich auf dem Boden des Art. 1 und des Art. 423 Code pénal steht.

Was nun den Art. 3 betrifft, so ist der die Gewichte und Maße betreffende Theil durch § 369 2) StGB. beseitigt, zweifelhaft kann dagegen sein ob der auf Nahrungsmittel ꝛc. bezügliche Inhalt durch den § 367 7) aufgehoben ist. Die Thatbestände dieser Strafbestimmungen weichen nämlich, abgesehen davon daß Art. 3 ein délit, § 367 dagegen eine Uebertretung ist, in folgenden zwei Punkten von einander ab.

Art. 3 spricht von «substances alimentaires ou médicamenteuses» sowie in Folge des Ges. v. 1855 auch von boissons, § 367 von „Getränken und Eßwaaren“:

Art. 3 straft diejenigen, welche «auront dans leurs magasins, boutiques, ateliers ou maisons de commerce ou dans les halles, foires ou marchés», § 367 diejenigen welche „feilhalten oder verkaufen.“

Da beide Vorschriften zur Strafbarkeit die Kenntniß von der Beschaffenheit der Waaren voraussetzen (vgl. Oppenhoff zu § 367 7), so ist die Verschiedenheit hinsichtlich der Stellung im System für die vorliegende Frage ohne Bedeutung und es bleibt nur zu untersuchen, ob der Art. 3 als eine „besondere Vorschrift über eine vom StGB. nicht berührte Materie“ zu betrachten ist, denn so und nicht anders muß auch den Uebertretungen des StGB.

gegenüber die Frage gestellt werden (vgl. Förtsch, Code pénal etc. Einl. S. 13). U. E. ist nun, im Zusammenhange mit dem Obengesagten, als Materie des Art. 3 anzusehen: Regelung der Aufgabe, einen über die Bestrafung betrügerischen Handels hinausgehenden strafrechtlichen Schutz gegen Handel mit verfälschten oder verdorbenen Nahrungsmitteln zu schaffen. Ganz dieselbe gesetzgeberische Aufgabe ist aber der Gegenstand des § 367 7) StGB., von dessen Thatbestand bei näherer Betrachtung der des Art. 3 sich auch keineswegs so weit entfernt als es auf den ersten Blick scheint, hinsichtlich des Gegenstandes nicht, weil unter den substances médicamenteuses doch wohl nur die «entrantes au corps humain» (Art. 6 Dekl. v. 25. April 1777) zu verstehen sind, Stoffe die zum größten Theile unter „Getränke und Eßwaaren" subsumirt werden können, und hinsichtlich des strafbaren Thuns nicht, weil die Art der Aufbewahrung, welche der Art. 3 voraussetzt, in der Regel z. B. bei Auslegung im Schaufenster oder Verkaufsladen zugleich ein „Feilhalten" des § 367 7) sein wird, welcher Begriff, wie eine Gegenüberstellung der Nr. 2 von Art. 1 und des Art. 3 ergiebt, eine weitere Bedeutung hat als das «mettre en vente» des Art. 1.

II. Dem Schutze landwirthschaftlicher Interessen ist gewidmet das Ges. v. 27. Juli 1867, «relative à la répression des fraudes dans la vente des engrais», dessen Ueberschrift schon auf das unter I behandelte Gesetz hinweist, auf welches auch bei der Begründung der Regierungsvorlage insofern Bezug genommen wurde, als die Unzulänglichkeit desselben sowie des Art. 423 Code pénal ausgeführt wird (vgl. Nr. 6 dieser Begründung D. P. 67. 4. 138). Daß gleichwohl in dem Gesetze v. 1867 nicht wie in dem v. 1851 auf die Strafen des Art. 423 Code pénal verwiesen, sondern eine besondere Strafandrohung beigefügt ist, wird lediglich mit der Unzweckmäßigkeit derartiger Verweisungen und der wenig einfachen Berechnungsart der Geldstrafe in Art. 423 begründet (Nr. 13 a. a. O.), im Uebrigen ist kein Zweifel, daß eine tromperie, Täuschung des Käufers, in beiden Thatbeständen des Art. 1, und zwar in Nr. 1 durch positive unrichtige Angaben, in Nr. 2 durch wissentliches Verschweigen, erfordert wird; und es gilt deßhalb von Aufhebung des Art. 1 durch § 263 StGB. alles das, was oben zu Art. 1 des Gesetzes v. 1851 gesagt ist. Einen Thatbestand polizeilichen Charakters, wie ihn der Art. 3 des letzterwähnten Gesetzes enthält, kennt das über die Düngstoffe nicht, weil, wie der Kommissionsbericht des gesetzgebenden Körpers (Nr. 5 u. 6, D. P. 67. 4. 142) ergiebt, ein solcher als über das Bedürfniß hinausgehend erachtet wurde.

CODE PÉNAL.

Art. 318 aufgeh. durch Art. 2 Ges. v. 5. Mai 1855.
475 6) desgl.
475 14) aufg. durch Art. 9 Ges. vom 17. März 1851.

Loi des 10—19—27 mars, 1er avril 1851, tendant à la répression de certaines fraudes dans la vente des marchandises.

Art. 1er. Seront punis des peines portées par l'article 423 du Code pénal, — 1. Ceux qui falsifieront des substances ou denrées alimentaires ou médicamenteuses destinées à être vendues; — 2. Ceux qui vendront ou mettront en vente des substances ou denrées alimentaires ou médicamenteuses qu'ils sauront être falsifiées ou corrompues; — 3. Ceux qui auront trompé ou tenté de tromper, sur la quantité des choses livrées, les personnes auxquelles ils vendent ou achètent, soit par l'usage de faux poids ou de fausses mesures, ou d'instruments inexacts servant au pesage ou mesurage, soit par des manœuvres ou procédés tendant à fausser l'opération du pesage ou mesurage, ou à augmenter frauduleusement le poids ou le volume de la marchandise, même avant cette opération, soit enfin par des indications frauduleuses tendant à faire croire à un pesage ou mesurage antérieur et exact.

Mat. des § 263 StGB. Vgl. Vorbem. I. — In jedem Falle müßte auf Grund des Art. III EG. zum StGB. die Strafe jetzt aus § 263 entnommen werden.

2. Si, dans les cas prévus par l'article 423 du Code pénal ou par l'article 1er de la présente loi, il s'agit d'une marchandise contenant des mixtions nuisibles à la santé, l'amende sera de 50 à 500 francs, à moins que le quart des restitutions et dommages-intérêts n'excède cette dernière somme. L'emprisonnement sera de 3 mois à 2 ans. — Le présent article sera applicable même au cas où la falsification nuisible serait connue de l'acheteur ou consommateur.

Mit Art. 423 Code pénal u. Art. 1 d. G. aufgehoben. — Wer den Art. 1 in irgend einem Theile für weitergeltend erachtet (hins. des Art. 423 Code pénal kann die Weitergeltung nicht wohl in Frage kommen), müßte gleichwohl die Strafe des § 263 StGB. anwenden, da Art. 2 nur eine Straferhöhung des Art. 423 Code pénal aufstellt.

3. Sont punis d'une amende de 16 francs à 25 francs, et d'un emprisonnement de 6 a 10 jours, ou de l'une de ces deux peines seulement, suivant les circonstances, ceux qui, sans motifs légitimes, auront dans leurs magasins, boutiques, ateliers ou maisons de commerce, ou dans les halles, foires, ou marchés, soit des poids ou mesures faux, ou autres appareils inexacts, servant au pesage ou au mesurage, soit des substances alimentaires ou médicamenteuses, qu'ils sauront être falsifiées ou corrompues. — Si la substance falsifiée est nuisible à la santé, l'amende pourra être portée à cinquante francs, et l'emprisonnement à quinze jours.

Mat. der §§ 367 7) u. 369 2) StGB. Vgl. Vorbem. I.

4. Lorsque le prévenu, convaincu de contravention à la présente loi ou à l'article 423 du Code pénal, aura, dans les cinq années qui ont précédé le délit, été condamné pour infraction à la présente loi ou à l'article 423, la peine pourra être élevée jusqu'au double du maximum; l'amende prononcée par l'article 423 et par les articles 1 et 2 de la présente loi pourra même être portée jusqu'à 1000 francs, si la moitié des restitutions et dommages-intérêts n'excède pas cette somme; le tout, sans préjudice de l'application, s'il a lieu, des articles 57 et 58 du Code pénal.

Mit den vorhergehenden Artt. beseitigt. — Auf die Fälle der Artt. 1 u. 2, würde er auch dann nicht mehr Anwendung erleiden, wenn einer oder der andere derselben noch in Kraft wäre, da die Strafe jetzt allein aus § 263 StGB. entnommen werden könnte.

5. Les objets dont la vente, usage ou possession constitue le délit, seront confisqués, conformément à l'article 423 et aux articles 477 et 481 du code pénal. — S'ils sont propres à un usage alimentaire ou médical, le tribunal pourra les mettre à la disposition de l'administration pour être attribués aux établissements de bienfaisance. — S'ils sont impropres à cet usage ou nuisibles, les objets seront détruits ou répandus aux frais du condamné. Le tribunal pourra ordonner que la destruction ou effusion aura lieu devant l'établissement ou le domicile du condamné.

Mit den Artt. 1—3 beseitigt. — Die für die Thatbestände der Artt. 1 u. 2 angedrohte Einziehung könnte jetzt jedenfalls nur noch auf Grund der Voraussetzungen der §§ 40 u. 42 StGB. ausgesprochen werden.

6. Le tribunal pourra ordonner l'affiche du jugement dans les lieux qu'il désignera, et son insertion intégrale ou par extrait dans tous les journaux qu'il désignera, le tout aux frais du condamné.

Weggefallen mit den Artt. 1, 2, 3. — Jedenfalls unzulässige Strafart: Art. III EG. zum StGB. Vgl. Bem. zu Art. 80 Ges. v. 19. brum. VI S. 159.

7. L'article 463 du Code pénal sera applicable aux délits prévus par la présente loi.

9. Sont abrogés les articles 475 nº 14 et 479 nº 5 du Code pénal.

Loi du 5—19 mai 1855, qui déclare applicables aux boissons les dispositions de la loi du 27 mars 1851.

Art. 1er. Les dispositions de la loi du 27 mars 1851 sont applicables aux boissons.

Aus denselben Gründen aufgehoben wie das Ges. v. 27. März 1851.

2. L'article 318 et le nº 6 de l'article 475 du Code pénal sont et demeurent abrogés.

Loi du 27 juillet — 2 août 1867, relative à la répression des fraudes dans la vente des engrais.

Art. 1er. Seront punis d'un emprisonnement de trois mois à un an et d'une amende de cinquante francs à deux mille francs, — 1. Ceux qui, en vendant ou mettant en vente des engrais, ou amendements, auront trompé ou tenté de tromper l'acheteur, soit sur leur nature, leur composition ou le dosage des éléments qu'ils contiennent, soit sur leur provenance, soit en les désignant sous un nom qui, d'après l'usage, est donné à d'autres substances fertilisantes; — 2. Ceux qui, sans avoir prévenu l'acheteur, auront vendu ou tenté de vendre des engrais ou amendements qu'ils sauront être falsifiés, altérés ou avariés. — Le tout sans préjudice de l'application de l'article 1er, paragraphe 3, de la loi du 27 mars 1851, en cas de tromperie sur la quantité de la marchandise.

Mat. des § 263 StGB. Vgl. Vorbem. II.

2. En cas de récidive commise dans les cinq ans qui ont suivi la condamnation, la peine pourra être élevée jusqu'au double du maximum des peines édictées par l'article 1er de la présente loi.

Mit Art. 1 beseitigt.

3. Les tribunaux pourront ordonner que les jugements de condamnation soient, par extraits ou intégralement, aux frais des condamnés, affichés dans les lieux et publiés dans les journaux qu'ils détermineront.

Wie zu Art. 2; außerdem unzulässige Strafart, vgl. Bem. zu Art. 6 Ges. v. 27. März 1851.

4. L'article 463 du Code pénal est applicable aux délits prévus par la présente loi.

F. Accaparement.

CODE PÉNAL.

LIV. III, TIT. II, CHAP. II, SECT. II § V.

Violation des règlements relatifs aux manufactures, au commerce et aux arts.

Art. 419. Tous ceux qui, par des faits faux ou calomnieux semés à dessein dans le public, par des suroffres faites au prix que demandaient les vendeurs eux-mêmes, par réunion ou coalition entre les principaux détenteurs d'une même marchandise ou denrée, tendant à ne pas la vendre ou à ne la vendre qu'à un certain prix, ou qui, par des voies ou moyens frauduleux quelconques, auront opéré la hausse ou la baisse du prix des denrées ou marchandises ou des papiers et effets publics au-dessus ou au-dessous des prix qu'aurait déterminés la concurrence naturelle et libre du commerce, seront punis d'un emprisonnement d'un mois au moins, d'un an au plus, et d'une amende de cinq cents francs à dix mille francs. Les coupables pourront de plus être mis, par l'arrêt ou le jugement sous la surveillance de la haute police pendant deux ans au moins et cinq ans au plus.

Das délit des «accaparement» (Kornwucher, Agiotage), ist eine dem StGB. unbekannte Materie.

Statt der Stellung unter Polizeiaufsicht ist die Zulässigkeit derselben auszusprechen, § 38 StGB.

Einen Fall erhöhter Strafbarkeit enthält, außer dem folgenden Art., auch Art. 462.

420. La peine sera d'un emprisonnement de deux mois au moins et de deux ans au plus, et d'une amende de mille francs à vingt mille francs, si ces manoeuvres ont été pratiquées sur grains, grenailles, farines, substances farineuses, pain, vin ou toute autre boisson. — La mise en surveillance qui pourra être prononcée, sera de cinq ans au moins et de dix ans au plus,

Vgl. Bem. zu Art. 419.

462. S. unter „Gesundheitspolizei."

G. Beeinträchtigung der Freiheit von Versteigerungen.

CODE PÉNAL.

LIV. III, TIT. II, CHAP. II, SECT. II, § IV.

Entraves apportées à la liberté des enchères.

Art. 412. Ceux qui, dans les adjudications de la propriété, de l'usufruit ou de la location des choses mobilières ou immobilières, d'une entreprise, d'une fourniture, d'une exploitation ou d'un service quelconque, auront entravé ou troublé la liberté des enchères ou des soumissions, par voies de fait, violences ou menaces, soit avant, soit pendant les enchères ou des soumissions, seront punis d'un emprisonnement de quinze jours au moins, de trois mois au plus et d'une amende de cent francs au moins et de vingt mille francs au plus.

Der Art. 412, auf welchen die Artt. 22 C. for. u. 16 Fischereiges. v. 15. April 1829 Bezug nehmen, behandelt eine durch das StGB. nicht berührte Materie, die Beeinträchtigung des Friedens von Versteigerungen (vgl. die Ueberschrift des § IV) und ist daher mit der in Art. 462 (s. unter „Gesundheitspolizei") vorgesehenen Modifikation in Geltung geblieben.

Der in dem Entwurf des StGB. enthaltene, dem Art. 412 und zugleich den angezogenen Artt. des Forst- und des Fischereigesetzes entsprechende § 283 ist nicht zum Gesetz erhoben worden; daß aber eine solche Bestimmung überhaupt vorgeschlagen war, sollte am besten beweisen, daß Landesgesetze dieses Inhalts nunmehr gegenüber dem StGB. „besondere" Vorschriften sind. Der vorgeschlagene § lautete wörtlich wie der § 270 des Preuß. StGB. und fand sich wie dieser unter dem 25. Abschnitte mit der Ueberschrift „Strafbarer Eigennutz". Ein Beschluß des Pr. Obertribunals v. 25. Juni 1874 (Oppenhoff, Rechtsprechung Bd. 15 S. 448) erachtete den strafbaren Eigennutz für die Materie des § 270 und demnach diesen für aufgehoben, ein zweiter Beschluß vom 11. September 1874 (a. a. O. S. 555) verwarf dieses Argument, leitete aber die Aufhebung des § 270 daraus ab, daß die Reichstagsmajorität die Strafvorschrift desselben für veraltet gehalten habe und ein dritter Beschluß vom 19. Novemaer 1874 (a. a. O. S. 801), sucht die Gründe der beiden ersten zu vereinigen, indem er hervorhebt, daß man bei der neuen Kodifikation ersichtlich von der Absicht ausgegangen sei, „insbesondere auch den 25. Abschnitt des zweiten Theils des RStGB's, welcher den strafbaren

Eigennutz behandelt, gegenüber dem gleiche Nummer und Ueberschrift tragenden Abschnitte des Preuß. StGB's neu und erschöpfend zu reguliren." Da das StGB. gewissermaßen eine neue Bearbeitung des Preuß. StGB. ist, so kann man diese Deduktion eines Preuß. Gerichts begreifen; für andere Landesrechte, bei denen die äußerliche Uebereinstimmung mit dem StGB. nicht zutrifft, läßt sich aber die Ueberschrift des 25. Abschnittes, welcher die verschiedenartigsten Delikte zusammenfaßt, als Materie, (z. B. gegenüber der Ueberschrift der Sektion II «banqueroutes, escroqueries et autres espèces de fraude») durchaus nicht verwerthen. Die Ansicht der Reichstagsmajorität, wenn von einer Ansicht derselben überhaupt die Rede sein kann, da man nur das Resultat der Abstimmung, nicht die Motive der Einzelnen kennt, ist aber jedenfalls in Art. II EG., welcher besondere Vorschriften über die vom StGB. nicht berührten Materien ohne Unterschied bestehen läßt, nicht zum Ausdruck gekommen.

XI.

Erfindungspatente.

Inhaltsübersicht.

Loi du 5—8 juillet 1844, sur les brevets d'invention.

TITRE PREMIER. *Dispositions générales.*

Art. 1er. Toute nouvelle découverte ou invention dans tous les genres d'industrie confère à son auteur, sous les conditions et pour le temps ci-après déterminé, le droit exclusif d'exploiter à son profit ladite découverte ou invention.

Ce droit est constaté par des titres délivrés par le gouvernement, sous le nom de brevets d'invention.

2. Seront considérées comme inventions ou découvertes nouvelles, — l'invention de nouveaux produits industriels; — l'invention de nouveaux moyens ou l'application nouvelle de moyens connus, pour l'obtention d'un résultat ou d'un produit industriel.

3. Ne sont pas susceptibles d'être brevetés, — 1° les compositions pharmaceutiques ou remèdes de toute espèce, lesdits objets demeurant soumis aux lois et règlements spéciaux sur la matière, et notamment au décret du 18 août 1810, relatif aux remèdes secrets; — 2° les plans et combinaisons de crédit ou de finances.

4. La durée des brevets sera de cinq, dix ou quinze années. Chaque brevet donnera lieu au paiement d'une taxe, qui est fixée ainsi qu'il suit, savoir: 500 fr. pour un brevet de cinq ans; — 1000 fr. pour un brevet de dix ans; — 1500 fr. pour un brevet de quinze ans. — Cette taxe sera payée par annuités de 100 fr., sous peine de déchéance, si le breveté laisse écouler un terme sans l'acquitter.

TITRE II. *Des formalités relatives à la délivrance des brevets.*

SECTION PREMIÈRE. *Des demandes de brevets.*

5. Quiconque voudra prendre un brevet d'invention

devra déposer, sous cachet au secrétariat de la préfecture, dans le département où il est domicilié, ou dans tout autre département, en y élisant domicile; — 1° Sa demande au ministre de l'agriculture et du commerce; — 2° Une description de la découverte, invention ou application faisant l'objet du brevet demandé; — 3° Les dessins ou échantillons, qui seraient nécessaires pour l'intelligence de la description; — Et 4° un borderaux des pièces déposées.

8. La durée du brevet courra du jour du dépôt prescrit par l'article 5.

SECTION II. *De la délivrance des brevets.*

11. Les brevets dont la demande aura été régulièrement formée seront délivrés, sans examen préalable, aux risques et périls des demandeurs, et sans garantie, soit de la réalité, de la nouveauté ou du mérite de l'invention, soit de la fidélité ou de l'exactitude de la description. — Un arrêté du ministre, constatant la régularité de la demande, sera délivré au demandeur et constituera le brevet d'invention .....

14. Une ordonnance royale insérée au Bulletin des lois, proclamera tous les trois mois les brevets délivrés.

Die Bekanntmachungen erläßt jetzt der Oberpräsident. Verordnung v. 13. Nov. 1872 (GBl. S. 775).

15. La durée des brevets ne pourra être prolongée que par une loi.

SECTION III. *Des certificats d'addition.*

16. Le breveté ou les ayants droit au brevet auront, pendant toute la durée du brevet, le droit d'apporter à l'invention des changements, perfectionnements ou additions, en remplissant, pour le dépôt de la demande, les formalités déterminées par les articles 5, 6 et 7. —

Ces changements, perfectionnements ou additions, seront constatés par des certificats délivrés dans la même forme que le brevet principal et qui produiront à partir des dates respectives des demandes et de leur expédition, les mêmes effets, que ledit brevet principal, avec lequel ils prendront fin. — . . . Les certificats d'addition, pris par un des ayants droit, profiteront à tous les autres.

18. Nul autre que le breveté ou ses ayants droit, agissant comme il est dit ci-dessus, ne pourra, pendant une année, prendre valablement un brevet pour un changement, perfectionnement ou addition à l'invention qui fait l'objet du brevet primitif. . . . . .

19. Quiconque aura pris un brevet pour une découverte, invention ou application se rattachant à l'objet d'un autre brevet, n'aura aucun droit d'exploiter l'invention déjà brevetée, et réciproquement le titulaire du brevet primitif ne pourra exploiter l'invention, objet du nouveau brevet.

SECTION IV. *De la transmission et de la cession des brevets.*

20. Tout breveté pourra céder la totalité ou partie de la propriété de son brevet. — La cession totale ou partielle d'un brevet soit à titre gratuit, soit à titre onéreux ne pourra être faite que par acte notarié, et après le paiement de la totalité de la taxe déterminée par l'art. 4. — Aucune cession ne sera valable, à l'égard des tiers, qu'après avoir été enregistrée au secrétariat de la préfecture du département dans lequel l'acte aura été passé. . . . .

21. Il sera tenu, au ministère de l'agriculture et du commerce un registre sur lequel seront inscrites les mutations intervenues sur chaque brevet, et, tous les trois mois, une ordonn. royale proclamera dans la forme déterminée par l'art. 18, les mutations enregistrées, pendant le trimestre expiré.

Die Führung des Registers, sowie die Bekanntmachung, bewirkt jetzt der Oberpräsident. Vgl. Bem. zu Art. 14.

22. Les cessionnaires d'un brevet, et ceux qui auront acquis d'un breveté ou de ses ayants droit la faculté d'exploiter la découverte ou l'invention, profiteront, de plein droit, des certificats d'addition qui seront ultérieurement délivrés au breveté ou à ses ayants droit. Réciproquement, le breveté ou ses ayants droit profiteront des certificats d'addition qui seront ultérieurement délivrés aux cessionnaires. — . . . . .

SECTION V. *De la communication et de la publication des descriptions et dessins de brevet.*

TITRE III. *Des droits des étrangers.*

27. Les étrangers pourront obtenir en France des brevets d'invention.

29. L'auteur d'une invention ou découverte déjà brevetée à l'étranger pourra obtenir un brevet en France; mais la durée de ce brevet ne pourra excéder celle des brevets antérieurement pris à l'étranger.

TITRE IV. *Des nullités et déchéances, et des actions y relatives.*

SECTION PREMIÈRE. *Des nullités et déchéances.*

30. Seront nuls, et de nul effet, les brevets délivrés dans les cas suivants, savoir: — 1° Si la découverte, invention ou application n'est pas nouvelle; — 2° Si la découverte, invention ou application, n'est pas, aux termes de l'article 3, susceptible d'être brevetée; — 3° Si les brevets portent sur des principes, méthodes, systèmes, découvertes et conceptions théoriques ou purement scientifiques, dont on n'a pas indiqué les applications industrielles; — 4° Si la découverte, invention

ou application est reconnue contraire à l'ordre ou à la sûreté publique, aux bonnes mœurs ou aux lois du Royaume, sans préjudice, dans ce cas et dans celui du paragraphe précédent, des peines qui pourraient être encourues pour la fabrication ou le débit d'objets prohibés; — 5° Si le titre sous lequel le brevet a été demandé indique frauduleusement un objet autre que le véritable objet de l'invention; — 6° Si la description jointe au brevet n'est pas suffisante pour l'exécution de l'invention, ou si elle n'indique pas d'une manière complète et loyale les véritables moyens de l'inventeur; — 7° Si le brevet a été obtenu contrairement aux dispositions de l'art. 18. — Seront également nuls et de nul effet, les certificats comprenant des changements, perfectionnements ou additions qui ne se rattacheraient pas au brevet principal.

31. Ne sera pas réputée nouvelle toute découverte, invention ou application qui, en France ou à l'étranger et antérieurement à la date du dépôt de la demande, aura reçu une publicité suffisante pour pouvoir être exécutée.

32. Sera déchu de tous ses droits: — 1° Le breveté qui n'aura pas acquitté son annuité avant le commencement de chacune des années de la durée de son brevet; — 2° Le breveté qui n'aura pas mis en exploitation sa découverte ou invention en France, dans le délai de deux ans, à dater du jour de la signature du brevet, ou qui aura cessé de l'exploiter pendant deux années consécutives, à moins que, dans l'un ou l'autre cas, il ne justifie des causes de son inaction; — 3° Le breveté qui aura introduit en France des objets fabriqués en pays étranger et semblables à ceux qui sont garantis par son brevet. — Néanmoins, le ministre de l'agriculture, du commerce et des travaux publics, pourra

autoriser l'introduction: — 1° Des modèles de machines; — 2° Des objets fabriqués à l'étranger, destinés à des expositions publiques ou à des essais faits avec l'assentiment du Gouvernement. (Fassung des Ges. v. 31. Mai 1856.)

33. Quiconque, dans des enseignes, annonces, prospectus, affiches, marques ou estampilles, prendra la qualité de breveté sans posséder un brevet délivré conformément aux lois, ou après l'expiration d'un brevet antérieur; ou qui, étant breveté, mentionnera sa qualité de breveté ou son brevet sans y ajouter ces mots, sans garantie du gouvernement, sera puni d'une amende de 50 fr. à 1000 fr. — En cas de récidive, l'amende pourra être portée au double.

SECTION II. *Des actions en nullité et en déchéance.*

34—39.

TITRE V. *De la contrefaçon, des poursuites et des peines.*

40. Toute atteinte portée aux droits du breveté, soit par la fabrication de produits, soit par l'emploi de moyens faisant l'objet de son brevet, constitue le délit de contrefaçon. — Ce délit sera puni d'une amende de 100 à 2000 fr.

41. Ceux qui auront sciemment recélé, vendu ou exposé en vente, ou introduit sur le territoire français un ou plusieurs objets contrefaits, seront punis des mêmes peines que les contrefacteurs.

Zu Artt. 40 u. 41. Die Verletzung des Patentschutzes ist eine dem StGB. fremde Materie, wie dies das Ges. v. 13. Nov. 1872 (GBl. S. 774) authentisch anerkennt, indem es in § 2 bestimmt:

„In Fällen der Artt. 40—43 des Ges. über die Er-„findungspatente v. 5. Juli 1844 . . . . . . kann die „Gefängnißstrafe wie die Geldstrafe bis auf den, nach dem

„StGB. für das deutsche Reich für Vergehen zulässigen „Mindestbetrag ermäßigt werden.“

Diese Strafermäßigung hat übrigens nur für den Fall Bedeutung, daß keine mildernden Umstände vorliegen. Vgl. Art. 44.

Was den Art. 41 betrifft, so geht zwar aus den gesetzgeberischen Verhandlungen hervor (D. P. 44. 3. 162), daß durch die Strafandrohung desselben «le principe général de l'égalité des peines entre les auteurs d'un délit et leurs complices» durchgeführt werden soll, gleichwohl wiederholt der Artikel keineswegs Bestimmungen, die nach den Grundsätzen des Code pénal sich von selbst verstünden; denn er erstreckt nicht nur den Begriff des strafbaren récel auf Gegenstände, welche der Art. 62 Code pénal nicht begreift (ouvrages contrefaits), sondern belegt auch das Verkaufen und Feilhalten, über welches der Code pénal geeigneten Falls (arg. Artt. 426, 427) besondere Bestimmung trifft, mit der Strafe der Thäterschaft. Darnach ist der Art. 41 durch die Bestimmungen des StGB. über Begünstigung und Hehlerei nicht beseitigt sondern als Spezialbestimmung im Spezialgesetze noch in Kraft.

43. Dans le cas de récidive, il sera prononcé, outre l'amende portée aux articles 40 et 41, un emprisonnement d'un mois à six mois. — Il y a récidive lorsqu'il a été rendu contre le prévenu, dans les cinq années antérieures une première condamnation pour un des délits prévus par la présente loi. — Un emprisonnement d'un mois à six mois pourra aussi être prononcé, si le contrefacteur est un ouvrier ou un employé ayant travaillé dans les ateliers ou dans l'établissement du breveté, ou si le contrefacteur, s'étant associé avec un ouvrier ou employé du breveté a eu connaissance, par ce dernier, des procédés décrits au brevet. — **Dans ce dernier cas l'ouvrier ou l'employé pourra être poursuivi comme complice.**

Die Strafe kann auch hier bis auf 3 M. ermäßigt werden. Vgl. Bem. zu Artt. 41 u. 42.

Der Artikel bestimmt im Schlußsatze nicht, daß ein Arbeiter, welcher das Geheimniß der Erfindung mittheilt, unbedingt als complice anzusehen sei, sondern bezieht sich durch den Ausdruck «pourra être» (nicht «sera») auf die allgemeinen Erfordernisse der complicité, an deren Stelle jetzt die Bestimmungen des StGB. über Theilnahme getreten sind.

44. L'art. 463 du Code pénal pourra être appliqué aux délits prévus par les dispositions qui précèdent.

45. L'action correctionnelle pour l'application des peines ci-dessus, ne pourra être exercée par le ministère public que sur la plainte de la partie lésée.

Die im allgemeinen Theile des StGB. über den Verfolgungsantrag enthaltenen Grundsätze sind auch für die plainte, deren Wesen mit dem des Antrags übereinstimmt, als maßgebend zu erachten.

46. Le tribunal correctionnel, saisi d'une action pour délit de contrefaçon, statuera sur les exceptions qui seraient tirées par le prévenu, soit de la nullité ou de la déchéance du brevet, soit des questions relatives à la propriété dudit brevet.

49. La confiscation des objets reconnus contrefaits, et, le cas échéant, celle des instruments ou ustensiles destinés spécialement à leur fabrication, seront, même en cas d'acquittement, prononcées contre le contrefacteur, le recéleur, l'introducteur ou le débitant.

Les objets confisqués seront remis au propriétaire du brevet, sans préjudice de plus amples dommages-intérêts et de l'affiche du jugement, s'il y a lieu.

Der dem Ermessen des Gerichts anheimgestellte Anschlag des Urtheils dient wesentlich zur Verhütung fernerer Beschädigung des Patentinhabers; er hat daher nicht den

Charakter einer Strafe, in welchem Falle er nach Art. V Einf.-Ges. zum StGB. nicht mehr ausgesprochen werden könnte, sondern ist vielmehr den in §§ 165, 200 StGB. zugelassenen Veröffentlichungen des Urtheils gleichzustellen. Anders im Falle des Art. 80, Ges. v. 19. brum. III S. 159.

TITRE VI. *Dispositions particulières et transitoires.*

50. Des ordonnances royales, portant règlement d'administration publique, arrêteront les dispositions nécessaires pour l'exécution de la présente loi, qui n'aura effet que trois mois après sa promulgation.

52. Seront abrogés à compter du jour où la présente loi sera devenue exécutoire, les lois des 7 janv. et 25 mai 1791, celle du 20 sept. 1792, l'arrêté du 17 vend. an VII, l'arrêté du 5 vend. an IX, les décrets des 25 nov. 1806 et 25 janv. 1807, et toutes dispositions antérieures à la présente loi relatives aux brevets d'invention, d'importation et de perfectionnement.

53. Les brevets d'invention, d'importation et de perfectionnement actuellement en exercice, délivrés conformément aux lois antérieures à la présente, ou prorogés par ordonnance royale, conserveront leur effet pendant tout le temps qui aura été assigné à leur durée.

Loi du 23—25 mai 1868, relative à la garantie des inventions susceptibles d'être brevetées et des dessins de fabrique qui seront admis aux expositions publiques.

Art. 1er. Tout Francais ou étranger, auteur soit d'une découverte ou invention susceptible d'être brevetée aux termes de la loi du 5 juillet 1844, **soit d'un dessin de fabrique qui doive être déposé conformément à la loi du 18 mars 1806,** ou ses ayants droit, peuvent s'ils sont admis dans une exposition publique autorisée par l'administration, se faire délivrer par le préfet ou sous-préfet, dans le département ou l'arrondissement duquel cette exposition est ouverte, un certificat descriptif de l'objet déposé.

2. Ce certificat assure à celui qui l'obtient les mêmes droits que lui conférerait un brevet d'invention ou un dépôt légal de dessin de fabrique, à dater du jour de l'admission jusqu'à la fin du troisième mois qui suivra la clôture de l'exposition, sans préjudice du brevet que l'exposant peut prendre ou du dépôt qu'il peut opérer avant l'expiration de ce terme.

Die Voraussetzungen, unter welchen gewerbliche Muster u. Modelle geschützt werden, bestimmt jetzt lediglich das Reichsgesetz v. 11. Jan. 1876. Vgl. Vorbem. zu „Schutz des Urheberrechts" II 1. S. 209.

XII.

Schutz des geistigen und gewerblichen Urheberrechts

(Propriété littéraire, artistique et industrielle).

Inhaltsübersicht.

Vorbemerkung.

I. Den strafrechtlichen Schutz des geistigen Eigenthums gewähren in Frankreich die Artt. 425—429 c. p., von denen Art. 428 die dramatischen Werke zum Gegenstande hat, Art. 425 aber alle übrigen Erzeugnisse aufzählt, deren unerlaubte Nachbildung das délit de contrefaçon bildet. Diese Aufzählung erwähnt Schriftwerke, musikalische Kompositionen, Zeichnungen (dessins), Gemälde und fügt schließlich toute autre production hiezu, indem hinsichtlich der Frage, ob die Nachbildung eine unerlaubte ist, auf die lois und règlements relatifs à la propriété des auteurs verwiesen wird. Die Erwartung, daß diese Gesetze einen vollständigen Aufschluß über den Kreis der zu schützenden Erzeugnisse geben müßten, wird getäuscht; das Dekret vom 19. Mai 1793, welches den Hauptsitz der Materie bildet, sagt nicht mehr als der Art. 425 c. p., wenn es in Art. 1 folgende Personen, als ausschließlich berechtigt erklärt, über ihre ouvrages zu verfügen: les auteurs d'écrits en tout genre, les compositeurs de musique, les peintres et dessinateurs qui feront graver des tableaux ou dessins, und nur der Art. 7, welcher lautet:

Les héritiers de l'auteur d'un ouvrage de litérature ou de gravure, ou de toute autre production de l'esprit ou du génie qui appartiennent aux beaux arts, en auront la propriété exclusive pendant dix années.

konnte der juristischen Praxis einigen Anhalt gewähren dafür, daß der Schutz gegen Nachbildung auf alle Erzeugnisse ausgedehnt wird, welche sich als œuvres litéraires oder artistiques charakterisiren. In diesem Sinne ist die Jurisprudenz zu einem festen Abschlusse gelangt; sie erkennt nicht nur den, weder in Art. 425 noch im Dekrete v. 1793 erwähnten, Werken der plastischen Kunst den

Schutz dieser Gesetze zu, sondern gewährt ihn auch Werken der Photographie, wenn dieselben, worüber dem Richter des einzelnen Falles die Entscheidung zusteht, die Eigenschaft eines Kunstwerks besitzen.

An diesem Rechtszustande, hat das deutsche StGB. nichts geändert; die erwähnten Artt. des Code pénal blieben daher, sowie sämmtliche übrige Gesetze über die propriété litéraire et artistique in Kraft. Erst die Einführung des Reichsgesetzes v. 11. Juni 1870 durch Gesetz von 27. Jan. 1873 (GBl. S. 19), nach dessen § 57 vom 1. Jan. 1873 ab „alle früheren rechtlichen Bestimmungen in Beziehung auf das Urheberrecht an Schriftwerken, Abbildungen, musikalischen und dramatischen Werken außer Wirksamkeit treten" sollen, beschränkte die Geltung der französischen Gesetzgebung auf das Gebiet der Kunsterzeugnisse, welche weder unter die Bezeichnung von „Abbildungen" noch die „der musikalischen und dramatischen Werke" fallen; aber auch dieser Geltung ist (mit der unter II 1 zu erwähnenden Maßgabe), ein Ende gemacht worden, seitdem durch die Reichsgesetzgebung das Urheberrecht an Werken der bildenden Künste, (Ges. v. 9. Jan. 1876, RGBl. S. 1), der Schutz von Photographien gegen Nachbildung, (Ges v. 10. Jan. 1876, S. 8), und das Urheberrecht an Mustern u. Modellen (Ges. v. 11. Jan. 1876, S. 11) neu geregelt worden ist. Freilich wäre es wohl nicht undenkbar, daß früher oder später Werke erzeugt würden, welche, unter keins der Reichsgesetze fallend, dennoch auf die Eigenschaft eines œuvre artistique und demnach bei den französischen Gerichten auf den Schutz des Art. 425 C. p. Anspruch erheben könnten, heute aber ist doch das Gebiet der bildenden Künste und der Photographie, (wenn diese nicht zu jenen gehört), das einzige, auf welchem, abgesehen von der Musik, Kunstwerke erzeugt werden, welche die französische

Jurisprudenz des Schutzes gegen Nachbildung für werth gehalten hat.

Die deutschen Gesetze sind es also allein, deren Strafbestimmungen gegen Verletzungen des geistigen Eigenthums zur Anwendung kommen können. Anders steht es theilweise

II. mit dem Schutze der *propriété industriellé*, welcher in der französischen Gesetzgebung nach einer zweifachen Richtung hin, als Muster- und Modell-Schutz und als Schutz der Waarenbezeichnungen ausgebildet ist.

Was 1) die Muster und Modelle, dessins, betrifft, so sind dieselben unter den Schutz des Art. 425 C. p. gestellt, in welchem das Wort «dessin» nicht blos auf „Abbildungen" (im Sinne des Ges. v. 11. Juni 1870), sondern auch auf gewerbliche Muster und Modelle, (vgl. Dalloz Rép. V° industrie et c. n° 307) bezogen wird. Es liegt also hier ein Fall des geistigen Eigenthums vor, der nur die besondere thatsächliche Eigenthümlichkeit hat, daß regelmäßig nicht der Erfinder selbst, sondern ein Gewerbetreibender, dem jener seine Kräfte widmet, das Urheberrecht in Anspruch nimmt.

Die Voraussetzungen, von denen dieser Schutz abhängig gemacht wird, bestimmt das Gesetz v. 18. März 1806 über die Errichtung eines Kollegiums gewerblicher Sachverständiger in Lyon, ein Gesetz, dessen Bestimmungen, (namentlich auf Grund des Art. 34) überall für anwendbar erachtet werden (vgl. Dalloz Rép. V° prud'hommes n° 10 und industrie et comm. n° 281), und welches hinsichtlich der hier einschlagenden Vorschriften durch eine Ord. v. 17. Aug. 1825, deren Rechtskraft ebensowenig bezweifelt wird, ergänzt worden ist.

Von der hiernach erforderlichen Deposition nahm für einen besonderen Fall ein Ges. v. 23. Mai 1868 Abstand, indem es Mustern, die in einer öffentlichen Ausstellung ausgelegt sind, auf Grund eines von der Verwaltungsbehörde auszustellenden Attestes, während einer bestimmten Frist nach Schluß der Ausstellung, den Schutz zusichert, den sonst nur Hinterlegung in Gemäßheit des Gesetzes v. 18. März 1806 verschafft.

Das Reichsgesetz vom 11. Jan. 1876, betreffend das Urheberrecht an Mustern und Modellen, welches mit dem 1. April 1876 in Kraft getreten ist, hat von dem genannten Tage ab die französische Gesetzgebung über diesen Gegenstand beseitigt, jedoch mit der in § 17 ausgesprochenen Maßgabe, daß diejenigen Muster und Modelle, welche bereits vor jenem Tage eines landesgesetzlichen Schutzes theilhaftig waren, denselben innerhalb des Landesgebietes behalten. Lediglich im Interesse der letzteren war deshalb die Landesgesetzgebung, mit Ausschluß des durch seine Fristbestimmung unanwendbaren Ges. v. 23. Mai 1868, noch in die gegenwärtige Sammlung aufzunehmen.

2) Hinsichtlich des Schutzes der Waarenbezeichnungen war, abgesehen zunächst von den unter Nr. III zu behandelnden obligatorischen Marken und Bezeichnungen, der Stand der Gesetzgebung zur Zeit der Einführung des StGB. folgender:

Ein Gesetz v. 23. Juni 1857 sur les marques de fabrique et de commerce hatte, den Begriff der Handelsmarke sehr weit fassend, diese Materie auch strafrechtlich vollständig neu geregelt und die früheren Bestimmungen darüber beseitigt, also namentlich die allgemeinen Bestimmungen in den Artt. 16—18 des Ges. v. 22 germ. XI und die besonderen über kurze und Stahlwaaren, (arr. v. 23 niv. IX, Dekr. v. 5. Sept. 1810), über Seifen, (Dekr. v. 1. April und 18. Sept. 1811) und über Tuche, (Dekr. v. 22. Dez. 1812), sowie die Strafbestimmung über Fälschung der marques de commerce in dem alten Art. 142 C. p. Ausdrücklich in Kraft erhalten waren aber durch Art. 23 dieses Gesetzes Bestimmungen früherer Gesetze, die mit denen des gegenwärtigen nicht in Widerspruch stehen, und unter diesen sind in strafrechtlicher Beziehung allein von Wichtigkeit die des Gesetzes v. 28. Juli 1824.

Dieses Gesetz stellt nemlich unter die Strafe des Art. 423 C. p. diejenigen, welche bei Bezeichnung ihrer Waaren sich eines unrichtigen Namens, einer unrichtigen Firma oder eines falschen Fabrikationsortes bedienen. Die unveränderte Beibehaltung dieses Gesetzes wird in den „Motiven“ zu dem Ges. v. 23. Mai 1857, (D. P. 57, 4, 100) damit gerechtfertigt, daß es, (das Ges. v. 1824) édicte contre l'usurpation du nom une peine de la même nature que celle dont il s'agit de frapper l'usurpation de la marque, et puisqu'elle accorde au nom du fabricant la même protection qu'il s'agit d'assurer à sa marque. La loi de 1824 reste donc complétement en dehors du projet ....

In diesen Rechtszustand griff zuerst das StGB. ein durch den § 287, wornach ein Vergehen begeht, wer Waaren ꝛc. fälschlich mit dem Namen oder der Firma eines inländischen Fabrikunternehmers bezeichnet ꝛc. Es darf als völlig unzweifelhaft gelten, daß durch diese Strafvorschrift landesrechtliche Strafbestimmungen gegen den Mißbrauch der Handelsmarken nicht berührt worden sind. (Vgl. die Kommentare v. Oppenhoff und Rüdorff zu § 287); anders ist es dagegen mit dem Gesetze von 1824, dessen Aufhebung durch den § 287 u. Art. II Einf.-Ges. bewirkt worden ist, da es „die Materie betrifft, welche Gegenstand des § 287 ist.“ Freilich gehen die Thatbestände der beiden Strafgesetze in so fern auseinander, als das StGB. den Mißbrauch des Fabrikationsortes nicht mit Strafe bedroht, allein daraus folgt nur, daß dieser Mißbrauch jetzt straflos ist, denn man wird nicht umhin können, als gemeinsame Materie beider Strafgesetze Regelung der Frage anzuerkennen: in wie weit sollen unwahre, in Worten (nicht in Zeichen) bestehende, auf den Waaren oder deren Verpackung befindliche Angaben über den Ursprung derselben strafbar sein?

Das Reichsgesetz vom 30. Nov. 1874 über den Markenschutz (RGBl. S. 143) hat nun aber nicht nur die französische Gesetzgebung über diesen Gegenstand, sondern auch den § 287 StGB. beseitigt, indem es in den §§ 44 ff. sowohl über den Mißbrauch von Handelsmarken als über den von Namen und Firma Strafbestimmungen aufstellt.

III. Das Gesetz v. 23. Juni 1857 beginnt damit, daß es den Gebrauch der marques de fabrique et de commerce für fakultativ erklärt, aber zugleich hinzufügt, daß derselbe im Verordnungswege hinsichtlich einzelner Erzeugnisse für obligatorisch erklärt werden kann, woran sich in Artt. 9 ff. Strafbestimmungen gegen Mißachtung eines solchen Gebots schließen.

Mit dem materiellen Inhalt dieser Anordnung des Gesetzes hat weder das StGB. noch sonst ein deutsches Gesetz etwas zu thun, u. nur das Landesgesetz v. 13. Nov. 1872 (GBl. S. 774) hat Aenderungen im Strafmaße gebracht; der hierauf bezügliche Theil des Gesetzes vom 23. Juni 1857 ist demnach als in Kraft geblieben fortzuführen, wennschon thatsächlich bis jetzt keine Verordnung ergangen ist, welche für bestimmte Produkte eine Marke für obligatorisch erklärte. Der Schutz dieser obligatorischen Marken war übrigens von denselben Voraussetzungen wie der der fakultativen abhängig; er würde deshalb heute an die Bedingungen des Reichgesetzes v. 30. Nov. 1874 geknüpft sein und durch die Strafbestimmungen dieses Gesetzes, nicht mehr durch die der Artt. 7 u. 8 des franz. Ges. bewirkt werden.

Das Gesetz von 1857 beabsichtigte, wie das exposé des motifs (D. P. 57 IV 100 n° 3. 4. 5. 28) ausdrücklich bestätigt, mit Aufstellung des Grundsatzes von der Freiheit im Gebrauch von Waarenzeichen alle früheren Gesetze zu beseitigen, welche, diesem Grundsatz zuwider, im reinen Interesse des Industrieschutzes den Gebrauch von Handelsmarken für obligatorisch erklärt hatten, wogegen eine Reihe anderer Gesetze, die aus fiskalischen oder allgemeinen polizeilichen Gründen für gewisse Waaren die Anwendung bestimmter Zeichen, Angaben oder amtlicher Stempel geboten, als der Materie des Gesetzes fernliegend, unberührt bleiben sollten.

Zu den ersteren, durch das Gesetz beseitigten, gehören das Dekr. v. 20. flor. XIII sur la guimperie, les étoffes d'or et d'argent et les velours, sowie die, bereits unter II 2 erwähnten Dekr. v. 1. April u. 18. Sept. 1811, welche für eine Gattung von Seifen die Anwendung bestimmter Zeichen und Formen gebieten und die, übrigens faktisch nie zur Ausführung gekommenen Dekr. v. 25. Juli 1810 u. 22. Dec. 1812 über den Gebrauch bestimmter Sahlleisten bei der Tuchfabrikation.

Unberührt dagegen waren geblieben:

1) Die Gesetze über Bezeichnung und Stempelung von Gold- u. Silberwaaren, welche auch heute noch in Geltung sind (s. dies. unter „Gold- u. Silberwaaren");

2) Die Bestimmung der Ordonnanz v. 21. Oct. 1814, wonach die Drucker jedes Druckexemplar mit ihrem Namen und Wohnorte bezeichnen sollen;

3) Art. 59 des Ges. v. 28. April 1816 sur les finances (douanes) und die in Ausführung dieses Art. ergangenen Ordonnanzen v. 8. Aug. 1816, 23. Sept. 1818, 26. Mai 1819 u. 3. April 1836, welche den inländischen Fabrikanten gewisser Gewebe und Gespinnste eine bestimmte Bezeichnung derselben zur Pflicht machen. Diese Bezeichnung soll zur Unterscheidung jener Waaren von den gleichen Producten ausländischer Industrie dienen, deren

Einfuhr verboten war, und hat, seitdem Elsaß-Lothringen mit dem übrigen Deutschland ein „von gemeinschaftlicher Zollgrenze umgebenes Zoll- und Handelsgebiet" (Art. 33 der Reichsverfassung) bildet, ihre Bedeutung verloren. Wie die gesammte französische Zollgesetzgebung, so sind auch die erwähnten Gesetze und Verordnungen mit ihren Strafbestimmungen außer Wirksamkeit getreten.

4) Die durch Ord. v. 29. Oct. 1846 den Apothekern auferlegte Verpflichtung, bei dem Verkaufe von Giften sich einer ihren Namen und Wohnort enthaltenden Etikette zu bedienen besteht auch heute noch (s. u. Medizinalpolizei).

Arrêté du 23 nivôse an IX, relatif à la marque des ouvrages de quincaillerie et de coutellerie.

Mit dem Dekr. v. 5. Sept. 1810 durch das Ges. v. 23. Juni 1857 beseitigt. Vgl. Vorbem. II 2.

Décret du 20 flor. an XIII, contenant règlement sur la guimperie, les étoffes d'or et d'argent et les velours.

Das Dekret ist durch die Bestimmung des Ges. v. 23. Juni 1857, daß der Gebrauch von Fabrikzeichen ein fakultativer sein soll, beseitigt. (Vgl. Vorbem. III.) Das exposé des motifs zu diesem Gesetze erwähnt das Dekret weder unter denjenigen gesetzgeberischen Akten, deren Revision beabsichtigt war, noch unter den der Materie des Gesetzes fernliegenden; seinem Inhalte nach aber ist das Dekret den Bestimmungen über Seifen- und Tuchfabrikation gleichzustellen, nicht etwa dem Gesetze v. 19 brum. VI betr. Ueberwachung des Feingehalts und Erhebung der Garantiegebühren von Gold- und Silberwaaren, einem Gesetze, dem der fiskalische Hintergrund und die amtliche

Abstempelung neben der privaten seinen besonderen Charakter gibt.

TITRE I. *Guimperie.*

Art. 1. Tout guimpier sera rigoureusement astreint à ne monter sur soie que de la dorure et de l'argenterie fine; tout ce qui sera faux ou mi-fin devra être monté sur fleuret ou sur fil.

TITRE II. *Étoffes d'or et d'argent.*

2. Les étoffes de soie, or et argent, croisés, satins, taffetas brochés ou liserés, velours, toiles d'or et argent, tant pleins que figurés, quelque dénomination qu'on puisse leur donner, fabriqués avec or et argent fin, ne porteront aucune marque distinctive dans la lisière.

3. Toutes les fois que ces mêmes étoffes seront fabriquées avec des dorures fausses ou mi-fines, elles devront porter une barre noire de quarante fils au moins dans chacune des deux lisières.

4. Lorsque, dans la fabrication des susdites étoffes, il entrera en même temps et des dorures fines et des dorures fausses ou mi-fines, une seule des deux lisières devra porter la barre noire indiquée par le précédent article.

TITRE III. *Velours.*

5. Les velours à un poil devront porter une chaînette sur chaque lisière; — Ceux à un poil et demi, une chaînette sur l'une desdites lisières et deux sur l'autre; — Ceux à deux poils auront deux chaînettes sur chaque lisière; — Ceux à deux poils et demi, deux chaînettes sur une lisière et trois sur l'autre; — Ceux à trois poils auront trois chaînettes sur chaque lisière; — Ceux à trois poils et demi, trois sur l'une et quatre sur l'autre; — Ceux à quatre poils, quatre chaînettes sur chaque lisière.

6. Les velours dans lesquels il entrera des trames ou des organsins crus devront avoir deux lisières blanches.

TITRE IV. *Dispositions générales.*

7. Toute contravention au présent règlement sera punie de la saisie et confiscation de la marchandise; et, en cas de récidive, par une amende de 3000 fr. au plus, indépendamment de la susdite confiscation, conformément à l'art. 5 de la loi du 22 germ. an XI. — Les marchandises confisquées renfermant des fils d'or et d'argent faux seront brûlées sur la place publique. — Les velours confisqués seront divisés en coupons et vendus au profit de l'hospice du lieu où le jugement aura été rendu. — Le jugement sera affiché.

Der Anschlag des Urtheils würde unter allen Umständen jetzt nicht mehr ausgesprochen werden dürfen. Vgl. Bem. zu Art. 80 Ges. v. 19. brum. VI (s. u. Gold- u. Silberwaaren S. 159).

Loi du 18 mars 1806, portant établissement d'un conseil de prud'hommes à Lyon.

In Folge des am 1. April 1876 in Kraft getretenen Reichsgesetzes, betr. das Urheberrecht an Mustern und Modellen, v. 11. Jan. 1876 (RGBl. S. 11) kommen die nachstehenden Bestimmungen des Ges. v. 18. März 1806, dessen Wirksamkeit für ganz Frankreich unbestritten ist, nur noch für diejenigen Muster und Modelle in Betracht, welche bereits vor dem genannten Tage hinterlegt waren. (§ 17, Ges. v. 11. Jan. 1876). Vgl. Vorbem. II 1.

TITRE II. *Des fonctions des prud'hommes.*

SECTION III. *De la conservation de la propriété des dessins.*

Art. 14. Le conseil des prud'hommes est chargé des mesures conservatrices de la propriété des dessins.

15. Tout fabricant qui voudra pouvoir revendiquer par la suite, devant le tribunal de commerce, la propriété d'un dessin de son invention, sera tenu d'en déposer aux archives du conseil de prud'hommes, un échantillon plié sous enveloppe revêtue de ses cachet et signature, sur laquelle sera également apposé le cachet du conseil de prud'hommes.

An Orten, wo keine Gewerberäthe bestehen, geschieht die Hinterlegung bei den Gerichten. Ord. v. 17. Aug. 1825.

16. Les dépôts de dessins seront inscrits sur un registre tenu ad hoc par le conseil de prud'hommes, lequel délivrera aux fabricants, un certificat rappelant le numéro d'ordre du paquet déposé, et constatant la date du dépôt.

17. En cas de contestation entre deux ou plusieurs fabricants sur la propriété d'un dessin, le conseil de prud'hommes procédera à l'ouverture des paquets, qui auront été déposés par les parties; il fournira un certi-

ficat indiquant le nom du fabricant qui aura la priorité de date.

18. En déposant son échantillon, le fabricant déclarera s'il entend se réserver la propriété exclusive pendant une, trois ou cinq années, ou à perpétuité: il sera tenu note de cette déclaration.

CODE PÉNAL.

LIVRE III. TITRE II. CHAPITRE XI. SECTION II. § V.

Violation des règlements relatifs aux manufactures, au commerce et aux arts.

Art. 425. Toute édition d'écrits, de composition musicale, de dessin, de peinture on de toute autre production, imprimée ou gravée en entier ou en partie, au mépris des lois et règlements relatifs à la propriété des auteurs est une contrefaçon, et toute contrefaçon est un délit.

Die Anwendbarkeit dieses Art., sowie der Artt. 426, 427 u. 429, beschränkt sich heute auf die Nachbildung von gewerblichen Mustern und Modellen (dessins in diesem Sinne), welche vor dem 1. April 1876 in Gemäßheit des Ges. vom 18. März 1806 hinterlegt waren. Vgl. Vorbem. I, II 1.

426. Le débit d'ouvrages contrefaits, l'introduction sur le territoire français d'ouvrages qui, après avoir été imprimés en France, ont été contrefaits chez l'étranger, sont un délit de la même espèce.

Vgl. Bem. zu Art. 425.

427. La peine contre le contrefacteur ou contre l'introducteur sera une amende de 100 fr. au moins et de 2000 fr. au plus, et contre le débitant une amende de 25 fr. au moins et de 500 fr. au plus.

La confiscation de l'édition contrefaite sera prononcée tant contre le contrefacteur que contre l'introducteur et le débitant.

Les planches, moules ou matrices des objets contrefaits, seront aussi confisqués.

Bei der Strafausmessung ist event. Art. 463 Code pénal zu berücksichtigen.

428. Aufgeh. durch Reichsges. v. 11. Juni 1870 (GBl. für Elf.-Lothr. 1873 S. 19).

429. Dans les cas prévus par les quatre articles précédents, le produit des confiscations, ou les recettes confisquées, seront remis au propriétaire pour l'indemniser d'autant du préjudice qu'il aura souffert; le surplus de son indemnité, ou l'entière indemnité, s'il n'y a eu ni vente d'objets confisqués, ni saisie de recettes, sera réglé par les voies ordinaires.

Décret du 5 septembre 1810, contenant des dispositions tendant à prévenir ou à réprimer la contrefaçon des marques que les fabricants de quincaillerie et de coutellerie sont autorisés à mettre sur leurs ouvrages.

Aufgehoben durch das Ges. v. 23. Juni 1857. Vgl. Vorbem. II 2.

Décret du 1er avril 1811, tendant à prévenir ou réprimer la fraude dans la fabrication des savons.

Décret du 18 septembre 1811, qui détermine la marque des savons.

Ueber die Aufhebung der beiden vorstehenden Dekrete durch das Ges. v. 23. Juni 1857 vgl. Vorbem. II 2 u. III.

Décret du 22 décembre 1812, portant que toutes les manufactures de draps pourront obtenir l'autorisation de mettre à leurs produits une lisière particulière à chacune d'elles.

Ebenfalls durch das Ges. v. 23. Juni 1857 beseitigt. Vgl. Vorbem. II 2 u. III.

Loi du 28 juillet—4 août 1824, relative aux altérations ou suppositions de noms sur les produits fabriqués.

Art. 1er. Quiconque aura, soit apposé, soit fait apparaître, par addition, retranchement, ou par une altération quelconque, sur des objets fabriqués, le nom d'un fabricant autre que celui qui en est l'auteur, ou la raison commerciale d'une fabrique autre que celle où lesdits objets auront été fabriqués, ou enfin le nom d'un lieu autre que celui de la fabrication, sera puni des peines portées en l'art. 423 Code pénal, sans préjudice des dommages-intérêts, s'il y a lieu.

Tout marchand, commissionnaire ou débitant quelconque, sera passible des effets de la poursuite, lorsqu'il aura sciemment exposé en vente ou mis en circulation les objets marqués de noms supposés ou altérés.

Mat. des § 287 StGB. Vgl. Vorbem. II 2.

Wir haben gleichwohl das Gesetz abdrucken zu müssen geglaubt, weil in dem Schutze, den dasselbe durch das Verbot, den Namen eines fremden Fabrikations*ortes* zu führen, der Industrie eines ganzen Ortes verleiht, eine besondere, von der des StGB., (welches nur den einzelnen Industriellen schützt) verschiedene Materie gefunden werden kann. In diesem Falle würde also die falsche Angabe des Fabrikationsortes noch ferner auf Grund des Ges. v. 1824 zu bestrafen sein, nur wäre die Strafe jetzt nicht mehr aus dem beseitigten Art. 423 Code pénal sondern aus dem diesem Art. „entsprechenden" § 263 StGB. zu entnehmen (Art. III Einf.-Ges. zum StGB.).

2. L'infraction ci-dessus mentionnée cessera, en conséquence, et non obstant l'art. 17 de la loi du 12 avril 1803 (22 germ. an XI), d'être assimilée à la contrefaçon des marques particulières prévues par les art. 142 et 143 Code pénal.

Ordonnance du Roi du 17—29 août 1825, qui, sur la réclamation de manufacturiers dont les fabriques sont situées hors du ressort d'un conseil de prud'hommes, fixe le lieu de dépôt légal des dessins de leur invention.

Vgl. die Bem. zum Ges. v. 18. März 1806.

Art. 1er. Le dépôt des échantillons de dessins qui doit être fait conformément à l'article 15 de la loi du 18 mars 1806, aux archives des conseils de prud'hommes, pour les fabriques situées dans le ressort de ces conseils, sera reçu, pour toutes les fabriques situées hors du ressort d'un conseils de prud'hommes, au greffe du tribunal de commerce, ou au greffe du tribunal de première instance, dans les arrondissements où les tribunaux civils exerceront la juridiction des tribunaux de commerce.

2. Ce dépôt se fera dans les formes prescrites, pour le même dépôt aux archives des conseils de prud'hommes, par les art. 15, 16 et 18, sect. 3, tit. 2, de la loi du 18 mars 1806. . . . .

Loi du 23—27 juin 1857, sur les marques de fabrique et de commerce.

Das Gesetz ist, mit Ausnahme der auf die obligatorischen Marken bezüglichen Bestimmungen in Artt. 1, 9, 11, 12 u. 15, durch das Reichsgesetz über den Markenschutz v. 30. Nov. 1874 (RGBl. S. 143) aufgehoben. Vgl. Vorbem. II 2 u. III.

TITRE I. *Du droit de propriété des marques.*

Art. 1er. La marque de fabrique ou de commerce est facultative. — Toutefois, des décrets, rendus en la forme des règlements d'administration publique, peuvent exceptionnellement la déclarer obligatoire pour les produits qu'ils déterminent . . . . .

Derartige Dekrete sind bisher nicht ergangen.

Ueber ältere Bestimmungen ähnlichen Inhalts vgl. Vorbem. III.

TITRE III. *Pénalités.*

9. Sont punis d'une amende de 50 fr. à 3000 fr. et d'un emprisonnement de quinze jours à six mois, ou de l'une de ces peines seulement: — 1° Ceux qui n'ont pas apposé sur leurs produits une marque déclarée obligatoire; — 2° Ceux qui ont vendu ou mis en vente un ou plusieurs produits ne portant pas la marque déclarée obligatoire pour cette espèce de produits; — 3° Ceux qui ont contrevenu aux dispositions des décrets rendus en exécution de l'art. 1er de la présente loi.

Auf Grund des Ges. v. 13. Nov. 1872 (GBl. S. 774) kann die Strafe bis auf 3 M. ermäßigt werden, bei mildernden Umständen (Art. 12) bis zu 80 Pf.

11. Les peines portées aux articles 7, 8 et 9 peuvent être élevées au double en cas de récidive. — Il y a récidive lorsqu'il a été prononcé contre le prévenu dans les cinq années antérieures, une condamnation pour un des délits prévus par la présente loi.

12. L'article 463 du Code pénal peut être appliqué aux délits prévus par la présente loi.

15. Dans les cas prévus par les deux premiers paragraphes de l'art. 9, le tribunal prescrit toujours que les marques déclarées obligatoires soient apposées sur les produits qui y sont assujettis. — Le tribunal peut prononcer la confiscation des produits, si le prévenu a encouru, dans les cinq années antérieures, une condamnation pour un des délits prévus par les deux premiers paragraphes de l'art. 9.

XIII.

Wucher.

Inhaltsübersicht.

Vorbemerkung.

Strafbestimmungen gegen den Zinswucher mußten von einem Strafgesetzbuche für Deutschland ausgeschlossen bleiben, nachdem die landesrechtlichen Wuchergesetze durch ein, später zum Reichsgesetze erklärtes Gesetz des Norddeutschen Bundes v. 14. Nov. 1867 (BGBl. S. 159) beseitigt waren. Dieses Reichsgesetz ist in Elsaß-Lothringen weder vor noch mit oder nach dem StGB. eingeführt worden, weshalb die französischen Strafgesetze über diesen Gegenstand in Kraft geblieben sind. Diese Strafbestimmungen, welche sich übrigens auf den Gewohnheitswucher beschränken, sind nicht im Code pénal, sondern in zwei Spezialgesetzen v. 3. Sept. 1807 u. v. 19. Dez. 1850 enthalten, so daß aus dem Stillschweigen des StGB. über diese Materie, hier mit noch weniger Berechtigung als sonst, auf die Aufhebung der landesrechtlichen Strafvorschriften geschlossen werden darf.

Modifizirt sind indessen diese Gesetze durch den § 27 des Einf.-Ges. zur WO. u. zum HGB. v. 19. Juni 1872 (GBl. S 220), welcher § lautet:

„Die Höhe der gesetzlichen Zinsen ist in Handels- und" „Wechselsachen sechs vom Hundert jährlich."

„Die Höhe der vertragsmäßigen Zinsen unterliegt in" „Handelssachen der freien Vereinbarung."

„Derjenige, welcher für eine Schuld dem Gläubiger" „einen höheren Zinssatz als jährlich sechs vom Hundert" „gewährt oder zusagt, ist zu einer halbjährigen Kündi-" „gung des Vertrags befugt. Jedoch kann er von dieser" „Befugniß nicht unmittelbar bei Eingehung des Vertrages," „sondern erst nach Ablauf eines halben Jahres Gebrauch" „machen. Vertragsbestimmungen, durch welche diese Vor-" „schrift zum Nachtheil des Schuldners beschränkt oder auf-" „gehoben wird, sind ungültig. Auf Schuldverschreibungen," „welche unter den gesetzlichen Voraussetzungen auf jeden" „Inhaber gestellt werden, sowie auf Darlehen, welche ein" „Kaufmann empfängt und auf Schulden eines Kaufmannes" „aus seinen Handelsgeschäften, findet dieselbe keine An-" „wendung."

Den Strafrichter interessirt zunächst nur der Satz, wornach in Handelssachen die Höhe der vertragsmäßigen Zinsen der freien Vereinbarung unterliegen soll, denn hier ist mit klaren Worten etwas für erlaubt erklärt, was bisher verboten war. Nun fehlt in diesem Einf.-Ges. freilich ein auf das Strafrecht bezüglicher Satz, wie er sich in dem Bundesgesetz v. 14. Nov. 1867 findet, welches ausdrücklich hinzufügt: „Die entgegenstehenden privatrechtlichen und strafrechtlichen Bestimmungen werden aufgehoben;" allein, wenn es auch an sich nicht widersinnig wäre, das was straflos ist wenn es einmal geschieht, für strafbar zu erklären, wenn es gewohnheitsmäßig wiederholt wird, so hat doch die Strafbarkeit der habitude d'usure thatsächlich zur Voraussetzung die privatrechtliche Ungültigkeit wucherischer Zinsverträge, und, soweit diese Voraussetzung weggefallen ist, muß auch das gewohnheitsmäßige Nehmen wucherischer Zinsen straflos geworden sein. Sonach sind also von der Strafbestimmung der Gesetze v. 1807 u. 1850 diejenigen Fälle ausgenommen, in denen „Zinsversprechen in Handelssachen" vorliegen.

Der Begriff der Handelssachen wird nicht durch das HGB., sondern durch die Gesetzgebung der Einzelländer, für Elsaß-Lothringen durch § 10 Einf.-G. bestimmt, wo diese Begriffsbestimmung unter dem Gesichtspunkt der „Rechtsstreitigkeiten" geschieht, und deshalb, da vertragsmäßige Zinsen weder in Rechtsstreitigkeiten vereinbart werden, noch der Wucher immer nur bei Gelegenheit von Prozessen zur Kognition des Staatsanwalts kommt, selbst wieder einer Erläuterung bedarf. Wenn es nun auch keinem Bedenken unterliegt, den „Rechtsstreitigkeiten" einfach „Rechtsverhältnisse" zu substituiren (vgl. Preuß. Einf.-Ges. Art. 2, „Handelssachen sind die Rechtsangelegenheiten, welche eins der folgenden Privatrechtsverhältnisse zum Gegenstande haben" 2c. und Goldschmidt, Handbuch des

HR. I, S. 472), so entsteht doch gleich für die wichtigste Klasse der Handelssachen, welche § 10 Nr. 1, wie folgt bezeichnet:

„Rechtsstreitigkeiten, in welchen durch die Klage ein „Anspruch gegen einen Kaufmann aus dessen Handels„geschäften (Artt. 271—276 HGB) geltend gemacht wird" die Frage, welche Rechtsverhältnisse den erwähnten Rechtsstreitigkeiten entsprechen.

Ein Rechtsstreit kann nun gegen einen Kaufmann aus einem Handelsgeschäft desselben nur soweit erhoben werden, als dem anderen Kontrahenten aus diesem Geschäft ein rechtlicher Anspruch gegen den Kaufmann erwachsen ist; und hieraus folgt zunächst der allgemeine Satz, daß das aus dem einseitigen Handelsgeschäft eines Kaufmanns entspringende Rechtsverhältniß als Handelssache nur insoweit gilt, als daraus Rechte gegen den Kaufmann hergeleitet werden; nur für diese Ansprüche ist der Zeugenbeweis unbedingt zuläßig (§ 12 EG. zum HGB), sind die Regeln der Artt. 1326 und 1328 C. c. ausgeschlossen (ibid), können 6% Verzugszinsen gefordert werden, (§ 27) und nur für diese gilt der Satz, daß die vertragsmäßigen Zinsen der freien Vereinbarung unterliegen sollen; es ergibt sich aber weiter hieraus, daß der Kaufmann Privatpersonen gegenüber nur als Zinsgeber von der letzterwähnten Vorschrift berührt wird, daß er dagegen als Zinsnehmer gegenüber von Privatpersonen an den taux légal von 5% gebunden ist, selbst wenn das Geschäft ein Handelsgeschäft ist, wie z. B., wenn er einer Privatperson den Waarenkaufpreis kreditirt oder als Bankier einer solchen einen Kredit en compte courant eröffnet. (Vgl. Dalloz, Rép. V° prêt à intérêts n° 183).

Das Strafgesetz vom 19. Dez. 1850 wird demnach durch §§ 27 u. 10 Nr. 1 nur insoweit modifizirt, als Privat- oder Kaufleute, die von Kaufleuten in deren

Handelsgeschäften mehr als 6% Zinsen nehmen, von der Bestrafung wegen Gewohnheitswuchers nicht betroffen werden können.

Handelssachen sind ferner (§ 10 Nr. 2) Rechtsverhältnisse aus Wechseln; da jedoch ein Zinsversprechen auf dem Wechsel als nicht geschrieben gilt, so ist für Wechselsachen, (wie auch ein Vergleich des ersten mit dem zweiten Satze des § 27 ergibt), die Bestimmung des § 27, wonach die Höhe der Zinsen Sache der freien Vereinbarung sein soll, ohne Bedeutung und es darf als selbstverständlich betrachtet werden, daß mit einer Verschleierung des Wuchers durch Wechsel § 27 nichts zu thun hat.

Dagegen bieten die unter Nr. 3 a—f in § 10 aufgeführten Rechtsverhältnisse allerdings Raum für ein Zinsversprechen und beschränken somit, wie Nr. 1, das Gebiet des strafbaren Wuchers.

Wir haben bis jetzt den dritten Absatz des § 27 außer Berücksichtigung gelassen; gleichwohl hängt es gerade von seiner Auslegung ab, ob ein Verbot des Zinswuchers überhaupt noch besteht oder nicht; dürfte man nemlich annehmen, daß die Kündigungsbefugniß, welche hier ertheilt wird, sich nicht blos auf Handelssachen, sondern ganz allgemein auf Zinsverträge durch welche mehr als 6% bedungen werden bezieht, so wäre nicht zu verkennen, daß das Gesetz hier, indem es dem Versprecher derartiger Zinsen die Kündigungsbefugniß ertheilt, implicite die Vertragsfreiheit hinsichtlich des Zinsfußes ganz allgemein anerkannt hätte, und daß somit der Begriff des Wuchers jetzt überhaupt verschwunden wäre. Für diese Auslegung spricht, daß die fragliche Bestimmung wörtlich aus § 2 des Bundesgesetzes v. 14. Nov. 1867 entnommen ist, wo sie sich ganz allgemein auf alle Zinsverträge bezieht, und ferner, daß die Aufstellung einer Regel für Zinsverträge in Handelssachen als zweckwidrig erscheinen kann, wenn von dieser Regel nicht nur die wichtigsten Handelsgeschäfte. sondern auch Verträge ausgenommen werden, welche nicht immer Handelsgeschäfte sind, nemlich alle Schulden eines Kaufmannes aus seinen Handelsgeschäften und Darlehen, die ein Kaufmann empfängt.

Trötzdem ist es unmöglich den Worten „Derjenige" bis „sind ungültig" den weiten Sinn des § 2 des Bundesgesetzes zu geben; letzterem geht ein § 1 voraus, welcher das Prinzip aufstellt, daß die Höhe der Zinsen ganz allgemein der freien Vereinbarung unterliegen soll, während in § 27 des Els.-Lothr. Gesetzes nur der Satz vorausgeschickt ist, daß jene freie Vereinbarung in Handelssachen gelten soll; man könnte also die andere Auslegung nur dann festhalten wollen, wenn man annähme, daß das Wort „Handelssachen", in den zweiten Satz des § 27 durch einen Druckfehler hineingekommen sei, wofür sich allenfalls anführen ließe, daß die Uebertragung des Bundesgesetzes v. 14. Nov. 1867 auf Elsaß-Lothringen, ohne daß ein Grund erfindlich wäre, bis jetzt noch nicht erfolgt ist; andererseits spricht aber dagegen, daß in einem Einführungsgesetze zum Handelsgesetzbuche auch nur Bestimmungen über Handelssachen zu suchen sind.

Loi du 3 septembre 1807 sur le taux et l'intérêt de l'argent.

Art. 1er. L'intérêt conventionnel ne pourra excéder, en matière civile, cinq pour cent, ni en matière de commerce, six pour cent, le tout sans retenue.

§ 27 Einf.-Ges. zum HGB. v. 19. Juni 1872 (GBl. S. 220): die Höhe der vertragsmäßigen Zinsen unterliegt in Handelssachen der freien Vereinbarung.

2. L'intérêt légal sera, en matière civile, de cinq pour cent, et en matière de commerce, de six pour cent, sans retenue.

§ 27 Einf.-Ges. zum HGB.: die Höhe der gesetzlichen Zinsen ist in Handels- und Wechselsachen sechs vom Hundert jährlich.

3. Lorsqu'il sera prouvé que le prêt conventionnel a été fait à un taux excédant celui qui est fixé par l'art. 1, le prêteur sera condamné par le tribunal saisi de la contestation, à restituer cet excédant, s'il l'a reçu, ou à souffrir la réduction sur le capital de la créance, et pourra même être renvoyé s'il y a lieu, devant le tribunal correctionnel pour y être jugé conformément à l'article suivant.

4. Tout individu qui sera prévenu de se livrer habituellement à l'usure, sera traduit devant le tribunal correctionnel, et, en cas de conviction, condamné à une amende qui ne pourra excéder la moitié des capitaux qu'il aura prêtés à usure.

S'il résulte de la procédure qu'il y a eu escroquerie de la part du prêteur, il sera condamné, outre l'amende ci-dessus, à un emprisonnement qui ne pourra excéder deux ans.

Die Artt. 3 u. 4 sind ersetzt durch das Ges. v. 19. Dec. 1850, Art. 4 ist jedoch noch insofern von Bedeutung, als er das délit constituirt, welches Art. 2 des Ges. v. 1850 als gegeben voraussetzt.

Loi des 15 juin, 1er juillet, 19—27 décembre 1850, relative au délit d'usure.

Les articles 3 et 4 de la loi du 3 septembre 1807 sont modifiés ainsi qu'il suit:

Art. 1er. Lorsque dans une instance civile ou commerciale, il sera prouvé que le prêt conventionnel a été fait à un taux supérieur à celui fixé par la loi, les perceptions excessives seront imputées de plein droit, aux époques où elles auront eu lieu, sur les intérêts légaux alors échus, et subsidiairement sur le capital de la créance. Si la créance est éteinte en capital et intérêts, le prêteur sera condamné à la restitution des sommes indûment perçues, avec intérêt du jour où elles lui auront été payées. — Tout jugement civil ou commercial constatant un fait de cette nature sera transmis par le greffier au ministère

public dans le délai d'un mois, sous peine d'une amende qui ne pourra être moindre de 16 fr. ni excéder 100 fr.

Der Artikel ist für Handelssachen durch § 27 Einf.-Ges. zum HGB. wirkungslos geworden. Wegen des Schlußsatzes s. Art. 7.

2. Le délit d'habitude d'usure sera puni d'une amende qui pourra s'élever à la moitié des capitaux prêtés à usure, et d'un emprisonnement de six jours à six mois.

Ueber die Frage, in wie weit die Strafbarkeit des Gewohnheitswuchers durch § 27 Einf.-Ges. zum HGB. eingeschränkt worden ist, vgl. die Vorbem.

3. En cas de nouveau délit d'usure, le coupable sera condamné au maximum des peines prononcées par l'article précédent et elles pourront être élevées jusqu'au double, sans préjudice des cas généraux de récidive prévus par les articles 57 et 58 du Code pénal. — Après une première condamnation pour habitude d'usure, le nouveau délit résultera d'un fait postérieur même unique; s'il s'est accompli dans les cinq années, à partir du jugement ou de l'arrêt de condamnation.

Die Bestimmungen des Code pénal über Höhe der Strafe bei Rückfall sind, wie die über mildernde Umstände (Art. 6), für alle diejenigen Thatbestände in Kraft geblieben, welche auf Grund des Code pénal oder eines auf diesen verweisenden Spezialgesetzes bestraft werden. S. unten Abschnit XXVII.

4. S'il y a eu escroquerie de la part du prêteur, il sera passible des peines prononcées par l'art. 405 du Code pénal, sauf l'amende, qui demeurera réglée par l'art. 2 de la présente loi.

Von der Weitergeltung der in diesem Artikel enthaltenen Bestimmung gegenüber den §§ 73—79 StGB. gilt das zu Art. 207 Code for. Gesagte. Dem Art. 405

Code pénal entsprechen (Art. III E.-G. zum StGB.) die §§ 263—265 StGB.

5. Dans tous les cas, et suivant la gravité des circonstances, les tribunaux pourront ordonner, aux frais du délinquant, l'affiche du jugement et son insertion par extrait dans un ou plusieurs journaux du département.

Aufgehoben durch Art. V Einf.-Ges. zum StGB. Vgl. Bem. zu Art. 80, Ges. v. 19. brum. VI über Gold- u. Silberwaaren S. 159.

6. Ils pourront également appliquer dans tous les cas l'art. 463 du Code pénal.

7. L'amende prévue par le dernier paragraphe de l'art. 1er sera prononcée, à la requête du ministère public, par le tribunal civil.

Ueber die heutige disciplinäre Stellung der greffiers s. unten Abschnitt XXIII; darnach sind Art. 7 u. Art. 1 a. E. jetzt aufgehoben.

XIV.

Lotterien und Glücksspiele.

Inhaltsübersicht.

Vorbemerkung.

I. Im Code pénal befanden sich über das Lotteriespiel zwei Vorschriften:

1) im Art. 410, welcher diejenigen bestraft, «qui auront établi ou tenu des loteries non autorisées par la loi, tous administrateurs, préposés ou agents de ces établissements»;

2) im Art. 475 Nr. 5, welcher eine Geldstrafe von 6—10 Fr. gegen diejenigen verhängt, «qui auront établi ou tenu dans les rues, chemins, places ou lieux publics, des jeux de loterie» . . . .

Diese Bestimmungen beherrschten von Anfang an die Materie nicht vollständig; neben ihnen waren Verfügungen der Revolutions-Gesetzgebung (Dekr. v. 5. brum. II, Art. 9 Dekr. v. 9 vend. VI), späterer Finanz-Gesetze (Ges. v. 21. Dez. 1814, Art. 1), sowie auch noch ein arrêté vom 20. Sept. 1776, welches letztere das öffentliche Ankündigen verbotener Lotterien und den Loose-Verkauf für dieselben unter Strafsanktion stellte, in Kraft geblieben. Die Rechtsbeständigkeit dieses arrêté war jedoch nicht unbestritten und das Verhältniß der einzelnen Gesetze zu einander ein unklares; dies gab Veranlassung zu einer neuen gesetzgeberischen Regelung des ganzen Stoffes durch das Gesetz v. 21. Mai 1836.

Dieses Gesetz verbietet grundsätzlich alle Lotterien, und gestattet eine Autorisation nur ausnahmsweise zu mildthätigen Zwecken oder zur Unterstützung der Künste; es wiederholt die Strafandrohung des Art. 410 Code pénal gegen die Unternehmer und Agenten einer nicht gestatteten Lotterie und setzt eine besondere Strafe, die des Art. 411 Code pénal, gegen diejenigen fest, welche in irgend einer Weise von der Existenz einer solchen Lotterie öffentlich Kenntniß geben, Loose für dieselben vertreiben, oder den

Vertrieb begünstigen. Der Thatbestand des Art. 410 Code pénal, soweit er sich auf Lotterien bezieht, war somit durch das Spezial-Gesetz bestätigt und erweitert worden; andererseits ergibt sich aus den Verhandlungen zu dem Gesetze, daß der Art. 475 5) C. pén. durch dasselbe nicht berührt wurde, und daher neben demselben in Kraft blieb.

II. Im Reichsstrafgesetzbuche findet sich rücksichtlich der Lotterien nur die Vorschrift des § 286, „wer ohne obrigkeitliche Erlaubniß, öffentliche Lotterien veranstaltet, wird mit Gefängniß . . . . . bestraft". Schon der Text des Paragraphen beweist, daß er nur inländische Lotterieen betrifft, da „das Veranstalten" von Lotterien im Auslande vom deutschen Gesetzgeber nicht verboten werden kann; aus dem Texte ferner erhellt, daß der Gegensatz zwischen In- u. Ausland hier nicht im Sinne des § 8 StGB., zu bestimmen, sondern auch auf das Verhältniß der deutschen Bundesstaaten zu einander auszudehnen ist. Der Paragraph bestraft nämlich nur das Veranstalten „ohne obrigkeitliche Erlaubniß", und enthält damit, so lange das Lotteriewesen nicht reichsgesetzlich geregelt ist, einen Verweis auf die Landesgesetzgebung; nur auf Grund dieser kann das Vorhandensein einer unerlaubten Veranstaltung konstatirt werden, nur soweit diese reicht, ist die Veranstaltung erlaubt oder nicht, und wo ihre Wirksamkeit aufhört, wird folgeweise die Lotterie zu einer auswärtigen. Zu dieser Auslegung führt übrigens auch die Tendenz und der Zweck der landesgesetzlichen Bestimmungen über auswärtige Lotterien, da dieselben vorzugsweise auf finanziellen Gesichtspunkten des Einzelstaates beruhen; von demselben Standpunkte ging auch das Einf.-Ges. zum Preuß. StGB. in den neuen Provinzen aus, wenn es in Art. 4 verfügte: „wer in auswärtigen Lotterien, die nicht mit Unserer Genehmigung in Unseren Staaten besonders zugelassen worden . . . ." Es liegt endlich kein Grund vor, für Elsaß-Lothringen um deßwillen eine Ausnahme von diesen Grundsätzen zu machen, weil dasselbe nicht ein Bundesstaat, sondern Reichsprovinz ist; dieser für das Staatsrecht wichtige Unterschied bleibt für die vorliegende Frage außer Betracht, da es sich hier nur um das Verhältniß und die Wirkungs-Sphären der Einzelgesetzgebungen handelt, auch das Reichsland aber seine besondere Landesgesetzgebung hat. (Vgl. Oppenhoff, Straf-Gesetzbuch § 286 Nr. 13, Oppenhoff RdO. Band 13, S. 76, Rüdorff, Straf-Gesetzbuch § 286 Nr. 3, Urtheil des Landgerichts Straßburg v. 4. Nov. 1874 Puchelt Zeitschrift, Band VI, Seite 316).

Es ist daher in Uebereinstimmung mit den Motiven, worin bemerkt ist:

„Die Vorschriften über das Spielen in ausländischen Lotterieen und das Kollektiren für dieselben, werden durch § 285 (jetzt § 286), nicht berührt"

anzunehmen, daß landesgesetzliche Bestimmungen über ausländische Lotterien (in dem obenentwickelten Sinn), noch in Kraft sind.

Die entgegengesetzte Ansicht hätte zum Resultate, daß eine und dieselbe Handlung, welche, wenn sie eine inländische Lotterie betrifft, der Strafe unterliegt, in Bezug auf eine ausländische Lotterie straflos begangen werden kann, da in diesem letzteren Falle die Bestimmungen über Theilnahme (§ 47—49 StGB), Mangels einer strafbaren Hauptthat, unanwendbar sind.

Anderseits wird man jedoch die strafbare Veranstaltung von Lotterien im Inlande unbedingt als Materie des § 286 StGB. ansehen müssen, und folgeweise landesgesetzliche Vorschriften, welche auch die Veranstaltung von Privat-Lotterien untersagen, für beseitigt erachten.

Schließlich sei hier noch erwähnt, daß das bloße Spielen in einer ausländischen Lotterie von dem französ. Gesetze nicht unter Strafe gestellt ist.

III. Was das Verbot des Glücks- oder Hazardspieles anlangt, so waren die französischrechtlichen Bestimmungen darüber ausschließlich in denselben Artt. 410 und 475 5) Code pénal enthalten. Beide Artikel sind in dieser Richtung durch das Strafgesetzbuch aufgehoben worden; der Art. 410 durch die §§ 284, 285 StGB., welche, weiter gehend als der Code pénal, nicht blos das Halten öffentlicher Spielhäuser oder das Bankhalten darin, sondern jedes gewerbemäßige Betreiben von Glücksspielen, und selbst das nur einmalige Gestatten derselben durch den Inhaber eines öffentlichen Versammlungsortes mit Strafe bedrohen; der Art. 475 5) durch den fast gleichlautenden § 360 14) StGB.

Zweifelhaft erschien es, ob auch Art. 421 C. p. durch die Materie der §§ 284, 285 betreffe und deshalb beseitigt sei. Dieser Artikel verbietet unter Strafe die in Deutschland unter dem Namen der Differenzgeschäfte bekannten Spekulationskäufe und Verkäufe in öffentlichen Werthpapieren.

Zwar behandelt der Code pénal dieselben nicht in Verbindung mit den Spielhäusern, sondern hat sie unter die «Violation des règlements relatifs aux manufactures, au commerce et aux arts» aufgenommen; trotzdem läßt sich nicht verkennen, daß dieselben ihrer Natur nach nichts Andres als Hazardspiele sind, und nur von diesem Gesichtspunkte aus wird die zivilrechtliche Ungültigkeit derselben da, wo Art. 421 formell wie in Rheinpreußen aufgehoben ist, vertreten. Demgemäß wird man Art. 420, durch die §§ 284, 285 StGB. für beseitigt ansehen müssen.

CODE PÉNAL.

LIV. III, TIT. II, CHAP. III, SECT. II, § III.

Art. 410. Soweit der Artikel das Halten öffentlicher Spielhäuser und das Bankhalten darin betrifft, ist er durch die §§ 284 u. 285 StGB., soweit er sich auf Lotterien bezieht, durch § 286 aufgehoben, und damit auch Art. 2 des Dekr. v. 25. Sept. 1813, welcher Veröffentlichung der Urtheile anordnete.

§ V.

421. Les paris qui auront été faits sur la hausse ou la baisse des effets publics seront punis des peines portées par l'art. 419.

422. Sera reputée pari de ce genre toute convention de vendre ou de livrer des effets publics qui ne seront pas prouvés par le vendeur avoir existé à sa disposition au temps de la convention, ou avoir dû s'y trouver au temps de la livraison.

Artt. 421 u. 422, Mat. der §§ 284, 285, 360 14) StGB. Vgl. Vorbem. III a. E.

LIV. IV, CHAP. II, SECT. II.

475 5) (478 a. E.), Mat. der §§ 286, 360 14) StGB.

Loi du 21 mai 1836, portant prohibition des loteries.

Art. 1er. Les loteries de toute espèce sont prohibées.

2. Sont réputées loteries et interdites comme telles, — les ventes d'immeubles, de meubles ou de marchandises effectuées par la voie du sort, ou auxquelles auraient été réunies des primes ou autres bénéfices dûs au hasard, et généralement toutes opérations offertes au public pour faire naître l'espérance d'un gain qui serait acquis par la voie du sort.

Die Begriffsbestimmung dieses Artikels ist nur noch insofern von Bedeutung, als es sich um auswärtige Lotterien handelt, da nur für diese das Gesetz noch gilt. Vgl. Bem. zu dem folgenden Artikel.

3. La contravention à ces prohibitions sera punie des peines portées à l'art. 410 du Code pénal. — S'il s'agit de loteries d'immeubles, la confiscation prononcée par ledit article sera remplacée, à l'égard du propriétaire de l'immeuble, mis en loterie, par une amende

qui pourra s'élever jusqu'à la valeur estimative de cet immeuble. En cas de seconde ou ultérieure condamnation, l'emprisonnement et l'amende portés en l'art. 410 pourront être élevés au double du maximum. — Il pourra dans tous les cas être fait application de l'art. 463 du Code pénal.

Nach Art. 4 Abs. 1 enthält Art. 3 die Strafe gegen 1) die Veranstaltung von Lotterien im Inlande und die Theilnahme daran, 2) die Agenten für auswärtige Lotterien.

In ersterer Beziehung ist der Artikel durch § 286 StGB. aufgehoben, hinsichtlich der Agenten auswärtiger Lotterien ist er noch insofern von Bedeutung, als er die Androhung einer Strafe überhaupt enthält; die Strafe selbst muß jedoch, nach Art. III E.-G. zum StGB., jetzt aus dem § 286 StGB., welcher den Art. 410 Code pénal ersetzt hat, entnommen werden.

Die Bestimmungen des Artikels über Rückfall und mildernde Umstände finden noch eine gewisse Anwendung in Folge der Allegation im Schlußsatz des Art. 4.

4. Ces peines seront encourues par les auteurs, entrepreneurs ou agents des loteries françaises ou étrangères, ou des opérations qui leur sont assimilées. — Ceux qui auront colporté ou distribué les billets, ceux qui par des avis, annonces, affiches, ou par tout autre moyen de publication, auront fait connaître l'existence de ces loteries ou facilité l'émission des billets, seront punis des peines portées en l'art. 411 du Code pénal; il sera fait application, s'il y a lieu, des deux dernières dispositions de l'article précédent.

Der ganze Artikel ist nur noch in Kraft soweit er sich auf auswärtige Lotterien bezieht, worunter auch diejenigen der Bundesstaaten zu verstehen sind. Vgl. Vorbem. II.

Im Falle des ersten Absatzes, der in seiner Strafandrohung über auswärtige Lotterien nur die Agenten, nicht auch die Unternehmer im Auge haben kann, ist die Strafe jetzt die des § 286 StGB. Vgl. Bem. zu Art. 3.

Der Schlußsatz des Artikels nimmt auf zwei Bestimmungen Bezug, die an sich mit dem Art. 410 Code pénal beseitigt sind; eine strenge Anwendung des Art. III E.-G. zum StGB. würde dahin führen, dieselben auch bei Aussprechung der Strafe des Art. 411 Code pénal auszuschließen, so daß, da in dem StGB. entsprechende Vorschriften über Rückfall und mildernde Umstände nicht existiren, für den Thatbestand des Art. 4 Abs. 2 lediglich das Straßmaß des Art. 411 Code pénal in Betracht käme. Es kann jedoch nicht eigentlich von einer „Verweisung" im Sinne des Art. III E.-G. die Rede sein, da die Artt. 3 u. 4 troß der äußerlichen Trennung ein zusammenhängendes Ganzes bilden. Den Art. 411 Code pénal s. S. 148.

5. Sont exceptées des dispositions des articles 1 et 2 ci-dessus, les loteries d'objets mobiliers exclusivement destinées à des actes de bienfaisance ou à l'encouragement des arts, lorsqu'elles auront été autorisées dans les formes qui seront déterminées par des règlements d'aministration publique.

Hierzu die folgende Ordonnanz v. 29. Mai 1844.

Ordonnance du 29 mai — 17 juin 1844, concernant les loteries d'objets mobiliers exclusivement destinées à des actes de bienfaisance ou l'encouragement des arts.

Eine Nichtbefolgung der Vorschriften dieser Ordonnanz ist, wenn die betreffende Handlung dadurch sich als Veranstaltung einer unerlaubten Lotterie oder Theilnahme daran qualifizirt, nach § 286 StGB. zu bestrafen; andere Fälle können der Straffanktion des Art. 471 15) Code pénal unterliegeu.

Art. 1er. Les autorisations pour l'établissement, des loteries désignées en l'article 5 de la loi du 21 mars 1836 seront délivrées . . . par les préfets, sur la proposition des maires. — Ces autorisations ne seront accordées, que pour un seul tirage; elles énonceront les conditions auxquelles elles auront été accordées, dans l'intérêt du bon ordre et dans celui des bénéficiaires.

Nach Art. 6 5) des Dezentralisations-Gesetzes vom 13. April 1861 erfolgt die Autorisation zu loteries de bienfaisance bis zur Höhe von 2000 Franken durch die Unter-Präfekten, jetzt Kreis-Direktoren.

2. Lesdits tirages se feront sous l'inspection de l'autorité municipale, aux jours et heures, qu'elle aura déterminés. — L'autorité municipale pourra, lorsqu'elle le jugera convenable, faire intervenir dans cette opération la présence de ses délégués, ou de commissaire agréés par elle.

3. Le produit net des loteries dont il s'agit sera entièrement et exclusivement appliqué à la destination pour laquelle elles auront été établies et autorisées, et il devra en être valablement justifié.

XV.

Medizinalpolizei

(Médecine, pharmacie, aliénés, substances vénéneuses).

Inhaltsübersicht.

Vorbemerkung.

Arrêt v. 23. Juli 1748.

Dekl. v. 25. April 1777, Artt. 4. 6.

Ges. v. 19. vent. XI, Artt. 30—36.

Ges. v. 21. germ. XI, Artt. 25—27. 32. 33. 36. 37. 38.

Ges. v. 29. pluv. XIII.

Ges. v. 30. Juni 1838, Artt. 5. 6. 8. 11. 12—17. 20—23. 29. 30. 41.

Ord. v. 18. Dec. 1839, Artt. 24. 29. 30. 33. 34.

Ges. v. 19. Juli 1845, Artt. 1. 2.

Ord. v. 29. Oct. 1846, Artt. 1—14.

Dekr. v. 3. Mai 1850.

Dekr. v. 8. Juli 1850.

Dekr. v. 1. Oct. 1864.

Vorbemerkung.

I. Den Hauptsitz der Vorschriften über Medizinal-Polizei bildeten früher die loi du 19—29 vent. XI, relative à l'excercice de la médecine und die loi du 21 germ. — 1 flor. XI, contenant organisation des écoles de pharmacie. Schon durch Einführung des StGB. erlitt die Anwendbarkeit dieser Gesetze eine Einschränkung, indem an Stelle der darin angedrohten Strafen in vielen Fällen diejenigen der Nr. 3 und 5 des § 367 StGB. trat. Von einschneidender Bedeutung war aber erst das Gesetz vom 15. Juli 1872 (Gesetzblatt S. 534), durch welches die Wirksamkeit des § 29 der Gewerbe-Ordnung für das deutsche Reich auf Elsaß-Lothringen ausgedehnt wurde, sowie die gleichzeitig erfolgte Publikation der Verordnungen über Prüfung von Aerzten und Apothekern und über Ertheilung der Approbation für dieselben. Unter den verschiedenen Fragen, welche dadurch angeregt wurden, müssen wir hier eine insbesondere hervorheben, deren Entscheidung unsres Erachtens nicht unerhebliche Zweifel veranlaßt.

Nach § 1 Ges. v. 15. Juli 1872, resp. § 29 der GO. bedürfen einer Approbation Apotheker und diejenigen Personen, welche sich als Aerzte (Wundärzte, Augenärzte, Geburtshelfer, Zahnärzte und Thierärzte) oder mit gleichbedeutenden Titeln bezeichnen, und nach § 3 desselben Ges., wird mit Geldbuße bis zu 100 Thaler und im Unvermögensfalle mit Haft bestraft, wer, ohne hierzu approbirt zu sein, sich als Arzt ꝛc. ꝛc. bezeichnet, oder sich einen ähnlichen Titel beilegt, durch welchen der Glaube erweckt wird, der Inhaber desselben sei eine geprüfte Medizinalperson. Das Gesetz v. 19 vent. 11 bedrohte dagegen in Artt. 35 und 36 nicht allein die unbefugte Führung des Titels, sondern überhaupt jede unberechtigte Ausübung der Heilkunde mit Strafe. Nach den gewöhnlichen Interpretations-Regeln wäre nunmehr anzunehmen, daß das Ventose-Gesetz in der erstangeführten Richtung ersetzt und aufgehoben, nach der zweiten aber in Kraft geblieben sei, da es sich um zwei in Thatbestand und Strafe von einander verschiedene Delikte handelt. Dem entgegen geht die allgemeine Anschauung im Reichslande dahin, daß das Ventose-Gesetz nach beiden Richtungen beseitigt, daß folgeweise die Ausübung der Heilkunde, sofern nur nicht eine Anmaßung des Titels vorliegt, jetzt frei gegeben und straflos sei. Der Text des Gesetzes berechtigt zu dieser Annahme nicht; der § 29 der GO. bestimmt lediglich die Voraussetzungen, unter welchen der Titel als Arzt geführt werden darf; was dann, wenn die Heilkunde zwar unberechtigt, aber ohne Anmaßung des Titels ausgeübt wird, einzutreten hat, berührt er nicht, daher es insoweit bei den bestehenden Vorschriften verbliebe. Anders ist die Frage in den übrigen Theilen des deutschen Reichs gelagert, in welchen die ganze Gewerbe-Ordnung eingeführt ist; dieselbe bestimmt nämlich in § 1: „der Betrieb eines Gewerbes ist Jedermann gestattet, sofern nicht durch dieses Gesetz Ausnahmen oder Beschränkungen vorgeschrieben oder zugelassen sind“, und da eine Ausnahme oder Beschränkung zu Gunsten der Medizinal-Pfuscherei nirgends gemacht, vielmehr ein dahin zielender, im Regierungs-Entwurfe enthaltener Zusatz ausdrücklich verworfen worden ist, wurden durch Einführung der Gewerbeordnung alle landesrechtlich etwa bestehenden Beschränkungen beseitigt. Es ist aber hervorzuheben, daß selbst hier die Frage nicht ganz unzweifelhaft ist, da nach § 6 der GO. „die Ausübung der Heilkunde“ zu denjenigen Materien gehört, auf welche abgesehen von einigen Spezial-Vorschriften die GO. keine Anwendung findet; es scheint jedoch, daß man unter „Ausübung der Heilkunde“ nicht auch das Recht zur Ausübung begriff. Wie dem auch sein mag, für Elsaß-Lothringen kommt nur der allein eingeführte

§ 29 in Betracht; weder aus dem Texte noch dem Geiste dieses Paragraphen, der im Interesse der Freizügigkeit des ärztlichen Gewerbes geschaffen ist, erhellt, daß durch ihn das Recht zur Ausübung der Heilkunde prinzipiell und ausschließlich geregelt werden sollte; nur unter dieser Voraussetzung aber kann ihm die allgemein beanspruchte Bedeutung beigemessen werden. Es läßt sich daher die herrschende Anschauung nur dadurch erklären, daß man dem Umstande, daß die fragliche Bestimmung nicht in neuer selbstständiger Form erlassen, sondern daß ausdrücklich „die Wirksamkeit des § 29 des GO." auf Elsaß-Lothringen ausgedehnt wurde, eine weitgehende Bedeutung dahin beilegt, dieser Pharagraph solle in dem Sinne, wie er nach dem Gesammt-Inhalte der GO. aufzufassen ist, allein noch das Recht zur Ausübung der Heilkunde beschränken.

II. Nach § 367 3) StGB. wird mit Geldstrafe bis zu 50 Thalern oder mit Haft bestraft, wer ohne polizeiliche Erlaubniß Arzneien, soweit der Handel mit denselben nicht freigegeben ist, zubereitet, feilhält, verkauft, oder sonst an Andre überläßt. Da im Norddeutschen Bunde das StGB. später als die GO. eingeführt wurde, ist wohl mit Oppenhoff (Strafgesetzbuch zu § 367 Nr. 25) anzunehmen, daß in Betreff des Handels mit Arzneien die Strafandrohung des § 367 3) an die Stelle des § 147 1) GO. getreten ist. Dieses gilt aber nicht für Elsaß-Lothringen, wo das StGB. das ältere Gesetz ist; hier ist, sofern ein unbefugter gewerbemäßiger Handel mit Arzneien vorliegt, die Strafe jedenfalls aus § 3 Ges. v. 15. Juli 1872 zu entnehmen.

III. Schließlich sei noch erwähnt, daß nach der früheren französischen Gesetzgebung zwar auch für die Thier-Arzneikunde Reglements bestanden, welche zur Ausübung dieser Kunst die Ablegung von Prüfungen und Erlangung eines Diploms vorschrieben, daß jedoch die Verletzung dieses Reglements nicht unter Straffanktion gestellt war. Für Zahn-Aerzte existirten überhaupt keine derartigen allgemeinen Vorschriften.

Arrêt du Parlement de Paris du 23 juillet 1748.

Vu par la cour, la requête présentée par les doyens et docteurs régents de la Faculté de médecine de Paris, à ce que, pour les causes y contenues, il plût à notre dite cour ordonner que les arrêts et règlements de notre dite cour, etc. seront exécutés selon leur forme et teneur, etc.: notre dite cour ordonne que les ordonnances, édits et déclarations enregistrées en notre dite cour, rendus au sujet des médecins et apothicaires, seront exécutés selon leur forme et teneur; ce faisant que tous les apothicaires de cette ville et faubourgs de Paris seront tenus de se conformer au nouveau Dispensaire fait par les suppléants pour la composition des remèdes y mentionnés, et ce, dans six mois, à compter du jour du présent arrêt, et de l'acte de dépôt qui sera fait au greffe de notre dite cour du Dispensaire, après avoir été signé du doyen de la Faculté de médecine de cette ville de Paris; fait prohibition et défense aux apothicaires de donner les compositions mentionnées audit Dispensaire ou autres, par eux faites aux malades, sur autres ordonnances que celles des docteurs de ladite Faculté, licenciés d'icelle, ou autres ayant pouvoir, desquelles ordonnances lesdits apothicaires seront tenus de tenir bon et fidèle registre, le tout sous les peines portées par les ordonnances, édits, déclarations et arrêts de la cour (500 liv. d'amende).

Die materiellen Vorschriften des arrêt, dessen Geltung für ganz Frankreich unbestritten ist (vgl. Dalloz, Rép. V° médecine n° 178 a. E.), sind in dem Art. 32 Ges. v. 21. germ. XI wiederholt, die Strafbestimmung blieb jedoch in Gültigkeit (cass. v. 7. Febr. 1852. D. P. 52. 5. 35), ist aber jetzt durch die des § 367 5) StGB. ersetzt.

Déclaration du 25 avril 1777, portant règlement pour les professions de la pharmacie et de l'épreuve à Paris.

Louis, etc.

Art. 4. Les maîtres en pharmacie qui composeront le collège ne pourront à l'avenir cumuler le commerce de l'épicerie. Ils seront tenus de se renfermer dans la confection, préparation, manipulation et vente des drogues simples, et compositions médecinales, sans que, sous prétexte des sucres, miels, huiles et autres objets qu'ils emploient, ils puissent en exposer en vente, à peine d'amende et de confiscation.....

Auch das Verbot dieses Artikels ist in Art. 32 a. G. Ges. v. 21. germ. XI ohne Strafandrohung wiederholt; aus denselben Gründen jedoch, aus welchen die fortdauernde Anwendbarkeit der Strafe des arrêt v. 1748 gefolgert wurde, blieb auch die Strafe des Art. 4 in Kraft. Die nicht näher bestimmte amende wurde nach Art. 466 Code pénal als peine de simple police bemessen. Heute wird die Strafe des § 367 5) auszusprechen sein, da eine Zuwiderhandlung gegen das Verbot des obigen Art. 4 resp. Art. 32 Ges. v. 21. germ. XI sich als Nichtbefolgung der „bezüglich der Ausübung der Befugniß zur Feilhaltung von Arzneien ergangenen Verordnungen" darstellt.

5. Bes. durch Art. 33 Ges. v. 21. germ. XI.

6. Défendons aux épiciers et à toutes autres personnes de fabriquer, vendre et débiter aucuns sels, compositions ou préparations entrantes au corps humain en forme de médicaments, ni de faire aucune mixtion de drogues simples pour administrer en forme de médecine, sous peine de 500 liv. d'amende, et de plus grande s'il y échoit.

Die Uebertretung dieses Artikels, dessen Bestimmungen in dem Art. 25 Ges. v. 21. germ. XI aufrecht erhalten sind, ist jetzt nach § 367 3) StGB., und, wenn förmlicher Betrieb des Apothekergewerbes vorliegt, nach § 3 Ges. v. 15. Juli 1872 (GBl. S. 535) strafbar. Vgl. Vorbem. II.

Für die Bestimmung des Begriffs „Arzeneien" muß dagegen der Artikel in Verein mit den Artt. 25 u. 33 des Germinalgesetzes auch heute noch als maßgebend betrachtet werden, weil und solange reichsgesetzliche Bestimmungen darüber in Elsaß-Lothringen nicht eingeführt sind. Sowohl die Nr. 3 des § 367 durch den Satz „soweit der Handel nicht freigegeben ist" als die Nr. 5 durch den Hinweis auf die „ergangenen Verordnungen" führen nothwendig dahin, auch zur Bestimmung des Begriffs von „Arzenei“ auf das Landesrecht zu rekurriren. Es liegt also hier eine, freilich durch den Text des Gesetzes selbst hervorgerufene daher nur scheinbare Ausnahme von dem Grundsatze vor, daß das StGB. aus sich zu interpretiren ist, ein Umstand, der allerdings zur Folge haben kann, daß eine Substanz hier als Arzenei betrachtet werden muß die es im übrigen Reiche nicht ist und umgekehrt.

Im Reiche ist die vorliegende Frage durch eine auf Grund des § 6 der Gewerbeordnung ergangene K. Verordnung v. 4. Jan. 1875 (RGBl. S. 5) geregelt, welche, da § 6 cit. in Elsaß-Lothringen nicht eingeführt, daselbst keine Kraft hat.

8. Wurde schon zur französischen Zeit als aufgehoben betrachtet (Dalloz, Rép. V° médicine n° 160) und ist es jedenfalls jetzt durch das Ges. v. 15. Juli 1872.

Loi du 19—29 vent. an XI, relative à l'exercice de la médecine.

Art. 1—29. Hinsichtlich der Aerzte durch das Ges. v. 15. Juli 1872 u. die auf Grund desselbeu publizirten Verordnungen (GBl. S. 335 ff.) beseitigt.

TIT. 5. *De l'instruction et de la réception des sages-femmes.*

Art. 30. Outre l'instruction donnée dans les écoles de médecine, il sera établi, dans l'hospice le plus fréquenté de chaque département, un cours annuel et gratuit d'accouchement théorique et pratique, destiné particulièrement à l'instruction des sages-femmes...

31. Les élèves sages-femmes devront avoir suivi au moins deux de ces cours, et vu pratiquer pendant neuf mois ou pratiqué elles-mêmes les accouchements pendant six mois dans un hospice ou sous la surveillance du professeur, avant de se présenter à l'examen.

32. Elles seront examinées par des jurys sur la théorie et la pratique des accouchements, sur les accidents qui peuvent les précéder, les accompagner et les suivre, et sur les moyens d'y remédier. — Lorsqu'elles auront satisfait à leur examen, on leur délivrera gratuitement un diplôme, dont la forme sera déterminée par le règlement prescrit par les artt. 9 et 20 de la présente loi.

33. Les sages-femmes ne pourront employer les instruments, dans les cas d'accouchements laborieux, sans appeler un docteur, ou un médecin, ou un chirurgien anciennement reçu.

Für die Uebertretung dieses Verbots gibt es keine Strafsanktion; Art. 36 setzt den Mangel einer Berechtigung überhaupt voraus.

34. Les sages-femmes feront enregistrer leur diplôme au tribunal de première instance et à la sous-préfecture de l'arrondissement où elles s'établiront et où elles auront été reçues. — La liste des sages-femmes reçues pour chaque département sera dressée dans les tribunaux de première instance, et par les préfets, suivant les formes indiquées aux artt. 25 et 26 ci-dessus.

TIT. 6. *Dispositions pénales.*

35. Six mois après la publication de la présente loi, tout individu qui continuerait d'exercer la médecine ou la chirurgie, ou de pratiquer l'art des accouchements, sans être sur les listes dont il est parlé aux artt. 25, 26 et 34, et sans avoir de diplôme, de certificat, ou de lettres de réceptions, sera poursuivi et condamné à une amende pécuniaire envers les hospices.

Nach der herrschenden Ansicht ist die Ausübung der Heilkunde, sofern nicht die Anmaßung des Titels als Arzt 2c. damit verbunden ist, in Folge der Einführung des § 29 GO. durch das Ges. v. 15. Juli 1872 freigegeben und daher nicht mehr strafbar. Vgl. jedoch die Vorbem. I.

Das Gewerbe der Hebammen ist dagegen den Bestimmungen der französischen Gesetze noch unterworfen. Das Minimum der Strafe beträgt 80 Pf., das Maximum gegen Männer 12 M. (Art. 466 C. p.), gegen Frauen 80 M. (Art. 36 d. G.) So die franz. Rechtsprechung, Dalloz Rép. V° médecine n° 55.

36. Ce délit sera dénoncé aux tribunaux de police correctionelle à la diligence du commissaire du gouvernement près ces tribunaux. — L'amende pourra être portée jusqu'à 1000 fr. pour ceux qui prendraient le titre et exerceraient la profession de docteur; à 500 fr. pour ceux qui se qualifieraient d'officiers de santé et verraient des malades en cette qualité; à 100 fr. pour les femmes qui pratiqueraient illicitement l'art des accouchements. — L'amende sera double en cas de récidive, et les délinquants pourront, en outre, être condamnés à un emprisonnement qui n'excédera pas six mois.

Die Beilegung ärztlicher Titel wird jetzt nach § 3 des Ges. v. 15. Juli 1872 bestraft, wonach auch die früher nicht unter Strafe gestellte Anmaßung des Titels als Zahn- oder Thierarzt ein Vergehen ist.

Der Begriff des Rückfalls bei unbefugter Ausübung des Hebammengewerbes richtet sich nach Art. 483 Code pénal (s. Thl. I S. 17, vgl. auch Dalloz, Rép. V° méd. n° 61).

Loi du 21 germ.—1 flor. an XI, contenant organisation des écoles de pharmacie.

Art. 1—24. 26 beseitigt durch das Ges. v. 15. Juli 1872 und die auf Grund desselben ergangenen Verordnungen (GBl. S. 535 ff.).

25. Nul ne pourra obtenir de patente pour exercer la profession de pharmacien, ouvrir une officine de pharmacie, préparer, vendre et débiter aucun médica-

ment, s'il n'a été reçu suivant les formes voulues jusqu'à ce jour ou s'il ne l'est dans une des écoles de pharmacie ou par l'un des jurys suivant celles qui sont établies par la présente loi . . . .

Vgl. Bem. zu Art. 6 Dekl. v. 25. April 1777 und Art. 33 dies. Ges.

27. Les officiers de santé établis, dans des bourgs, villages ou communes où il n'y aurait pas de pharmaciens ayant officine ouverte pourront, nonobstant les deux articles précédents, fournir des médicaments simples ou composés aux personnes près desquelles ils seront appelés, mais sans avoir le droit de tenir une officine ouverte.

Unter officiers de santé werden hier auch die docteurs en médecine verstanden. (Vgl. Dalloz, Rép. V° médecine n° 141). Die Vergünstigung des Art. kommt daher sämmtlichen Aerzten zu statten, sie befreit von der Strafe des § 367 3), nicht aber von der des Ges. v. 15. Juli 1872.

32. Les pharmaciens ne pourront livrer et débiter des préparations médicinales ou drogues composées quelconques, que d'après la prescription qui en sera faite par des docteurs en médecine ou en chirurgie, ou par des officiers de santé, et sur leur signature. Ils ne pourront vendre aucun remède secret. Ils se conformeront, pour les préparations et compositions qu'ils devront exécuter et tenir dans leurs officines, aux formules insérées et décrites dans les dispensaires ou formulaires qui ont été rédigés ou qui le seront dans la suite par les écoles de médecine. Ils ne pourront faire dans les mêmes lieux ou officines, aucun autre commerce ou débit que celui des drogues et préparations médicinales.

Abgesehen von dem Verbote des Verkaufs von Geheimmitteln wiederholt der Art. Vorschriften, welche theils in dem arrêt v. 23. Juli 1748 theils in Artt. 4 u. 6 der Dekl. v. 25. April 1777 enthalten waren und deren

Uebertretung nach diesen alten Verordnungen strafbar blieb, jetzt aber unter die Strafbestimmung des § 367 5) StGB. fällt.

Was den Verkauf von Geheimmitteln anlangt, so wurde die in dem Art. 32 fehlende Strafsanktion aus dem Ges. v. 29. pluv. XIII ergänzt (Urtheil der chamb. réun. v. 16. Dez. 1836. Dalloz, Rép. V° médecine n° 222), indem man von der Ansicht ausging, daß die Strafbarkeit der öffentlichen Ankündigung die des Verkaufs in sich schließen müsse. Jetzt fällt der Verkauf von Geheimmitteln unter den nicht freigegebenen Handel mit Arzeneien des § 367 3) StGB. (Vgl. ein Urtheil des Kass. H. Darmstadt v. 18. Sept. 1871, Stenglein Zeitschrift 1874 S. 235).

Ueber den Begriff des remède secret vgl. Dalloz, Rép. V° médecine n° 198 ff. sowie das obencitirte Urtheil von Darmstadt, welches sich folgendermaßen ausspricht:

„Das Gesetz wollte den Verkauf jedes Mittels bestrafen," „bezüglich dessen der Verkäufer sich selbst sagen müsse," „daß er nicht wisse, welche Stoffe dasselbe enthalte, welches" „auch in die Pharmakopöe nicht aufgenommen sei, von" „keinem Arzte ordinirt wird und durch welches dennoch" „auf die Gesundheit eingewirkt werden solle."

Das unten folgende Dekret v. 3. Mai 1850 schließt von diesem Begriffe außerdem noch diejenigen Mittel aus, welche in Gemäßheit der Vorschriften dieses Dekrets genehmigt und veröffentlicht sind.

33. Les épiciers et droguistes ne pourront vendre aucune composition ou préparation pharmaceutique, sous peine de 500 fr. d'amende. Ils pourront continuer de faire le commerce en gros de drogues simples, sans pouvoir néanmoins en débiter aucune au poids médicinal.

Ueber den Begriff der Arzeneimittel vgl. Art. 6 der Dekl. v. 25. April 1777 und die Bemerkung dazu. Die

Strafe enthält, jetzt auch für Krämer und Droguisten, § 367 3) StGB., ev. Ges. v. 25. Juli 1872.

Dieselbe Strafe steht auch auf den Verkauf von drogues simples au poids médicinal, d. h., da ein besonderes Medizinalgewicht nicht mehr existirt, den Verkauf einfacher Droguen nach Dosen, in welchen der Stoff als Heilmittel angewendet werden soll. Letzterer wird ebendadurch zur Arzenei (vgl. Dalloz, Rép. V° médecine n° 152), woraus folgt, daß ein derartiger Verkauf eine vente de médicaments im Sinne des Art. 25 d. G. bildet, daher allgemein, nicht blos den Krämern und Droguisten, verboten ist. — Die französische Praxis war im Zweifel, welche Strafe auf den letzterwähnten Handel anzuwenden sei, ob diejenige des Art. 6 der Dekl. v. 25. April 1777 oder die des Art. 36 u. Ges. v. 29. pluv. XIII.

34. 35. Aufgehoben durch Art. 2 Ges. v. 19. Juni 1845.

36. Tout débit au poids médicinal, toute distribution de drogues et préparations médicamenteuses sur des théâtres ou étalages, dans les places publiques, foires et marchés, toute annonce et affiche imprimée qui indiquerait des remèdes secrets, sous quelque dénomination qu'ils soient présentés, sont sévèrement prohibés. **Les individus qui se rendraient coupables de ce délit seront poursuivis par mesure de police correctionnelle, et punis conformément aux artt. 183 et suiv. Code des délits et des peines.**

Der Schlußsatz ist durch das Ges. v. 29. pluv. XIII ersetzt.

Der Artikel sieht einmal das öffentliche Verkaufen und Vertheilen von Arzeneien, sodann das öffentliche Ankündigen von Geheimmitteln vor; nur im letzteren Falle kommt noch die Strafe des Pluviosegesetzes zur Anwendung [vgl. Oppenhoff zu § 367 3)], während der erstere jetzt unter die Strafandrohung des § 367 3) StGB. fällt.

Ueber den Verkauf von Geheimmitteln und den Begriff derselben s. Bem. zu Art. 33.

37. **Nul ne pourra vendre, à l'avenir, des plantes ou des parties de plantes médicinales indigènes, fraîches ou sèches, ni exercer la profession d'herboriste, sans avoir subi auparavant, dans une des écoles de pharmacie, ou par-devant un jury de médecine, un examen qui prouve qu'il connaît exactement les plantes médicinales, et sans avoir payé une rétribution qui ne pourra excéder . . . 30 fr. . . . pour les frais de cet examen. Il sera délivré aux herboristes un certificat d'examen par l'école ou le jury par lesquels ils seront examinés, et ce certificat devra être enregistré à la municipalité du lieu où ils s'établiront.**

Nach § 5 Ges. v. 15. Juli 1872 werden Bestallungen für Herboristen nicht mehr ertheilt; es gelten daher für den Handel mit inländischen Droguen jetzt die allgemeinen Bestimmungen der Artt. 25 u. 33 dies. Ges.

38. Le gouvernement chargera les professeurs des écoles de médecine, réunis aux membres des écoles de pharmacie, de rédiger un codex ou formulaire, contenant les préparations médecinales et pharmaceutiques qui devront être tenues par les pharmaciens. Ce formulaire . . . ne sera publié qu'avec la sanction du gouvernement, et d'après ses ordres.

Auf Grund dieses Artikels ist durch K. Verordnung v. 5. Juli 1872 (GBl. S. 471) die pharmacopoea germanica an Stelle des früheren codex medicamentarius gesetzt worden.

Loi du 29 pluv.—9 vent. an XIII, interpretative de l'art. 36 de celle du 21 germ. an XI sur la pharmacie.

Ceux qui contreviendront aux dispositions de l'art. 36 de la loi du 21 germ. an XI, relatif à la police de la pharmacie, seront poursuivis par mesure de police correctionelle, et punis d'une amende de 25 à 600 fr., et en outre, en cas de récidive, d'une détention de trois jours au moins, de dix jours au plus.

Die Strafe des Gesetzes ist jetzt nur noch auf die Ankündigung von Geheimmitteln anwendbar. Vgl. Bem. zu Art. 36 Ges. v. 21. germ. XI.

CODE PÉNAL.

Art. 378. Mat. des § 300 StGB.

Loi du 30 juin 1838, sur les aliénés.

TIT. I. *Des établissements d'aliénés.*

Art. 5. Nul ne pourra diriger ni former un établissement privé consacré aux aliénés sans l'autorisation du gouvernement. — Les établissements privés consacrés au traitement d'autres maladies ne pourront recevoir les personnes atteintes d'aliénation mentale, à moins qu'elles ne soient placées dans un local entièrement séparé. — Ces établissements devront être, à cet effet, spécialement autorisés par le gouvernement, et seront soumis, en ce qui concerne les aliénés, à toutes les obligations prescrites par la présente loi.

6. Des règlements d'administration publique détermineront les conditions auxquelles seront accordées les autorisations énoncées en l'article précédent, les cas où elles pourront être retirées, et les obligations auxquelles seront soumis les établissements autorisés.

S. die unten folgende Ordonnanz v. 18. Dec. 1839.

TIT. II. *Des placements faits dans les établissements d'aliénés.*

SECT. I. *Des placements volontaires.*

8. Les chefs ou préposés responsables des établissements publics et les directeurs des établissements privés et consacrés aux aliénés ne pourront recevoir une personne atteinte d'aliénation mentale, s'il ne leur **est**

remis: — 1° Une demande d'admission contenant les noms, profession, âge et domicile, tant de la personne qui la formera que de celle dont le placement sera réclamé, et l'indication du degré de parenté, ou, à défaut, de la nature des relations qui existent entre elles. — La demande sera écrite et signée par celui qui la formera, et, s'il ne sait pas écrire, elle sera reçue par le maire ou le commissaire de police, qui en donnera acte. — Les chefs, préposés ou directeurs, devront s'assurer, sous leur responsabilité, de l'individualité de de la personne qui aura formé la demande, lorsque cette demande n'aura pas été reçue par le maire ou le commissaire de police. — Si la demande d'admission est formée par le tuteur d'un interdit, il devra fournir, à l'appui, un extrait du jugement d'interdiction. — 2° Un certificat de médecin constatant l'état mental de la personne à placer, et indiquant les particularités de sa maladie et la nécessité de faire traiter la personne désignée dans un établissement d'aliénés, et de l'y tenir renfermée. — Ce certificat ne pourra être admis, s'il a été délivré plus de quinze jours avant sa remise au chef ou directeur; s'il est signé d'un médecin attaché à l'établissement, ou si le médecin signataire est parent ou allié, au second degré inclusivement, des chefs ou propriétaires de l'établissement, ou de la personne qui fera effectuer le placement. — En cas d'urgence, les chefs des établissements publics pourront se dispenser d'exiger le certificat du médecin; — 3° Le passeport ou toute autre pièce propre à constater l'individualité de la personne à placer. — Il sera fait mention de toutes les pièces produites dans un bulletin d'entrée, qui sera renvoyé, dans les vingt-quatre heures, avec un certificat du médecin de l'établissement, et la copie de celui ci-dessus mentionné, au préfet de police à Paris, au préfet ou au sous-préfet dans les communes chefs-lieux de département ou d'arrondissement, et aux maires dans les autres communes. Le sous-préfet, ou le maire, en fera immédiatement l'envoi au préfet.

11. Quinze jours après le placement d'une personne dans un établissement public ou privé, il sera adressé au préfet, conformément au dernier paragraphe de l'art. 8, un nouveau certificat du médecin de l'établissement; ce certificat confirmera ou rectifiera, s'il y a lieu, les observations contenues dans le premier certificat, en indiquant le retour plus ou moins fréquent des accès ou des actes de démence.

12. Il y aura, dans chaque établissement, un registre coté et paraphé par le maire, sur lequel seront immédiatement inscrits les noms, profession, âge et domicile des personnes placées dans les établissements; la mention du jugement d'interdiction, si elle a été prononcée, et le nom de leur tuteur; la date de leur placement, les noms, profession et demeure de la personne, parente ou non parente, qui l'aura demandé. Seront également transcrits sur ce registre: 1° le certificat du médecin, joint à la demande d'admission; 2° ceux que le médecin de l'établissement devra adresser à l'autorité, conformément aux articles 8 et 11. — Le médecin sera tenu de consigner sur ce registre, au moins tous les mois, les changements survenus dans l'état mental de chaque malade. Ce registre constatera également les sorties et les décès. — Ce registre sera soumis aux personnes qui, d'après l'art. 4, auront le droit de visiter l'établissement, lorsqu'elles se présenteront pour en faire la visite; après l'avoir terminée, elles apposeront sur le registre leur visa, leur signature et leurs observations, s'il y a lieu.

13. Toute personne placée dans un établissement

d'aliénés cessera d'y être retenue aussitôt que les médecins de l'établissement auront déclaré, sur le registre énoncé en l'article précédent, que la guérison est obtenue. — S'il s'agit d'un mineur ou d'un interdit, il sera donné immédiatement avis de la déclaration des médecins aux personnes auxquelles il devra être remis, et au procureur du Roi.

14. Avant même que les médecins aient déclaré la guérison toute personne placée dans un établissement d'aliénés cessera également d'y être retenue, dès que la sortie sera requise par l'une des personnes ci-aprés désignées, savoir: — 1° Le curateur nommé en exécution de l'art. 38 de la présente loi; — 2° L'époux ou l'épouse; — 3° S'il n'y a pas d'époux ou d'épouse, les ascendants; — 4° S'il n'y a pas d'ascendants, les descendants; — 5° La personne qui aura signé la demande d'admission, à moins qu'un parent n'ait déclaré s'opposer à ce qu'elle use de cette faculté sans l'assentiment du conseil de famille; — 6° Toute personne à ce autorisée par le conseil de famille. — S'il résulte d'une opposition notifiée au chef de l'établissement par un ayant droit qu'il y a dissentiment, soit entre les ascendants, soit entre les descendants, le conseil de famille prononcera. — Néanmoins, si le médecin de l'établissement est d'avis que l'état mental du malade pourrait compromettre l'ordre public ou la sûreté des personnes, il en sera donné préalablement connaissance au maire, qui pourra ordonner immédiatement un sursis provisoire à la sortie, à la charge d'en référer, dans les vingt-quatre heures, au préfet. Ce sursis provisoire cessera de plein droit à l'expiration de la quinzaine, si le préfet n'a pas, dans ce délai, donné d'ordres contraires, conformément à l'art. 21 ci-après. L'ordre du maire sera transcrit sur le registre tenu en exécution de l'art. 12.

— En cas de minorité ou d'interdiction, le tuteur pourra seul requérir la sortie.

15. Dans les vingt-quatre heures de la sortie, les chefs, préposés ou directeurs en donneront avis aux fonctionnaires désignés dans le dernier paragraphe de l'art. 8, et leur feront connaître le nom et la résidence des personnes qui auront retiré le malade, son état mental au moment de sa sortie, et, autant que possible, l'indication du lieu où il aura été conduit.

16. Le préfet pourra toujours ordonner la sortie immédiate des personnes placées volontairement dans les établissements d'aliénés.

17. En aucun cas l'interdit ne pourra être remis qu'à son tuteur, et le mineur, qu'à ceux sous l'autorité desquels il est placé par la loi.

SECT. II. *Des placements ordonnés par l'autorité publique.*

20. Les chefs, directeurs ou préposés responsables des établissements, seront tenus d'adresser aux préfets, dans le premier mois de chaque semestre, un rapport rédigé par le médecin de l'établissement sur l'état de chaque personne qui y sera retenue, sur la nature de sa maladie et les résultats du traitement. — Le préfet prononcera sur chacune individuellement, ordonnera sa maintenue dans l'établissement ou sa sortie.

21. A l'égard des personnes dont le placement aura été volontaire, et dans le cas où leur état mental pourrait compromettre l'ordre public ou la sûreté des personnes, le préfet pourra, dans les formes tracées par le deuxième paragraphe de l'art. 18, décerner un ordre spécial, à l'effet d'empêcher qu'elles ne sortent de l'établissement sans son autorisation, si ce n'est pour être placées dans un autre établissement. — Les chefs,

directeurs ou préposés responsables, seront tenus de se conformer à cet ordre.

22. Les procureurs du Roi seront informés de tous les ordres donnés en vertu des art. 18, 19, 20 et 21. — Ces ordres seront notifiés au maire du domicile des personnes soumises au placement, qui en donnera immédiatement avis aux familles. — Il en sera rendu compte au ministre de l'intérieur. — Les diverses notifications prescrites par le présent article seront faites dans les formes et délais enoncés en l'art. 10.

23. Si, dans l'intervalle qui s'écoulera entre les rapports ordonnés par l'art. 20, les médecins déclarent, sur le registre tenu en exécution de l'art. 12, que la sortie peut être ordonnée, les chefs, directeurs ou préposés responsables des établissements, seront tenus, sous peine d'être poursuivis, conformément à l'art. 30 ci-après, d'en référer aussitôt au préfet, qui statuera sans délai.

SECT. III. *Dépenses du service des aliénés.*

SECT. IV. *Dispositions communes à toutes les personnes placées dans les établissements d'aliénés.*

29. Toute personne placée ou retenue dans un établissement d'aliénés, son tuteur, si elle est mineure, son curateur, tout parent ou ami, pourront, à quelque éqoque que se soit, se pourvoir devant le tribunal du lieu de la situation de l'établissement, qui après les vérifications nécessaires, ordonnera, s'il y a lieu, la sortie immédiate. — Les personnes qui auront demandé le placement, et le procureur du Roi, d'office, pourront se pourvoir aux mêmes fins. — Dans les cas d'interdiction, cette demande ne pourra être formée que par le tuteur de l'interdit. — La décision sera rendue, sur simple requête, en chambre du conseil et sans délai; elle ne sera point motivée. — La requête, le jugement et les autres actes

auxquels la réclamation pourrait donner lieu, seront visés pour timbre et enregistrés en débet. — Aucunes requêtes, aucunes réclamations adressées, soit à l'autorité judiciaire, soit à l'autorité administrative, ne pourront être supprimées ou retenues par les chefs d'établissements, sous les peines portées au titre III ci-après.

30. Les chefs, directeurs ou préposés responsables, ne pourront, sous les peines portées par l'art. 120 du Code pénal, retenir une personne placée dans un établissement d'aliénés, dès que sa sortie aura été ordonnée par le préfet, aux termes des artt. 16, 20 et 23, ou par le tribunal, aux termes de l'art. 29, ni lorsque cette personne se trouvera dans les cas énoncés aux artt. 13 et 14.

Dem Art. 120 Code pénal entspricht im Sinne des Art. III E.=G. zum StGB. der § 239 StGB., dessen Strafe demnach hier zur Anwendung zu bringen ist.

TIT. III. *Dispositions générales.*

41. Les contraventions aux dispositions des artt. 5, 8, 11, 12, du second paragraphe de l'art. 13, des artt. 15, 17, 20, 21, et du dernier paragraphe de l'art. 29 de la présente loi, et aux règlements rendus en vertu de l'art. 6, qui seront commises par les chefs, directeurs ou préposés responsables des établissements publics ou privés d'aliénés, et par les médecins employés dans ces établissements, seront punies d'un emprisonnement de cinq jours à un an, et d'une amende de 50 fr. à 3000 fr., ou de l'une ou l'autre de ces peines. — Il pourra être fait application de l'art. 463 du Code pénal.

Ordonnance du 18 décembre 1839, relative aux établissements publics et privés consacrés aux aliénés.

TIT. I. *Des établissements publics consacrés aux aliénés.*

TIT. II. *Des établissements privés consacrés aux aliénés.*

Zuwiderhandlungen gegen die Bestimmungen dieses

Titels werden nach Art. 41 des vorstehenden Gesetzes, nicht nach Art. 471 15) Code pénal, bestraft.

24. Tout directeur d'un établissement privé consacré au traitement des aliénés devra, avant d'entrer en fonctions, fournir un cautionnement dont le montant sera déterminé par l'ordonnance royale d'autorisation.

29. Lorsque le directeur d'un établissement privé consacré aux aliénés, voudra augmenter le nombre des pensionnaires qu'il aura été autorisé à recevoir dans cet établissement, il devra former une demande en autorisation à cet effet, et justifier que les bâtiments primitifs ou ceux additionnels qu'il aura fait construire sont, ainsi que leurs dépendances, convenables et suffisants pour recevoir le nombre déterminé de nouveaux pensionnaires. — L'ordonnance royale qui statuera sur cette demande déterminera l'augmentation proportionnelle que le cautionnement pourra recevoir.

30. Le directeur de tout établissement privé consacré aux aliénés devra résider dans l'établissement. — Le médecin attaché à l'établissement, dans le cas prévu par l'art. 19 de la présente ordonnance, sera soumis à la même obligation.

33. Il sera statué pour le retrait des autorisations par une ordonnance royale.

Dispositions générales.

34. Les établissements publics ou privés, consacrés aux aliénés du sexe masculin, ne pourront employer que des hommes pour le service personnel des aliénés. — Des femmes seules seront chargées du service personnel des aliénés dans les établissements destinés aux individus du sexe féminin.

Loi du 19 juillet 1845, sur la vente des substances vénéneuses.

Art. 1er. Les contraventions aux ordonnances royales portant règlement d'administration publique, sur la vente, l'achat et l'emploi des substances vénéneuses, seront punies d'une amende de 100 fr. à 3000 fr., et d'un emprisonnement de six jours à deux mois, sauf application s'il y a lieu, de l'art. 463 du Code pénal. — Dans tous les cas, les tribunaux pourront prononcer la confiscation des substances saisies en contravention.

Zuwiderhandlungen gegen die auf Grund dieses Gesetzes erlassene Ordonnanz v. 29. Oct. 1846 fallen entweder unter den Thatbestand der Nr. 3 oder unter denjenigen der Nr. 5 des § 367 StGB. Der Verkauf von Gift ist im Allgemeinen nur an eine vorgängige Erklärung nicht an polizeiliche Genehmigung gebunden, nur der Verkauf von Giften zu Heilzwecken sowie des Arseniks ist ausschließlich den Apothekern vorbehalten oder ganz verboten. Demgemäß wird nur bei Uebertretung der Artt. 5 u. 9 der Ord. durch Nichtapotheker und des Art. 10 der Thatbestand der Nr. 3, in allen andern Fällen der der Nr. 5 des § 367 StGB. erfüllt.

2. Les articles 34 et 35 de la loi du 21 germ. an XI seront abrogés à partir de la promulgation de l'ordonnance qui aura statué sur la vente des substances vénéneuses.

Ordonnance du 29 octobre 1846, portant règlement sur la vente des substances vénéneuses.

TIT. I. *Du commerce des substances vénéneuses.*

Art. 1er. Quiconque voudra faire le commerce d'une ou de plusieurs des substances comprises dans le tableau annexé à la présente ordonnance sera tenu d'en faire préalablement la déclaration devant le maire de la commune, en indiquant le lieu où est situé son établissement. — Les chimistes, fabricants ou manufacturiers, employant une ou plusieurs desdites substances, seront également tenus d'en faire la déclaration dans la même forme. — Ladite déclaration sera inscrite sur un registre à ce destiné, et dont un extrait sera remis au déclarant: elle devra être renouvelée dans le cas de déplacement de l'établissement.

Das Tableau ist jetzt durch Dekr. v. 8. Juli 1850 u. 1. Oct. 1864 (s. unten) festgestellt.

Nach einer Verordnung des Bezirks=Präsidenten des Unter=Elsaß hat die in Art. 1 vorgeschriebene Erklärung in der Stadt Straßburg vor dem Polizeidirector, in den übrigen Gemeinden vor dem Bürgermeister geschehen. (Amtsbl. 1874 Nr. 7.)

2. Les substances auxquelles s'applique la présente ordonnance ne pourront être vendues ou livrées qu'aux commerçants, chimistes, fabricants ou manufacturiers qui auront fait la déclaration prescrite par l'article précédent, ou aux pharmaciens. — Lesdites substances ne devront être livrées que sur la demande écrite et signée de l'acheteur.

3. Tous achats ou ventes de substances vénéneuses seront inscrits sur un registre spécial, coté et parafé par le maire ou par le commissaire de police. — Les inscriptions seront faites de suite et sans aucun blanc, au moment même de l'achat ou de la vente; elles indiqueront l'espèce et la quantité des substances achetées ou vendues, ainsi que les noms, profession et domicile des vendeurs ou des acheteurs.

4. Les fabricants et manufacturiers employant des substances vénéneuses en surveilleront l'emploi dans leur établissement, et constateront cet emploi sur un

registre établi conformément au premier paragraphe de l'art. 3.

TIT. II. *De la vente des substances vénéneuses par les pharmaciens.*

5. La vente des substances vénéneuses ne peut être faite, pour l'usage de la médecine, que par les pharmaciens, et sur la prescription d'un médecin, chirurgien, officier de santé, ou d'un vétérinaire breveté. — Cette prescription doit être signée, datée, et énoncer en toutes lettres la dose desdites substances, ainsi que le mode d'administration du médicament.

6. Les pharmaciens transcriront lesdites prescriptions, avec les indications qui précèdent, sur un registre établi dans la forme déterminée par le premier paragraphe de l'art. 3. — Ces transcriptions devront être faites de suite et sans aucun blanc. — Les pharmaciens ne rendront les prescriptions que revêtues de leur cachet, et après y avoir indiqué le jour où les substances auront été livrées, ainsi que le numéro d'ordre de la transcription sur le registre. — Ledit registre sera conservé pendant vingt ans au moins, et devra être représenté à toute réquisition de l'autorité.

7. Avant de délivrer la préparation médicale, le pharmacien y apposera une étiquette indiquant son nom et son domicile, et rappelant la destination interne ou externe du médicament.

8. L'arsenic et ses composés ne pourront être vendus, pour d'autres usages que la médecine, que combinés avec d'autres substances. — Les formules de ces préparations seront arrêtées, sous l'approbation de notre ministre secrétaire d'État de l'agriculture et du commerce, savoir: — Pour le traitement des animaux domestiques, par le conseil des professeurs de l'École

royale vétérinaire d'Alfort, — Pour la destruction des animaux nuisibles, et pour la conservation des peaux, et objets d'histoire naturelle, par l'École de pharmacie.

9. Les préparations mentionnées dans l'article précédent ne pourront être vendues ou délivrées que par les pharmaciens, et seulement à des personnes connues et domiciliées. — Les quantitées livrées, ainsi que le nom et le domicile des acheteurs, seront inscrits sur le registre spécial, dont la tenue est prescrite par l'art. 6.

10. La vente et l'emploi de l'arsenic et de ses composés sont interdits pour le chaulage des grains, l'embaument des corps et la destruction des insectes.

TIT. III. *Dispositions générales.*

11. Les substances vénéneuses doivent toujours être tenues, par les commerçants, fabricants, manufacturiers et pharmaciens, dans un endroit sûr et fermé à clef.

12. L'expédition, l'emballage, le transport, l'emmagasinage et l'emploi doivent être effectués par les expéditeurs, voituriers commerçants et manufacturiers, avec les précautions nécessaires pour prévenir tout accident: — Les fûts, récipients ou enveloppes ayant servi directement à contenir les substances vénéneuses ne pourront recevoir aucune autre destination.

14. Indépendamment des visites qui doivent être faites en vertu de la loi du 21 germ. an XI, les maires ou commissaires de police, assistés, s'il y a lieu, d'un docteur en médecine désigné par le préfet, s'assureront de l'exécution des dispositions de la présente ordonnance. — Ils visiteront à cet effet, les officines des pharmaciens, les boutiques et magasins des commerçants et manufacturiers vendant ou employant lesdites substances. Ils se feront représenter les registres mentionnés

dans les articles 1er, 3, 4 et 6 et constateront les contraventions. — Leurs procès-verbaux seront transmis au procureur du Roi, pour l'application des peines prononcées par l'art. 1er de la loi du 19 juillet 1845.

Ueber die jetzt zur Anwendung kommenden Strafen vgl. Bem. zu Art. 1 Ges. v. 19. Juli 1845.

Décret du 3 mai 1850, relatif à la vente des remèdes nouveaux dont l'utilité aura été régulièrement reconnue.

Article unique. Les remèdes qui auront été reconnus nouveaux et utiles par l'Académie nationale de médecine, et dont les formules, approuvées par le ministre de l'agriculture et du commerce, conformément à l'avis de cette compagnie savante, auront été publiées dans son bulletin, avec l'assentiment des inventeurs ou possesseurs, cesseront d'être considérés comme remèdes secrets. — Ils pourront être, en conséquence, vendus librement par les pharmaciens, en attendant que la recette en soit insérée dans une nouvelle édition du Codex.

Vgl. Bem. zu Artt. 33 u. 36 Ges. v. 21. germ. XI.

Décret du 8 juillet 1850, relatif à la vente des substances vénéneuses.

Art. 1er. Le tableau des substances vénéneuses, annexé à l'ordonnance du 29 octobre 1846, est remplacé par le tableau joint au présent décret.

2. Dans les visites spéciales prescrites par l'art. 14 de l'ordonnance du 29 octobre 1846, les maires ou commissaires de police seront assistés, s'il y a lieu, soit d'un docteur en médecine, soit de deux professeurs d'une école de pharmacie, soit d'un membre du jury médical et d'un des pharmaciens adjoints à ce jury, désignés par le préfet.

Tableau des substances vénéneuses à annexer au décret du 8 juillet 1850.

Acide cyanhydrique. — Alcaloïdes végétaux, vénéneux et leurs sels. — Arsenic et ses préparations. — Beleadone, extrait et teinture. — Cantharides entières, poudre et extrait. — Chloroforme. — Ciguë, extrait et teinture. — Cyanure de mercure. — Cyanure de potassium. — Digitale, extrait et teinture. — Nicotiane. — Nitrate de mercure. — Opium et son extrait. — Phosphore. — Seigle ergoté. — Stramonium, extrait et teinture. — Sublimé corrosif.

Décret du 1er—19 octobre 1864.

Art. 1er. La coque du Levant est ajoutée aux substances vénéneuses dont le tableau est annexé au décret du 8 juillet 1850.

XVI.

Gesundheitspolizei.

Inhaltsübersicht.

Arrêté v. 27. mess. V.

Code pénal, Artt. 459, 462.

Ges. v. 13. April 1850, Artt. 1—12.

Arrêt du Conseil du 10 avril 1714, concernant les animaux morts naturellement.

Ersetzt durch Art. 13 RG. S. unter „Feldpolizei."

Arrêt du règlement du Parlement de Paris du 24 mars 1745, concernant la contagion des bestiaux.

Arrêt du Conseil d'État du 19 juillet 1746, prescrivant des précautions contre la maladie épidémique des bestiaux.

Arrêt du Conseil du 16 juillet 1784, concernant les maladies des animaux, et spécialement la morve.

Die vorstehenden 3 arrêts (abgedruckt bei Durand et Paultre V^e part. p. 57) sind mit neuer gesetzlicher Gültigkeit und zwar für das ganze Land versehen worden, soweit ihre Bestimmungen in der durch arrêté des Directoriums v. 27 mess. an V mit Gesetzeskraft ausgestatteten Ministerialverfügung wiederholt sind. (Vgl. hierüber Reynal, traité de la police sanitaire des animaux d. Paris 1873 S. 113 ff. cass. v. 18. 11. 1808.)

Loi du 28 sept.—6 oct. 1791 (Code rural) TIT. II.

Art. 23 s. u. „Feldpolizei".

Arrêté du directoire exécutif du 27 messidor an V, qui ordonne l'exécution de mesures destinées à prévenir la contagion des maladies épizootiques.

Die Gesetzeskraft dieses arrêté ist unbestritten, nur bezeugen die Autoren, daß wegen seiner harten Strafen die Polizeibehörden sich von jeher gescheut haben, eine Verfolgung auf Grund desselben zu veranlassen. (Vgl. Reynal a. a. O.)

Heute sind die Strafvorschriften desselben, soweit sie die Nichtbefolgung der im einzelnen Falle angeordneten polizeilichen Maßregeln betreffen, durch § 328 StGB. beseitigt, und für die wichtigste Viehseuche, die Rinderpest (peste bovine, typhus contagieux), sind die zu ergreifenden Maßregeln auf Grund des Reichsgesetzes v. 7. April 1869, eingeführt in Elsaß-Lothringen durch Ges. v. 11. Dec. 1871 (GBl. S. 403), in der Instruktion v. 9. Juni 1873 (GBl. S. 171) bestimmt.

Wenn § 7 des Rinderpestgesetzes hinsichtlich der Bestrafung von Zuwiderhandlungen auf die Gesetzgebung der Einzelstaaten verweist, so kann, da das StGB. bereits vorher in Elsaß-Lothringen eingeführt war, dieser Hinweis nur noch insofern von Bedeutung sein, als die Strafe nicht schon durch das StGB. [§§ 328 u. 360 10)] gegeben ist, so z. B. hinsichtlich der in § 4 vorgeschriebenen Anzeigepflicht, welche nach Art. 459 C. p. strafbar bleibt.

1. Tout propriétaire ou détenteur de bêtes à cornes, à quelque titre que ce soit, qui aura une ou plusieurs bêtes malades ou suspectes, sera obligé, sous peine de 500 fr. d'amende, d'en avertir sur le champ l'agent de sa commune, qui les fera visiter par l'expert le plus prochain ou par celui qui aura été désigné par le département ou par le canton. (Arrêt du Parlement du 28 mars 1745; arrêt du Conseil du 19 juillet 1746, art. 3; id. du 16 juillet 1784, art. 1.)

Aufgehoben durch Art. 459 Code pénal.

2. Lorsque, d'après le rapport de l'expert, il sera constaté qu'une ou plusieurs bêtes seront malades, l'agent veillera à ce que ces animaux soient séparés des autres et ne communiquent avec aucun animal de la commune. Les propriétaires, sous quelque prétexte que ce soit, ne pourront les faire conduire dans les pâturages ni aux abreuvoirs communs, et ils seront tenus de les nourrir dans des lieux renfermés, sous peine de 100 fr. d'amende (Arrêt du Conseil du 19 juillet 1746, art. 2).

Die Strafe ist jetzt, solange noch keine Sperre angeordnet ist, durch Art. 459 Code pénal, und nach angeordneter Sperre durch § 328 StGB. gegeben. Vgl. noch Art. 23 RG. Thl. I S. 174.

Als Anweisung für die Polizeibehörden und Viehbesitzer sind die vorstehenden Bestimmungen, abgesehen von dem Falle der Rinderpest (s. oben zur Ueberschrift), noch in Kraft.

3. L'agent en informera, dans le jour, le commissaire du Directoire exécutif du canton, auquel il indiquera le nom du propriétaire et le nombre des bêtes malades. Le commissaire du Directoire exécutif fera part du tout à l'administration centrale du département (Arrêt du Conseil du 19 juillet 1746).

4. Aussitôt qu'il sera prouvé à l'agent que l'épizootie existe dans une commune, il en instruira tous les propriétaires de bestiaux de ladite commune, par une affiche posée aux lieux où se placent les actes de l'autorité publique; laquelle affiche enjoindra auxdits propriétaires de déclarer à l'agent le nombre des bêtes à cornes qu'ils possèdent, avec désignation d'âge, de taille, de poil, etc.

Copie de ces déclarations sera envoyée au commissaire du Directoire exécutif près l'administration municipale du canton, et par celui-ci à l'administration centrale du département (Arrêt du Conseil du 19 juillet 1746, art. 4).

5. En même temps, l'agent municipal fera marquer sous ses yeux toutes les bêtes à cornes de sa commune avec un fer chaud, représentant la lettre M. Quand l'administration centrale du département sera assurée que l'épizootie n'a plus lieu dans son ressort, elle ordonnera une contre-marque telle qu'elle jugera à propos, afin que les bêtes puissent aller et être vendues partout

sans qu'on ait rien à en craindre (Arrêt du Conseil du 19 juillet 1746; id. du 16 juillet 1784).

6. Afin d'éviter toute communication des bestiaux de pays infectés avec ceux de pays qui ne le sont pas, il sera fait de temps en temps des visites chez les propriétaires de bestiaux, dans les communes infectées, pour s'assurer qu'aucun animal n'en a été distrait (Arrêt du 24 mars 1745, art. 1).

Zu Nr. 3—6. Bezüglich der Rinderpest sind die zu ergreifenden Maßregeln jetzt durch die Instruktion v. 9. Juni 1873 (GBl. S. 171) vorgeschrieben.

7. Si, au mépris des dispositions précédentes, quelqu'un se permet de vendre, ou d'acheter aucune bête marquée dans un pays infecté, pour la conduire dans un marché ou une foire, ou même chez un particulier de pays non infecté, il sera puni de 500 fr. d'amende. Les propriétaires de bêtes qui les feront conduire par leurs domestiques ou autres personnes dans les marchés ou foires, ou chez des particuliers de pays non infectés, seront responsables du fait de ces conducteurs (Arrêt du Conseil du 19 juillet 1746, art. 5, 6).

Strafe jetzt in § 328 StGB. Hinsichtlich der strafrechtlichen Verantwortlichkeit der Eigenthümer kommen jetzt nur noch die Grundsätze des StGB. über Theilnahme zur Anwendung.

8. Il est enjoint à tout fonctionnaire public qui trouvera sur les chemins, ou dans les foires ou marchés, des bêtes à cornes marquées de la lettre M., de les conduire devant le juge de paix, lequel les fera tuer sur-le-champ en sa présence (Arrêt du Conseil du 19 juill. 1746, art. 7).

Pourront néanmoins les propriétaires de bêtes saines en pays infectés, en faire tuer chez eux ou en vendre aux bouchers de leurs communes, mais aux conditions suivantes: 1° Il faudra que l'expert ait constaté que ces bêtes ne sont point malades; — 2° Le boucher n'entrera point dans l'étable. — 3° Le boucher tuera les bêtes dans les vingt-quatre heures. — 4° Le propriétaire ne pourra s'en dessaisir, et le boucher les tuer, qu'ils n'en aient la permission par écrit de l'agent, qui en fera mention sur son état.

Toute contravention à cet égard sera punie de 200 fr. d'amende: le propriétaire et le boucher demeurant solidaires (Arrêt du Conseil du 19 juill. 1746, art. 8).

Der Thatbestand dieser Nr. 8, welcher eine spezielle Anordnung von Seiten der Behörden nicht zur Voraussetzung hat, wird eben deshalb von § 328 StGB. nicht berührt, ist aber bezüglich der Rinderpest durch Ges. v. 11. Dez. 1871 a. E. außer Kraft gesetzt.

Die solidarische Haftpflicht für die Geldstrafe ist wie überall, wo nur die allgemeine Regel des franz. Strafrechts in ihr zum Ausdruck gelangt, beseitigt (vgl. Vorb. zu den Forstgesetzen III).

9. Il est ordonné de tenir, dans les lieux infectés tous les chiens à l'attache, et de tuer tous ceux qu'on trouverait divagants. (Loi du 19 juill. 1791).

10. Tout fonctionnaire public qui donnera des certificats et attestations contraires à la vérité, sera condamné à 1000 fr. d'amende, même poursuivi extraordinairement (Arrêt du Cons. du 24 mars 1745 art. 14.

Mat. des § 348 StGB.

11. Dans tous les cas où les amendes pour les objets relatifs à l'épizootie seront appliquées, aucun juge ne pourra les remetire ni les modérer; les jugements qui interviendront en conséquence seront exécutés par provision, et les délinquants, au surplus, soumis aux lois de la police correctionnelle (Arrêt du Parl. de 1745, art. 7, 8. Arrêt du Cons. 1746, art. 15; id. 1784, art. 12).

12. Aussitôt qu'une bête sera morte, au lieu de la traîner, on la transportera à l'endroit où elle doit être enterrée, qui sera, autant que possible, au moins à 50 toises des habitations: on la jettera seule dans une

fosse de huit pieds de profondeur, avec toute sa peau tailladée en plusieurs parties, et on la recouvrira de toute la terre sortie de la fosse. Dans le cas où le propriétaire n'aurait pas la facilité d'en faire le transport, l'agent municipal en requerra un autre, et même les ouvriers nécessaires, **à peine de 50 fr. contre les refusants.** Dans les lieux où il y a des chevaux, on préférera de faire traîner par eux les voitures chargées de bêtes mortes; lesquelles voitures seront lavées à l'eau chaude après le transport. Il est défendu de les jeter dans les bois, dans les rivières ou à la voirie, et de les enterrer dans les étables, cours et jardins, sous peine de 300 fr. d'amende et de tous dommages et intérêts (Arrêt du Parl. de 1745, art. 5. Arrêt du Cons. 1784, art. 6).

Die Verweigerung der Hülfeleistung wird jetzt nach § 360 10) StGB. bestraft; im Uebrigen ist der Artikel noch in Kraft, abgesehen von dem Falle der Rinderpest, für den besondere Vorschriften gegeben sind.

Vu la lettre, écrite par le ministre de l'intérieur, aux administrations centrales et municipales, sur les mesures à prendre pour prévenir la contagion des maladies épizootiques . . . . .

Le Directoire exécutif arrête que lesdites lettres et instructions seront imprimées au Bulletin des lois; charge les administrations de veiller à l'exécution des mesures et des dispositions contenues dans lesdites lettres et instructions.

CODE PÉNAL.

LIV. III, TIT. II, CHAP. II, SECT. III. *Destructions, dégradations, dommages.*

Art. 459. Tout détenteur ou gardien d'animaux ou de bestiaux soupçonnés d'être infectés de maladie contagieuse, qui n'aura pas averti sur-le-champ le maire de la commune où ils se trouvent, et qui, même avant que le maire ait répondu à l'avertissement, ne les aura pas tenus renfermés, sera puni d'un emprisonnement de six jours à deux mois, et d'une amende de 16 fr. à 200 fr.

Der Artikel enthält eine allgemeine, für alle Fälle bestimmte sanitätspolizeiliche Anordnung (im Gegensatz zu Maßregeln der Verwaltungsbehörden in konkreten Fällen) und ist deshalb von § 328 StGB. nicht berührt.

Das Gesetz über die Rinderpest verpflichtet in § 5 „jeden, der zuverlässige Kunde erlangt ꝛc.", zur Anzeige, verweist aber hinsichtlich der Strafe in § 7 auf die Landesgesetze; letztere bestehen bis heute allein in dem Art. 459 Code pénal, der die Verletzung der Anzeigepflicht nur an bestimmten Personen bestraft und in dieser Beschränkung für den Strafrichter maßgebend bleibt. Das Austreiben vor angeordneter Sperre verbietet das Rinderpestgesetz nicht ausdrücklich, und da nach dem Einführungsgesetze v. 11. Dec. 1871 alle „denselben Gegenstand" d. h. Maßregeln gegen die Rinderpest betreffende Vorschriften außer Kraft gesetzt sind, so ist ein solches Austreiben von pestkranken Rindern jetzt straflos.

460. 461. Mat. des § 328 StGB.

462. Si les délits de police correctionnelle dont il est parlé au présent chapitre ont été commis par des gardes-champêtres ou forestiers, ou des officiers de police, à quelque titre que ce soit, la peine d'emprisonnement sera d'un mois au moins, et d'un tiers au plus en sus de la peine la plus forte qui serait appliquée à un autre coupable du même délit.

Die aus dem CHAP. II in Kraft gebliebenen Artt. sind die Artt. 412—420 (S. 192, 104, 100, 191) u. 459 oben.

Loi du 3 mars 1822, relative à la police sanitaire.

Bull. 7e série no 12211.

Das Gesetz ist wegen seiner ungewöhnlich hohen Strafen — es droht in nicht weniger als 5 Fällen Todesstrafe an — in strafrechtlicher Beziehung fast ohne Anwendung geblieben (vgl. Dalloz Rép. V° Salubrité publique n° 148, 152) und deshalb als veraltet von den meisten Privatgesetzsammlungen ausgeschlossen (so von Durand et Paultre, Roger et Sorel, Rivière et F. Hélie, dagegen bei Tripier gr. Ausg.). Es kommt hinzu, daß der wesentlichste Theil des Gesetzes Seeverkehr und Meeresküsten zur thatsächlichen Voraussetzung hat und daher für Elsaß-Lothringen unanwendbar geworden ist. Im Uebrigen beziehen sich die Strafandrohungen des Gesetzes zumeist auf Zuwiderhandlungen gegen die bei Ausbruch einer Epidemie zu ergreifenden Maßregeln und sind insofern durch § 327 StGB. beseitigt, wie denn auch diese Maßregeln selbst entsprechend den veränderten wissenschaftlichen Anschauungen heute einen, von dem Gesichtspunkte des Gesetzgebers von 1822 weit abliegenden Charakter tragen werden, so daß die in den Artt. 11—13, bei denen allein eine theilweise Geltung in Frage kommen könnte, vorausgesetzten Einrichtungen, z. B. ein cordon gegen die Cholera, schwerlich je mehr zur praktischen Ausführung gelangen werden.

Art. 4 Nr. 15 der Reichsverfassung unterstellt Maßregeln der Medizinalpolizei der Beaufsichtigung und Gesetzgebung des Reichs.

Loi du 19 janv., 7 mars, 13 et 22 avril 1850, relative à l'assainissement des logements insalubres.

Art. 1er. Dans toute commune où le conseil municipal l'aura déclaré nécessaire par une délibération spéciale, il nommera une commission chargée de rechercher et indiquer les mesures indispensables d'assainissement des logements et dépendances insalubres mis en location ou occupés par d'autres que le propriétaire, l'usufruitier ou l'usager. Sont réputés insalubres les logements qui se trouvent dans des conditions de nature à porter atteinte à la vie ou à la santé de leurs habitants.

3. La commission visitera les lieux signalés comme insalubres.

Elle déterminera l'état d'insalubrité, et en indiquera les causes, ainsi que les moyens d'y remédier. Elle désignera les logements, qui ne seraient pas susceptibles d'assainissement.

4. Les rapports de la commission seront déposés au secrétariat de la mairie, et les parties intéressées mises en demeure d'en prendre communication et de produire leurs observations dans le délai d'un mois.

5. A l'expiration de ce délai les rapports et observations seront soumis au conseil municipal, qui déterminera: — 1° Les travaux d'assainissement et les lieux où ils devront être entièrement ou partiellement exécutés, ainsi que les délais de leur achèvement; — 2° les habitations qui ne sont pas susceptibles d'assainissement.

6. Un recours est ouvert aux intéressés contre ces décisions devant le conseil de préfecture, dans le délai d'un mois à dater de la notification de l'arrêté municipal. Ce recours sera suspensif.

7. En vertu de la décision du conseil municipal ou de celle du conseil de préfecture en cas de recours, s'il a été reconnu que les causes d'insalubrité sont dépendantes du fait du propriétaire ou de l'usufruitier, l'autorité municipale lui enjoindra, par mesure d'ordre et de police, d'exécuter les travaux jugés nécessaires.

9. En cas d'inexécution, dans les délais déterminés,

des travaux jugés nécessaires, et si le logement continue d'être occupé par un tiers, le propriétaire ou l'usufruitier sera passible d'une amende de 16 fr. à 100 fr. Si les travaux n'ont pas été exécutés dans l'année qui aura suivi la condamnation, et si le logement insalubre a continué d'être occupé par un tiers, le propriétaire ou l'usufruitier sera passible d'une amende égale à la valeur des travaux, et pouvant être élevée au double.

10. S'il est reconnu que le logement n'est pas susceptible d'assainissement, et que les causes d'insalubrité sont dépendantes de l'habitation elle-même, l'autorité municipale pourra, dans le délai qu'elle fixera, en interdire provisoirement la location à titre d'habitation. — L'interdiction absolue ne pourra être prononcée que par le conseil de préfecture, et, dans ce cas, il y aura recours de sa décision devant le Conseil d'État. — Le propriétaire ou l'usufruitier qui aura contrevenu à l'interdiction prononcée sera condamné à une amende de 16 à 100 fr., et, en cas de récidive dans l'année, à une amende égale au double de la valeur locative du logement interdit.

12. L'art. 463 du Code pénal sera applicable à toutes les contraventions ci-dessus indiquées.

XVII.

Natürliche und künstliche Mineralwasser

(Eaux minérales).

Inhaltsübersicht.

Ordonnance du 18 juin—17 juillet 1823, portant règlement sur la police des eaux minérales.

In Art. 34 des Dekrets v. 28. Jan. 1860 sind die Bestimmungen der Ordonnanz, soweit sie mit denen des Dekrets nicht in Widerspruch stehen, ausdrücklich in Kraft erhalten.

Die Strafsanktion für Zuwiderhandlungen gegen die Vorschriften der Ord. enthalten die Artt. 471 15), 474, 483 Code pénal, also Geldstrafe von 80 Pf. bis 4 M. und bei Rückfall Haft bis zu 3 Tagen.

TITRE I. *Dispositions générales.*

Art. 1er. Toute entreprise ayant pour effet de livrer ou d'administrer au public des eaux minérales naturelles ou artificielles, demeure soumise à une autorisation préalable et à l'inspection d'hommes de l'art, ainsi qu'il sera réglé ci-après. — Sont seuls exceptés de ces conditions les débits desdites eaux qui ont lieu dans des pharmacies.

2. Les autorisations exigées par l'article précédent continueront à être délivrées par notre ministre secrétaire d'état de l'interieur, sur l'avis des autorités locales, accompagné pour les eaux minérales naturelles, de leur analyse, et pour les eaux minérales artificielles, des formules de leur préparation. — Elles ne pourront être révoquées qu'en cas de résistance aux règles prescrites par la présente ordonnance, ou d'abus qui seraient de nature à compromettre la santé publique.

Nach Art. 2 Nr. 7 des Dezentralisationsdekretes v. 13. April 1861 wird die Erlaubniß zur Anlegung von Fabriken künstlicher Mineralwasser jetzt vom Präfekten ertheilt.

Zum Betrieb natürlicher Mineralquellen bedarf es der Ermächtigung seitens des Oberpräsidenten (vgl. Bekanntmachung des Reichskanzlers v. 29. Jan. 1872, GBl. S. 122), sofern nicht das durch Ges. v. 14. Juli 1856 geschaffene Verfahren eingeleitet ist und daher dem Besitzer der Art. 8 dieses Gesetzes zu Statten kommt.

8. Ersetzt durch Art. 16 Dekr. v. 28. Jan. 1860.

TITRE II. *Dispositions particulières à la fabrication des eaux minérales artificielles, aux dépôts et à la vente de ces eaux et des eaux minérales naturelles.*

13. Tous individus fabriquant des eaux minérales artificielles ne pourront obtenir ou conserver l'autori-

sation exigée par l'art. 1er qu'à la condition de se soumettre aux dispositions qui les concernent dans la présente ordonnance, de subvenir aux frais d'inspection, de justifier des connaissances nécessaires pour de telles entreprises, ou de présenter pour garant un pharmacien légalement reçu.

14. Ils ne pourront s'écarter, dans leur préparations, des formules approuvées par notre ministre secrétaire d'état de l'interieur, et dont copie restera dans les mains des inspecteurs chargés de veiller à ce qu'elles soient exactement suivies. — Ils auront néanmoins, pour des cas particuliers, la faculté, d'exécuter des formules magistrales sur la prescription écrite et signée d'un docteur en médecine ou en chirurgie. — Ces prescriptions seront conservées pour être représentées à l'inspecteur, s'il le requiert.

15. Les autorisations nécessaires pour tous dépôts d'eaux minérales naturelles ou artificielles, ailleurs que dans des pharmacies ou dans les lieux où elles sont puisées ou fabriquées, ne seront pareillement accordées qu'à la condition expresse de se soumettre aux présentes règles et de subvenir aux frais d'inspection. — Il n'est néanmoins rien innové à la faculté que les précédents règlements donnent à tout particulier de faire venir des eaux minérales pour son usage et pour celui de sa famille.

Die Erlaubniß zur Errichtung von Niederlagen ertheilt der Präfekt. Art. 2 Nr. 8 Dezentralisationsdekret v. 13. April 1861.

16. Il ne peut être fait d'expédition d'eaux minérales naturelles hors de la commune où elles sont puisées, que sous la surveillance de l'inspecteur; les envois doivent être accompagnés d'un certificat d'origine, par lui délivré, constatant les quantités expédiées, la date

de l'expédition, et la manière dont les vases ou bouteilles ont été scellés au moment même où l'eau a été puisée à la source. — Les expéditions d'eaux minérales artificielles seront pareillement surveillées par l'inspecteur et accompagnées d'un certificat d'origine délivré par lui.

17. Lors de l'arrivée desdites eaux aux lieux de leur destination, ailleurs que dans des pharmacies ou chez des particuliers, les vérifications nécessaires pour s'assurer que les précautions prescrites ont été observées et qu'elles peuvent être livrées au public, seront faites par les inspecteurs. Les caisses ne seront ouvertes qu'en leur présence, et les débitants devront tenir registre des quantités reçues, ainsi que des ventes successives.

18. Là où il n'aura point été nommé d'inspecteur, tous établissements d'eaux minérales naturelles ou artificielles seront soumis aux visites ordonnées par les art. 29, 30 et 31 de la loi du 11 avril 1803 (21 germinal an XI).

Loi du 14—22 juillet 1856, sur la conservation et l'aménagement des sources d'eaux minérales.

TITRE I. *De la déclaration d'intérêt public des sources, des servitudes et des droits qui en résultent.*

Art. 1er. Les sources d'eaux minérales peuvent être déclarées d'intérêt public, après enquête, par un décret impérial délibéré en conseil d'État.

2. Un périmètre de protection peut être assigné par un décret rendu dans les formes établies en l'art. précédent, à une source déclarée d'intérêt public. — Ce périmètre peut être modifié si de nouvelles circonstances en font reconnaître la nécessité.

3. Aucun sondage, aucun travail souterrain ne peuvent être pratiqués dans le périmètre de protection d'une source minérale déclarée d'intérêt public, sans autorisation préalable. — A l'égard des fouilles, tranchées, pour extraction de matériaux ou pour un autre objet, fondation de maisons, caves, ou autres travaux à ciel ouvert, le décret qui fixe le périmètre de protection peut exceptionnellement imposer aux propriétaires l'obligation de faire, au moins un mois à l'avance, une déclaration au préfet, qui en délivre récépissé.

4. Les travaux énoncés dans l'article précédent et entrepris, soit en vertu d'une autorisation régulière, soit après une déclaration préalable, peuvent, sur la demande du propriétaire de la source, être interdits par le préfet, si leur résultat constaté est d'altérer ou de diminuer la source. Le propriétaire du terrain est préalablement entendu. — L'arrêté du préfet est exécutoire par provision, sauf recours au conseil de préfecture et au conseil d'État par la voie contentieuse.

5. Lorsque à raison de sondages ou de travaux souterrains entrepris en dehors du périmètre, et jugés de nature à altérer ou diminuer une source minérale déclarée d'intérêt public, l'extension du périmètre paraît nécessaire, le préfet peut, sur la demande du propriétaire de la source, ordonner provisoirement la suspension des travaux. — Les travaux peuvent être repris, si, dans le délai de six mois, il n'a pas été statué sur l'extension du périmètre.

6. Les dispositions de l'art. précédent s'appliquent à une source minérale déclarée d'intérêt public, à laquelle aucun périmètre n'a été assigné.

7. Dans l'intérieur du périmètre de protection, le propriétaire d'une source déclarée d'intérêt public a le droit de faire, dans le terrain d'autrui, à l'exception des

maisons d'habitation et des cours attenantes, tous les travaux de captage et d'aménagement nécessaires pour la conservation, la conduite et la distribution de cette source, lorsque ces travaux ont été autorisés par un arrêté du ministre de l'agriculture, de commerce et des travaux publics. — Le propriétaire du terrain est entendu dans l'instruction.

An Stelle des Ministers ist der Oberpräsident getreten.

8. Le propriétaire d'une source d'eau minérale déclarée d'intérêt public peut exécuter, sur son terrain, tous les travaux de captage et d'aménagement nécessaires pour la conservation, la conduite et la distribution de cette source, un mois après la communication faite de ses projets au préfet. — En cas d'opposition par le préfet, le propriétaire ne peut commencer ou continuer les travaux qu'après autorisation du ministre de l'agriculture du commerce et des travaux publics. — A défaut de décisions dans le délai de trois mois, le propriétaire peut exécuter les travaux.

Ist die Gemeinnützlichkeit der Quelle nicht erklärt, so gilt für die Betriebseröffnung nach wie vor die Bestimmung der Artt. 1, 2. Ord. v. 18. Juni 1823.

TITRE II. *Dispositions pénales.*

13. L'exécution, sans autorisation, ou sans déclaration préalable, dans le périmètre de protection, de l'un des travaux mentionnés dans l'art. 3, la reprise des travaux interdits ou suspendus administrativement en vertu des art. 4, 5 et 6, est punie d'une amende de 50 fr. à 500 fr.

14. Les infractions aux règlements d'administration publique prévus au dernier paragraphe de l'art. 19 de la présente loi sont punies d'une amende de 16 à 100 fr.

15. Les infractions prévues par la présente loi sont constatées, concurrement, par les officiers de police

judiciaire, les ingénieurs des mines et les agents sous leurs ordres ayant droit de verbaliser.

16. Les procès-verbaux dressés en vertu des art. 13 et 14 sont visés pour timbre et enregistrés en débet. — Les procès-verbaux dressés par des garde-mines ou agents de surveillance assermentés doivent, à peine de nullité, être affirmés dans les trois jours devant le juge de paix ou le maire, soit du lieu du délit, soit de la résidence de l'agent. — Lesdits procès-verbaux font foi jusqu'à preuve contraire.

17. L'art. 463 du Code pénal est applicable aux condamnations prononcées en vertu de la présente loi.

TITRE III. *Dispositions générales et transitoires.*

19. Des règlements d'administration publique déterminent: — Les formes et les conditions de la déclaration d'intérêt public, de la fixation du périmètre de protection, de l'autorisation mentionnée à l'art. 3, et de la constatation mentionnée à l'art. 4; — L'organisation de l'inspection médicale et de la surveillance des sources et des établissements d'eaux minérales naturelles; les bases et le mode de la répartition énoncés en l'art. 18; — Les conditions générales d'ordre, de police et de salubrité auxquelles tous les établissements d'eaux minérales naturelles doivent satisfaire.

Die in dem Schlußsatz des Artikels vorbehaltenen Anordnungen (auf die sich der Art. 14 bezieht) sind Gegenstand des folgenden Dekrets v. 28. Jan. 1860.

Décret du 28 janv.—13 fév. 1860, concernant la conservation et l'aménagement des d'eaux minérales.

Die Straffanktion für Uebertretung der Vorschriften des Titel II enthält Art. 14 Ges. v. 14. Juli 1856 (nicht 471 15) Code pénal).

TITRE II. *Des conditons générales d'ordre, de police et de salubrité auxquelles les établissements d'eaux minérales naturelles doivent satisfaire.*

15. L'usage des eaux n'est subordonné à aucune permission ni à aucune ordonnance de médecin.

16. Dans tous les cas où les besoins du service l'exigent des réglements arrêtés par le préfet, les propriétaires, régisseurs ou fermiers préalablement entendus, déterminent les mesures qui ont pour objet: La salubrité des cabinets, bains, douches, piscines, et, en général, de tous les locaux affectés à l'administration des eaux; — le libre usage des eaux; — l'exclusion de toute préférence dans les heures, pour les bains et douches; — l'égalité des prix, sauf les réductions qui peuvent étre accordées aux indigents; — la protection particulière due aux malades; — les mesures d'ordre et de police à observer par le public, soit à l'intérieur, soit aux abords; — la séparation des sexes.

17. Ces réglements restent affichés dans l'intérieur de l'établissement, et sont obligatoires pour les personnes qui le fréquentent, aussi bien que pour les propriétaires, régisseurs ou fermiers, et pour les employés du service. — Les inspecteurs ont le droit de requérir, sauf recours aux préfets, le renvoi des employés qui refuseraient de se conformer aux règlements.

18. Un mois avant l'ouverture de chaque saison, les propriétaires, régisseurs ou fermiers des établissements d'eaux minérales envoient aux préfets le tarif détaillé des prix correspondants aux modes divers suivant lesquels les eaux sont administrées, et des accessoires qui en dépendent.

Il ne peut y être apporté aucun changement pendant la saison. Sous aucun prétexte il n'est exigé ni perçu aucun prix supérieur au tarif, ni aucune somme en dehors du tarif pour l'emploi des eaux.

19. Le tarif prévu à l'article précédent est constamment affiché à la porte principale et dans l'intérieur de l'établissement.

20. A l'issue de la saison des eaux le propriétaire, régisseur ou fermier de chaque établissement d'eaux minérales remet au médecin inspecteur, et à son défaut, au préfet, un état portant le nombre des personnes qui ont frequentées l'établissement. Cet état est envoyé, avec les observations du médecin inspecteur au ministre de l'agriculture, du commerce et des travaux publics.

21. Les propriétaires, régisseurs ou fermiers sont tenus de donner le libre accès des établissements et des sources à tous les fonctionnaires délégués par le ministre; ils leur fournissent les renseignements nécessaires à l'accomplissement de la mission qui leur est confiée.

TITRE IV. *Dispositions générales et transitoires.*

34. Les dispositions de l'ordonnance royale du 18 juin 1823, qui ne sont pas contraires à celles du présent règlement continuent de recevoir leur pleine et entière exécution.

XVIII.

Sicherheitspolizei.

Inhaltsübersicht.

A. Waffen, Schießpulver u. andere explodirende Stoffe.

Déclaration du Roi concernant le port des armes, donnée à Versailles le 23 mars 1728, registrée en parlement le 20 avril suivant.

Louis, etc. . . . ordonnons . . . qu'à l'avenir toute fabrique, commerce, vente, débit, achat, port et usage de poignards, couteaux en forme de poignards, soit de poche, soit de fusil, de baïonnettes, pistolets de poche, épées en bâtons, bâtons à ferrements, autres que ceux qui sont ferrés par le bout, et autres armes offensives cachées et secrètes, soient et demeurent pour toujours généralement abolis et défendus . . . . .

Die fortdauernde Geltung dieser Dekl. wurde durch Dekr. v. 12. März 1806, welches ihren Wiederabdruck verordnete, bestätigt, beschränkte sich jedoch seit Einführung des Code pénal — Art. 314 — auf die in der Dekl. enthaltene Aufzählung der verbotenen Waffen. Auch heute ist die Dekl. noch insofern von Wichtigkeit, als durch sie das gesetzliche Verbot, welches der § 367 9) StGB. voraussetzt, gegeben wird. Ein Dekr. v. 2. niv. XIV erklärte ferner noch les fusils et pistolets à vent und eine Ord. v. 23. Febr. 1837 die pistolets à poche für armes prohibées, deren Führen und Feilhalten auch heute noch zu bestrafen ist, sofern im Uebrigen die Erfordernisse des § 367 9) StGB. vorliegen.

Loi du 13 fructidor an V, relative à l'exploitation, à la fabrication et à la vente des poudres et salpêtres.

Das Ges. v. 13. fruct. V bestätigt und regelt das Staatsmonopol für Schießpulver und verbietet zur Durchführung desselben die Fabrikation, den Verkauf und den Besitz von mehr als 5 Kilogramm ohne vorgängige Erlaubniß sowie den Transport von mehr als 5 Kilogramm ohne Begleitschein. Die zuständige Behörde für Ertheilung der Genehmigung und Ausstellung des Begleitscheins ist nach der Ord. v. 25. März 1818 die Verwaltung der indirekten Steuern.

Indem nun das Ges. v. 21. Mai 1873 (GBl. S. 87) „das Staatsmonopol für die Fabrikation und den Verkauf von Schießpulver und Salpeter" aufhob, beseitigte es folgeweise alle Beschränkungen, welche Ausfluß des Monopols waren, und damit auch die erwähnten Strafvorschriften des Fruktidorgesetzes. Die Nr. 4 des § 367 StGB. bleibt also in Elsaß=Lothringen (wie in Preußen) ohne Anwendung.

Dagegen sind die Vorschriften des Landesrechts, welche für die Anlegung von Pulverfabriken als établissements dangereux eine vorgängige Genehmigung Seitens des Bezirkspräsidenten erheischen, oder Sicherheitsmaßregeln für den Betrieb derselben anordnen, nach wie vor in Geltung. Vgl. unten Ord. v. 25. Juni 1823.

CODE PÉNAL.

LIV. III, TIT. II, CHAP. I, SECT. II.

Blessures et coups volontaires non qualifiés meurtres, et autres crimes et délits volontaires.

Art. 314. 315. Mat. des § 367 9) StGB. Der Art. 314 ging zwar über den Thatbestand des § 367 9) hinaus, indem er nicht nur das Feilhalten und Mitsichführen sondern auch das Anfertigen bestrafte; beide Bestimmungen regeln jedoch dieselbe Materie, den Verkehr mit verbotenen Waffen, weshalb der Artikel des Code pénal nach Art. II Einf.=Ges. zum StGB. für aufgehoben zu erachten ist.

Décret du 14 déc. 1810, contenant règlement sur les armes à feu fabriquées en France et destinées pour le commerce.

Dieses Dekret sowie die nachfolgende Ordonnanz gehört zu den lois et règlements particuliers, welche in Art. 3 a. E. des Ges. v. 24. Mai 1834 ausdrücklich in Kraft erhalten sind.

Die in dem Dekret enthaltenen Bestimmungen über Prüfung der Schießwaffen sind jetzt durch das Dekr. v. 22. April—18. Juni 1868 ersetzt.

Art. 1er. Toutes les armes à feu des manufactures de l'Empire et destinées pour le commerce, de quelque calibre et dimension qu'elles soient, seront assujetties, si elles ne le sont déjà, ou continueront à être assujetties à des épreuves proportionnées à leur calibre.

2. Les armes du commerce n'auront jamais le calibre de guerre, et pourront être regardées comme appartenant au gouvernement, et être saisissables par lui, si leur calibre n'est pas au moins à deux millimètres au-dessus ou au-dessous de ce calibre . . . . .

8. Les fabricants, marchands et ouvriers canonniers ne pourront vendre aucun canon sans qu'il ait été éprouvé et marqué du poinçon d'acceptation à peine de 300 fr. d'amende pour la première fois, d'une amende double en cas de récidive, et de confiscation des canons ainsi mis en vente.

15. Tout canon vendu ou livré sous un calibre différent de celui désigné par le poinçon dont il porterait l'empreinte sera saisi et celui qui l'aura vendu ou livré sera condamné à une amende qui ne pourra être au-dessous de 50 fr. ni excéder 100 fr.

Ordonnance du Roi du 24 juillet—2 août 1816, relative aux armes de guerre.

Art. 12. Tout armurier ou fabricant d'armes devra être muni d'un registre parafé par le maire, sur lequel seront inscrites l'espèce et la quantité d'armes qu'il fabriquera ou achètera ainsi que l'espèce et la quantité de celles, qu'il vendra, avec les noms et domiciles des vendeurs et acquéreurs. — Les maires par eux ou par les commissaires de police devront arrêter tous les mois ces registres. — Il sera en outre donné connaissance des dépôts d'armes dites de traite et qui sont du calibre de guerre français, par les propriétaires, aux commissaires de police des villes où sont situés ces dépôts . . .

Die in Art. 15 resp. 5 der Ordonnanz enthaltene Strafandrohung ist unwirksam, weil Strafen auf dem Verordnungswege nicht bestimmt werden können (Dalloz Rép. V° armes n° 71); Zuwiderhandlungen gegen Art. 12 können daher nur auf Grund des Art. 471 15) Code pénal bestraft werden. S. u. Absch. XXIV.

Ordonnance du roi du 25 juin—21 juillet 1823, ayant pour objet de prévenir les dangers qui peuvent résulter de la fabrication et du débit des différentes sortes de poudres et matières détonantes et fulminantes.

Zur Anlegung der in Art. 1 der Ord. bezeichneten Fabriken muß, unter Wahrung der in Art. 7 Dekr. v. 15. Okt. 1810 (s. dasselbe unter den „schadendrohenden gewerblichen Anlagen") näher bestimmten Formalitäten, nach Art. 2, tabl. B. n° 8 des Dekr. v. 25. März 1852 die Genehmigung des Bezirkspräsidenten nachgesucht werden. Die Anlegung einer Fabrik ohne diese Erlaubniß ist nach Art. 471 15) u. event. 474, 483 Code pénal strafbar.

(Vgl. Vorbem. zu den „schadendrohenden gewerblichen Anlagen" S. 106).

Die in den übrigen Artt. der Ord. enthaltenen Bestimmungen charakterisiren sich als Verordnungen, „welche die Ausübung der Befugniß zur Zubereitung oder Feilhaltung von Schießpulver xc. betreffen"; ihre Nichtbefolgung ist also jetzt nach § 367 5) StGB. zu bestrafen.

Art. 1er. Les fabriques de poudres ou matières détonantes et fulminantes, de quelque nature qu'elles soient et les fabriques d'allumettes, d'étoupilles ou autres objets du même genre préparés avec ces sortes de poudre ou matières feront partie de la première classe des établissements insalubres ou incommodes **dont la nomenclature est annexée à notre ordonnance du 14 janv. 1815.**

Für die Klassifikation der établissements dangereux, insalubres ou incommodes ist jetzt die durch Dekret v. 31. Dez. 1866 (bull. XI S. 14890) veröffentlichte nomenclature maßgebend.

3. Les fabricants de poudres ou autres matières détonantes et fulminantes tiendront un registre légalement côté et parafé, sur lequel ils inscriront, jour par jour, de suite et sans aucun blanc, les quantités fabriquées et vendues, ainsi que les noms, qualités et demeures des personnes auxquelles ils les auront livrées.

4. Les fabricants d'allumettes, étoupilles et autres objets de la même espèce préparés avec des poudres ou matières détonantes et fulminantes, tiendront également un registre en bonne forme, sur lequel ils inscriront au fur et à mesure de chaque achat le nom et la demeure des fabricants, qui leur auront vendu lesdites poudres et matières.

5. Les marchands détaillants d'amorces pour les armes à feu à piston, et les marchands détaillants d'allumettes, d'étoupilles et autres objets du même genre

préparés avec des poudres détonantes et fulminantes, ne sont point soumis aux formalités prescrites par l'art. 1; mais ils seront tenus de renfermer ces différentes préparations dans des lieux sûrs et séparés dont ils auront seuls la clef. — Il leur est défendu de se livrer à ce commerce, sans en avoir préalablement fait leur déclaration par écrit .... à la mairie, afin qu'il soit verifié si leur local est convenablement disposé pour cet usage.

6. Les poudres et matières détonantes et fulminantes ne pourront être employées qu'à la fabrication des amorces propres aux armes à feu, des allumettes, des étoupilles et autres objets d'une utilité réconnue.

7. Les contrevenants aux dispositions prescrites par la présente ordonnance seront poursuivis devant les tribunaux de police, sur les procès-verbaux ou rapports des agents de la police administrative et judiciaire.

Ueber die anzuwendende Strafe vgl. Bem. zur Ueberschrift. Die Kompetenz der Gerichte richtet sich nach Artt. XI, XII EG. zum StGB.

Loi du 24—25 mai 1834, sur les détenteurs d'armes ou de munitions de guerre.

Art. 1er. Tout individu qui aura fabriqué, débité ou distribué des armes prohibées par la loi ou par des règlements d'administration publique, sera puni d'un emprisonnement d'un mois à un an, et d'une amende de 16 fr. à 500 fr. — Celui qui sera porteur desdites armes sera puni d'un emprisonnement de six jours à six mois, et d'une amende de 16 fr. à 200 fr.

Der Art. verschärft nur die Strafe des Art. 314 Code pénal und ist mit diesem beseitigt.

2. Tout individu qui, sans y être légalement autorisé, aura fabriqué, débité ou distribué de la poudre, ou sera détenteur d'une quantité quelconque de poudre de guerre, ou de plus de 2 kilogr. de toute autre poudre, sera puni d'un emprisonnement d'un mois à deux ans, sans préjudice des autres peines portées par les lois.

Das Erforderniß einer Genehmigung zur Fabrikation,

zum Verkauf und zum Besitz von Schießpulver gründete sich auf das im Ges. v. 13. fruct. V regulirte Pulvermonopol und ist mit Aufhebung dieses Monopols (vgl. oben Bemerkung zu dem Gesetze), wie die Strafbestimmungen dieses Gesetzes selbst, weggefallen.

Wenn sich auch nicht verkennen läßt, daß, anders als das Fruktidorgesetz, das Ges. v. 24. Mai 1834 nicht zum Schutze fiskalischer Interessen dient, sondern sicherheitspolizeilichen Zwecken — es war durch den Lyoner Aufstand hervorgerufen — seine Entstehung verdankt und dieselben durch strenge Strafen zum Ausdruck bringt, so ist der Art. 2 doch unanwendbar geworden, weil mit Freigebung der Fabrikation und des Handels mit Pulver die Voraussetzungen desselben weggefallen sind. Die Bestimmungen über den Besitz von Pulver würden übrigens jedenfalls jetzt durch § 360 2) StGB. beseitigt sein.

Die durch die Ordonnanz v. 25. Juni 1823 in Verbindung mit dem Dekr. v. 15. Okt. 1810 erforderte Genehmigung des Präfekten zur Errichtung von Pulverfabriken hat mit dem Verbot der Fabrikation auf Grund des Monopols nichts zu thun. Die wegen Nichteinholung derselben verwirkte Strafe wurde geeignetenfalls neben derjenigen des Art. 2 (vgl. diesen Art. a. E.) verhängt und ist nach wie vor auszusprechen.

3. Tout individu qui, sans y être légalement autorisé, aura fabriqué ou confectionné, débité ou distribué des armes de guerre, des cartouches et autres munitions de guerre, **ou sera détenteur d'armes de guerre, cartouches ou munitions de guerre, ou d'un dépôt d'armes quelconques**, sera puni d'un emprisonnement d'un mois à deux ans, et d'une amende de 16 fr. à 1000 fr. — La présente disposition n'est point applicable aux professions d'armurier et de fabricant d'armes de commerce, lesquelles resteront seule-

ment assujetties aux lois et règlements particuliers qui les concernent.

Die Strafe für unbefugtes Anfertigen und Handeln mit Kriegswaffen richtet sich jetzt nach Art. 12 Ges. v. 14. Juli 1860; in wie weit der Besitz von Waffen und Schießbedarf „außerhalb des Gewerbebetriebs", strafbar ist, bestimmt jetzt der § 360 2) StGB., wonach blos das heimliche oder gegen ein Verbot der Behörde erfolgte Aufsammeln mit Strafe bedroht ist.

Es bleibt also nach Art. 3 strafbar nur noch das Vertheilen von Kriegswaffen sowie die Fabrikation, der Verlauf und das Vertheilen von Kriegsmunition (vgl. Art. 19 Ges. v. 14. Juli 1860).

Die in dem Schlußsatze angezogenen Bestimmungen über das Gewerbe der armuriers und fabricants d'armes de commerce sind in dem Dekr. v. 14. Dez. 1810 und der Ord. v. 24. Juli 1816 enthalten.

4. Les infractions prévues par les articles précédents seront jugées par les tribunaux de police correctionnelle. — Les armes et munitions fabriquées, débitées, distribuées ou possédées sans autorisation seront confisquées. — Les condamnés pourront, en outre, être placés sous la surveillance de la haute police pendant un temps qui ne pourra excéder deux ans. — En cas de récidive, les peines pourront être élevées jusqu'au double.

Hinsichtlich der Kompetenz sind jetzt XI u. XII Einf.-Ges. zum StGB. maßgebend.

Die Bestimmungen des Art. über Einziehung, Polizeiaufsicht und Rückfall können heute nur noch in so weit zur Anwendung kommen als auf Grund des Art. 3 Verurtheilung erfolgt.

Anstatt der Stellung unter Polizeiaufsicht ist auf Zulässigkeit derselben zu erkennen.

5—9. Materie der §§ 115, 124—127 StGB.

10. Regel des Art. 365 C. d'instr. cr. und mit dieser durch §§ 73 ff. StGB. beseitigt.

11. Dans tous les cas prévus par la présente loi s'il existe des circonstances atténuantes il sera fait application de l'art. 463 du Code pénal. — Néanmoins les condamnés pourront toujours être placés sous la surveillance de la haute police, pendant un temps qui ne pourra excéder le maximum de la durée de l'emprisonnement prononcée par la loi.

Vgl. Bem. zu Art. 4.

Ordonnance du Roi du 30 oct.—25 nov. 1836, portant règlement sur les fabriques de fulminate de mercure, amorces fulminantes et autres matières dans la préparation desquelles entre le fulminate de mercure.

Zuwiderhandlungen gegen die Vorschriften der Ordonnanz sind, wie die gegen Artt. 3 ff. Ord. v. 25. Juni 1823, nach § 367 5) StGB. strafbar.

Die Anlegung der Fabriken ohne Genehmigung ist dagegen eine nach Art. 471 15) Code pénal zu bestrafende Uebertretung.

Vgl. Bem. zur Ord. v. 25. Juni 1823.

Art. 1. Les fabriques de fulminate de mercure, amorces fulminantes et autres matières dans la préparation desquelles entre le fulminate de mercure, devront être closes de murs et éloignées de toute habitation, ainsi que des routes et chemins publics.

2. Toute demande en autorisation pour un établissement de cette nature devra être accompagnée d'un plan indiquant: — 1° La position exacte de l'emplacement, par rapport aux habitations, routes et chemins les plus voisins; — 2° Celle de tous les bâtiments et ateliers, les uns par rapport aux autres; — 3° Le détail des distributions intérieures de chaque local. — Le plan, visé dans

l'ordonnance d'autorisation à laquelle il restera annexé, ne pourra plus être changé qu'en vertu d'une autorisation nouvelle. — La mise en activité de la fabrique sera toujours précédée d'une vérification faite par les soins de l'autorité locale, qui constatera l'éxécution fidèle du plan. Il en sera dressé procès-verbal.

3. Les divers ateliers seront isolés les uns des autres. Le sol en sera recouvert d'une lame de plomb ou de plâtre; la pierre ciliceuse est prohibée dans la construction de ces ateliers.

4. Les tablettes dont il sera fait emploi dans ces ateliers seront en bois blanc; la plus élevée, placée à 1 mètre 60 centimètres au plus au-dessus du sol, devra toujours rester libre.

5. L'atelier spécialement affecté à la fabrication du fulminate devra être particulièrement éloigné de la poudrerie et du dépôt des esprits. L'ordonnance d'autorisation fixera, dans chaque établissement particulier, la distance respective des autres bâtiments de la fabrique.

6. La poudrière ne renfermera qu'une seule rangée de tablettes, placée à 1 mètre 30 centimètres du sol; ce sol sera, comme celui des ateliers, recouvert en lames de plomb ou en plâtre. Ce bâtiment n'aura qu'une seule porte.

7. L'usage des tamis en fil métallique est interdit.

8. La poudre grainée et séchée sera renfermée dans des caisses en bois blanc, bien jointes, recouvertes d'une feuille de carton, et placées sur des supports en liège. — Aucune de ces caisses ne devra contenir plus de 5 kilogrammes de poudre.

9. Aucun transvasement de poudre ne pourra s'effectuer dans la poudrière. Cette opération devra être faite dans un local isolé et fermé, qui n'aura pas d'autre destination. Il sera pris pour la construction de ce local,

ainsi que pour l'établissement de son sol, les mêmes précautions que pour la construction et le sol des autres ateliers.

10. Il ne pourra être porté à la fois dans l'atelier de charge que la dixième partie au plus de la poudre qui doit être manipulée dans la journée.

11. Le directeur de l'établissement et les chefs des ateliers auront seuls la clef de la poudrière et de l'atelier où se fera le transvasement de la poudre.

12. Aucun ouvrier ne pourra être employé dans cette sorte de fabrique s'il n'a 18 ans accomplis.

13. Les dispositions prescrites par l'ordonnance du 25 juin 1823 sont maintenues et continueront à être observées concurrement avec celles de la présente ordonnance, qui sera constamment affichée dans les fabriques qu'elles concernent.

14. En cas de contravention, l'autorité locale suspendra provisoirement les travaux de la fabrique, et en référera à l'administration supérieure. L'autorisation sera retirée, s'il y a lieu.

Loi du 27 février 1858, relative à des mesures de sûreté générale.

Das Gesetz ist durch ein Dekret des gouvernement de la défense nationale vom 24. Okt. 1870 aufgehoben; dieses Dekret kann jedoch nur in denjenigen Landestheilen Gesetzeskraft haben, in denen es als vor erfolgter Okkupation publizirt anzusehen ist.

Art. 1er. Mat. des §§ 111 StGB.

2. Mat. der §§ 130, 131 StGB.

3. Tout individu qui, sans y être légalement autorisé, a fabriqué ou fait fabriquer, débité ou distribué, 1° Des machines meurtrières agissant par explosion ou autrement, 2° De la poudre fulminante, quelle qu'en soit la composition, est puni

d'un emprisonnement de six mois à cinq ans et d'une amende de 50 fr. à 3000 fr.

La même peine est applicable à quiconque est trouvé détenteur ou porteur, sans autorisation, des objets ci-dessus spécifiés. — Ces peines sont prononcées sans préjudice de celles que les coupables auraient pu encourir comme auteurs ou complices de tous autres crimes ou délits.

Das Erforderniß einer „legalen Autorisation" zur Fabrikation und zum Vertrieb von poudre fulminante beruht auf keiner anderen Bestimmung als auf der, welche Fabrikation und Handel mit Pulver überhaupt an eine obrigkeitliche Erlaubniß knüpft, nemlich auf Art. 24 des Ges. über das Pulvermonopol vom 13. fruct. V. (Vgl. cass. v. 2, 1, 58 D. P. 58, 1, 47), mit dessen Aufhebung die Voraussetzung zur Anwendbarkeit der Nr. 2 des obigen Artikels und jetzt auch des § 367 4) StGB. weggefallen ist. (Vgl. Bem. zu Art. 2 Ges. v. 24. Mai 1834 u. dem Fruktidorgesetz).

Für Nr. 1 des Art. ist die Nothwendigkeit einer Autorisation erst durch das Gesetz geschaffen, die zur Ertheilung derselben zuständige Behörde aber nirgends bestimmt.

Im Uebrigen vgl. Bem. zur Ueberschrift.

4. Les individus condamnés par application des articles précédents peuvent être interdits, en tout ou en partie, des droits mentionnés en l'art. 42 du Code pénal, pendan un temps égal à la durée de l'emprisonnement prononcé.

An Stelle der interdiction des droits civiques, civiles et de famille des Art. 42 Code pénal tritt jetzt nach Art. III Einf.-Ges. die Aberkennung der bürgerlichen Ehrenrechte nach Maßgabe der §§ 32—35 StGB.

5—10. In Folge des Art. 8 jetzt ohne Geltung.

Loi du 14—17 juillet 1860, sur la fabrication et le commerce des armes de guerre.

Art. 1er. Toute personne peut se livrer à la fabrication ou au commerce des armes ou des pièces d'armes de guerre, en vertu d'une autorisation donnée par le ministre de la guerre et sous les conditions déterminées par la loi ou par les règlements d'administration publique.

Les armes ou les pièces d'armes de guerre fabriquées dans les établissements autorisés ne peuvent être destinées qu'à l'exportation, sauf le cas de commandes faites par le ministre de la guerre pour le service de l'État.

2. Les armes de guerre sont celles qui servent ou ont servi à armer les troupes françaises ou étrangères.

Peut être réputée arme de guerre, toute arme qui serait reconnue propre au service de guerre et qui serait une imitation réduite ou amplifiée d'une arme de guerre.

Les armes dites de bord ou de troque sont considérées comme armes de guerre et soumises aux mêmes règles.

3. L'autorisation mentionnée en l'art. 1 ne peut être retirée par le ministre de la guerre que lorsque le fabricant ou le commercant a encouru une condamnation, devenue définitive, soit par application des art. 13 § 2, 14 § 2, 15 et 16 de la présente loi, soit pour contravention à celle du 24 mai 1834, soit pour crimes et délits prévus:

1° **Par les art. 86 à 101, 209, 210, 211, 215 et 216 Code pénal.**

2° **Par la loi du 7 juin 1848, sur les attroupements.**

3° **Par les art. 1 et 2 de la loi du 27 juillet 1849.**

4° **Par les art. 1, 2 et** 3 de la loi du 27 fév. 1858.

An Stelle der kleingedruckten gesetzlichen Bestimmungen treten nach Art. III Einf.=Ges. zum StGB. die entsprechenden Vorschriften des StGB. über Hochverrath, Landesverrath und Widerstand gegen die Staatsgewalt.

4. Tout fabricant ou commercant autorisé est tenu d'avoir un registre, côté et paraphé à chaque feuille par le maire sur lequel sont inscrites, jour par jour, l'espèce et la quantité des armes ou des pièces d'armes de guerre qu'il fabrique, achète ou vend, avec indication de leur destination et des noms et domiciles des vendeurs ou des acheteurs. — Le maire vise et arrête ce registre au moins une fois tous les mois; en cas d'absence ou d'empêchement il peut se faire suppléer par le commissaire de police.

5. Le ministre de la guerre, et, en cas d'urgence, les généraux commandant les divisions ou les subdivisions militaires prescrivent, relativement aux dépôts d'armes ou de pièces d'armes de guerre qui existent dans les magasins des fabricants ou commercants, les mesures que peut exiger l'interêt de la sûreté publique.

6. Tous les canons d'armes de guerre destinés au commerce extérieur sont soumis à des épreuves constatées par l'application d'un poinçon. — Ces canons reçoivent, en outre, une marque dite d'exportation.

TIT. III. *Dispositions pénales.*

12. Quiconque, sans autorisation, se livre à la fabrication ou au commerce des armes ou des pièces d'armes de guerre, est puni d'une amende de 16 fr. à 1000 fr. et d'un emprisonnement d'un mois à deux ans. — Les armes ou pièces d'armes de guerre fabriquées ou exposées en vente sans autorisation sont confisquées. — Les condamnés peuvent en outre être placés sous la surveillance de la haute police pendant un temps qui ne peut excéder deux ans. — En cas de récidive ces peines peuvent être portées jusqu'au double.

An Stelle der Polizeiaufsicht ist jetzt auf Zulässigkeit derselben zu erkennen.

13. Le fabriquant ou le commerçant qui ne s'est pas conformé aux dispositions de l'art. 4 de la présente loi est puni d'une amende de 16 fr. à 300 fr. et d'un emprisonnement de 6 jours à 3 mois. — En cas de récidive, la pëine peut être portée jusqu'au double.

14. Tout fabriquant ou commerçant qui ne s'est pas conformé aux dispositions de l'art. 6 est puni d'une amende de 16 fr. à 300 fr. Les canons saisis sont confisqués. — En cas de récidive l'amende peut être portée jusqu'au double.

15. **La contrefaçon du poinçon d'épreuve ou du poinçon d'exportation et l'usage frauduleux des poinçons contrefaits sont punis d'une amende de 100 fr. à 3000 fr. et d'un emprisonnement de deux ans à cinq ans.**

Mat. der §§ 268 ff. StGB.

16. **Est puni d'une amende de 16 fr. à 500 fr. et d'un emprisonnement d'un mois à deux ans, quiconque, s'étant indûment procuré les vrais poinçons mentionnés en l'article précédent, en a fait usage.**

Mat. des § 271 StGB.

17. Dans tous les cas prévus par la présente loi, il pourra être fait application de l'art. 463 Code pénal.

TIT. IV. *Dispositions générales.*

18. Des règlements d'administration publique déterminent notamment les formes des demandes d'autorisation en matière de fabrication et de commerce des armes de guerre; le régime et le tarif des épreuves et des marques; les formalités auxquelles doit être assujetti le transport des armes à l'intérieur; enfin toutes les mesures relatives à la surveillance de la fabrication et du commerce des armes de guerre.

In Ausführung dieses Artikels sind ergangen die

Dekr. v. 6.—21. März 1861 (Bull. d. l. n° 8830) u. v. 22. April—18. Juni 1868 Bull. d. l. n° 16070).

19. Il n'est dérogé ni à la loi du 24 mai 1834, ni aux lois et règlements concernant les armes de chasse, de luxe et les armes prohibées.

20. Sont abrogées toutes dispositions contraires à celles de la présente loi.

B. Beschränkungen des Grundeigenthums in der Umgebung von Pulvermagazinen (u. Festungen).

Loi du 7 juillet 1819, relative aux servitudes imposées à la propriété pour la défense de l'Etat.

Art. 13. **Outre la démolition de l'oeuvre nouvelle, aux frais des contrevenants, ils encourront selon les cas, les peines applicables aux contraventions analogues en matière de grande voirie.**

Aufgehoben und ersetzt durch § 22 Ges. v. 21. Dez. 1871 betr. die Beschränkungen des Grundeigenthums in der Umgebung von Festungen. (GBl. 1872 S. 142).

Décret du 10 août—23 septembre 1823, sur le classement des places de guerre et des postes militaires, et sur les servitudes imposées à la propriété autour des fortifications.

Art. 48. 49. Aufgehoben durch § 32 Ges. v. 21. Dec. 1871. (GBl. 1872 S. 142).

Loi du 22—26 juin 1854, qui établit des servitudes autour des magasins à poudre de la guerre et de la marine.

Art. 1er. A l'avenir, il ne pourra être élevé, à une distance moindre de vingt-cinq mètres des murs d'enceinte des magasins à poudre de la guerre et de la marine, aucune construction de nature quelconque, autre que des murs de clôture. — Sont prohibés, dans la même étendue, l'établissement des conduits de becs de gaz, des clôtures en bois et des haies sèches, les emmagasinements et dépôts de bois, fourrages ou matières combustibles, et les plantations des arbres de haute tige.

2. Sont également prohibés, jusqu'à une distance de cinquante mètres des mêmes murs d'enceinte, les usines et établissements pourvus de foyers avec ou sans cheminées d'appel.

3. La suppression des constructions, clôtures en bois, plantations d'arbres, dépôts de matières combustibles ou autres actuellement existant dans les limites ci-dessus, pourra être ordonnée, moyennant indemnité, lorsqu'ils seront de nature à compromettre la sécurité ou la conservation des magasins à poudre. — Dans le cas où cette suppression s'appliquera à des constructions ou aux établissements mentionnés dans l'art. 2, il sera procédé à l'expropriation, conformément aux dispositions de la loi du 3 mai 1841. — Dans les autres cas, l'indemnité sera réglée conformément à la loi du 16 sept. 1807.

4. Les contraventions à la présente loi seront constatées, poursuivies et réprimées, conformément à la loi du 17 juillet 1819, et suivant les formes établies au titre VII du règlement d'administration publique du 10 août 1853, concernant les servitudes imposées à la propriété autour des fortifications. — A cet effet les gardes d'artillerie, chargés de dresser les procès-verbaux, seront assimilés aux gardes du génie, et dûment assermentés.

An Stelle der im Art. 13 Ges. v. 17. Juli 1819 (s. oben) enthaltenen Strafe tritt jetzt, nach Analogie des Art. III EG. zum StGB., die des § 32 Ges. v. 21. Dez. 1871.

C. Aufläufe. (Attroupements).

Vorbemerkung.

Das Ges. v. 7. Juni 1848 betrifft, soweit es sich als Strafgesetz charakterisirt, einmal die Strafbarkeit der bloßen Betheiligung (faire partie) an attroupements armés sur la voie publique, sodann das strafbare Verharren bei einem attroupement non armé sur la voie publique entgegen der obrigkeitlichen Aufforderung, «de se dissoudre et de se retirer». Beides bildet auch Materie des Strafgesetzbuches in den § 127 Absatz 2 und § 116, welche daher im Allgemeinen die strafrechtlichen Vorschriften dieses Ges. aufgehoben haben und ersetzen.

Wenn sonach auch mehrere Bestimmungen desselben an sich noch in Kraft sind, insofern sie namentlich das Recht der gewaltsamen Auflösung eines attroupement regeln, haben sie doch ihre frühere Bedeutung für die Strafanwendung verloren; eine solche ist ihnen nur noch dann beizumessen, wenn sie zugleich eine durch den Text des StGB. selbst gebotene Ergänzung der Thatbestände desselben enthalten. Unbestreitbar ist dieses der Fall bezüglich des im Art. 1 enthaltenen Verbots der «attroupements armés» und der im Art. 3 enthaltenen Bezeichnung der zum Erlaß der «sommations» zuständigen Beamten, da der § 127 in den Worten „wer unbefugter Weise . . . .“ das Vorhandensein eines Verbots, und der § 116 durch das Erforderniß des „zuständigen Beamten“ die anderweite Regelung der Zuständigkeit voraussetzt, und, so lange darüber reichsgesetzlich nichts festgesetzt ist, die Landesgesetzgebung dafür maßgebend sein muß. Fraglich ist es dagegen, ob auch die Bestimmungen des Art. 3 über das Anlegen einer Schärpe und das vorherige «roulement de tambour» bei Feststellung des Thatbestandes v. § 116 in Betracht zu ziehen sind. Während ein Urtheil des Kriegsgerichts Straßburg v. 17. Dez. 1874. (Puchelt Zeitschrift für franz. Civilrecht Band VI S. 307, s. daselbst auch die Bemerkungen von Petersen), dieses verneinte, darauf namentlich gestützt, daß § 116 nur eine dreimalige Aufforderung verlange, ohne auf weitere Vorschriften zu verweisen, und nicht ohne Weiteres angenommen werden könne, daß man der Landesgesetzgebung das Recht einräumen wollte, Vorschriften zu erlassen, welche die Einheit des Rechts auf diesem Gebiete aufheben könnten, vertreten u. A. Oppenhoff und Kirchmann die Ansicht, daß die näheren Bestimmungen über die Form der Aufforderung aus den Spezialgesetzen der einzelnen Ländern zu ergänzen seien. Oppenhoff begründet seine Ansicht mit der Behauptung, daß die Vorschriften über die Form der Aufforderung überhaupt keine strafrechtlichen Vorschriften seien und anderseits daß § 116 selbst diese Form nicht bestimme. Dem entgegen kann aber nicht wohl bezweifelt werden, daß in dem Erforderniß einer dreimaligen Aufforderung, sich zu entfernen, der § 116 gleichfalls Formen der Aufforderung regelt, und daß, wenn man diese Formen erweitern will, damit von selbst auch die Voraussetzungen der Strafbarkeit sich ändern. Eine solche Einwirkung der Landesgesetze auf ein Reichsgesetz kann aber nur dann für zuläßig erachtet werden, wenn das Reichsgesetz selbst durch einen ausdrücklichen oder stillschweigenden Hinweis es gestattet, was beides hier nicht der Fall ist. Wenn wir sonach grundsätzlich zwar den Ausführungen des kriegsgerichtlichen Urtheils beistimmen, bleibt es uns doch zweifelhaft, ob man richtiger Weise die beiden in Frage stehenden Bestimmungen unter demselben Gesichtspunkte betrachten konnte. In der That erscheint nur die Vorschrift über die vorgängigen Trommelsignale zugleich als solche über die Form der Aufforderung, während das Gebot, eine

Schärpe anzulegen, die Vorschrift einer Amtstracht enthält, welche, ähnlich wie die Uniform bei Soldaten und Gendarmen, eine Bedingung des Amtscharakters ist, und daher von den Bestimmungen über die Zuständigkeit nicht wohl getrennt werden kann. Die von Petersen vertretene Ansicht daß dieses Gebot in der Hauptsache nur eine Regel für den Beamten aufstelle, deren Nichtbefolgung zunächst nur disziplinäre Folgen für diesen habe, steht im Widerspruche mit der franz. Rechtsprechung, welche die Sommation für nichtig und wirkungslos erklärte, wenn der betreffende Beamte nicht mit der Schärpe bekleidet war. (Dalloz, Rép. V° Attroupements 19).

Loi du 7—9 juin 1848, sur les attroupements.

Art. 1er. Tout attroupement armé formé sur la voie publique est interdit. — Est également interdit, sur la voie publique, tout attroupement non armé qui pourrait troubler la tranquillité publique.

2. L'attroupement est armé: — 1° Quand plusieurs des individus qui le composent sont porteurs d'armes apparentes ou cachées; — 2° Lorsqu'un seul de ces individus, porteur d'armes apparentes, n'est pas immédiatement expulsé de l'attroupement par ceux-là mêmes qui en font partie.

3. Lorsqu'un attroupement armé on non armé se sera formé sur la voie publique, le maire ou l'un de ses adjoints, à leur défaut le commissaire de police ou tout autre agent ou dépositaire de la force publique et du pouvoir exécutif, portant l'écharpe tricolore, se rendra sur le lieu de l'attroupement. — Un roulement de tambour annoncera l'arrivée du magistrat. — Si l'attroupement est armé, le magistrat lui fera sommation de se dissoudre et de se retirer. — Cette première sommation

restant sans effet une seconde sommation, précédée d'un roulement de tambour, sera faite par le magistrat. — En cas de résistance, l'attroupement sera dissipé par la force. — Si l'attroupement est sans armes, le magistrat, après le premier roulement de tambour, exhortera les citoyens à se disperser. S'ils ne se retirent pas, trois sommations seront successivement faites. — En cas de résistance l'attroupement sera dissipé par la force.

Die vorstehenden 3 Artikel sind, mit den durch die Gesetze über den Waffengebrauch des Militärs und der Gendarmen v. 28. März u. 20. Juni 1872 (GBl. S. 157 u. 441) gegebenen Modifikationen, noch in voller Kraft, soweit sie die Bedingungen und Formeu des polizeilichen Einschreitens regeln. Von strafrechtlicher Bedeutung sind dagegen nur noch das in Art. 1 ausgesprochene Verbot aller attroupements armés, wodurch das Erforderniß des „Unbefugten" in § 127 StGB. hergestellt wird, sowie diejenigen Bestimmungen des Art. 3, welche in Ergänzung des § 116 StGB. die Zuständigkeit der Beamten durch Bezeichnnng des Amtscharakters und der Amtstracht regeln. Vgl. hierüber die Vorbemerkung.

4. Mat. der §§ 127 u. 116 StGB.

5. Mat. des § 116 StGB.

6. Mat. des § 111 StGB.

7.—10 mit den Artt., auf die sie sich beziehen, weggefallen.

D. Verpflichtung zur Hülfeleistung.

Loi du 22 germ. an IV, qui autorise la réquisition des ouvriers pour les travaux nécessaires à l'exécution des jugements.

Art. 1er. Les commissaires du Directoire exécutif près les tribunaux requerront les ouvriers, chacun à leur tour, de faire les travaux nécessaires pour l'exécution des jugements, à la charge de leur en faire compter le prix ordinaire.

2. Tout ouvrier qui refuserait de déférer à la réquisition desdits commissaires, sera condamné la première fois, par voie de police simple, à un emprisonnement de trois jours; et en cas de récidive, il sera condamné, par voie de police correctionnelle, à un emprisonnement qui ne pourra être moindre d'une décade, ni excéder trente jours.

Das Gesetz bezieht sich nur auf die Vollstreckung von Todesurtheilen; dasselbe ist als Spezialgesetz neben Art. 475 12) Code pénal in Kraft geblieben (F. Hélie th. d. C. p. t. 1 n° 107) und ebensowenig von der Materie des § 360 10) StGB. berührt.

Nach Art. 114 des Dekr. v. 18. Juni 1811, welcher die fortdauernde Geltung des vorstehenden Gesetzes ausdrücklich bestätigt, sollen die Strafen desselben auch dann zur Anwendung kommen, wenn Hauseigenthümer der an sie gerichteten Aufforderung, dem Scharfrichter eine Wohnung zu gewähren, nicht Folge leisten; diese Ausdehnung einer Strafvorschrift durch Dekret wird jedoch von F. Hélie l. c. für nicht bindend erachtet.

CODE PÉNAL.

LIV. IV. *Contraventions de police et peines.*

CHAP. II, SECT. II.

Art. 475 12). Mat. des § 360 10) StGB.

CODE FORESTIER.

Art. 149. S. u. „Forstgesetze", Thl. I S. 142.

XIX.

Begräbnisse und Begräbnißplätze.

Inhaltsübersicht.

Décret du 23 prair. an XII, sur les sépultures.

TIT. I. *Des sépultures et des lieux qui leur sont consacrés.*

Art. 1er. Aucune inhumation n'aura lieu dans les églises, temples, synagogues, hôpitaux, chapelles publiques, et généralement dans aucun des édifices clos et fermes où les citoyens se réunissent pour la célébration de leurs cultes, ni dans l'enceinte des villes et bourgs.

Die Straffanktion enthalten die Artt. 471 15), 474 u. 483 Code pénal (Dalloz Rép. V° Cultes n° 796, 813).

TIT. II. *De l'établissement des nouveaux cimetières.*

TIT. III. *Des concessions de terrains dans les cimetières.*

TIT. IV. *De la police des lieux de sépulture.*

16. Les lieux de sépulture, soit qu'ils appartiennent aux communes, soit qu'ils appartiennent aux particuliers, seront soumis à l'autorité, police et surveillance des administrations municipales.

17. Les autorités locales sont spécialement chargées de maintenir l'exécution des lois et règlements qui prohibent les exhumations non autorisées, et d'empêcher qu'il ne se commette dans les lieux de sépulture aucun désordre, ou qu'on s'y permette aucun acte contraire au respect dû à la mémoire des morts.

Zuwiderhandlungen gegen die Reglements stehen unter der Strafe der Artt. 471 15), 474 u. 483 Code pénal.

TIT. V. *Des pompes funèbres.*

22. Les fabriques des églises et les consistoires jouiront seuls du droit de fournir les voitures, tentures, ornements, et de faire généralement toutes les fournitures quelconques nécessaires pour les enterrements, et pour la décence ou pour la pompe des funérailles. — Les fabriques et consistoires pourront faire exercer ou affermer ce droit, d'après l'approbation des autorités civiles sous la surveillance desquelles ils sont placés.

24. Il est expressément défendu à toutes autres personnes, quelles que soient leurs fonctions, d'exercer le droit susmentionné, sous telle peine qu'il appartiendra, sans préjudice des droits résultant des marchés existants et qui ont été passés entre quelques entrepreneurs et les préfets ou autres autorités civiles, relativement aux convois et pompes funèbres.

Wegen der Straffanktion vgl. zu Art. 1.

Nach einem Dekr. v. 10. Febr. 1806 sind die Artt. 22 u. 24 auf die Bekenner der israelitischen Religion nicht anwendbar.

Décret du 4 therm. an XIII, relatif aux autorisations des officiers de l'État civil pour les inhumations.

Il est défendu à tous maires, adjoints et membres d'administrations municipales, de souffrir le transport, présentation, dépôt, inhumation des corps, ni l'ouverture des lieux de sépulture; à toutes fabriques d'églises et consistoires ou autres ayant-droit de faire les fournitures requises pour les funérailles, de livrer lesdites fournitures; à tous curés, desservants et pasteurs, d'aller lever aucuns corps, ou de les accompagner hors des églises et temples, qu'il ne leur apparaisse de l'autorisation donnée par l'officier de l'état civil pour l'inhumation, à peine d'être poursuivis comme contrevenant aux lois.

Nach der Ansicht des Preuß. Justizministeriums (vgl. Oppenhoff No. 8 zu § 367 1) StGB.) ist das Dekret durch die Bestimmungen des Code civil Art. 77 ff. aufgehoben; a. A. die franz. Praxis (Dalloz Rép. V° Culte n° 823), welche die Weitergeltung des Dekrets neben diesen Bestimmungen annimmt und Uebertretungen desselben auf Grund des Art. 471 15) Code pénal, nicht nach Art. 358 Code pénal a. F., bestraft. Jetzt wäre die Straffanktion durch § 367 2) StGB. gegeben. Vgl. Bem. zu 358 C. p.

Décret du 7 mars 1808, qui fixe une distance pour les constructions dans le voisinage des cimetières hors des communes.

Straffanktion Artt. 471 15), 474, 483 Code pénal.

Art. 1er. Nul ne pourra, sans autorisation, élever aucune habitation, ni creuser aucun puits, à moins de cent mètres des nouveaux cimetières transférés hors des communes en vertu des lois et règlements.

2. Les bâtiments existants ne pourront également être restaurés ni augmentés sans autorisation.

Les puits pourront, après visite contradictoire d'experts, être comblés, en vertu d'ordonnance du préfet du département, sur la demande de la police locale.

CODE PÉNAL.

LIV. III. TIT. II. CHAP. I. SECT. IV.

§ III. *Infraction aux lois sur les inhumations.*

Art. 358. **Ceux qui, sans l'autorisation préalable de l'officier public, dans le cas où elle est prescrite, auront fait inhumer un individu décédé, seront punis de six jours à deux mois d'emprisonnement et d'une amende de 16 fr. à 50 fr.; sans préjudice de la poursuite des crimes dont les auteurs de ce délit pourraient être prévenus dans cette circonstance. — La même peine aura lieu contre ceux qui auront contrevenu, de quelque manière que ce soit, à la loi et aux règlements relatifs aux inhumations précipitées.**

Mat. des § 367 2) StGB.

Art. 358 scheidet von der Zuwiderhandlung gegen Vorschriften relatifs aux inhumations précipitées als besonderen Thatbestand die Beerdigung ohne Erlaubniß des Standesbeamten; wäre das Wort „vorzeitig" in § 367 2) vollständig gleichbedeutend mit «précipitées», so müßte man den Art. 358 in seinem ersten Theile noch für bestehend erachten, ein Resultat das für Preußen nicht in Frage kommen konnte, da dort der Code pénal ausdrücklich aufgehoben ist. Der § 367 2) ist aber wörtlich aus dem Preuß. StGB. entnommen, unter dessen Herrschaft kein Zweifel obwaltete, daß Zuwiderhandlungen gegen Art. 77 C. c. unter die Straffanktion des entsprechenden § 345 1) fielen. Unter „Anordnungen über vorzeitige Beerdigungen" können nur Vorschriften zur Verhütung solcher verstanden sein, zu welchen auch das Erforderniß der Erlaubniß des Standesbeamten zu rechnen ist, und in diesem Sinne kann auch die Vornahme einer Beerdigung, welche zwar nach Ablauf der vorgeschriebenen 24 Stunden aber ohne Erlaubniß erfolgt ist, als Zuwiderhandlung gegen § 367 2) bezeichnet werden.

An den Bestimmungen des Art. 77 C. c. ist durch § 60 des Reichsges. v. 6. Febr. 1875 (RGBl. S. 23) nichts geändert. Vgl. die Aeußerung des Preuß. Justizministers bei den Reichstagsverhandlungen.

359. Mat. der §§ 367 1), 257 StGB.

360. Mat. des § 168 StGB.

Ordonnance du 6 décembre 1843—1er janvier 1844, relative aux cimetières.

TIT. I. *De la translation des cimetières.*

Art. 1er. Les dispositions des tit. 1 et 2 du décret du 23 prairial an XII, qui prescrivent la translation des cimetières hors des villes et bourgs, pourront être appliquées a toutes les communes du royaume.

TIT. III. *De la police des cimetières.*

6. Aucune inscription ne pourra être placée sur les pierres tumulaires ou monuments funèbres, sans avoir été préalablement soumise à l'approbation du maire.

Strafsanktion in Artt. 471 15), 474, 483 C. p.

XX.

Post und Telegraphie.

Inhaltsübersicht.

Arrêté du 27 prair. an IX, qui renouvelle les défenses faites aux entrepreneurs de voitures libres de transporter les lettres, journaux, etc.

Art. 1 u. 5 aufgeh. durch § 27 1) des Ges. über das Postwesen des deutschen Reichs v. 28. Oct. 1871 (GBl. S. 355).

Loi du 15—25 ventôse an XIII, concernant l'indemnité à payer par les entrepreneurs de voitures publiques et messageries, aux maîtres des relais de poste dont ils n'emploieront pas les chevaux.

Art. 1—3.

Nach dem vorstehenden Gesetze, dessen Bestimmungen durch die Dekr. v. 10 brum. XIV u. 6. Juli 1806, sowie die Ordonnanzen v. 13. Aug. 1817 u. 25. Dez. 1839 vervollständigt und modificirt wurden, stand den vom Staate bestellten «maîtres de poste», das ausschließliche Recht der Personenbeförderung zu, und zwar mit der Bedeutung, daß andere Unternehmer von öffentlichem Fuhrwerk, welche ihre Route befuhren, ohne ihre Pferde zu benutzen, ihnen eine gewisse Abgabe entrichten mußten, andernfalls sie straffällig wurden.

Durch Beseitigung der franz. Postverwaltung in Elsaß-Lothringen (Kabinets-Ordre d. d. Reims, den 12. September 1870) und Einführung des Ges. über das Postwesen des deutschen Reichs v. 28. Oct. 1871 (GBl. S. 355) wird man das Institut der «maitres de poste» vorbehaltlich einer etwaigen Entschädigung der früheren Privileg-Inhaber für aufgehoben betrachten müssen, womit selbstredend von einem strafbaren Eingriff in deren Rechte nicht mehr die Rede sein kann; jedenfalls sind thatsächlich keine französischen maîtres de poste mehr in Funktion, und kennt das Reichs-Postgesetz kein ähnliches Vorrecht für die deutscher Seits etwa eingerichteten Posthaltereien, so daß aus diesem Grunde die Strafbestimmung nicht mehr anwendbar ist.

CODE PÉNAL.

Art. 187. Mat. des § 354 StGB.

Décret du 24—30 août 1848, relatif à la taxe des lettres.

Art. 6 aufgeh. durch § 27 2) Postges.

Loi du 16 octobre 1849, qui prononce des peines contre les individus qui feraient usage de timbres-poste ayant déjà servi à l'affranchissement de lettres.

Article unique. S. dens. unten unter Ges. v. 13. Juni 1866.

Décret du 27 décembre 1850—10 janvier 1851, sur les lignes télégraphiques.

TIT. I. *Établissement et usage des lignes de télégraphie.*

Art. 1er. Aucune ligne télégraphique ne peut être établie ou employée à transmission des correspondances que par le Gouvernement ou avec son autorisation. — Quiconque transmettra sans autorisation des signaux d'un lieu à un autre, soit à l'aide de machines télégraphiques, soit par tout autre moyen, sera puni d'un emprisonnement d'un mois à un an et d'une amende de 1000 à 10,000 fr. — En cas de condamnation le Gouvernement pourra ordonner la destruction des appareils et machines télégraphiques.

Das Telegraphenmonopol ist durch Art. 48 der Reichsverfassung, welcher lautet:

„Das Postwesen und das Telegraphenwesen werden„
„für das gesammte Gebiet des deutschen Reichs als„
„einheitliche Staats-Verkehrsanstalten eingerichtet„
„und verwaltet."

auf das deutsche Reich übergegangen. An der Anwendbarkeit des Art. 1, dessen Materie vom StGB. nicht berührt wird, ist dadurch nichts geändert.

TIT. II. *Des contraventions, délits et crimes relatifs aux lignes télégraphiques.*

2. Mat. der §§ 318, 304 StGB.
3. Mat. des § 317 StGB.
4. Mat. der §§ 125, 113 StGB.
5. Mat. des § 113 StGB.

TIT. III. *Des contraventions commises par les concessionnaires ou fermiers de chemins de fer et de canaux.*

6. 7. 8. Die Artt. setzen eine besondere höhere Strafe für den Fall fest, daß Pächter oder Konzessionsinhaber einer Eisenbahn oder eines Kanals eine Unterbrechung des Telegraphenbetriebs durch Vernachlässigung der ihnen auferlegten Bedingungen oder der erlassenen Reglements verursachen. Da der § 318 StGB. allgemein jede fahrlässige Handlungsweise, welche die Benutzung einer Telegraphenanstalt hindert oder stört, mit Strafe bedroht, so ist dieser besondere Thatbestand für beseitigt zu erachten.

TIT. IV. *Dispositions particulières concernant le télégraphe aérien.*

TIT. V. *Dispositions générales.*

10. Les crimes, délits ou contraventions prévus dans la présente loi pourront être constatés par les procès-verbaux dressés concurremment par les officiers de police judiciaire, les commissaires et sous-commissaires préposés à la surveillance des chemins de fer, les inspecteurs des lignes télégraphiques, les agents de surveillance nommés ou agréés par l'administration et dûment assermentés. — Ces procés-verbaux feront foi jusqu'à preuve contraire.

11. Les procès-verbaux dressés en vertu de l'article précédent seront visés pour timbre et enregistrés en

débet. — Ceux qui auront été dressés par des agents de surveillance assermentés devront être affirmés dans les trois jours, à peine de nullité, devant le juge de paix ou le maire, soit du lieu du délit ou de la contravention, soit de la résidence de l'agent.

13. L'art. 463 du Code pénal est applicable aux condamnations qui seront prononcées en exécution de la présente loi.

14. Entspricht der Regel des Art. 365 C. d'instr. cr., an deren Stelle jetzt die Bestimmungen der §§ 73 ff. StGB. getreten sind.

Loi du 22—26 juin 1854, portant fixation du budget général de 1855.

Art. 21. 22 mit Artt. 1 u. 5 arr. v. 27 prair. IX weggefallen.

Loi du 25 juin—2 juillet 1856, relatif au transport des imprimés, etc.

Art. 9 aufgeh. nach § 51 Postgesf. durch die neuen Bestimmungen über diesen Gegenstand auf Grund des § 50 Nr. 6.

Loi du 4 juin—6 juillet 1859, sur le transport, par la poste, des valeurs déclarées.

Art. 5 u. 9 aufgeh. wie Art. 9 des vorhergehenden Gesetzes. Eine unrichtige Deklaration bei Werthsendungen kann jetzt nur durch Verletzung einer allgemeinen Strafvorschrift z. B. des § 263 StGB. Strafbarkeit begründen.

Loi du 13 juin 1866, sur la correspondance télégraphique privée à l'intérieur de l'Empire.

10. La loi du 16 octobre 1849 est applicable à l'usage, à la vente ou à la tentative de vente des timbres-dépêches dans les cas prévus et punis par ladite loi.

Loi du 16 octobre 1849.

Article unique. **Quiconque aura sciemment fait usage d'un timbre-poste ayant déjà servi à l'affranchissement d'une lettre sera puni d'une amende de 50 à 1000 fr. — En cas de récidive la peine sera d'un emprisonnement de cinq jours à un mois, et l'amende sera doublée. — Sera puni des mêmes peines, suivant les distinctions sus établies, la vente ou tentative de vente d'un timbre-poste ayant déjà servi. — L'art. 463 du Code pénal sera applicable dans les divers cas prévus par le présent article de loi.**

Der erste Theil des Art. ist, hinsichtlich der Postfreimarken durch § 27 Nr. 3 des Postgesetzes (GBl. 1871 S. 355), hinsichtlich der Telegraphenfreimarken durch § 2 des Reichsgesetzes v. 16. Mai 1869 (GBl. 1875 S. 10) ersetzt worden.

Den Verkauf und Verkaufsversuch entwertheter Freimarken erklären die deutschen Gesetze zwar nicht ausdrücklich für straflos; da jedoch der § 51 des Postgesetzes, auf welches das Telegraphengesetz lediglich Bezug nimmt, „alle bisherigen allgemeinen und besonderen Bestimmungen über Gegenstände worüber das gegenwärtige Gesetz verfügt" aufhebt, so ist auch der zweite Theil des Ges. v. 1849, der mit dem ersten Theile und den deutschen Gesetzen die strafbare Verwendung von Freimarken zum gemeinsamen Gegenstande hat, als aufgehoben zu betrachten.

XXI.

Religion. Geistliche.

Inhaltsübersicht.

Décret du 9—17 juin 1791, relatif aux brefs, bulles, constitutions, rescrits, décrets, et autres expéditions de la cour de Rome.

Art. 1er. Aucuns brefs, bulles, rescrits, constitutions, décrets et aucunes expéditions de la cour de Rome, sous quelque dénomination que ce soit, ne pourront être reconnus pour tels, reçus, publiés, imprimés, affichés, ni autrement mis à exécution dans le royaume, mais y seront nuls et de nul effet, s'ils n'ont été présentés au Corps législatif, vus et vérifiés par lui, et si leur publication ou exécution n'ont été autorisées par un décret sanctionné par le roi, et promulgué dans les formes établies pour la notification des loi.

2. Les évêques, curés, et tous autres fonctionnaires publics, soit ecclésiastiques, soit laiques, qui, par contravention au précédent article,

liront, distribueront, feront lire, distribuer, imprimer, afficher, ou autrement donneront publicité ou exécution aux brefs, bulles, rescrits, constitutions, décrets, ou autres expéditions de la cour de Rome, non autorisés par un décret du Corps législatif, sanctionné par le roi, seront poursuivis criminellement comme perturbateurs de l'ordre public, et punis de la peine de la dégradation civique, sans préjudice à l'exécution de l'art. 2 du décret du 7 mai dernier.

Aufgehoben durch Art. 1 der durch Ges. v. 18 germ. X publizirten organischen Artikel. Vgl. Bem. zu diesem Art.

Décret du 7 vendémiaire an IV, sur l'exercice et la police extérieure des cultes.

Die Strafbestimmungen in den Artt. 2—4, 22--27 dieses Dekrets waren bereits durch das Ges. v. 18 germ. X, welches das Konkordat v. 26 mess. IX und die dazu gehörigen organischen Artikel einführte, außer Kraft gesetzt; an ihre Stelle traten später die Artt. 201 – 208 und 260—264 Code pénal. Vgl. Dalloz, Rép. V° Cultes n° 303. D. P. 43. 1. 378.

Loi du 18 germinal an X, relative à l'organisation des cultes.

La convention passée à Paris, le 26 mess. an IX, entre le pape et le gouvernement français, . . . ensemble les articles organiques de ladite convention, . . . seront promulgués et exécutés comme des lois de la République.

Articles organiques de la convention du 26 mess. an IX.

Art. 1er. Aucune bulle, bref, rescrit, décret, mandat, provision, signature servant de provision, ni autres expéditions de la cour de Rome, même ne concernant que les particuliers, ne pourront être reçus, publiés, imprimés, ni autrement mis à exécution, sans l'autorisation du gouvernement.

Rousset (Code général de la presse n° 1912—1915) und nach ihm Kayser (Holzendorf, Jahrbuch IV S. 382) wollen die Straffanktion für Uebertretung dieses Artikels aus Art. 2 Dekr. v. 9. Juni 1791 entnehmen, eine Ansicht, welche als irrig bezeichnet werden muß: einmal, weil das Gef. v. 18 germ. X die Absicht hat, das Verhältniß von Staat und Kirche neu zu regeln, und den Gegenstand des Dekr. v. 9. Juni 1791 behandelt, ohne eine Strafsanktion damit zu verbinden; sodann aber, weil diese Behandlung mit der früheren keineswegs identisch ist, so daß die Anwendung der alten Strafe auf das neue Verbot zu einer unzulässigen Ausdehnung eines Strafgesetzes führen würde. Es fehlt sonach an einer Straffanktion.

CODE PÉNAL.

LIV. III, TIT. I, CHAP. III.

SECT. III. *Des troubles apportés à l'ordre public par les ministres des cultes dans l'exercice de leur ministère.*

§ I. *Des contraventions propres à compromettre l'état civil des personnes.*

Art. 199. 200. Mat. des § 337 StGB., welcher jetzt durch § 67 Gef. v. 6. Febr. 1875 ersetzt ist.

§ II. *Des critiques, censures ou provocations dirigées contre l'autorité publique dans un discours prononcé publiquement.*

201. Mat. des § 130a StGB.
202, 203. Mat. der §§ 130, 110, 111 StGB.

§ III. *Des critiques, censures ou provocations dirigées contre l'autorité publique dans un écrit pastoral.*

204—206. Mat. der §§ 130a, 130, 110, 111 StGB.

§ IV. *De la correspondance des ministres des cultes avec des Cours ou puissances étrangères sur des matières de religion.*

Art. 207. Tout ministre d'un culte qui aura, sur des questions ou matières religieuses, entretenu une correspondance avec une cour ou puissance étrangère, sans en avoir préalablement informé le ministre de l'Empereur chargé de la surveillance des cultes, et sans avoir obtenu son autorisation, sera, pour ce seul fait, puni d'une amende de 100 à 500 fr., et d'un emprisonnement d'un mois à deux ans.

Der Art. 207 betrifft eine Frage des Staatskirchenrechts die von keinem § des StGB. auch nur annähernd berührt ist.

Die Befugnisse des Kultusministers sind zufolge Bekanntmachung des Reichskanzlers v. 29. Jan. 1872 (GBl. S. 122) für Elsaß-Lothringen dem Oberpräsidenten übertragen.

Nach Dalloz (Rép. V° Cultes n° 302) findet der Art. keine Anwendung auf Korrespondenz «en matière purement spirituelle.»

208. Der Art. ist heute unanwendbar, weil das StGB. die Strafe des bannissement nicht kennt und Art. V EG. zum StGB. an ihre Stelle keine andere gesetzt hat. Der Fall der Ideal- oder Realkonkurrenz ist jetzt nach §§ 73 ff. StGB. zu behandeln.

SECT. IV. *Résistance, désobéissance et autres manquements envers l'autorité publique.*

§ VIII. *Entraves au libre exercice des cultes.*

260—264. Die Materie dieser Artt. wird vollständig und genau durch die Ueberschrift des § VIII «entraves au libre exercice des cultes» bezeichnet; denselben Gegenstand behandelt das StGB. in den §§ 166 u. 167 und deshalb sind die Artt. des Code pénal aufgehoben, wenn gleich die Behandlung des Gegenstandes in beiden Gesetzen eine verschiedene ist, indem namentlich der Code pénal auch den Zwang zur Vornahme einer religiösen Handlung (Art. 260) und die Mißhandlung des Geistlichen (Art. 263) hier besonders vorsieht, Handlungen die jetzt unter die allgemeinen Strafbestimmungen der §§ 241 u. 223 ff. StGB. fallen.

XXII.

Unterricht.

Inhaltsübersicht.

Ges. v. 5. März 1850, Artt. 22. 80.

Décret du 15 novembre 1811, concernant le régime de l'Université.

CHAP. II, TIT. II. *Des contraventions, des délits et des peines.*

Art. 56 muß schon als durch Art. 6 Ges. v. 28. Juni 1833 u. Artt. 29 u. 66 Ges. v. 15. März 1850 aufgehoben betrachtet werden und ist es jedenfalls durch § 2 Ges. v. 12. Febr. 1873 (GBl. S. 37).

76—78. Das durch diese Artt. der «Université» ertheilte disciplinäre Strafrecht ist in Folge der Aufhebung dieser Behörde und der vollständig veränderten Gestaltung des Schulwesens in Wegfall gekommen.

Loi du 28 juin—1er juillet 1833, sur l'instruction primaire.

Art. 6. Aufgeh. durch Art. 29 Ges. v. 15. März 1850.

Loi du 15—27 mars 1850, sur l'enseignement.

Art. 22. **Tout chef d'établissement primaire ou secondaire qui refusera de se soumettre à la surveillance de l'État telle qu'elle est prescrite par l'article précédent, sera traduit devant le tribunal correctionnel de l'arrondissement, et condamné à une amende de 100 fr. à 1000 fr. — En cas de récidive, l'amende sera de 500 fr. à 3000 fr. Si le refus de se soumettre à la surveillance de l'État a donné lieu à deux condamnations dans l'année, la fermeture de l'établissement pourra être ordonnée par le jugement qui prononcera la seconde condamnation. — Le procès-verbal des inspecteurs constatant le refus du chef d'établissement fera foi jusqu'à inscription de faux.**

Die Schließung der Schule, welche nach Art. 22 erst nach zweimaliger Verurtheilung wegen verweigerter Zulassung der Inspektion und zwar durch richterliches Urtheil eintreten soll, ist jetzt durch § 1 Ges. v. 12. Febr. 1873 in das Ermessen der Verwaltungsbehörden gestellt, sobald den staatlichen Anordnungen über Einrichtung, wozu auch die nach § 4 von dem Reichskanzler über die Inspektion zu erlassenden Maßregeln zu rechnen sein dürften, nicht entsprochen wird. Es müssen aus diesem Grunde aber auch die übrigen Strafbestimmungen des Artikels für aufgehoben betrachtet werden, und dieses um so mehr, als das Ges. v. 12. Febr. 1873 das gesammte höhere und niedere Unterrichtswesen neu gestaltet hat und die heute ausgeübte Beaufsichtigung der Schule ihrem Inhalte nach von der durch die französischen Gesetze organisirten Inspektion sich wesentlich unterscheidet, so daß die Anwendung des Art. 22 zu einer unzulässigen Ausdehnung eines Strafgesetzes führen würde.

29. Ersetzt durch § 2 Ges. v. 12. Febr. 1873.

66. Desgl.

80. L'art. 463 du Code pénal pourra être appliqué aux délits prévus par la présente loi.

Mit den Artt., auf die er sich bezieht, beseitigt.

Loi du 10 avril 1867, sur l'enseignement primaire.

Art. 20. Der Art. bestraft Lehrer oder Lehrerinnen, welche ohne Erlaubniß des Conseil départemental Kinder verschiedenen Geschlechts in ihre Schule aufnahmen. Die Frage, in wieweit die Vereinigung der Geschlechter in der Schule gestattet ist, wird heute durch das nach § 4 Ges. v. 12. Febr. 1873 erlassene Regulativ des Reichskanzlers in allgemein verbindlicher Form geregelt, wodurch mit der Voraussetzung auch die Strafbestimmung des Art. 20 beseitigt ist.

XXIII.

Beamte und öffentliche Körperschaften.

Inhaltsübersicht.

Vorbemerkung.

I. Die Frage, ob neben dem Abschnitte des StGB.: „Verbrechen und Vergehen im Amte" für die Landesstrafgesetzgebung überhaupt noch Raum sei und nicht vielmehr alle dem nicht bloß disciplinären Strafrechte angehörenden Vorschriften betreffs der Beamten beseitigt sind, wird von den Autoren verschieden beantwortet. Während Oppenhoff und Rüdorf (vgl. deren Commentare zu § 331) dieselbe zu Gunsten der Weitergeltung der Landesgesetze entscheiden, vertritt Meves (Holzendorf, Handbuch III S. 929) die Ansicht, daß wenigstens die eigentlichen Amtsdelikte, d. h. die criminell strafbaren Verletzungen einer besonderen Amtspflicht durch einen Beamten, der Landesgesetzgebung entzogen und allein noch im RStGB. zu suchen seien, und scheint Schütze Lehrbuch § 105 Anm. 10 neben dem StGB. überhaupt nur noch Disciplinar-Vorschriften gelten zu lassen. Es läßt sich nun nicht verkennen, daß für das vorliegende Gebiet es besonders wünschenswerth erschiene, dem StGB. eine durchgreifende Wirkung beizumessen, da gerade auf diesem die jeweiligen politischen Anschauungen und Verhältnisse einen hervorragenden Einfluß ausüben, wie der Inhalt der in den Code pénal aufgenommenen Bestimmungen dies beweist; anderseits berechtigt jedoch nichts, von dem einmal als richtig erkannten Begriff der „Materie" abzuweichen, wonach letztere nur in den einzelnen Delikts-Thatbeständen, nicht aber in der Abschnitts-Ueberschrift gefunden werden kann. Es kommt hinzu, daß der hier in Frage stehende Abschnitt durchaus keine systematische abgeschlossene Zusammenstellung enthält, daß ferner noch an vielen anderen diesem Abschnitte nicht angehörenden Stellen des StGB. Strafbestimmungen gegen Beamte stehen, sowie daß die Unterscheidung in „eigentliche" und „uneigentliche" Amtsdelikte eine sehr unsichere, im Gesetz nicht begründete ist. — Man könnte vielleicht für Elsaß-Lothringen als besonderen Aufhebungs-Grund geltend machen, daß hier ein Reichsdisciplinar-Gesetz eingeführt sei, welches, als ein Ausfluß derselben Gesetzgebung wie das StGB., nun mit diesem bestimmt sei, alle strafbaren Handlungen von Beamten vorzusehen. Es ist aber zunächst hervorzuheben, daß gerade für diejenige Beamtenklasse, auf welche die meisten Landesvorschriften sich beziehen, nämlich für die richterlichen Beamten die französische Disciplinar-Gesetzgebung in Kraft erhalten ist; doch auch abgesehen hiervon wäre dieser Einwand nicht zutreffend, da dieselbe objectiv strafbare Handlung sowohl dem Disciplinar- als dem eigentlichen Strafrecht unterliegen kann, insoweit also beide sich nicht ergänzen und gegenseitig ausschließen, sondern neben einander bestehen, und daher ein vom StGB. nicht schon aufgehobenes gemeines Strafgesetz nicht schlechthin durch ein späteres Disciplinar-Gesetz beseitigt werden konnte.

II. Im Einzelnen gaben u. A. zu Zweifeln Veranlassung die Artt. 119, 120, 122 C. p. und 616, 618 C. d'instr. cr. Diese Artt. enthalten nämlich Strafen:

1) gegen die Beamten der gerichtlichen und administrativen Polizei, welche eine an sie gelangte Anzeige über eine ungesetzliche Verhaftung nicht zu Protokoll nehmen und der vorgesetzten Behörde mittheilen (119 C. pén.);

2) gegen die Friedensrichter, Untersuchungsrichter und Beamten der Staatsanwaltschaft, welche auf die Anzeige, daß Jemand an einem vom Staate nicht dazu bestimmten Orte gefangen gehalten werde, nicht die sofortige Befreiung in's Werk setzen (616 C. d'instr. cr.);

3) gegen den Gefängnißaufseher, welcher sich weigert, dem zuständigen Aufsichtsbeamten die Verhafteten vorzuführen und dem Friedensrichter seine Register vorzulegen,

oder diesen verhindert Copien von diesen Registern zu nehmen (120 C. p., 618 C. d'instr. cr.); endlich

4) gegen die Beamten der Staatsanwaltschaft und die Richter, welche eine Person an einem vom Staate nicht dazu bestimmten Orte gefangen hielten oder halten ließen, oder Jemand vor Erfüllung des gesetzlichen Anklage-Verfahrens vor ein Schwurgericht stellten.

Obwohl nun diese Artikel zunächst sich auf bestimmte Amtspflichten gewisser Beamten beziehen und theilweise nur eine strafrechtliche Sanctionirung von in der Strafprozeßordnung aufgestellten Vorschriften enthalten, so hat der Strafschutz doch den allen gemeinsamen Zweck, die bürgerliche Freiheit gegen unberechtigte Eingriffe von Beamten zu sichern, wie dies die Stellung der Artt. 119, 120 u. 122 unter «attentats à la liberté» darthut. Denselben Zweck verfolgt aber auch das StGB. in den §§ 339, 341—345, deren Bestimmungen allerdings nicht gleich weit gehen, mit diesem Haupt-Zwecke aber dieselbe Materie betreffen und folgeweise obige Artikel aufheben.

A. Amtsdelikte des gemeinen Strafrechts.

CODE D'INSTRUCTION CRIMINELLE.

LIV. II, TIT. VII, CHAP. III.

Art. 616 u. 618. Mat. der §§ 339, 341, 345 StGB. Vgl. Vorbem. II.

CODE PÉNAL.

LIV. III, TIT. I, CHAP. I, SECT. II.

Art. 94. 95. Mat. der §§ 339, 303, 308—311 StGB. Vgl. auch Förtsch, Code pénal, zu diesen Artt.

CHAP. II, SECT. II.

114—116. Mat. der §§ 339, 341—345.

118—120. Desgl.

121. Durch die in Folge der Vereinigung Elsaß-Lothringens mit dem deutschen Reiche herbeigeführte Aufhebung der durch den Art. beschützten politischen Körper außer Kraft gesetzt. Vgl. über die politische Bedeutung des Art. F. Hélie, traité de l'instr. cr., 2. Ausg. Bd. 2 S. 417.

122 wie 114—120.

SECT. III. *Coalition des fonctionnaires.*

123. Tout concert de mesures contraires aux lois, pratiqué soit par la réunion d'individus ou de corps dépositaires de quelque partie de l'autorité publique, soit par députation ou correspondance entre eux, sera puni d'un emprisonnement de deux mois au moins et de six mois au plus, contre chaque coupable, qui pourra de plus être condamné à l'interdiction des droits civiques, et de tout emploi public, pendant dix ans au plus.

An Stelle der Ehrenstrafen tritt, wenn auf mindestens drei Monate Gefängniß erkannt ist, Aberkennung der bürgerlichen Ehrenrechte auf 1—5 Jahre sowie der Fähigkeit zur Bekleidung öffentlicher Aemter auf die gleiche Dauer, §§ 32—35 StGB. u. Art. V EG.

124. Si, par l'un des moyens exprimés ci-dessus, il a été concerté des mesures contre l'exécution des lois ou contre les ordres du Gouvernement, la peine sera le bannissement. Si ce concert a eu lieu entre les autorités civiles et les corps militaires ou leurs chefs, ceux qui en seront les auteurs ou provocateurs seront punis de la déportation; les autres coupables seront bannis.

Da die Strafe des bannissement dem StGB. unbekannt ist und Art. V EG. keine andere Strafe dafür substituirt, so sind die bloß mit bannissement bedrohten Handlungen jetzt straflos. Vgl. Oppenhoff Nr. 20 zu Art. V EG. für Elsaß-Lothringen.

An Stelle der déportation tritt zeitige Zuchthausstrafe in dem Raume des StGB's.

125. Mat. der §§ 81—83 StGB.

126. Seront coupables de forfaiture, et punis de la dégradation civique, les fonctionnaires publics qui auront, par délibération, arrêté de donner des démissions dont l'objet ou l'effet serait d'empêcher ou de suspendre soit l'administration de la justice, soit l'accomplissement d'un service quelconque.

An Stelle der dégradation civique ist auf Gefängniß mit oder ohne Aberkennung der bürgerlichen Ehrenrechte zu erkennen. Art. V EG. zum StGB.

SECT. IV. *Empiétement des autorités administratives et judiciaires.*

127. Seront coupables de forfaiture, et punis de la dégradation civique: 1° Les juges, les procureurs généraux ou du Roi, ou leurs substituts, les officiers de police, qui se seront immiscés dans l'exercice du pouvoir législatif, soit par des règlements contenant des dispositions législatives, soit en arrêtant ou en suspendant l'exécution d'une ou de plusieurs lois, soit en délibérant sur le point de savoir si les lois seront publiées ou exécutées; 2° les juges, les procureurs généraux ou du Roi, ou leurs substituts, les officiers de police judiciaire, qui auraient excédé leur pouvoir, en s'immisçant dans les matières attribuées aux autorités administratives, soit en faisant des règlements sur ces matières, soit en défendant d'exécuter les ordres émanés de l'administration, ou qui, ayant permis ou ordonné de citer des administrateurs pour raison de l'exercice de leurs fonc-

tions, auraient persisté dans l'exécution de leurs jugements ou ordonnances, nonobstant l'annulation qui en aurait été prononcée ou le conflit qui leur aurait été notifié.

Vgl. Bem. zu Art. 126.

128. Les juges qui, sur la revendication formellement faite par l'autorité administrative d'une affaire portée devant eux, auront néanmoins procédé au jugement avant la décision de l'autorité supérieure, seront punis chacun d'une amende de 16 fr. au moins et de 150 fr. au plus. Les officiers du ministère public qui auront fait des réquisitions ou donné des conclusions pour ledit jugement seront punis de la même peine.

129. La peine sera d'une amende de 100 fr. au moins et de 500 fr. au plus contre chacun des juges qui, après une réclamation légale des parties intéressées ou de l'autorité administrative, auront, sans autorisation du gouvernement, rendu des ordonnances ou décerné des mandats contre les agents ou préposés, prévenus de crimes ou délits commis dans l'exercice de leurs fonctions. La même peine sera appliquée aux officiers du ministère public ou de police qui auront requis lesdites ordonnances ou mandats.

Der Artikel enthält die Strafsanktion für Zuwiderhandlungen gegen Art. 75 der Konstitution v. 22 frim. VIII, welcher eben dadurch in Kraft erhalten wurde; letzterer ist indeß in so weit modifizirt worden, als 1) gewisse Beamtenklassen (ein Theil der Steuerbeamten) wieder unter das gemeine Recht gestellt und 2) auch andere Behörden als der Staatsrath mit Ertheilung der erforderlichen Autorisation beauftragt worden sind. Das Nähere hierüber bei F. Hélie, traité de l'instr. cr., 2. Ausg. Bd. 2 S. 403 ff. Eine Erläuterung ist dem Art. 129 ferner durch Art. 3 Dekr.

v. 9. Aug. 1806 gegeben. Dieser Art. und der angez. Art. 75 lauten:

Constitution de la République française du 22 frim. an VIII.

Art. 75. Les agents du Gouvernement, autres que les ministres, ne peuvent être poursuivis pour des faits relatifs à leurs fonctions, qu'en vertu d'une décision du Conseil d'État: en ce cas, la poursuite a lieu devant les tribunaux ordinaires.

Décret du 9 août 1806, relatif aux formalités à observer pour la mise en jugement des agents du Gouvernement.

Art. 3. La disposition de l'art. 75 de l'acte constitutionnel de l'an VIII ne fait point obstacle à ce que les magistrats chargés de la poursuite des délits informent et recueillent tous les renseignements relatifs aux délits commis par nos agents dans l'exercice de leurs fonctions; mais il ne peut être, en ce cas, décerné aucun mandat ni subi aucun interrogatoire juridique sans l'autorisation préalable du Gouvernement.

An der Weitergeltung der vorstehenden gesetzlichen Bestimmungen und des Art. 129 ist durch die neue Gesetzgebung nichts geändert (vgl. den Antrag des Reichsstaatsanwalts in dem Falle bei Puchelt, Zeitschr. B. 3 S. 132 ff.), doch übt die Befugnisse des Staatsraths jetzt der Oberpräsident aus, § 9 Ges. v. 30 Dec. 1872 (GBl. 1872 S. 52).

130. Les préfets, sous-préfets, maires et autres administrateurs qui se seront immiscés dans l'exercice du pouvoir législatif, comme il est dit au n° 1 de

l'art. 127 ou qui se seront ingérés de prendre des arrêtés généraux tendant à intimer des ordres ou des défenses quelconques à des Cours ou tribunaux, seront punis de la dégradation civique.

Vgl. Bem. zu Art. 126.

131. Lorsque ces administrateurs entreprendront sur les fonctions judiciaires en s'ingérant de connaître de droits et intérêts privés du ressort des tribunaux, et qu'après la réclamation des parties ou de l'une d'elles, ils auront néanmoins décidé l'affaire avant que l'autorité supérieure ait prononcé, ils seront punis d'une amende de 16 fr. au moins et de 150 fr. au plus.

CHAP. III, SECT. I.

145. 146. Mat. der §§ 348, 349 StGB.

155. Mat. des § 348 StGB. Vgl Förtsch, Code pénal, zu diesem Artikel.

158. Desgl.

SECT. II.

166—168. Mat. der §§ 331—359 StGB.

169—173. Mat. der §§ 318—351 StGB.

174. Mat. der §§ 352, 353 StGB.

§ III. *Des délits de fonctionnaires qui se seront ingérés dans des affaires ou commerces incompatibles avec leur qualité.*

175. Tout fonctionnaire, tout officier public, tout agent du gouvernement, qui, soit ouvertement, soit par actes simulés, soit par interposition de personnes, aura pris ou reçu quelque intérêt que ce soit dans les actes, adjudications, entreprises ou régies dont il a ou avait, au temps de l'acte, en tout ou en partie, l'administration ou la surveillance, sera puni d'un emprisonnement de six mois au moins et de deux ans au plus, et sera

condamné à une amende qui ne pourra excéder le quart des restitutions et des indemnités, ni être au-dessous du douzième.

Il sera de plus déclaré à jamais incapable d'exercer aucune fonction publique. La présente disposition est applicable à tout fonctionnaire ou agent du gouvernement, qui aura pris un intérêt quelconque dans une affaire dont il était chargé d'ordonnancer le paiement ou de faire la liquidation.

Der Art. 175, auf welchen die Artt. 21 Code for. u. 15 Fisch.-Ges. v. 15. April 1829 Bezug nehmen, berührt keine Materie des StGB's und ist auch durch die neue Disciplinargesetzgebung nicht beseitigt. (Vgl. Vorbem. I a. E.) In vielen Fällen wird freilich ideale Konkurrenz mit Thatbeständen des StGB., insbesondere mit Bestechung und Unterschlagung vorliegen.

Die Aberkennung der Fähigkeit zur Bekleidung öffentlicher Aemter kann fernerhin nur nach Maßgabe des § 35 StGB. ausgesprochen werden.

176. ..... Tout préfet ou sous-préfet, qui aura, dans l'étendue des lieux où il a le droit d'exercer son autorité, fait ouvertement, ou par des actes simulés, ou par interposition de personnes, le commerce de grains, grenailles, farines, substances farineuses, vins ou boissons, autres que ceux provenant de ses propriétés, sera puni d'une amende de 500 fr. au moins, de 10,000 fr. au plus et de la confiscation des denrées appartenant à ce commerce.

Der nicht abgedruckte Theil des Art. bezieht sich auf Militärpersonen und ist durch § 2 EG. zum MStGB. v. 20. Juni 1872 beseitigt.

177—182. Mat. der §§ 331—333 StGB.

183. Mat. der §§ 334—336 StGB.

§ V. *Des abus d'autorité.*

184. Mat. der §§ 342, 123 StGB.

185. Tout juge ou tribunal, tout administrateur ou autorité administrative, qui sous quelque prétexte que ce soit, même du silence ou de l'obscurité de la loi aura dénié de rendre la justice qu'il doit aux parties, après en avoir été requis, et qui aura persévéré dans son déni, après avertissement ou injonction de ses supérieurs, pourra être poursuivi, et sera puni d'une amende de 200 fr. au moins et de 500 fr. au plus, et de l'interdiction des fonctions publiques depuis cinq ans jusqu'à vingt.

Das StGB. kennt eine Aberkennung der Fähigkeit zur Bekleidung öffentlicher Aemter neben einer Geldstrafe nicht und ebensowenig eine zeitweise Suspension vom Amte. Absetzung oder Suspension ist jetzt lediglich dem Disciplinarverfahren überlassen.

186. Mat. der §§ 339, 340 StGB.

188—191. Mat. der §§ 113, 114 StGB.

192—195 ersetzt durch Art. IX EG. zum StGB. S. jetzt § 69 Ges. über Beurkundung des Personenstandes v. 6. Febr. 1875.

196, 197. Mat. des § 132 StGB.

198. Mat. der §§ 13—42, 47—50. S. Förtsch, Code pénal zu diesem Artikel.

SECT. IV.

§ V. *Bris de scellés et enlèvement de pièces dans les dépôts publics.*

249. Lorsque des scellés apposés, soit par ordre du gouvernement, soit par suite d'une ordonnance de justice rendue en quelque matière que ce soit, auront été brisés, les gardiens seront punis, pour simple négligence, de six jours à six mois d'emprisonnement.

Während die Artt. 251 u. 255 den vorsätzlichen Siegelbruch bezw. die vorsätzliche Vernichtung von Urkunden behandeln, bestrafen die Art. 249, 250 u. 254 die Nachlässigkeit von Beamten oder von für den einzelnen Fall ihnen gleich zu achtenden Personen, welche auf Grund der ihnen obliegenden besonderen Pflichten jene Thatsachen hätten verhüten sollen. Gegenstand der letztgenannten Artikel ist daher ein Amtsdelikt, welches vom StGB. nirgends berührt wird.

250. Si le bris des scellés s'applique à des papiers et effets d'un individu prévenu ou accusé d'un crime emportant la peine de mort, des travaux forcés à perpétuité, ou de la déportation, ou qui soit condamné à l'une de ces peines, le gardien négligent sera puni de six mois à deux ans d'emprisonnement.

S. Bem. zu Art. 249.

254. Quant aux soustractions, destructions et enlèvements de pièces ou de procédures criminelles ou d'autres papiers, registres, actes et effets, contenus dans les archives, greffes ou dépôts publics, ou remis à un dépositaire public en cette qualité, les peines seront, contre les greffiers, archivistes, notaires ou autres dépositaires négligents, de trois mois à un an d'emprisonnement et d'une amende de 100 fr. à 300 fr.

S. Bem. zu Art. 249.

B. Gerichtsschreiber.

Loi du 21 vent. an VII, portant établissement de droits de greffe au profit de l'État dans les tribunaux civils et de commerce.

Art. 23. Mat. der §§ 352, 353 StGB.

Der Art. 23 sowie die unten folgenden Bestimmungen des Dekr. v. 18. Juni 1811, der Ord. v. 17. Juli u. 9. Oct. 1825 u. des Dekr. v. 28. Mai 1854 wurden nur auf Fälle für anwendbar erachtet, in denen der greffier sich eine Ueberhebung von ihm selbst zustehenden Gebühren hatte zu Schulden kommen lassen, während eine solche Handlung, wenn sie sich auf die zur Staatskasse fließenden Gebühren bezog, nach Art. 174 Code pénal bestraft wurde, eine Ansicht, die durch die neue Fassung, welche der Art. 174 im Jahre 1863 erhalten hat, sanktionirt worden ist. (Vgl. F. Hélie, th. d. Code pénal 4. Ausg. Bd. VI Anhang S. 53 ff.) Es scheint, daß F. Hélie (l. c. Bd. II S. 569) Vergehungen der ersteren Art der disciplinarischen Ahndung überweisen will, während die Ordonnanzen v. 17. Juli u. 9. Oct. 1825 (s. unten) ausdrücklich auf den Weg der police correctionnelle verweisen. Wie dem auch sei, heute sind die greffiers Landesbeamte im Sinne des Art I Ges. v. 23. Dec. 1873 (GBl. S. 479) und deshalb in Fällen der vorliegenden Art allein den §§ 352, 353, 358 StGB. u. den Disciplinarbestimmungen in §§ 72 ff. des Reichsbeamtengesetzes v. 31. März 1873 (GBl. S. 483) unterworfen; durch die letztgenannten Bestimmungen sind überhaupt alle die greffiers betreffenden Disciplinarvorschriften strafrechtlichen Inhalts (z. B. Art. 244 C. pr. c.), soweit sie nicht dem Gebiete des Enregistrementrechts angehören, beseitigt. (Anders hinsichtlich der officiers ministériels, an deren disciplinärer Stellung durch das Beamtengesetz nichts geändert worden ist, wenn gleich ihre Thätigkeit kraft eines öffentlichen Amts im Sinne des § 31 StGB. erfolgt und sie selbst zum größten Theile zu den Beamten im Sinne des § 359 StGB. gehören.)

CODE DE PROCÉDURE CIVILE.

PREMIÈRE PARTIE. LIV. II, TIT. VII.

Art. 139. Les greffiers qui délivreront expédition d'un jugement avant qu'il ait été signé seront poursuivis comme faussaires.

Der Dolus des Art. 145 Code pénal, aus welchem die Strafe gegen faussaires zu entnehmen wäre, ist auch zum Thatbestande des Art. 139 erforderlich, weshalb der letztere mit jenem Art. 145 durch die Bestimmungen des StGB. über Urkundenfälschung (§ 271) aufgehoben ist.

CODE D'INSTRUCTION CRIMINELLE.

LIV. II, TIT. I.

Art. 196. La minute du jugement sera signée au plus tard dans les vingt-quatre heures par les juges qui l'auront rendu. — Les greffiers qui délivreront expédition d'un jugement avant qu'il ait été signé, seront poursuivis comme faussaires.

Vgl. Bem. zu Art. 139 C. d. pr. c.

Décret du 18 juin 1811.

Tarif criminel.

Art. 64. Mat. des § 352 StGB. Vgl. Bem. zu dem Ges. v. 21 vent. VII.

Ordonnance du 17 juillet 1825, portant règlement sur les frais et émoluments à percevoir par les greffiers de justice de paix.

Art. 6 wie oben.

Ordonnance du 9 octobre 1825, qui fixe les droits que percevront les greffiers des tribunaux de commerce.

Art 5 wie oben.

Décret du 28 mai 1854, portant fixation des émoluments attribués . . . aux greffiers . . .

Art. 12 wie oben.

C. Gerichtsvollzieher.

Décret du 14 juin 1813, portant règlement sur l'organisation et le service des huissiers.

Art. 45. Tout huissier qui ne remettra pas lui-même à personne ou domicile l'exploit et les copies de pièces qu'il aura éte chargé de signifier, sera condamné, par voie de police correctionnelle, à une suspension de trois mois, à une amende qui ne pourra pas être moindre de 200 fr., ni excéder 2000 fr. et aux dommages-intérêts des parties. — Si néanmoins il résulte de l'instruction qu'il a agi frauduleusement, il sera poursuivi criminellement et puni d'après l'art. 146 du Code pénal.

Während sonst die Nichtbeobachtung besonderer dienstlicher Vorschriften Seitens der officiers ministériels (und greffiers) der disciplinarischen Ahndung durch die Civilkammern anheim fällt, konstituirt der Art. 45 durch die Verweisung vor das Strafgericht ein wirkliches délit, dessen Thatbestand jetzt unter den des § 348 StGB. fällt, da die Zustellung erst durch die eigene Thätigkeit des Gerichtsvollziehers ihren Charakter als authentischer Akt erhält, diese also die „rechtlich erheblichste Thatsache" der Beurkundung ist. Freilich war der Art. 45 eine Spezialvorschrift neben Art. 146 Code pénal, doch kann dieser Umstand für die Weitergeltung desselben hier nicht in Betracht kommen, da die dem Art. 146 entsprechende Strafvorschrift des StGB. in dem § 349 enthalten ist.

D. Bezirkstage.

Loi du 22 juin 1833, sur l'organisation des Conseils généraux de département et des Conseils d'arrondissement.

Art. 15. Toute délibération prise hors de la réunion légale du Conseil général est nulle de droit. — Le préfet, par un arrêté pris en Conseil de préfecture, déclare la réunion illégale, prononce la nullité des actes, prend toutes les mesures nécessaires pour que l'assemblée se sépare immédiatement, et transmet son arrêté au procureur général du ressort pour l'exécution des lois et l'application, s'il y a lieu, des peines déterminées par l'article 258 du Code pénal. En cas de condamnation, les membres condamnés sont exclus du Conseil, et inéligibles aux Conseils de département et d'arrondissement pendant les trois années qui suivront la condamnation.

Der Art. stellt kein selbstständiges Delikt auf, sondern verweist auf die Begriffsbestimmung des Art. 258 C. p., welche durch § 132 StGB. aufgehoben ist und daher in Gemäßheit des Art. III EG. zum StGB. auch für die Strafbarkeit von Mitgliedern der Bezirkstage nicht mehr in Betracht kommen kann.

16. Il est interdit à tout Conseil général de se mettre en correspondance avec un ou plusieurs Conseils d'arrondissement ou de département. — En cas d'infraction à cette disposition, le Conseil général sera suspendu par le préfet en attendant que le Roi ait statué.

17. Il est interdit à tout Conseil général de faire ou de publier aucune proclamation ou adresse. — En cas d'infraction à cette disposition, le préfet déclarera par arrêté que la session du Conseil général est suspendue; il sera statué définitivement par ordonnance royale.

18. Dans les cas prévus par les deux articles précédents, le préfet transmettra son arrêté au procureur général du ressort pour l'exécution des lois, et l'application, s'il y a lieu, des peines déterminées par l'art. 123 du Code pénal.

Die Artt. 16 u. 17 enthalten zwar bestimmte Verbote, keineswegs aber selbstständige Thatbestände, machen die Strafbarkeit vielmehr von Erfüllung des Thatbestandes von Art. 123 C. p. abhängig. Den Art. 123 s. S. 333.

19. Tout éditeur, imprimeur, journaliste ou autre, qui rendra publics les actes interdits au Conseil général par les artt. 15, 16 et 17, sera passible des peines portées par l'art. 123 du Code pénal.

S. den Art. 123 C. p. oben S. 333.

XXIV.

Uebertretung von Polizeiverordnungen.

Inhaltsübersicht.

Code pénal, Artt. 471 15) mit

Ges. v. 16. Aug. 1790, Tit. XI Art. 3.

Ges. v. 18. Juli 1837, Art. 11.

CODE PÉNAL.

LIV. IV. CHAP. II. SECT. Ire.

Art. 471. Seront punis d'amende, depuis 1 fr. jusqu'à 5 fr. inclusivement,

15°. Ceux qui auront contrevenu aux règlements légalement faits par l'autorité administrative, et ceux qui ne se seront pas conformés aux règlements ou arrêtés publiés par l'autorité municipale, en vertu des artt. 3 et 4, tit. XI de la loi du 16—24 août 1790, et de l'art. 46, tit. Ier de la loi du 19—22 juillet 1791.

474. S. Theil I S. 181.

483. S. Theil I S. 17.

Die Nr. 15 ist dem Art. 471 durch Art. 95 Ges. v. 28. April 1832 beigefügt worden. Der darin angezogene Art. 3 Tit. 9 des Ges. v. 1790 lautet:

> Art. 3. Les objets de police confiés à la vigilance et à l'activité des corps municipaux sont: 1° Tout ce qui intéresse la sûreté ou la commodité du passage dans les rues, quais, places et voies publiques; ce qui comprend le nettoiement, l'illumination, l'enlèvement des encombrements, la démolition et la réparation des bâtiments menaçant ruine, l'interdiction de ne rien exposer aux fenêtres ou autre partie des bâtiments qui puisse nuire par sa chute, et celle de rien jeter qui puisse blesser ou endommager les passants, ou causer des exhalaisons nuisibles; 2° le soin de réprimer et de punir les délits contre la tranquillité publique, tels que les rixes et disputes accompagnées d'ameutement dans les rues, le tumulte excité dans les lieux d'assemblées publiques, les bruits et attroupements nocturnes qui troublent le repos des citoyens; 3° le maintien du bon ordre dans les endroits où il se fait de grands rassemblements d'hommes, tels que les foires, marchés, réjouissances et cérémonies publiques, spectacles, jeux, cafés, églises, et autres lieux publics; 4° l'inspection sur la fidélité du débit des denrées qui se vendent au poids, au mètre ou à la mesure, et sur la salubrité des comestibles exposés en vente publique; 5° le soin de prévenir par des précautions convenables, et celui de faire cesser

par la distribution des secours nécessaires, les accidents et fléaux calamiteux, tels que les incendies, les épidémies, les épizooties, en provoquant aussi, dans ces deux derniers cas, l'activité des administrations de département et de district; 6° le soin d'obvier ou de remédier aux événements fâcheux qui pourraient être occasionnés par les insensés ou les furieux laissés en liberté, et par la divagation des animaux malfaisants ou féroces.

Der Art. 4 desselben Gesetzes ist heute durch die Bestimmungen der Dekr. v. 30. Dec. 1852 u. 6. Jan. 1864 (Thl. I S. 60) ersetzt, desgleichen der angezogene Art. 46 des Ges. v. 1791 durch Art. 11 Ges. v. 18. Juli 1837, welcher lautet:

Art. 11. Le maire prend des arrêtés à l'effet: 1° D'ordonner les mesures locales sur les objets confiés à sa vigilance et à son autorité; 2° de publier de nouveau les lois et les règlements de police, et de rappeler les citoyens à leur observation. Les arrêtés pris par le maire sont immédiatement adressés au sous-préfet. Le préfet peut les annuler ou en suspendre l'exécution. Ceux de ces arrêtés qui portent règlement permanent ne seront exécutoires qu'un mois après la remise de l'ampliation, constatée par le récépissé donné par le sous-préfet.

Der Art. 471 stellt unter Nr. 15 nicht selbst einen Thatbestand auf, sondern gibt nur generell die Strafsanktion für Zuwiderhandlungen gegen polizeiliche Verordnungen; die Materie, welche er betrifft, ist in dieser Allgemeinheit dem StGB. unbekannt und mußte demselben unbekannt sein, da in den Staaten, welche zur Zeit der Redaktion desselben das Deutsche Reich bildeten, namentlich in Preußen, die Polizeibehörden mit dem Rechte ausgestattet sind, ihren Verordnungen selbstständige Pönalsanktionen innerhalb eines durch Spezialgesetz bestimmten Maßes beizufügen.

Ist sonach grundsätzlich an dem Art. 471 15), mit welchem noch die Bestimmungen der Artt. 474 u. 483 über Rückfall und mildernde Umstände in Verbindung zu bringen sind, durch das StGB. nichts geändert worden (worüber sich ein Urtheil des ROHG. in Puchelt Zeitschrift V S. 680 mit Unrecht sehr hypothetisch ausdrückt), so ist doch anderseits die Anwendbarkeit der Strafe des Art. 471 auch bezüglich der Nr. 15 durch das StGB. vielfach beschränkt worden und außerdem sind die staatsrechtlichen Voraussetzungen für die Anwendung des Art. durch die Neugestaltung des öffentlichen Rechts in mannigfacher Weise berührt worden.

Was zunächst das StGB. betrifft, so hat dasselbe nicht nur hie und da Maßregeln, welche bisher den Anordnungen der Polizeibehörden überlassen waren, unter die Reihe der Uebertretungen aufgenommen, sondern auch eine nicht geringe Zahl von Vorschriften aufgestellt, welche, analog dem Art. 471 15), nicht einen bestimmten Thatbestand sonderen nur die Straffanktion für Zuwiderhandlungen gegen polizeiliche Verordnungen oder Maßregeln gewissen Inhalts enthalten, welche Anordnungen selbst den polizeilichen Gewalten oder der Gesetzgebung des Reichs oder der Einzelländer überlassen bleiben. Hierher gehören die §§ 360 9) 12), 361 6), 366 1) 10), 366a, 367 2) 5) 9) 13) 14), 368 2) 8), 369 2) 3). Nicht alle diese §§ greifen jedoch in den Wirkungskreis des Art. 471 15) ein, zum Theil modifiziren sie vielmehr nur andere französische Gesetze, welche in ähnlicher Weise bereits früher jenen Wirkungskreis beschränkt hatten, indem sie für die über ihren Gegenstand zu erlassenden Reglements besondere, über das geringe Maß des Art. 471 hinausgehende Strafen festsetzten.

Was die staatsrechtliche Seite des Art. betrifft, so ist zuvörderst an der Pflicht und Befugniß des Polizeirichters zu prüfen, ob das règlement, dessen Uebertretung vor ihm verfolgt wird, von der geordneten Gewalt innerhalb der Grenzen ihrer örtlichen und sachlichen Zuständigkeit erlassen und gehörig verkündet worden ist, nichts geändert und auch das Berggesetz v. 16. Dec. 1873 macht hiervon keine Ausnahme, wenn es in § 185 dem Richter die Prüfung der Nothwendigkeit und Zweckmäßigkeit der von den Bergbehörden gegebenen polizeilichen Vorschriften entzieht und ihm nur die der gesetzlichen Gültigkeit beilegt.

Dagegen ist die Neugestaltung der öffentlichen Dinge in Elsaß-Lothringen nicht ohne Einfluß auf die Voraussetzungen geblieben, welche der Richter jener Prüfung zu Grunde zu legen hat.

Eine ins Einzelne gehende Behandlung dieser Frage würde kaum Ein Gebiet des Reichs- und Landesstaatsrechts unberührt lassen können und weit über die sachlichen u. räumlichen Grenzen dieser strafrechtlichen Gesetzsammlung hinausgehen, weshalb nur die wesentlichsten Punkte hervorgehoben werden sollen.

Zuständig zum Erlaß der in Nr. 15 des Art. 471 erwähnten règlements (über deren Begriff zu vergleichen F. Hélie, traité de l'instr. cr. 2te Ausg. Bd. VI S. 79), sind nach französischem Staatsrecht:

1) die maires nach Maßgabe der oben abgedruckten Gesetze,
2) die préfets, und zwar (nach Aufhebung der ihnen in Städten von mehr als 40,000 Einwohnern gegebenen Befugnisse durch Art. 23 Ges. v. 24. Juli 1867 D. P. 67. 4. 98),
   a. über die ihnen durch besondere Gesetze zugewiesenen Gegenstände, z. B. Errichtung schadendrohender ge-

werblicher Anlagen durch Dekr. v. 15. Oct. 1810 (S. die Zusammenstellung bei F. Hélie a. a. O. S. 75 ff.),

b. kraft ihrer Stellung in der Verwaltungshierarchie an Stelle der maires über die denselben vorbehaltenen Gegenständen (streitig, vgl. F. Hélie a. a. O. S. 75 ff.).

3) der chef de l'État als Inhaber des pouvoir exécutif, und zwar wiederum

a. nach Maßgabe besonderer Gesetze z. B. über roulage Ges. v. 30. Mai 1851 Art. 2,

b. als Spitze aller Exekutivgewalt an Stelle der Präfekten und Maires.

Unzuständig sind z. B. sous-préfets und Minister.

An Stelle der Präfekten sind nach § 11 Ges. v. 30. Dec. 1871 (GBl. 1872 S. 49) die Bezirks-Präsidenten getreten und die Staatsgewalt übt nach § 3 Ges. v. 9. Juni 1871 (GBl. S. 1) der Kaiser aus, sonst ist aber hinsichtlich der Kompetenz der vorgenannten Instanzen zum Erlaß von règlements grundsätzlich nichts geändert worden, nur sind durch die Landesgesetzgebung neue Behörden geschaffen, denen diese Befugniß ebenfalls zuzuerkennen ist, zwar nicht die Kreisdirectoren, die in dieser Beziehung sich von den ehemaligen Unterpräfekten nicht unterscheiden (und mit einem beschränkten Verordnungsrechte auch nicht etwa durch § 1 Nr. 6 V. v. 20. Sept. 1873 [GBl. S. 249] ausgestattet sind, da die durch Art. 15 Ges. v. 18. Juli 1857 den Präfekten ertheilte Machtbefugniß sich nur auf actes administratifs nicht auf das pouvoir réglementaire bezieht [vgl. F. Hélie tr. de l'instr. cr. 2te Ausg. Bd. VI S. 76, Dalloz Rép. V° Commune n° 331]); wohl aber durch § 4 des Verwaltungsgesetzes der Oberpräsident, welcher als „oberste Verwaltungsbehörde" die Befugnisse der unteren Instanzen in derselben

Weise ausüben kann, wie dies den Präfekten gegenüber den Maires zugestanden wird und der durch §§ 173, 166 des Berggesetzes ausdrücklich mit dem Rechte zum Erlaß von Bergpolizeiverordnungen (Straffanktion § 184) ausgestattet ist.

Zu diesen Behörden werden ferner gerechnet die durch § 14 für die Städte Straßburg, Metz und Mülhausen eingeführten Polizeidirectoren, obwohl der in dem Gesetze gebrauchte Ausdruck:

„Die Polizei, soweit sie nicht nach der Bestimmung" „des Oberpräsidenten der Gemeindeverwaltung überlassen" „wird, wird durch einen Polizeidirector unter der Aufsicht" „des Bezirks-Präsidenten verwaltet"

es sehr zweifelhaft erscheinen läßt, ob es in der Absicht des Gesetzgebers lag, den Polizeidirectoren das Verordnungsrecht zu verleihen, zumal jene Bestimmung unter dem Marginale „Kreisdirectoren" getroffen ist, wo ein solches Verordnungsrecht gar nicht in Frage kommen konnte. Trotzdem haben nicht nur thatsächlich die Polizeidirectoren in Uebereinstimmung mit den von der obersten Verwaltungsbehörde getroffenen Anordnungen (Vgl. z. B. für Straßburg Amtsbl. 1873 S. 54) vielfache Verordnungen erlassen, die an sich zur Kompetenz der Bürgermeister gehören würden, sondern es ist diese Befugniß auch in einigen Urtheilen des ROHG., freilich ohne Prüfung der hier erhobenen Zweifel, ausdrücklich anerkannt worden. (Vgl. nam. Urtheile v. 6. Nov. u. 6. Oct. 1874 Puchelt Zeitschr. V S. 500, 682, 688).

Keine Aenderung ist ferner insofern eingetreten, als nirgends einer Behörde das Recht zur Beifügung selbstständiger Strafandrohungen beigelegt ist. Findet sich eine solche dennoch in einem polizeilichen Erlaß, so würde der Richter gleichwohl das Maß von Art. 471 bezw. 474 nicht überschreiten dürfen. Anerkannt ist übrigens, daß es zur Anwendung dieser Artt. einer ausdrücklichen Androhung in dem règlement nicht bedarf.

Hinsichtlich der Publikation endlich gelten die alten Grundsätze weiter mit der Modifikation, daß Kaiserliche Verordnungen nach dem Ges. v. 3. Juli 1871 (GBl. S. 2) durch das Gesetzblatt für Elsaß-Lothringen zu verkünden sind.

Auch durch die Reichsverfassung und Reichsgesetze ist sowohl der obersten Reichsgewalt als delegirten Behörden Raum und Befugniß zum Erlaß polizeilicher Verordnungen gegeben worden, ohne daß jedoch über Kompetenz, Form, Publikation und Strafbarkeit allgemeine Regeln aufgestellt oder befolgt sind; man vergleiche z. B. unter einander:

1) Verordnung betreffend das Verbot der Ausfuhr von Pferden v. 4. März 1875, vom Kaiser „nach Zustimmung der Bundesregierungen" erlassen, ohne Strafandrohung, im RGBl. (S. 159) publizirt,

2) das Bahnpolizei-Reglement v. 4. Jan. 1875, vom Bundesrath beschlossen, vom Reichskanzler im Zentralblatt für das d. R. verkündet, mit selbstständiger Strafandrohung,

3) die vom Reichskanzler auf Grund des § 50 Postges. erlassenen Postordnung v. 18. Dec. 1874, ohne Strafandrohung und durch „die für amtliche Bekanntmachungen bestimmten Blätter" publizirt.

Es wird nun kaum einem Zweifel unterworfen werden können, daß die Rechtsgültigkeit derartiger Verordnungen lediglich nach den Grundsätzen des Reichsrechts zu beurtheilen ist, und ganz dasselbe muß gelten, wenn es sich darum handelt, die Voraussetzungen (Publikation) oder die Art (Sanktion) ihrer Wirksamkeit einer Beurtheilung zu unterziehen, da Rechtsgültigkeit und Wirksamkeit in einem derartig engen Zusammenhange stehen, daß es widersinnig erscheint, sofern nicht (wie in § 50 Postges. hinsichtlich der Publikation) ausdrücklich das Gegentheil bestimmt ist, die eine den Grundsätzen des Reichsrechts die anderen denen des Rechts der Einzelländer zu unterwerfen.

Es ist demnach unzulässig, auf Zuwiderhandlungen gegen Reichspolizeiverordnungen die Strafandrohung des Art. 471 15) anzuwenden, da vielmehr angenommen werden muß, daß, wenn keine Strafsanktion durch das Reichsrecht gegeben ist, die Nichtbefolgung straflos und die Befolgung in anderer Weise erreicht werden soll. Nicht minder ungerechtfertigt erscheint es aus gleichem Grunde auch, einer in der Reichsverordnung, z. B. dem Bahnpolizei=Reglement, enthaltenen Pönalsanktion lediglich deshalb Wirksamkeit zu versagen, weil nach Landesrecht den Landesbehörden das Recht zur Beifügung einer solchen nicht zusteht, oder aus demselben Grunde an Stelle jener Strafsanktion eine auf Landesrecht beruhende anzuwenden, z. B. auf das BPR. den Art. 471 15) C. p. oder Art. 21 Ges. v. 15. Juli 1845. (Vgl. hierüb. Vorbem. zur Wege= ꝛc. Polizei II 4.)

XXV.

Indirekte Steuern und Oktroi.

Inhaltsübersicht.

Vorbemerkung.

I. Nach §§ 1 u. 2 des Gesetzes betreffend das Verfahren bei Zuwiderhandlungen gegen die Zollgesetze und die Gesetze über die indirekten Steuern v. 5. Juli 1872 (GBl. S. 465) gehören von diesen Zuwiderhandlungen entweder ausschließlich oder unter Umständen vor die ordentlichen Strafgerichte:

1) diejenigen gegen die Zollgesetze,
2) die gegen die Gesetze über die indirekten Steuern mit Ausschluß der Erbschaftssteuer, des Enregistrement und des für Landesrechnung erhobenen Stempels.

Von diesen Abgaben sind durch die deutsche Gesetzgebung neu geregelt folgende:

Tabak, V. des Gen.-Gouv. v. 7. Juni 1871 u. Ges. v. 17. Juli 1871 (GBl. S. 247),
Zölle, Zucker, Salz, Ges. v. 17. Juli 1871 (GBl. S. 37),
Wechselstempel, Ges. v. 14. Juli 1871 (GBl. S. 175),
Wein, Ges. v. 2. März 1873 (GBl. S. 51),
Binnenschifffahrt, Ges. v. 29. Jan. 1873 (GBl. S. 59),
Branntwein, Ges. v. 16. Mai 1873 (GBl. S. 67),
Fuhrwerk, Schießpulver u. Salpeter, Spielkarten, Gold- u. Silberwaaren, Ges. v. 21. Mai 1873 (GBl. S. 87),
Uebergangsverkehr, Ges. v. 30. Juni 1873 (GBl. S. 129).

Es bleiben demnach für Zuwiderhandlungen der oben gedachten Artikel die französischen Strafgesetze maßgebend nur hinsichtlich

1) der Biersteuer und
2) der Lizenzgebühr.

II. Die Gesetze über das städtische Oktroi sind unverändert geblieben; Zuwiderhandlungen gegen dieselben gehörten von jeher vor die ordentlichen Gerichte (Tit. IX der Ord. v. 9. Dec. 1814) und sind auch jetzt nur dann dem Verfahren des Ges. v. 5. Juli 1872 unterworfen, wenn sie mit einer diesem Gesetze unterliegenden Steuerkontravention zusammentreffen (§ 1 Ges. v. 5. Juli 1872).

III. Die französische Praxis pflegt, wenn eine Zuwiderhandlung gegen die Gesetze über indirekte Steuern oder Oktroi von Mehreren begangen ist, nur Eine Strafe gegen die mehreren Thäter auszusprechen und rechtfertigt dieses Verfahren damit, « que, d'après leur nature, les amendes, en matière fiscale, sont moins une peine que la réparation civile du préjudice causé à l'État par la fraude; qu'elles sont donc plutôt réelles que personnelles; qu'elles frappent le fait matériel de la contravention » (cass. 19. 8. 36. Dalloz Rép. V° imp. indic. n° 513 u. cass. 4. 12. 63. D. P. 64. 1. 195). Wir haben die „Einheitsstrafe" bereits in der Vorbemerkung zu den Forstgesetzen (Theil I S. 118) besprochen und dort dieselbe für gewisse Forst- und Ruraldelikte aufrecht erhalten, weil bei diesen die Absicht des Gesetzgebers aus der Bemessung der Strafe nach der Höhe des angerichteten Schadens klar zu erkennen sei; solches ist der Fall nicht bei den Steuerdelikten, deren Strafe das Gesetz, nicht anders als sonst, in Geldsummen bestimmt hat; der deutsche Richter kann demnach, in Ermangelung einer positiven Ausnahmevorschrift, auch bei Bestrafung der Steuer- und Oktroidelikte von den Grundsätzen des StGB. über Theilnahme, §§ 47—50, nicht abweichen, zumal auch der hervorragendste franz. Kriminalist F. Hélie (th. d. C. p. 4te Ausg. Bd. I S. 211) gegenüber dem Kassationshofe an dem Charakter der amende als Strafe auch en matière fiscale festhält, eine Ansicht, die der Kassationshof selbst in seinen vor 1836 ergangenen Entscheidungen vertreten hatte.

Mit Anerkennung der amende als Strafe fallen auch die weiteren Konsequenzen, welche die Franzosen aus deren angeblichem Charakter einer réparation civile gezogen haben, insbesondere die, daß aus dem Art. 35 Dekr. v. 1 germ. XIII (s. u. „Biersteuer") eine direkte und prinzipale Verantwortlichkeit der propriétaires abgeleitet und die in Art. 1384 C. c. begründete Verantwortlichkeit auf die Haftung für Geldstrafen bei Steuerkontraventionen ausgedehnt wurde. (Dalloz Rép. V° Octroi n° 403.) Heute gelten für die Zurechnung einer That allein die Grundsätze des StGB. und die Bestimmung des Art. 35 cit. ist nur als Begründung einer subsidiarischen Verhaftung im Sinne des § 22 Ges. v. 5. Juli 1872 aufzufassen, während eine Haftung für Strafen auf Art. 1384 seitens der zum Bezug berechtigten Kasse überhaupt nicht mehr gegründet werden kann.

Aus dem Gesagten ergibt sich ferner, daß auch die wegen Steuer- oder Oktroikontraventionen erkannten Geldstrafen nicht mehr durch contrainte par corps beizutreiben sondern nach §§ 28, 29 StGB. in Freiheitsstrafen umzuwandeln sind, wie dies für die durch Strafbescheid der Verwaltungsbehörde festgesetzten Strafen § 24 Ges. v. 5. Juli 1872 ausdrücklich vorschreibt.

Die Regeln des StGB. sind es endlich auch, welche hinsichtlich der Konkurrenz und der Verjährung zur Anwendung kommen, da die französischen Gesetze in dieser Beziehung Ausnahmebestimmungen nicht enthalten, namentlich nicht das Ges. v. 5. Juni 1835 über die Verjährung. (Vgl. Bem. zu letzterem Ges. unter „Biersteuer"; § 26 Ges. v. 5. Juli 1872, Dalloz, Rép. V° Octroi n° 405, 407, imp. indic. n° 544).

Ueber den Dolus bei Steuervergehen vgl. ein Urtheil des ROHG. v. 8. Oct. 1875 bei Puchelt, Zeitschr., Bd. 6 S. 636.

A. Biersteuer.

Décret du 1er germ. an XIII, concernant les droits réunis, la manière de procéder sur les contraventions, etc.

CHAP. I—V schon durch die spätere französische Gesetzgebung beseitigt.

CHAP. VI. *Des commis et des procès-verbaux.*

Dieses Kapitel sowie die folgenden sind, soweit sie das Strafverfahren betreffen, durch § 1 Ges. v. 5. Juli 1872 aufgehoben und durch die Bestimmungen dieses Gesetzes bezw., soweit dasselbe nichts Besonderes enthält, durch die allgemeinen Regeln ersetzt.

Art. 35. Les propriétaires des marchandises seront responsables du fait de leurs facteurs, agents ou domestiques, en ce qui concerne les droits, confiscations, amendes et dépens.

Wie der Art. zu verstehen, ergiebt § 22 Ges. v. 5. Juli 1872. Vgl. auch Vorbem. III.

37. Les condamnations pécuniaires contre plusieurs personnes pour un même fait de fraude seront solidaires.

Der Art. enthält nur die Regel, welche später der Art. 55 C. p. aufstellte und ist, soweit er sich auf die Geldstrafen bezog, wie dieser durch den allgemeinen Theil des StGB. beseitigt, im Uebrigen durch Art. XV. EG. zum StGB. ersetzt.

Eine „Einheitsstrafe" constituirt der Art. nicht; vgl. Vorbem. III.

Loi du 28 avril—4 mai 1816, sur les finances.

CHAP. V. *Des brasseries.*

Art. 107. Il sera perçu à la fabrication des bières un droit de . . . par hectolitre de bière forte et de . . . par hectolitre de petite bière . . .

Der Steuerersatz beträgt jetzt nach Art. 3 Ges. v. 12. Dec. 1830 für starkes Bier 2 Fr. 40 C., für Dünnbier 60 C. für den Hektoliter. Ueber die Zuschlagszehntel s. Art. 232 Ges. v. 28. April 1816 u. 5. Ges. v. 14. Juli 1855.

Der Art. 107 ist durch Art. 8 Ges. v. 1. Mai 1822 aufgehoben.

108. aufgehoben durch Art. 8 Ges. v. 1. Mai 1822.

109. ersetzt durch Art. 23 Dekr. v. 17. März 1852.

110. La quantité de bière passible du droit sera évaluée, qu'elles qu'en soient l'espèce et la qualité, en comptant pour chaque brassin la contenance de la chaudière, lors même qu'elle ne serait pas entièrement pleine. Il sera seulement déduit, sur cette contenance, 20 pour 100 pour tenir lieu de tous déchets de fabrication, d'ouillage, de coulage et autres accidents.

111. Les employés de la régie sont autorisés à vérifier dans les bacs et cuves ou à l'entonnement, le produit de la fabrication de chaque brassin. — Tout excédant à la contenance brute de la chaudière sera saisi. Un excédant de plus du dixième supposera, en outre, la fabrication d un brassin non déclaré, et le droit sera perçu en conséquence, indépendamment de l'amende encourue. — Tout excédant à la quantité déclarée imposable par l'art. 110 sera soumis au droit, quand il sera de plus du dixième de cette quantité, soit qu'on le constate sur les bacs ou à l'entonnement.

112. L'entonnement de la bière ne pourra avoir lieu que de jour.

113. Il ne pourra être fait d'un même brassin qu'une seule espèce de bière; elle sera retirée de la chaudière et mise aux bacs refroidissoirs sans interruption : les décharges partielles sont, par conséquent, défendues.

114. La petite bière fabriquée sans ébullition sur des marcs qui auront déjà servi à la fabrication de tous les brassins déclarés, sera exempte de tout droit, pourvu qu'elle ne soit que le produit d'eau froide versée dans la cuve-matière sur ces marcs, qu'elle ne soit fabriquée que de jour, qu'elle n'excède pas en quantité le huitième des bières assujetties au droit pour un des brassins précédents, et qu'en sortant de la cuve-matière elle soit livrée de suite à la consommation, sans être mélangée d'aucune autre espèce de bière. — A défaut d'une de ces conditions toute la petite bière fabriquée sera soumise au droit, indépendamment des peines encourues pour fausse déclaration, s'il y a lieu.

115. Les bières destinées à être converties en vinaigre sont assujetties aux mêmes droits de fabrication que les autres bières.

Les quantités passibles du droit seront évaluées, lorsque ces bières auront été fabriquées par infusion, en comptant pour chaque brassin la contenance de la cuve dans laquelle le produit des trempes aura dû être réuni pour fermenter, lors même qu'elle ne serait pas entièrement pleine. — Il sera déduit sur la contenance de la chaudière ou de la cuve, qu'elles que soient les quantités fabriquées, pourvu qu'elles n'excèdent point la contenance des vaisseaux, 20 pour 100 pour tous déchets de fabrication, d'ouillage, de coulage, d'évaporation, et autres accidents. — En cas d'excédant à la contenance de la chaudière ou de la cuve, il sera fait application des peines établies par l'art. 111 pour les autres bières.

116. Il ne pourra être fait usage, pour la fabrication de la bière, que de chaudières de six hectolitres et au-dessus. — Il est défendu de se servir de chaudières qui ne seraient pas fixées à demeure et maçonnées.

Les brasseries ambulantes sont interdites, et néanmoins la régie pourra les permettre suivant les localités.

117. Les brasseurs seront tenus de faire au bureau de la régie la déclaration de leur profession et du lieu où seront situés leurs établissements; ils seront, en outre, obligés à déclarer par écrit la contenance de leurs chaudières, cuves et bacs, avant de s'en servir; ils fourniront l'eau et les ouvriers nécessaires pour vérifier par l'empotement de ces vaisseaux les contenances déclarées: cette opération sera dirigée en leur présence par des employés de la régie, et il en sera dressé procès-verbal. — Chaque vaisseau portera un numéro et l'indication de sa contenance en hectolitres.

Ergänzt durch Art. 1 Ges. v. 23. April 1836.

118. Il est défendu de changer, modifier ou altérer la contenance des chaudières, cuves et bacs, ou d'en établir de nouveaux, sans en avoir fait la déclaration par écrit vingt-quatre heures d'avance.

Cette déclaration contiendra la soumission du brasseur de ne faire usage desdits ustensiles qu'après que leur contenance aura été vérifiée, conformément à l'article précédent.

119. Le feu ne pourra être allumé sous les chaudières, dans les brasseries, que pour la fabrication de la bière.

120. Tout brasseur sera tenu, chaque fois qu'il voudra mettre le feu sous ses chaudières, de déclarer, au moins quatre heures d'avance dans les villes, et douze heures dans les campagnes: — 1° Le numéro et la contenance des chaudières qu'il voudra employer, et l'heure de la mise de feu sous chacune; — 2° Le nombre et la qualité des brassins qu'il devra fabriquer avec la même drêche; — 3° L'heure de l'entonnement de chaque brassin; 4° Le moment où l'eau sera versée

sur les marcs pour fabriquer la petite bière sans ébullition exempte du droit, et celui où elle devra sortir de la brasserie. — Les brasseurs qui voudront faire, pour la fabrication du vinaigre, un ou plusieurs brassins par infusion déclareront, en outre, la contenance de la cuve dans laquelle toutes les trempes devront être réunies pour fermenter. — Le préposé qui aura reçu une déclaration, en remettra une ampliation signée de lui au brasseur, lequel sera tenu de la représenter à toute réquisition des employés, pendant la durée de la fabrication.

Modifizirt durch Art. 8 Ges. v. 1. Mai 1822.

121. La mise de feu sous une chaudière supplémentaire pourra être autorisée, sans donner ouverture au paiement du droit de fabrication, pourvu qu'elle ne serve qu'à chauffer les eaux nécessaires à la confection de la bière et au lavage des ustensiles de la brasserie. Le feu sera éteint sous la chaudière supplémentaire, et elle sera vidée aussitôt que l'eau destinée à la dernière trempe en aura été retirée.

122. Les brasseurs sont autorisés à se servir de hausses mobiles, qui ne seront point comprises dans l'épalement, pourvu qu'elles n'aient pas plus d'un décimètre (environ quatre pouces) de hauteur, qu'elles ne soient placées sur les chaudières qu'au moment de l'ébullition de la bière, et qu'on ne se serve point de mastic ou autres matières pour les soutenir ou pour les élever.

123. Toutes constructions en charpente, maçonnerie ou autrement, qui seront fixées à demeure sur les chaudières, et qui s'étendront sur plus de moitié de leur contour, seront comprises dans l'épalement; les brasseurs devront en conséquence les détruire, ou faire les dispositions convenables pour qu'elles puissent être épalées.

124. Toute brasserie en activité portera une enseigne sur laquelle sera inscrit le mot Brasserie. — Les brasseurs de profession apposeront sur leurs tonneaux une marque particulière, dont une empreinte sera par eux déposée au bureau de la régie, au moment où ils feront la déclaration prescrite par l'art. 117.

125. Les brasseurs seront soumis aux visites et vérifications des employés, et tenus de leur ouvrir, à toute réquisition, leurs maisons, brasseries, ateliers, magasins, caves et celliers, ainsi que de leur représenter les bières qu'ils auront en leur possession. Ces visites ne pourront avoir lieu dans les maisons non contiguës aux brasseries ou non enclavées dans la même enceinte. — Ils seront également tenus de faire sceller toute communication des brassseries avec les maisons voisines, autres que leur maison d'habitation.

126. Les brasseurs pourront avoir un registre coté et paraphé par le juge de paix, sur lequel les employés consigneront le résultat des actes inscrits à leurs portatifs.

127. Les brasseurs auront, avec la régie des contributions indirectes, pour les droits constatés à leur charge, un compte ouvert qui sera réglé et soldé à la fin de chaque mois. — Les sommes dues pourront être payées en obligations dûment cautionnées, à trois, six ou neuf mois de terme, pourvu que chaque obligation soit au moins de 300 fr.

128. Les particuliers qui ne brassent que pour leur consommation, les collèges, maisons d'instruction et autres établissements publics, sont assujettis aux mêmes taxes que les brasseurs de profession, et tenus aux mêmes obligations, excepté au paiement du prix de la licence. — Néanmoins les hôpitaux ne seront assujettis qu'à un droit proportionnel à la qualité de la bière

qu'ils font fabriquer pour leur consommation intérieure. Ce droit sera réglé par deux experts, dont l'un sera nommé par la régie, et l'autre par les administrateurs des hôpitaux; en cas de discorde, le tiers-arbitre sera nommé par le préfet.

129. Toute contravention aux dispositions du présent chapitre sera punie d'une amende de 200 fr. à 600 fr. — Les bières trouvées en fraude, et les chaudières qui ne seraient pas fixées à demeure et maçonnées, seront, en outre, saisies et confisquées.

130. La régie pourra consentir, de gré à gré, avec les brasseurs . . . des villes au-dessus de trente mille âmes, un abonnement général pour le montant du droit de fabrication dont ils seront présumés passibles; cet abonnement sera discuté entre le directeur de la régie et les syndics qui seront nommés par les brasseurs: . . . Il ne sera définitif qu'après qu'il aura été approuvé par le ministre des finances, sur le rapport du directeur général des contributions indirectes.

131. Dans le cas de l'abonnement autorisé par l'article précédent, les syndics des brasseurs procéderont, chaque trimestre, en présence du préfet ou d'un membre du Conseil municipal délégué par lui, à la répartition entre les brasseurs, en proportion de l'importance du commerce de chacun de la somme à imposer sur tous. Les rôles arrêtés par les syndics et rendus exécutoires par le préfet ou son délégué, seront remis au directeur de la régie, pour qu'il en fasse poursuivre le recouvrement.

132. Les brasseurs . . . seront solidaires pour le paiement des sommes portées aux rôles: en conséquence aucun nouveau brasseur ne pourra s'établir, s'il ne remplace un autre brasseur compris dans la répartition.

133. Pendant toute la durée de l'abonnement, nul

brasseur ne pourra accroître les moyens de fabrication, soit en augmentant le nombre et la capacité des chaudières, soit de toute autre manière.

134. Les sommes portées aux rôles de répartition seront exigibles par douzième, de mois en mois, d'avance et par voie de contrainte. A défaut de paiement d'un terme échu les redevables dûment mis en demeure ou en cas de contravention à l'article précédent, le ministre des finances, sur le rapport du directeur général des contributions indirectes, sera autorisé à prononcer la révocation de l'abonnement, et à faire remettre immédiatement en vigueur le mode de perception établi par la présente loi, sans préjudice des poursuites à exercer pour raison des sommes exigibles.

135. Au moyen de l'abonnement autorisé par l'article 130, les brasseurs seront dispensés de la déclaration qu'ils sont tenus, par l'art. 120 de la présente loi, de faire au bureau de la régie, avant chaque mise de feu; mais afin de fournir aux syndics les éléments de la répartition et à la régie les moyens de discuter l'abonnement pour l'année suivante, les brasseurs inscriront, sur leur registre coté et paraphé, chaque mise de feu, au moment même où elle aura lieu. Les commis, lors de leurs visites établiront sur leur registre portatif les produits de la fabrication, d'après la contenance des chaudières, et sous la déduction réglée par l'art. 110, et s'assureront seulement, par la vérification des quantités de bière, existant dans les brasseries, qu'il n'a point été fait de brassin qui n'ait été inscrit sur le registre des fabricants.

Loi du 1er mai 1822, contenant le budget de l'exercice 1822.

Art. 8. . . . Il ne pourra être fait application de

la taxe sur la petite bière que lorsqu'il aura été préalablement fabriqué un brassin de bière forte avec la même drêche, et pourvu, d'ailleurs, que cette drêche ait subi, pour le premier brassin, au moins deux trempes, qu'il ne soit entré dans le second brassin aucune portion des métiers résultant des trempes données pour le premier, qu'il n'ait été fait aucune addition ni aucun remplacement de drêche, et, que le second brassin n'excède point en contenance le brassin de bière forte. — S'il était fabriqué plus de deux brassins avec la même drêche, le dernier seulement sera considéré comme petite bière. — Indépendamment des obligations imposées par l'art. 120 de la loi du 28 avril 1816, les brasseurs indiqueront dans leurs déclarations l'heure à laquelle les trempes de chaque brassin devront être données. A défaut d'accomplissement des conditions cidessus, tout brassin sera réputé de bière forte et imposé comme tel. — D'après les dispositions qui précèdent, les art. 107 et 108 de la loi du 28 avril 1816 et 86 de la loi du 25 mars 1817 sont abrogés.

Loi du 15—17 juin 1835, qui remplace l'art. 28 du décret du 1er germ. an 13, relatif aux contraventions en matière de contributions indirectes.

Article unique. Dans le cas prévu par l'art. 28 du décret du 1er germ. an 13, l'assignation à fin de condamnation sera donnée dans les trois mois au plus tard de la date du procès-verbal, à peine de déchéance. Elle pourra être donnée par les commis. — Lorsque les prévenus de contravention seront en état d'arrestation, l'assignation pourra être donnée dans le délai d'un mois, à partir de l'arrestation, à peine de déchéance.

Wäre die durch das Gesetz gestellte Frist eine Verjährungsfrist (eine Auffassung von welcher ein Urtheil des Appellhofes zu Paris v. 14. Jan. 1841 [Dalloz Rép. V° Imp. indic. n° 493] auszugehen scheint), so würde sie durch

§ 26 Ges. v. 5. Juli 1872 in Kraft erhalten sein. Daß dies aber nicht der Fall, ergiebt 1) die Entstehungsgeschichte des Gesetzes, welches die achttägige Frist (gewiß keine Verjährung!) des Art. 28 Dekr. v. 1 germ. XIII zu einer dreimonatigen verlängerte und zugleich die bei den Gerichten streitige Frage, ob die Nichtbeachtung der Frist Nichtigkeit nach sich ziehe, bejahend entschied (Dalloz a. a. O.), 2) der Wortlaut des Gesetzes, welcher nicht von dem Ablaufe einer Frist zwischen Vergehen und Verfolgung sondern zwischen einem Verfolgungsakt und dem Urtheile spricht, also den eigentlichen Fall der Verjährung der allgemeinen Regel überläßt (Dalloz a. a. O. Nr. 544), 3) der deutlich erkennbare Zweck des Gesetzes, dahin gehend, ein begonnenes Verfahren im Interesse des Kontravenienten rasch zum Abschluß zu bringen.

Liegt aber nur eine proceßualische Frist vor, so ist dieselbe durch § 1 Ges. v. 5. Juli 1872 mit sämmtlichen früheren Bestimmungen über das Verfahren beseitigt. Es gelten daher bezüglich der Verjährung von Zuwiderhandlungen gegen die Gesetze über die Biersteuer und Lizenz, ebenso wie bezüglich der Oktroikontraventionen, auf welche das vorstehende Gesetz sich überhaupt nicht bezog (vgl. D. P. 61. 1. 143, 63. 5. 262), die allgemeinen Regeln des StGB's.

Loi du 23 avril 1836, relative à l'art. 117 de la loi du 28 avril 1816, sur les contributions indirectes.

Article unique. L'exercice du droit attribué par l'art. 117 de la loi du 28 avril 1816 aux employés de la régie des contributions indirectes, de vérifier par l'empotement la contenance des chaudières, cuves et bacs, déclarée par les brasseurs, ne peut être empêché par aucun obstacle du fait de ces brasseurs; ceux-ci doivent toujours être prêts, par eux-mêmes ou par leurs préposés, à fournir l'eau et les ouvriers nécessaires, e à déférer aux réquisitions des employés.

Décret du 17 mars 1852, portant fixation du budget général de l'exercice 1852.

Art. 23. Le produit des trempes données pour un brassin pourra excéder de 20 pour 100 la contenance de la chaudière déclarée pour la fabrication du brassin. La régie des contributions indirectes est autorisée à régler, en raison des procédés de fabrication et de la durée ou de la violence de l'ébullition, le moment auquel le produit des trempes devra être rentré dans la chaudière.

B. Lizenzgebühr.

Loi du 28 avril 1816, sur les finances.

TIT. IV. *Droit de licence.*

Art. 171. Toutes les personnes dénommées au tarif ci-annexé ne pourront commencer la fabrication ou le débit qu'après avoir obtenu une licence qui ne sera valable que pour un seul établissement et pour l'année où elle aura été délivrée. — Il sera payé comptant, pour droit de licence, la somme fixée audit tarif, à quelque époque de l'année que soit faite la déclaration. — Toute contravention relative au droit de licence sera punie d'une amende de 300 fr., laquelle, en cas de fraude, sera augmentée du quadruple des droits fraudés.

Aus dem Tarife sind in Folge des Ges. v. 21. Mai 1873 (GBl. S. 87) die Spielkartenfabrikanten u. Fuhrwerksunternehmer ausgeschieden. Zu den Sätzen des Tarifs kommen noch die Zuschlagszehntel (Art. 232 Ges. v. 28. April 1816 u. 5 Ges. v. 14. Juli 1855).

Ueber die Anwendung der allgemeinen Grundsätze des StGB. vgl. Vorbem III.

Tarif des droits de licence à percevoir en exécution de l'article 171 ci-dessus.

PROFESSIONS.	DÉSIGNATION DES LIEUX.	Prix de la licence non compris les décimes.
		Francs.
Débitants de boissons.	Dans les communes au-dessous de 4000 âmes	6
	Dans celles de 4 à 6000 âmes	8
	» de 6 à 10000 »	10
	» de 10 à 15000 »	12
	» de 15 à 20000 »	14
	» de 20 à 30000 »	16
	» de 30 à 50000 »	18
	» de 50,000 âmes et au-dessus	20
Brasseurs.	Dans le département du Bas-Rhin	50
	Dans les départements du Haut-Rhin, de la Meurthe, de la Moselle et des Vosges. . .	30
Bouilleurs et distillateurs.	Dans tous les lieux	10
Marchands en gros de boissons.	Dans tous les lieux	50
Fabricants libres de salpêtres.	Dans tous les lieux	20
Fabricants de sucre indigène.	Dans tous les lieux	50

Loi du 24—26 juin 1824, sur l'exercice des fabriques de liqueurs.

Art. 1er. Nul ne peut exercer la profession de fabricant de liqueurs sans en avoir fait préalablement la déclaration au bureau de la régie. — Les liquoristes prendront la licence de débitant ou celle de marchand en gros, suivant qu'ils préféreront se soumettre aux obligations imposées à l'une ou à l'autre de ces professions.

10. Les contraventions aux dispositions de la présente loi autres que celles prévues par les lois antérieures seront punies d'une amende de 500 à 2000 fr.

Der, an sich durch das Branntweinsteuergesetz beseitigte Artikel ist noch insofern von Bedeutung, als er erkennen läßt, daß die Liqueurfabrikanten unter der Strafe des Art. 171 Ges. v. 28. April 1816 stehen.

Loi du 21 avril 1832, portant fixation du budget des recettes de l'exercice 1832.

Art. 44. Les licences, autres que celles des voitures publiques, ne seront plus payées que par trimestre. Le droit sera toujours dû pour le trimestre entier, à quelque époque que commence ou cesse le commerce.

C. Oktroi.

Loi du 27 frimaire an VIII, qui établit des octrois municipaux . . . .

Art. 12. Dans aucun cas, les citoyens entrant dans lesdites communes, à pied, à cheval ou en voiture de voyage, ne pourront, sous prétexte de la perception de l'octroi, être arrêtés, questionnés ou visités sur leurs personnes ni à raison des malles qui les accompagnent. — Tous actes contraires à la présente disposition seront réputés actes de violence; les délinquants poursuivis par voie de police correctionnelle, et condamnés à 50 fr. d'amende et à six mois de détention.

Ueber die Befugnisse der Oktroibeamten gegen Reisende s. Art. 30 Ord. v. 9. Dec. 1814 und die Bemerkung dazu; für die Bestrafung von Ueberschreitungen dieser Befugnisse war bisher der Art. 12 maßgebend, an dessen Stelle jetzt die allgemeine Strafvorschrift des § 339 StGB. getreten ist.

15. Toute personne qui s'opposera à l'exercice des fonctions desdits préposés sera condamnée à une amende de 50 fr. En cas de voies de fait, il en sera dressé procès-verbal qui sera envoyé **au directeur du jury, pour en poursuivre les auteurs et leur faire infliger les peines portées par le Code pénal contre ceux qui s'opposent avec violence à l'exercice des fonctions publiques.**

Der erste Theil des Artikels als Spezialvorschrift neben Art. 209 Code pénal auch heute neben §§ 113 ff. StGB. in Geltung. Vgl. Bem. zu § III 12) Ges. v. 18. Juni 1851 unter „Fuhrwesen".

Liegt ein gewaltsamer Widerstand vor, so kommen heute die §§ des StGB. zur Anwendung, event. unter Beachtung des § 73.

Ordonnance du 9 décembre 1814, portant règlement sur les octrois.

TIT. IV. *De la perception.*

Art. 25. Les règlements d'octroi doivent déterminer les limites de la perception, les bureaux où elle doit être opérée, et les obligations et formalités particulières à remplir par les redevables ou les employés en raison des localités, sans toutefois que ces règles particulières puissent déroger aux dispositions de la présente ordonnance.

26. **Les droits d'octroi seront toujours perçus dans les faubourgs des lieux sujets; mais les dépendances rurales entièrement détachées du lieu principal en seront affranchies.** Les limites du territoire auquel la perception s'étendra, seront indiquées par des poteaux, sur lesquels seront inscrits ces mots: *Octroi de . . . . .*

Der erste Theil des Artikels ist aufgehoben durch Artt. 147 u. 152 des Finanzgesetzes v. 28. April 1816, wonach die Gemeinderäthe über die Grenzen zu bestimmen haben.

27. Il ne pourra être introduit d'objets assujettis à l'octroi que par les barrières ou bureaux désignés à cet effet. Les tarifs et règlements seront affichés dans l'intérieur et à l'extérieur de chaque bureau, lequel sera indiqué par un tableau portant ces mots : *Bureau de l'octroi.*

28. Tout porteur ou conducteur d'objets assujettis à l'octroi, sera tenu, avant de les introduire, d'en faire la déclaration au bureau, d'exhiber aux préposés de l'octroi les lettres de voiture, connaissements, chartes-parties, acquits-à-caution, congés, passavants et toutes autres expéditions délivrées par la régie des impositions indirectes, et d'acquitter les droits, sous peine **d'une amende égale à la valeur de l'objet soumis au droit.** A cet effet, les préposés pourront, après interpellation, faire sur les bateaux, voitures et autres moyens de transport, toutes les visites, recherches et perquisitions nécessaires, soit pour s'assurer qu'il n'y existe rien qui soit sujet aux droits, soit pour reconnaître l'exactitude des déclarations. — Les conducteurs seront tenus de faciliter toutes les opérations nécessaires auxdites vérifications. — La déclaration relative aux objets arrivant par eau contiendra la désignation du lieu de déchargement, lequel ne pourra s'effectuer que les droits n'aient été acquittés, ou au moins valablement soumissionnés.

Die Strafe richtet sich jetzt nach Artt. 27 u. 46 Ges. v. 28. April 1816 u. 8 Ges. v. 29. März 1832, nachdem die Artt. 7—9 des letzterwähnten Gesetzes durch Art. 9 des Ges. v. 24. Mai 1834 auf alle Gemeinden, die ein Oktroi erheben, ausgedehnt worden ist.

Ueber Zurechnung, Theilnahme, Konkurrenz, Verjährung und Strafumwandelung gelten jetzt die allgemeinen Grundsätze des StGB. Vgl. Vorbem. III, daselbst auch über den dolus bei Steuerdelikten und die Haftbarkeit Dritter.

29. Tout objet sujet à l'octroi, qui, nonobstant l'interpellation faite par les préposés, serait introduit sans avoir été déclaré, ou sur une déclaration fausse ou inexacte, sera saisi.

30. Les personnes voyageant à pied, à cheval ou en voiture particulière suspendue, ne pourront être arrêtées, questionnées ou visitées sur leurs personnes ou en raison de leurs malles ou effets. Tout acte contraire à la présente disposition sera réputé acte de violence; et les préposés qui s'en rendront coupables, seront poursuivis correctionnellement, et punis des peines prononcées par les lois.

Die Durchsuchung von Privatkutschen ist durch Art. 7 Ges. v. 29. März 1852 gestattet.

Der bisher für die Bestrafung der Beamten maßgebende Art. 12 Ges. v. 27 frim. VIII ist jetzt durch § 339 StGB. ersetzt.

31. Tout individu soupçonné de faire la fraude à la faveur de l'exception ordonnée par l'article précédent, pourra être conduit devant un officier de police, ou devant le maire, pour y être interrogé, et la visite de ses effets autorisée, s'il y a lieu.

32. Les diligences, fourgons, fiacres, cabriolets et autres voitures de louage, sont soumis aux visites des préposés de l'octroi.

33. Les courriers ne pourront être arrêtés à leur passage, sous prétexte de la perception; mais ils seront obligés d'acquitter les droits sur les objets soumis à l'octroi qu'ils introduiront dans un lieu sujet. A cet effet, des préposés de l'octroi seront autorisés à assister au déchargement des malles. — Tout courrier, tout employé des postes, ou de toute autre administration publique, qui serait convaincu d'avoir fait ou favorisé

la fraude, outre les peines résultant de la contravention, sera destitué par l'autorité compétente.

Die disciplinäre Bestrafung der am Schlusse genannten Beamten richtet sich nach den heutigen Disciplinargesetzen.

34. Dans les communes où la perception ne pourra être opérée à l'entrée, il sera établi au centre, suivant les localités, un ou plusieurs bureaux. Dans ce cas, les conducteurs ne pourront décharger les voitures ni introduire au domicile des destinataires les objets soumis à l'octroi, avant d'avoir acquitté les droits auxdits bureaux.

35. Il est défendu aux employés, sous peine de destitution, et de tous dommages-intérêts, de faire usage de la sonde dans la visite des caisses, malles et ballots annoncés contenir des effets susceptibles d'être endommagés: dans ce cas, comme dans tous ceux où le contenu des caisses ou ballots sera inconnu ou ne pourrait être vérifié immédiatement, la vérification en sera faite, soit à domicile, soit dans les emplacements à ce destinés.

Die Absetzung der Oktroibeamten hat durch die vorgesetzte Dienstbehörde zu erfolgen.

36. Toute personne qui récolte, prépare ou fabrique dans l'intérieur d'un lieu sujet, des objets compris au tarif, est tenue, sous peine de l'amende prononcée par l'article 28, d'en faire la déclaration, et d'acquitter immédiatement le droit, si elle ne réclame la faculté de l'entrepôt. — Les préposés de l'octroi peuvent reconnaître à domicile les quantités récoltées, préparées ou fabriquées, et faire toutes les vérifications nécessaires pour prévenir la fraude. A défaut de paiement du droit, il est décerné, contre les redevables, des contraintes, qui sont exécutoires nonobstant opposition et sans y préjudicier.

Ueber die Strafe vgl. Bem. zu Art. 28.

TIT. V. *Du passe-debout et du transit.*

37. Le conducteur d'objets soumis à l'octroi, qui voudra traverser seulement un lieu sujet, ou y séjourner moins de vingt-quatre heures, sera tenu d'en faire la déclaration au bureau d'entrée, conformément à ce qui est prescrit par l'art. 28, et de se munir d'un permis de passe-debout, qui sera délivré sur le cautionnement ou la consignation des droits. La restitution des sommes consignées, ainsi que la libération de la caution, s'opéreront au bureau de la sortie. — Lorsqu'il sera possible de faire escorter les chargements, le conducteur sera dispensé de consigner ou de faire cautionner les droits.

38. En cas de séjour au-delà de vingt-quatre heures, dans un lieu sujet à l'octroi, d'objets introduits sur une déclaration de passe-debout, le conducteur sera tenu de faire, dans ce délai et avant le déchargement, une déclaration de transit, avec indication du lieu où lesdits objets seront déposés, lesquels devront être représentés aux employés à toute réquisition. La consignation ou le cautionnement du droit subsisteront pendant toute la durée du séjour.

39. Les règlements locaux d'octroi pourront désigner des lieux où les conducteurs d'objets en passe-debout ou en transit seront tenus de les déposer pendant la durée du séjour, ainsi que des ports ou quais où les navires, bateaux, coches, barques et diligences devront stationner.

40. Les voitures et transports militaires chargés d'objets assujettis aux droits sont soumis aux règles prescrites par les articles précédents, relativement au transit et au passe-debout.

Zu Artt. 37 bis 40 ist der nachfolgende Artikel zu beachten. (Vgl. Olibo, Code des contr. indir. I S. 568.)

Règlement du 17 mai 1809, relatif aux octrois municipaux et de bienfaisance.

Art. 65. Toute soustraction ou décharge frauduleuse pendant la durée du passe-debout fera encourir la saisie des objets déchargés, ou la confiscation de la valeur des objeis soustraits.

TIT. VI. *De l'entrepôt.*

41. L'entrepôt est la faculté donnée à un propriétaire ou à un commerçant, de recevoir et d'emmagasiner dans un lieu sujet à l'octroi, sans acquittement du droit, des marchandises qui y sont assujetties et auxquelles il réserve une destination extérieure. — L'entrepôt peut être réel ou fictif, c'est-à-dire à domicile: il est toujours illimité. Les règlements locaux doivent déterminer les objets pour lesquels l'entrepôt est accordé, ainsi que les quantités au-dessous desquelles on ne peut l'obtenir.

Hierzu Art. 95 Regl. v. 17. Mai 1809 (Olibo l. c.).

95 Toute déclaration reconnue infidèle, soit à l'entrée, soit à la sortie, soit lors des vérifications, visites et recolements que feront les préposés, soit dans l'assurement des comptes, privera l'entreposeur du bénéfice de l'entrepôt. Le droit sur les quantités restant en magasin sera de suite exigible, sans préjudice de l'amende pour celles soustraites, introduites en fraude, ou trouvées en convention de toutes les autres manières.

42. Toute personne qui fait conduire dans un lieu sujet à l'octroi, des marchandises comprises au tarif, pour y être entreposées, soit réellement, soit fictive-

ment, est tenu, sous peine de l'amende prononcée par l'article 28, d'en faire la déclaration préalable au bureau de l'octroi, de s'engager à acquitter le droit sur les quantités qu'elle ne justifierait pas avoir fait sortir de la commune, de se munir d'un bulletin d'entrepôt, et en outre, si l'entrepôt est fictif, de désigner les magasins, chantiers, caves, celliers ou autres emplacements où elle veut déposer lesdites marchandises.

Wegen der Strafe s. zu Art. 28.

TIT. IX. *Du contentieux.*

Die nachstehenden Vorschriften über das Verfahren sind in Geltung geblieben, trifft jedoch ein Oktroidelikt mit einer der dem Ges. vom 5. Juli 1872 unterliegenden Steuerkontraventionen zusammen, so tritt das Verfahren dieses Gesetzes ein, dessen § 27 übrigens das in Art. 83 erwähnte Transaktionsverfahren bestehen läßt.

75. Toutes contraventions aux droits d'octroi seront constatées par des procès-verbaux, lesquels pourront être rédigés par un seul préposé et auront foi en justice. Ils énonceront la date du jour où ils sont rédigés, la nature de la contravention, et, en cas de saisie, la déclaration qui en aura été faite au prévenu; les noms, qualités et résidence de l'employé verbalisant et de la personne chargée des poursuites; l'espèce, poids ou mesure des objets saisis; leur évaluation approximative, la présence de la partie à la description, ou la sommation qui lui aura été faite d'y assister; le nom, la qualité et l'acceptation du gardien; le lieu de la rédaction du procès-verbal et l'heure de la clôture.

76. Dans le cas où le motif de la saisie portera sur le faux ou l'altération des expéditions, le procès-verbal énoncera le genre de faux, les altérations ou surcharges: lesdites expéditions, signées et parafées du

saisissant, *ne varietur,* seront annexées au procès-verbal, qui contiendra la sommation faite à la partie de les parafer, et sa réponse.

77. Si le prévenu est présent à la rédaction du procès-verbal, cet acte énoncera qu'il lui en a été donné lecture et copie: en cas d'absence du prévenu, si celui-ci a domicile ou résidence connue dans le lieu de la saisie, le procès-verbal lui sera signifié dans les vingt-quatre heures de la clôture. Dans le cas contraire, le procès-verbal sera affiché, dans le même délai, à la porte de la maison commune. — Ces procès-verbaux, significations et affiches, pourront être faits tous les jours indistinctement.

78. L'action résultant des procès-verbaux en matière d'octroi, et les questions qui pourront naître de la défense du prévenu, seront de la compétence exclusive, soit du tribunal de simple police, soit du tribunal correctionnel du lieu de la rédaction du procès-verbal, suivant la quotité de l'amende encourue.

Die Kompetenz bestimmen heute Artt. XI u. XII EG. zum StGB.

Ueber die Befugniß und Pflicht des Strafrichters zur Aburtheilung der incidenter entstehenden Fragen des Oktroirechts vgl. Dalloz Rép. V° Octroi n° 364.

79. Les objets saisis par suite des contraventions aux règlements d'octroi, seront déposés au bureau le plus voisin; et si la partie saisie ne s'est pas présentée dans les dix jours, à l'effet de payer la quotité de l'amende par elle encourue, ou si elle n'a pas formé, dans le même délai, opposition à la vente, la vente desdits objets sera faite par le receveur, cinq jours après l'apposition à la porte de la maison commune et autres lieux accoutumés, d'une affiche signée de lui, et sans aucune autre formalité.

80. Néanmoins, si la vente des objets saisis est retardée, l'opposition pourra être formée jusqu'au jour indiqué pour ladite vente. L'opposition sera motivée, et contiendra assignation à jour fixe devant le tribunal désigné en l'art. 78, suivant la quotité de l'amende encourue, avec élection de domicile dans le lieu où siège le tribunal. Le délai de l'échéance de l'assignation ne pourra excéder trois jours.

81. S'il s'élève une contestation sur l'application du tarif ou sur la quotité du droit réclamé, le porteur ou conducteur sera tenu de consigner, avant tout, le droit exigé, entre les mains du receveur; faute de quoi, il ne pourra passer outre, ni introduire dans le lieu sujet, l'objet qui aura donné lieu à la contestation, sauf à lui à se pourvoir devant le juge de paix du canton. Il ne pourra être entendu qu'en représentant la quittance de ladite consignation au juge de paix lequel prononcera sommairement et sans frais, soit en dernier ressort, soit à la charge d'appel, suivant la quotité du droit réclamé.

82. Dans le cas où les objets saisis seraient sujets à dépérissement, la vente pourra en être autorisée avant l'échéance des délais ci-dessus fixés, par une simple ordonnance du juge de paix sur requête.

83. Les maires seront autorisés, sauf l'approbation des préfets, à faire remise, par voie de transaction, de la totalité ou de partie des condamnations encourues, même après le jugement rendu. Ce droit appartient exclusivement à la régie des impositions indirectes, et d'après les règles qui lui sont propres, toutes les fois que la saisie a été opérée dans l'intérêt commun des droits d'octroi, et des droits imposés au profit du Trésor.

Loi du 29—30 mars 1832, autorisant un emprunt pour la ville de Paris.

Durch Ges. v. 24. Mai 1834 auf alle Städte mit Oktroi ausgedehnt.

Art. 7. Les voitures particulières suspendues seront, à l'avenir, soumises, aux entrées de Paris, aux mêmes visites que les voitures publiques.

Aendert den Art. 30 Ord. v. 9. Dec. 1814 ab.

8. Les dispositions des art. 27 et 46 de la loi du 28 avril 1816 seront applicables à la fraude sur toutes les denrées sujettes aux droits d'octroi à l'entrée dans Paris: toutefois, l'amende ne sera plus que de 100 à 200 fr. pour la fraude dans les voitures particulières suspendues.

Die angezogenen Artt. des Ges. v. 28. April 1816 lauten:

> Art. 27. Toute boisson introduite sans déclaration dans un lieu sujet aux droits d'entrée sera saisie par les employés; il en sera de même des voitures, chevaux et autres objets servant au transport, à défaut par le contrevenant de consigner le maximum de l'amende ou de donner caution solvable.
>
> Art. 46. Les contraventions aux dispositions du présent chapitre seront punies de la confiscation des boissons saisies, et d'une amende de 100 à 200 fr., suivant la gravité des cas, et sauf celui de frauder en voitures suspendues, **lequel entraînera toujours la condamnation à une amende de 1000 fr.** — Dans le cas de fraude par escalade ou à main armée, il sera infligé aux contrevenants une peine correctionnelle de six mois de prison, outre l'amende et la confiscation.

Nach einem Urtheile des franz. Kassationshofs v. 28. Aug. 1851 (D. P. 51. 5. 369) erfordert der Thatbestand v. Art. 46 nicht eine escalade im Sinne des Art. 397 Code pénal.

9. L'introduction ou la tentative d'introduction dans Paris d'objets soumis aux droits d'octroi, à l'aide d'ustensiles préparés ou de moyens disposés pour la fraude, donnera lieu à l'application des artt. 223, 224 et 225 de la même loi.

Die angezogenen Artt. des Ges. v. 28. April 1816 lauten:

> Art. 223. Les employés des contributions indirectes, des douanes ou des octrois, les gendarmes, les préposés forestiers, les gardes champêtres, et généralement tout employé assermenté, pourront constituer la vente des tabacs en contravention à l'art, 172, le colportage, les circulations illégales, et généralement les fraudes sur le tabac; procéder à la saisie des tabacs ustensiles et mécaniques prohibés par la présente loi, à celle des chevaux, voitures bateaux et autres objets servant au transport, et constituer prisonniers les fraudeurs et colporteurs, dans le cas prévu par l'article précédent.

In seiner Anwendung auf Oktroi hat der Artikel die Bedeutung, daß er die Zahl der zur Verfolgung berechtigten Beamten erweitert und, selbstverständlich unter den in Art. 9 gegebenen Voraussetzungen, sofortige Verhaftung gestattet.

> 224. Lorsque, conformément aux artt. 222 et 223, les employés auront arrêté un colporteur ou fraudeur de tabac, ils seront tenus de le conduire sur-le-champ devant un officier de police judiciaire, ou de le remettre à la force armée, qui le conduira devant le juge compétent, lequel statuera

de suite, par une décision motivée, sur son emprisonnement ou sa mise en liberté. — Néanmoins, si le prévenu offre bonne et suffisante caution de se présenter en justice et d'acquitter l'amende encourue, ou s'il sousigne lui-même le montant de ladite amende, il sera mis en liberté, s'il n'existe aucune charge contre lui.

225. Tout individu condamné pour fait de contrebande en tabac, sera détenu jusqu'à ce qu'il ait acquitté le montant des condamnations prononcées contre lui; cependant le temps de la detention ne pourra excéder six mois, sauf le cas de récidive, ou le terme pourra être d'un an.

Der Artikel war bereits durch die spätere Gesetzgebung über contrainte par corps beseitigt (Dalloz, Rép. V° impôts indirectes n° 602); heute ist lediglich nach §§ 28, 29 StGB. zu verfahren.

Loi du 24 mai—1 juin 1834, portant fixation du budget des recettes de l'exercice 1835.

Art. 9. Les dispositions des artt. 7, 8 et 9 de la loi du 29 mars 1832, relative aux octrois de Paris, sont rendues applicables à toutes les communes du royaume ayant un octroi.

XXVI.

Sitzungs- (Gerichts-) Polizei.
(Délits d'audience.)

Inhaltsübersicht.

Code de pr. c., Artt. 10. 11. 89. 90. 91. 276.

Code d'instr. cr., Artt. 181. 504. 509.

Ges. v. 9. Sept. 1835, Artt. 11. 12.

Vorbemerkung.

I. Der Schutz des richterlichen Amts und die Nothwendigkeit, im Sitzungssaale die Ordnung aufrecht zu erhalten, erfordern, daß der Arm des Richters mit einer gewissen Strafgewalt gegen alle Ungehörigkeiten während der Verhandlung bewaffnet wird. Wie nun diese Ungehörigkeiten selbst nur den Charakter einer einfachen Störung tragen, oder den Thatbestand einer nach gemeinem Rechte strafbaren Uebelthat erfüllen können, wobei doch allen das Gemeinsame bleibt, daß sie zugleich eine Verfehlung gegen die den Gerichten schuldige Achtung enthalten, so ist der Umfang der dem Richter übertragenen Gewalt ein verschiedener, je nachdem durch dieselbe nur die augenblickliche Wiederherstellung der Ordnung und rein polizeiliche Sühne der verletzten Autorität bezweckt wird, oder ein außerordentliches Strafrecht gegen alle oder bestimmte gemeine Vergehen mit derselben verbunden ist. Die Gesammtheit der von dem Gesetze darüber getroffene Bestimmungen bildet den Gegenstand einer Sitzungspolizei im weiteren Sinne, im Gegensatze zur eigentlichen Sitzungspolizei, Sitzungspolizei im engeren Sinne, welche lediglich die polizeilichen Maßregeln zum Gegenstande hat.

II. Die Vorschriften, welche der französische Gesetzgeber in der vorliegenden Materie getroffen hat, finden sich, abgesehen von den Bestimmungen rein disciplinärer Natur gegen Beamte und Rechtsbeistände, der Hauptsache nach in den Artt. 10—12, 89—92 u. 276 C. d. pr. c. u. Artt. 34, 181, 504--509 C. d'instr. cr. Die Bestimmungen dieser Gesetze bilden jedoch kein klares zusammenhängendes Ganzes, und müssen wir, bevor wir die Frage der Einwirkung der deutschen Gesetzgebung auf dieselben erörtern, vor Allem das bestrittene Verhältniß der Artt. 12 u. 91 C. d. pr. zu Art. 585 C. d'instr. cr. einer Prüfung unterziehen. — Nach Art. 505 C. d'instr. cr., welcher unzweifelhaft sich auf alle öffentlichen Gerichtsverhandlungen sei es eines Einzelrichters oder eines Collegiums bezieht, ist bei eintretendem «tumulte accompagné d'injures ou voies de fait donnant lieu à l'application ultérieure de peines correctionnelles ou de police» der Richter befugt, sofort «séance tenante» diese Strafen auszusprechen. Der Artikel enthält selbst weder die Be=

griffsbestimmung eines Vergehens, noch auch eine bestimmte Strafandrohung, sondern muß nach beiden Richtungen aus dem Code pénal ergänzt werden. Nun hatte aber schon der C. d. pr. c., das ältere Gesetz, den Friedensrichter ermächtigt, «en cas d'insultes ou irrévérence grave» der Parteien gegen den Richter die Strafe des emprisonnement bis zu drei Tagen auszusprechen (art. 11), und ferner (art. 91) den Civilgerichten erster Instanz die Befugniß ertheilt, diejenigen «qui outrageraient ou menaceraient les juges ou les officiers de justice dans l'exercice de leurs fonctions» zur Strafe der détention bis zu einem Monate nebst Geldstrafe bis zu 25 Fr. zu verurtheilen, und entsteht die Frage, ob und inwieweit diese Bestimmungen durch Art. 505 cit. modifizirt wurden. Während zwei Urtheile des franz. Kassationshofes vom 26. Januar und 3. August 1854 (Dalloz D. P. 55. 1. 430) die Artt. 11 und 91 C. d. pr. c. durch Art. 505 geradezu für aufgehoben erklären, und ein Urtheil der chambres réunies desselben Hofes v. 25. Juni 1855 (Dalloz l. c.) die Anwendbarkeit des Art. 11 auf den Fall beschränkt, wo «le fait ne constitue qu'une irrévérence grave envers le juge de paix» und nicht zugleich «les caractères constitutifs d'un délit du Code pénal» enthält, was in analoger Weise für Art. 91 zu gelten hätte (vgl. Dalloz in der Bemerkung zu obigen Urtheilen), hat das preuß. Obertribunal mehrfach und noch in neuerer Zeit (Urtheil v. 18. Mai 1865, Rhein. Archiv Bd. 57. 2. 100) erkannt, daß die fraglichen Artt. 10—12 C. d. pr. c. durch Artt. 504 ff. C. d'instr. cr. nicht berührt wurden, „weil der Friedensrichter, wenn er sich der in den Artt. 10—12 ihm verliehenen Befugniß bedient, nicht in der Weise, wie dies die bezogenen Artikel des C. d'instr. cr. regeln und vermöge der dort ausgesprochenen Attribution einen Akt der Strafgerichtsbarkeit im eigentlichen

Sinne, sondern einen Akt der seiner Jurisdiktion inhärirenden Audienzpolizei-Gewalt ausübt".

Es ist indessen hervorzuheben, daß der franz. Kassationshof die grundsätzliche Verschiedenheit der fraglichen Vorschriften gleichfalls anerkennt, und die Artt. 11 und 91 nur um deßwillen für ganz oder doch theilweise aufgehoben erachtet, weil thatsächlich die in ihnen vorgesehenen Handlungen auch gewöhnlich einem Deliktsbegriffe des Code pénal entsprechen, und für diese Fälle die weitergehenden Befugnisse des Art. 505 die früheren beschränkteren Rechte implicite aufgehoben hätten. Der in dem Resultate der Rechtsprechungen hervortretende Gegensatz ist daher nur die Folge einer abweichenden Beurtheilung der Frage, ob trotz der inneren Verschiedenheit der hier in Betracht kommenden Bestimmungen eine Einwirkung derselben auf einander stattfinden konnte; als unbedingt richtig und festzuhalten bleibt aber nach beiden, daß die Artt. 11 u. 91 nur eine Erhöhung sitzungspolizeilicher Befugnisse enthalten, welche den Charakter der Jurisdiktion nicht ändern und zu deren Anwendbarkeit das Vorhandensein der unbestimmt bezeichneten Thatbestände «irrévérence grave, menaces . . . .» genügt, während der Art. 505 eine besondere Strafgerichtsbarkeit creirt, deren Wirksamkeit eine nach den Grundsätzen des gemeinen Strafrechts strafbare Handlung voraussetzt.

III. Das deutsche StGB. hat, wie es der Regel nach das Verfahren nicht berührt, auch keine sitzungspolizeilichen Vorschriften aufgenommen. Die darüber geltenden Bestimmungen werden daher, jedenfalls soweit sie das Gebiet der Sitzungspolizei im engeren Sinne nicht überschreiten, nach wie vor Geltung beanspruchen, und sind insbesondere auch die Kompetenzregeln der Artt. XI u. XII des Einf.-Ges. zum StGB. darauf ohne Einfluß. In der That ist die Sitzungspolizei-Gewalt nichts Anderes als eine

Art Disciplinarrecht, ein Hausrecht, welches das Gericht gegen die vor seinen Schranken erschienenen Personen ausübt, und die nur auf Grund dieses Rechts verhängten Maßregeln tragen unabhängig von dem gesetzlich gestatteten Maße der Bestrafung einen von den Grundsätzen des gemeinen Strafrechts abweichenden besonderen Charakter. In Geltung bleiben darnach die Artt. 10, 11, 89, 91, 276 C. d. pr. c. u. 34, 504 C. d'instr. cr. — Anders verhält es sich dagegen mit denjenigen Bestimmungen des franz. Rechts, welche unter förmlicher Abänderung der Kompetenz Civilgerichte ermächtigen, délits und contraventions, welche vor ihnen verübt werden, abzuurtheilen. Den legislatorischen Grund haben diese Vorschriften allerdings mit denjenigen über Sitzungspolizei-Gewalt gemeinsam, aber der Sache nach handelt es sich hier um Ausübung reiner Strafgerichtsbarkeit, für welche jetzt allein die durchgreifende Vorschrift der Artt. XI u. XII d. Einf.-Ges. maßgebend ist, die mit demselben Recht für Aufhebung dieser Kompetenz der Civilgerichte angerufen wird, wie sie ohne Zweifel diejenige der Präfecturräthe beseitigt hat.

Die hier in Betracht kommenden Artt. 181, 305 u. 307 C. d'instr. cr. sind dadurch jedoch nicht völlig aufgehoben; dieselben enthalten nämlich nicht bloß die Begründung einer besonderen Strafgerichtsbarkeit für Civilgerichte, sondern sie ändern zugleich nach verschiedenen Richtungen die bestehenden Vorschriften für das Strafverfahren und weiterhin noch die Zuständigkeit insofern, als sie zwar ein Strafgericht aber ein Strafgericht anderer Ordnung oder Instanz als das nach allgemeinen Regeln kompetente zur Aburtheilung berufen. Soweit durch diese letzteren Bestimmungen einem Strafgerichte unterer Ordnung, nämlich den Polizeigerichten, die Befugniß eingeräumt ist, über «délits» zu erkennen, müssen sie allerdings auch als aufgehoben betrachtet werden; dagegen dürfte die Fortbauer derselben, soweit sie ein Strafgericht höherer Ordnung oder Instanz zur sofortigen Aburtheilung über «délits» und «contraventions» ermächtigen, ebensowenig zu bezweifeln sein, als die fortdauernde Geltung des Gerichtsstandes der Konnexität und der Vorschrift des Art. 182 C. d'instr. cr. in Frage gestellt wird. Selbstredend steht der Weitergeltung der rein prozeßualen Modifikationen nichts im Wege.

CODE DE PROCÉDURE CIVILE.

PREMIÈRE PARTIE, LIV. 1, TIT. II. *Des audiences du juge de paix et de la comparution des parties.*

Art. 10. Les parties seront tenues de s'expliquer avec modération devant le juge, et de garder en tout le respect qui est dû à la justice: si elles y manquent, le juge les y rappellera d'abord par un avertissement; en cas de récidive, elles pourront être condamnées à une amende qui n'excédera pas la somme de 10 fr., avec affiches du jugement, dont le nombre n'excédera pas celui des communes du canton.

An der **disciplinären Strafgewalt**, welche der Artikel dem Friedensrichter ertheilt (Art. 89 den Civilgerichten, 276 den Einzelcommissarien, 34 C. d'instr. cr. dem Untersuchungsrichter, 504 ibid. sämmtlichen Kollegien und Einzelrichtern), ist durch die neue Gesetzgebung nichts geändert; namentlich steht auch dem Anschlag des Urtheils Art. V EG. zum StGB. nichts entgegen.

11. Dans le cas d'insulte ou irrévérence grave envers le juge, il en dressera procès-verbal, et pourra condamner à un emprisonnement de trois jours au plus.

Zwei Urtheile des franz. Kassationshofes v. 26. Jan. u. 3. Aug. 1854 (D. P. 55. 1. 431 u. 432) erachten den Art. für aufgehoben durch Artt. 504 u. 505 C. d'instr.

cr.; A. A., aber von einander abweichend, Urtheil der chamb. réun. 25. Juni 1855 (D. P. a. a. O.) und des Pr. Ob.-Trib. v. 18. Mai 1865 (R. Arch. Bd. 57 II S. 100). Vgl. hierüber Vorbem. II.

Der Art. ist nur eine Erweiterung der durch Art. 10 dem Friedensrichter gegebenen Sitzungspolizei-Gewalt und ist daher durch Artt. XI u. XII EG. zum StGB. nicht berührt; eine Ueberschreitung dieser Gewalt würde es aber sein, wenn der Friedensrichter etwa wegen Vergehen des § 185 strafen wollte.

Sowohl Art. 11 wie Art. 10 betreffen übrigens nur das Betragen der Parteien, nicht das dritter Personen, gegen welche Art. 504 C. d'instr. cr. zur Anwendung zu bringen ist.

LIV. II, TIT. V. *Des audiences, de leur publicité et de leur police.*

89. Si un ou plusieurs individus, quels qu'ils soient, interrompent le silence, donnent des signes d'approbation ou d'improbation, soit à la défense des parties, soit aux discours des juges ou du ministère public, soit aux interpellations, avertissements ou ordres des président, juge-commissaire ou procureur du Roi, soit aux jugements ou ordonnances, causent ou excitent du tumulte de quelque manière que ce soit, et si, après l'avertissement des huissiers, ils ne rentrent pas dans l'ordre sur-le-champ, il leur sera enjoint de se retirer, et les résistants seront saisis et déposés à l'instant dans la maison d'arrêt pour vingt-quatre heures: ils y seront reçus sur l'exhibition de l'ordre du président, qui sera mentionné au procès-verbal de l'audience.

Der Inhalt des Art. ist, soweit er sich auf die «assistants» bezieht, in Art. 504 C. d'instr. cr. wiederholt und die darin dem Civilgericht ertheilte Befugniß auf alle Gerichte ausgedehnt; er ist daher, wie Art. 10, nur anzuwenden, wenn es sich um ein Einschreiten gegen die Parteien handelt.

90. Si le trouble est causé par un individu remplissant une fonction près le tribunal, il pourra, outre la peine ci-dessus, être suspendu de ses fonctions; la suspension, pour la première fois, ne pourra excéder le terme de trois mois. Le jugement sera exécutoire par provision, ainsi que dans le cas de l'article précédent.

91. Ceux qui outrageraient ou menaceraient les juges ou les officiers de justice dans l'exercice de leurs fonctions, seront, de l'ordonnance du président, du juge-commissaire ou du procureur du Roi, chacun dans le lieu dont la police lui appartient, saisis et déposés à l'instant dans la maison d'arrêt, interrogés dans les vingt-quatre heures, et condamnés par le tribunal, sur le vu du procès-verbal qui constatera le délit, à une détention qui ne pourra excéder le mois, et à une amende qui ne pourra être moindre de 25 fr., ni excéder 300 fr.

Si le délinquant ne peut être saisi à l'instant, le tribunal prononcera contre lui, dans les vingt-quatre heures, les peines ci-dessus, sauf l'opposition que le condamné pourra former dans les dix jours du jugement, en se mettant en état de détention.

Auch diesen Art. erachten die zu Art. 11 erwähnten Urtheile für aufgehoben; tritt man dieser Ansicht nicht bei, so gilt er auch heute noch weiter, da er, wie Art. 11, nur eine Disciplinarstrafgewalt constituirt, nicht etwa dem Civilgericht eine Strafgerichtsbarkeit beilegt; eine unzulässige Anmaßung der letzteren würde es aber sein, wenn das Civilgericht sein Urtheil auf Verletzungen von Strafvorschriften des gemeinen Strafrechts etwa der §§ 185, 223, 240 StGB. gründen wollte. Vgl. Vorbem. II, III.

TIT. XII. *Des enquêtes.*

276. La partie ne pourra, ni interrompre le témoin dans sa déposition, ni lui faire aucune interpellation directe, mais sera tenue de s'adresser au juge-commissaire, à peine de 10 fr. d'amende, et de plus forte amende, même d'exclusion en cas de récidive; ce qui sera prononcé par le juge-commissaire. Ses ordonnances seront exécutoires nonobstant appel ou opposition.

Vgl. Bem. zu Art. 10.

CODE D'INSTRUCTION CRIMINELLE.

LIV. I, CHAP. IV. *Des procureurs du Roi et de leurs substituts.*

34. Il (le procureur impérial) pourra défendre que qui que ce soit sorte de la maison, ou s'éloigne du lieu, jusqu'après la clôture de son procès-verbal. — Tout contrevenant à cette défense sera, s'il peut être saisi, déposé dans la maison d'arrêt: la peine encourue pour la contravention sera prononcée par le juge d'instruction, sur les conclusions du procureur impérial, après que le contrevenant aura été cité et entendu, ou par défaut, s'il ne comparaît pas, sans autre formalité ni délai, et sans opposition ni appel. — La peine ne pourra excéder dix jours d'emprisonnement et 100 fr. d'amende.

Vgl. Bem. zu Art. 10 C. d. pr. c.

LIV. II, TIT. I, CHAP. II. *Des tribunaux en matière correctionnelle.*

181. S'il se commet un délit correctionnel dans l'enceinte et pendant la durée de l'audience, le président

dressera procès-verbal du fait, entendra le prévenu et les témoins, et le tribunal appliquera, sans désemparer, les peines prononcées par la loi.

Cette disposition aura son exécution pour les délits correctionnels commis dans l'enceinte et pendant la durée des audiences de nos cours, et même des audiences du tribunal civil, sans préjudice de l'appel de droit des jugements rendus dans ces cas par les tribunaux civils ou correctionnels.

Der erste Absatz ist noch in Kraft mit der Maßgabe, daß an Stelle der délits die Vergehen getreten sind, welche Artt. XI u. XII EG. zum StGB. vor die Zuchtpolizeikammern verweisen; der zweite Absatz ist dagegen durch die letztgenannten Artt. insofern beseitigt, als er den Civilgerichten eine Strafgerichtsbarkeit beilegt; insofern aber nicht, als auf Grund desselben nunmehr die an Stelle der cours getretenen Strafappellkammern der Landgerichte zur sofortigen Aburtheilung der in der Audienz begangenen Vergehen befugt sind.

LIV. II, TIT. IV., CHAP. IV. *Des délits contraires au respect ou aux autorités constituées.*

504. Lorsqu'à l'audience ou en tout autre lieu où se fait publiquement une instruction judiciaire, l'un ou plusieurs des assistants donneront des signes publics soit d'approbation, soit d'improbation, ou exciteront du tumulte, de quelque manière que ce soit, le président ou le juge les fera expulser; s'ils résistent à ses ordres, ou s'ils rentrent, le président ou le juge ordonnera de les arrêter et conduire dans la maison d'arrêt: il sera fait mention de cet ordre dans le procès-verbal; et sur l'exhibition qui en sera faite au gardien de la maison d'arrêt, les perturbateurs y seront reçus et retenus pendant vingt-quatre heures.

Vgl. Bem. zu Artt. 10. 11. 89 C. d. pr. c., wonach von Art. 504 nur gegen dritte Personen, nicht gegen die Parteien, Anwendung zu machen ist.

505. Lorsque le tumulte aura été accompagné d'injures ou voies de fait donnant lieu à l'application ultérieure de peines correctionnelles ou de police, ces peines pourront être, séance tenante et immédiatement après que les faits auront été constatés, prononcées, savoir:

Celles de simple police, sans appel, de quelque tribunal ou juge qu'elles émanent;

Et celles de police correctionnelle, à la charge de l'appel, si la condamnation a été portée par un tribunal sujet à appel, ou par un juge seul.

Der Art., welcher in Bezug auf Thatbestand und Strafe die Vorschriften des gemeinen Strafrechts im Auge hat, anderseits aber von allen Gerichten und Richtercommissarien ohne Unterschied spricht, modifizirt die Regeln des Strafverfahrens und der Zuständigkeit in folgenden Punkten: er legt

1) den Civilgerichten und Commissarien eine förmliche, nicht bloß disciplinäre Strafgewalt bei,

2) ermächtigt den Polizeirichter über gewisse délits abzuurtheilen,

3) ertheilt Strafgerichten höherer Ordnung oder höherer Instanz die Macht, über gewisse Straffälle, auch wenn sie an sich vor ein Gericht unterer Ordnung oder Instanz gehören würden, zu erkennen,

4) gestattet ein abgekürztes Verfahren und schließt

5) die Berufung gegen Urtheile wegen contraventions ganz, und gegen Urtheile über délits bedingt aus.

Artt. XI u. XII EG. zum StGB. haben alle nicht ausdrücklich (Art. XVI) aufrecht erhaltenen Sondergerichte in Bezug auf gemeine Vergehen und Uebertretungen aufgehoben und damit die Ausnahmebestimmungen unter Nr. 1 und 2 beseitigt, wogegen der Weitergeltung der Bestimmungen Nr. 3—5 nichts im Wege steht; da jedoch die den injures und voies de fait (Art. III EG. zum StGB.) entsprechenden Thatbestände des StGB., nämlich §§ 185 ff. 223 ff., sämmtlich zu den Vergehen gehören, so sind Nr. 3, 4 u. 5 betr. der délits heute, abgesehen soweit sie sich auch auf Assisenhöfe beziehen, nur eine Wiederholung des durch Art. 181 Gegebenen, während Nr. 5 betr. der contraventions unanwendbar geworden ist. Tumulte allein berechtigt nur zu den Disciplinarmaßregeln der Artt. 89 C. d. pr. c. u. 504 C. d'instr. cr. (Dalloz Rép. V° organ. jud. n° 318).

506. S'il s'agit d'un crime commis à l'audience d'un juge seul, ou d'un tribunal sujet à appel, le juge ou le tribunal, après avoir fait arrêter le délinquant et dressé procès-verbal des faits, enverra les pièces et le prévenu devant les juges compétents.

507. A l'égard des voies de fait qui auraient dégénéré en crimes, ou de tous autres crimes flagrants et commis à l'audience de la Cour de cassation, d'une cour royale ou d'une cour d'assises, la cour procédera au jugement de suite et sans désemparer. — Elle entendra les témoins, le délinquant et le conseil qu'il aura choisi ou qui lui aura été désigné par le président; et, après avoir constaté les faits et ouï le procureur général ou son substitut, le tout publiquement, elle appliquera la peine par un arrêt qui sera motivé.

Nach dem zu Art. 505 Gesagten nur noch für Schwurgerichtshöfe in Geltung.

508. Dans le cas de l'article précédent, si les juges présents à l'audience sont au nombre de cinq ou de six, il faudra quatre voix pour opérer la condamnation. — S'ils sont au nombre de sept, il faudra cinq voix

pour condamner. — Au nombre de huit et au-delà, l'arrêt de condamnation sera prononcé aux trois quarts de voix, de manière toutefois que, dans le calcul de ces trois quarts, les fractions, s'il s'en trouve, soient appliquées en faveur de l'absolution.

Der Art. kann sich nur noch auf die Schwurgerichtshöfe beziehen und hält Dalloz, seitdem die Zahl der Richter auf 3 vermindert ist, Einstimmigkeit für erforderlich. D. Rép. V° organ. jud. n° 445.

509. Les préfets, sous-préfets, maires et adjoints, officiers de police administrative ou judiciaire, lorsqu'ils rempliront publiquement quelques actes de leur ministère, exerceront aussi les fonctions de police réglées par l'art. 504; et aprés avoir fait saisir les perturbateurs, ils dresseront procès-verbal du délit, et enverront ce procès-verbal, s'il y a lieu, ainsi que les prévenus, devant les juges compétents.

Loi du 9 septembre 1835, sur les cours d'assises.

Art. 11. Tout prévenu ou toute personne présente à l'audience d'une cour d'assises, qui causerait du tumulte pour empêcher le cours de la justice, sera, audience tenante, déclaré coupable **de rébellion et puni d'un emprisonnement qui n'excédera pas deux ans, sans préjudice des peines portées au Code pénal contre les outrages et violences envers les magistrats.**

Soweit der Art. über Zuständigkeit und Verfahren Bestimmungen trifft, ist er noch in Kraft und namentlich in ersterer Beziehung durch Artt. XI u. XII EG. zum StGB. ebensowenig berührt, wie die Bestimmungen des C. d'instr. cr. über Kompetenzerweiterung wegen Konnexität. Vgl. Vorbem. III a. E.

Der in dem Art. aufgestellte Deliktsthatbestand berührt die Mat. des § 114 StGB.; auf letztgenanntes Vergehen findet also jetzt nach Art. III EG. zum StGB. die Bestimmung des Art. 11 Anwendung.

12. Les dispositions des artt. 8, 9, 10 et 11 s'appliquent au jugement de tous les crimes et délits devant toutes les juridictions.

Ueber das Vergehen des § 114 StGB. können jetzt nur die ordentlichen Strafgerichte urtheilen; der Artikel enthält daher eine Besonderheit jetzt nur noch insofern, als er außer den Zuchtpolizeikammern auch die Strafappellkammern der Landgerichte ermächtigt, sofort zu Gericht zu sitzen. Vgl. Artt. 181 u. 505 C. d'instr. cr.

XXVII.

Rückfall und mildernde Umstände.

Inhaltsübersicht.

A. Rückfall.

CODE PÉNAL.

LIV. I, CHAP. IV. *Des peines de la récidive pour crimes et délits.*

Art. 56. Quiconque, ayant été condamné à une peine afflictive ou infamante, aura commis un second crime emportant, comme peine principale, la dégradation civique, sera condamné à la peine du bannissement.

Si le second crime emporte la peine du bannissement, il sera condamné à la peine de la détention.

Si le second crime emporte la peine de la réclusion, il sera condamné à la peine des travaux forcés à temps.

Si le second crime emporte la peine de la détention, il sera condamné au maximum de la même peine, laquelle pourra être élevée jusqu'au double.

Si le second crime emporte la peine des travaux forcés à temps, il sera condamné au maximum de la même peine, laquelle pourra être élevée jusqu'au double.

Si le second crime emporte la peine de la déportation, il sera condamné aux travaux forcés à perpétuité.

Quiconque, ayant été condamné aux travaux forcés à perpétuité, aura commis un second crime emportant la même peine, sera condamné à la peine de mort.

Toutefois, l'individu condamné par un tribunal militaire ou maritime, ne sera, en cas de crime ou délit postérieur, passible des peines de la récidive qu'autant que la première condamnation aurait été prononcée pour des crimes ou délits punissables d'après les lois pénales ordinaires.

57. Quiconque, ayant été condamné pour crime à une peine supérieure à une année d'emprisonnement, aura commis un délit ou un crime qui devra n'être puni que de peines correctionnelles, sera condamné au maximum de la peine portée par la loi, et cette peine pourra être élevée jusqu'au double.

Le condamné sera de plus mis sous la surveillance de la police pendant cinq ans au moins et dix ans au plus.

58. Les coupables condamnés correctionellement à un emprisonnement de plus d'une année seront aussi, en cas de nouveau délit ou de crime qui devra n'être puni que de peines correctionnelles, condamnés au maximum de la peine portée par la loi, et cette peine pourra être élevée jusqu'au double : ils seront de plus

mis sous la surveillance spéciale du gouvernement pendant au moins cinq années, et dix ans au plus.

Durch die Artt. 56—58, welche nicht nur Verurtheilungen auf Grund des Code pénal sondern auch solche auf Grund von Spezialgesetzen betreffen, sofern nur die letzteren keine besonderen Bestimmungen enthalten, wird allgemein eine Straferhöhung für den Fall angeordnet, daß der Thäter schon früher Bestrafungen erlitten hat, und zwar in der Art, daß nicht die frühere That sondern die frühere Strafe in Betracht kommt. Das StGB. kennt weder den Rückfall als allgemeinen Straferhöhungsgrund noch entspricht die bei einzelnen Delikten (Diebstahl, Raub, Hehlerei, Betrug) vorkommende Berücksichtigung früherer Verurtheilungen der récidive des C. p., da das StGB. (wie vor ihm das preuß. StGB. generell bei allen Verbrechen u. Vergehen) überall nur Wiederholung desselben oder eines ähnlichen Delikts unter ganz bestimmten Voraussetzungen als Rückfall qualificirt. Bei Anwendung des StGB. und der nach Einführung desselben ergangenen Strafgesetze herrschen allein die Regeln des StGB. über das Strafmaß und darum sind die Artt. 56—58 als allgemeine Regel grundsätzlich beseitigt. Ebenso muß folgerecht das Strafmaß der in Geltung gebliebenen franz. Delicte, soweit nicht der Art. V EG. zum StGB. einwirkt, allein von den franz. Gesetzen beherrscht werden; jede Strafvorschrift derselben ist aber (abgesehen von den Ausnahmen) durch die Artt. 56—58 mit dem Zusatze versehen:

> Ist der Thäter schon einmal zu der und der Strafe verurtheilt worden, so ist die Strafe so und so zu erhöhen,

wie sie anderseits durch Art. 463 mit dem Zusatze versehen ist:

> Sind mildernde Umstände vorhanden, so ist die Strafe so u. so zu ermäßigen.

Jene Gesetze kommen m. a. W. nur dann in ihrer ursprünglichen Geltung zur Anwendung, wenn der Richter sich in dem durch die Artt. 463 u. 56—58 gegebenen Spielraume bewegen darf. Eine ausdrückliche Bestimmung des StGB. steht einer solchen Anwendung nicht entgegen: ihr steht aber auch nicht entgegen, daß die Regeln über récidive im kodifizirten Strafrecht aufgestellt sind, weil eben in der neuen Kodifikation positive generelle Vorschriften, die auch bei den in Geltung gebliebenen Strafgesetzen an Stelle der alten treten könnten, (anders wie über Theilnahme, Konkurrenz ꝛc.) nicht zu finden sind.

Hinsichtlich der mildernden Umstände wird diesen Sätzen niemand widersprechen, schon deswegen nicht, weil ihre Nichtbeachtung zu unerträglichen Härten führen würde; daß die Nichtanwendung der Artt. 56—58 zu unerträglicher Milde führen würde, kann freilich nicht behauptet werden, allein die juristische Bedeutung, Regulirung des Strafmaßes, haben die letztgenannten Artt. (wie z. B. auch Art. 462 C. p.) mit Art. 463 gemeinsam; oder sollte ein Unterschied etwa darin gefunden werden, daß die Vorbestrafungen an sich mit der jetzigen That nicht in Verbindung stehen? Aber es ist ja anerkannt, daß der Richter einen mildernden Umstand auch in der bisherigen Unbescholtenheit oder dem der That folgenden Geständnisse finden darf.

Thatsächlich ist freilich die Anwendbarkeit der Artt. 56 bis 58 dadurch sehr eingeschränkt, daß von den crimes des franz. Rechts nur sehr wenige (Artt. 108 Ges. 19 brum. VI u. 124, 126, 127, 130 C. p.) in Kraft geblieben, daß ferner seit Einführung des StGB. nur noch auf dessen Strafarten erkannt werden darf, was zur Folge hat, daß die Anwendung der Artt. 56—58 stets eine vor dieser Einführung erlittene Bestrafung voraussetzt, und daß endlich die mit bannissement bedrohten Vergehungen straflos geworden sind.

Wegen des Rückfalls bei contraventions vgl. die Artt. 474, 478 482 u. 483 bei den einzelnen in Geltung gebliebenen Strafvorschriften dieser Artikel.

Vgl. auch die beiden Schlußbemerkungen zu Art. 463 (S. 403).

B. Mildernde Umstände.

CODE PÉNAL.

Dispositions générales.

Art. 463. Les peines prononcées par la loi contre celui ou ceux des accusés reconnus coupables, en faveur de qui le jury aura déclaré les circonstances atténuantes, seront modifiées ainsi qu'il suit:

Si la peine prononcée par la loi est la mort, la Cour appliquera la peine des travaux forcés à perpétuité ou celle des travaux forcés à temps.

Si la peine est celle des travaux forcés à perpétuité, la Cour appliquera la peine des travaux forcés à temps ou celle de la reclusion.

Si la peine est celle de la déportation dans une enceinte fortifiée, la Cour appliquera celle de la déportation simple ou celle de la détention; mais dans les cas prévus par les artt. 96 et 97, la peine de la déportation sera seule appliquée.

Si la peine est celle de la déportation, la Cour appliquera la peine de la détention ou celle du bannissement.

Si la peine est celle des travaux forcés à temps la Cour appliquera la peine de la reclusion ou les dispositions de l'art. 401, sans toutefois pouvoir réduire la durée de l'emprisonnement au-dessous de deux ans.

Si la peine est celle de la reclusion, de la détention, du bannissement ou de la dégradation civique, la Cour appliquera les dispositions de l'art. 401, sans toutefois pouvoir réduire la durée de l'emprisonnement au-dessous d'un an.

Dans le cas où le Code prononce le maximum d'une peine afflictive, s'il existe des circonstances atténuantes, la Cour appliquera le minimum de la peine, ou même la peine inférieure.

Dans tous les cas où la peine de l'emprisonnement et celle de l'amende sont prononcées par le Code pénal, si les circonstances paraissent atténuantes, les tribunaux correctionnels sont autorisés, même en cas de récidive, à réduire ces deux peines comme suit: — Si la peine prononcée par la loi, soit à raison de la nature du délit, soit à raison de l'état de récidive du prévenu, est un emprisonnement, dont le minimum ne soit pas inférieur à un an ou une amende dont le minimum ne soit pas inférieur à 500 fr., les tribunaux pourront réduire l'emprisonnement jusqu'à six jours et l'amende jusqu'à 16 fr. — Dans tous les autres cas ils pourront réduire l'emprisonnement même au-dessous de six jours, et l'amende même au-dessous de 16 fr.; ils pourront aussi prononcer séparément l'une ou l'autre de ces peines, et même substituer l'amende à l'emprisonnement, sans qu'en aucun cas elle puisse être au-dessous des peines de simple police.

Der Art. bezieht sich in seiner letzten Fassung auf alle crimes, mögen dieselben im Code pénal oder in Spezialgesetzen enthalten sein, ferner auf die délits und contraventions (Art. 483) des Code pénal; auf die délits und contraventions der Spezialgesetze ist er nur dann anwendbar, wenn diese Gesetze es ausdrücklich bestimmen.

Als eine das gesammte Strafrecht beherrschende Regel ist der Art. heute durch das StGB. beseitigt; er regelt aber nach wie vor das Strafmaß derjenigen in Geltung gebliebenen Strafgesetze des franz. Rechts, auf welche er vor Einführung des StGB. anwendbar war. Vgl. hierüber die Bem. zu Artt. 56—58 Code pénal (s. dies. oben).

Da jedoch von den crimes des franz. Rechts nur

noch die Artt. 108 Ges. v. 19 brum. VI u. 124, 126, 127, 130 Code pénal in Geltung sind, so finden die klein gedruckten Sätze des Art. 463 thatsächlich keine Anwendung mehr.

Der Art. 401, auf welchen in dem Art. Bezug genommen ist, lautet:

> Art. 401. Les autres vols . . . . . . seront punis d'un emprisonnement d'un an au moins et de cinq ans au plus, et pourront même l'être d'une amende, qui sera de 16 fr. au moins et de 500 fr. au plus. Les coupables pourront aussi être interdits des droits mentionnés en l'art. 42 du présent Code, pendant cinq ans au moins et dix ans au plus à compter du jour où ils auront subi leur peine. — Ils pourront aussi être mis, par l'arrêt ou le jugement, sous la surveillance de la haute police pendant le même nombre d'années.

An Stelle des Art. 42 cit. sind die Bestimmungen der §§ 32—34 StGB., hinsichtlich der Polizeiaufsicht § 38 anzuwenden.

Den angedrohten Strafarten sind nach Art. V EG. diejenigen des StGB. zu substituiren, und zwar ist, wenn travaux forcés, déportation oder reclusion angedroht sind, auf Zuchthaus, wenn détention angedroht ist, auf Festungshaft, wenn dégradation civique angedroht ist, auf Gefängniß mit oder ohne Aberkennung der bürg. Ehrenrechte, wenn emprisonnement oder prison angedroht ist auf Gefängniß, und sofern die angedrohte Strafe 6 Wochen nicht übersteigt, auf Haft zu erkennen.

XXVIII.

Aufgehobene Strafgesetze verschiedenen Inhalts.

Inhaltsübersicht.

A. Ankauf von Uniformstücken rc.

Code de justice militaire pour l'armée de terre du 9 juin 1857.

Art. 247, welcher den Art. 5 Ges. v. 28. März 1793 ersetzte, ist seinerseits, soweit er sich auf Civilpersonen bezieht, durch § 370 3) StGB. und die Bestimmungen desselben über Begünstigung und Hehlerei, in Bezug auf Militärpersonen durch § 2 EG. zum MStGB. v. 20. Juni 1872 (GBl. S. 473) beseitigt worden.

B. Armenrecht.

Loi des 29 nov., 7 déc. 1850, 22—30 janv. 1851, sur l'assistance judiciaire.

Art. 26. Mat. der §§ 263—266 StGB. Der Thatbestand des Art. enthält sämmtliche Kriterien des Betrugs; seine Stellung im Spezialgesetz ist für die Frage der Weitergeltung ohne Belang, da dem umfassenden Betrugsbegriffe des StGB. auch im Code pénal nur einzelne engere Thatbestände (escroquerie, tromperie, filouterie) gegenüber stehen. Vgl. Vorbem. zu „Täuschungen im Waarenhandel."

C. Ausgewiesene Fremde.

Loi des 13, 21 nov. et 3 déc. 1849, sur la naturalisation et le séjour des étrangers en France.

Art. 8. Mat. des § 361 2) StGB. Das bloße «se soustraire à l'exécution des mesures» etc. ist daher nicht mehr strafbar. Die Bestimmungen des Art. 7 über die Ausweisung selbst sind dagegen mit der durch die Reichsgesetze v. 1. Nov. 1867 §§ 3 u. 12 (GBl. 1873 S. 2) u. v. 4. Mai 1874 (RGBl. S. 43) geschaffenen Maßgabe in Kraft geblieben.

D. Bankerutt.

CODE DE COMMERCE.

LIV. III, TIT. II. *Des banqueroutes.*

Artt. 585—600 mit Art. 69 durch Art. VII EG. zum StGB. ausdrücklich aufgehoben und, wie die Artt. 402—404 Code pénal, durch §§ 281—283 StGB. sowie Art. VIII EG. zum StGB. ersetzt.

E. Bergrecht.

Loi du 21 avril 1810, concernant les mines, minières et carrières.

Das ganze Gesetz, und mit ihm die in den Artt. 93—96 enthaltenen Strafbestimmungen, ist aufgehoben durch das Berggesetz für Elsaß-Lothringen v. 16. Dec. 1873 (GBl. S. 397).

Indem dieses Gesetz in § 1 die dem Verfügungsrechte des Grundeigenthümers entzogenen und den bergrechtlichen Vorschriften unterworfenen Mineralien „genau und erschöpfend" aufzählt und in § 2 über den Tagebau auf Eisenerze besondere Bestimmung trifft, nimmt es eben damit die in dem französischen Berggesetze mitbehandelten Gräbereien (minières), soweit solche nicht Eisenerze zum Gegenstande haben, und Torfgräbereien (tourbières) von den Gegenständen des Bergrechts aus und überläßt es sonach lediglich der Landesverwaltung administrative Anordnung bezüglich dieses Betriebs zu treffen. Die erwähnten Artt. 93, 96 sind demnach auch insoweit aufgehoben, als sie sich auf die im neuen Berggesetze nicht ausdrücklich erwähnten Gräbereien beziehen. Vgl. hierüber Brassert, Berggesetz und Bergwerksteuergesetz für Elsaß-Lothringen S. 45.

Was die in Art. 81 erwähnten Steinbrüche betrifft, so ist das dort in Aussicht gestellte Reglement niemals ergangen. Heute sind in polizeilicher und strafrechtlicher Beziehung allein die §§ 172, 173, 184 des Berggesetzes maßgebend, welche jedoch die Bestimmungen der arrêts v. 14. März 1741 u. 5. April 1772 (s. dieselben unter „Wegepolizei" S. 22 u. 26) unberührt gelassen haben.

Décret du 3 janv. 1813, contenant des dispositions de police relatives à l'exploitation des mines.

Auch dieses Dekret ist durch die bergpolizeilichen Bestimmungen im 9ten Theil des neuen Berggesetzes ersetzt worden.

Was insbesondere die Sect. II Tit. IV «Des ouvriers» angeht, so enthält das Berggesetz zwar weder Vorschriften über die Kontrole noch solche über das Lebensalter der Bergarbeiter, indem es aber in § 172 den Bergbau unter die polizeiliche Aufsicht der Bergbehörden stellt und diese Aufsicht auf die Sicherheit des Lebens und der Gesundheit der Arbeiter erstreckt, auch in § 173 die Oberbergbehörde mit der Befugniß ausstattet über die § 172 erwähnten Gegenstände Polizeiverordnungen zu erlassen, deren Uebertretung nach § 184 bestraft wird, „bezieht es sich" allerdings im Sinne des § 193 auf den Gegenstand der Sect. II, deren Vorschriften man deshalb mit Brassert (Berggesetz 2c. S. 73) für aufgehoben erachten muß.

An der in Uebereinstimmung mit Art. 26 in dem Ges. v. 22. Juni 1854 wiederholten Verpflichtung der Bergleute, ein Arbeitsbuch zu führen, ist durch das Berggesetz dagegen nichts geändert worden.

Loi du 27 avril 1838, relative à l'assèchement et à l'exploitation des mines.

Loi du 17 juin 1840, sur le sel.

Loi du 9 mai 1866, qui abroge etc.

Die vorgenannten 3 Gesetze sind ebenfalls durch das Berggesetz v. 10. Dec. 1873 aufgehoben. Vgl. Brassert l. c. S. 73.

F. Drainage.

Loi du 10—15 juin 1854, sur le libre écoulement des eaux provenant du drainage.

Art. 6. Mat. des § 303 StGB. Vgl. Vorwort zum II. Theil Nr. 4 u. 5.

G. Ehebruch.

CODE CIVIL.

LIV. I, TIT. VI. *Du divorce.*

Art. 298. Der zweite Theil des Art., welcher mit sämmtlichen Bestimmungen über Ehescheidungen durch Ges. v. 8. Mai 1816 aufgehoben war, ist nicht wieder in Kraft gesetzt worden. Vgl. § 1 a. E. Ges. v. 27. Nov. 1873. (GBl. S. 297.)

308. Mat. des § 172 StGB. Die Kompetenz des Civilgerichts ist durch die Artt. XI u. XII EG. zum StGB. beseitigt. (Arg. Art. XVI vgl. Vorbem. zur „Wegepolizei" II i. A.)

H. Eisenbahnaktien.

Loi du 15 juillet 1845, sur les chemins de fer de Paris à la frontière de Belgique.

Art. 13 betrifft die in den Artt. 210, 211, 222, 242 HGB. behandelte Materie und ist daher gemäß § 1 EG. (GBl. 1872 S. 213) aufgehoben, sofern er neben den in Artt. 13 ff., 45 Ges. v. 24. Juli 1867 sur les sociétés getroffenen Bestimmungen überhaupt noch in Geltung geblieben war.

14. Nach den Grundsätzen des StGB. können nur Menschen, nicht auch juristische Personen als Thäter in Betracht kommen, weshalb der Art. 14 seine strafrechtliche Bedeutung verloren hat.

Loi du 10—19 juin 1853, qui approuve etc. . . . et contient des dispositions applicables à tous les chemins de fer.

Art. 2 u. 3. Concessionsdekrete, wie sie in diesen Artt. vorausgesetzt sind, bestehen zur Zeit im Reichslande nicht und sind auch für die Zukunft unmöglich geworden, da das Aktienwesen durch das HGB. ganz allgemein geregelt worden ist. Die Artt. sind demnach unanwendbar geworden.

J. Fuhrwerksunternehmer.

Loi du 9 vendémiaire an VI, relative aux fonds nécessaires pour les dépenses générales ordinaires et extraordinaires de l'an VI.

Art. 72. Mit Aufhebung der Besteuerung des öffentlichen Fuhrwerks durch Ges. v. 21. Mai 1873 (GBl. S. 87) ist auch die in Art. 69 des obigen Gesetzes lediglich zu Steuerzwecken vorgeschriebene Anzeigepflicht weggefallen und sonach die Strafvorschrift des Art. 72 unanwendbar geworden.

K. Handelsgesellschaften.

Loi du 24—29 juillet 1867, sur les sociétés.

Artt. 13—16, 45, 64 durch das deutsche Handelsgesetzbuch beseitigt; nur der Tit. V dieses Gesetzes ist nach § 1 EG. zum HGB. (GBl. 1872 S. 213) in Kraft geblieben.

L. Militärpflicht.

Loi du 21 mars 1832, sur le recrutement de l'armée.

Art. 38. Mat. des § 143 StGB. u. § 83 MStGB. 39—46, mit dem sich auf die Artt. 41, 43 u. 44 beziehenden Art. 270 des Code de justice militaire v. 9. Juni 1857, durch die Neugestaltung des Militärwesens beseitigt und bezüglich der Militärpersonen durch die Bestimmungen des Reichs-Militärgesetzes v. 2. Mai 1874 (RGBl. S. 45, s. nam. § 34) u. des MStGB. v. 20. Juni 1872 (GBl. S. 473, s. nam. §§ 81—83, 92, 113) und hinsichtlich der Civilpersonen durch die §§ 140—143, 331, 332 StGB. ersetzt.

M. Stempel und Stempelmarken.

Loi du 11—17 juin 1859, portant fixation du budget général . . . de 1860.

Art. 21. Ceux qui auront sciemment employé, vendu ou tenté de vendre des timbres mobiles ayant déjà servi, seront poursuivis devant le tribunal correctionnel et punis d'une amende de 50 fr. à 1000 fr. En cas de récidive, la peine sera d'un emprisonnement de cinq jours à un mois, et l'amende sera doublée.

Il pourra être fait application de l'art. 463 du Code pénal.

Mat. der §§ 276 u. 263 StGB. und zwar des letzteren §, da der Ausdruck «sciemment» hier offenbar gleichbedeutend ist mit der intention frauduleuse des folgenden Gesetzes; modifizirt war der Art. 21 schon durch § 23 des Gesetzes betreffend die Wechselstempelsteuer (GBl. 1871 S. 176), welcher seinerseits durch die §§ 275 u. 276 StGB. aufgehoben ist.

Loi du 2—3 juillet 1862, portant fixation du budget général . . . de 1863.

Art. 21. Ceux qui, dans une intention frauduleuse, ont altéré, employé, vendu ou tenté de vendre des papiers timbrés ayant déjà servi, sont poursuivis devant le tribunal correctionnel et punis d'une amende de 50 fr. à 1000 fr. En cas de récidive, la peine est d'un emprisonnement de cinq jours à un mois, et l'amende est doublée.

Il peut être fait application de l'art. 463 du Code pénal.

Mat. der §§ 276 u. 263 StGB. Vgl. Bem. zu dem vorhergehenden Gesetze.

N. Thierquälerei.

Loi des 15 mars, 13 juin, 2—9 juillet 1850, relative aux mauvais traitements exercés envers les animaux domestiques.

Mat. des § 360 13), auch 366 7) StGB.

O. Wahlen.

CODE PÉNAL.

Artt. 109—113. Durch die Artt. 31—50 des org. Dekr. v. 2. Febr. 1852 über die Wahlen zum Corps législatif in ihrer Anwendbarkeit beschränkt oder, sofern man mit dem franz. Kassationshofe die Strafbestimmungeu des Dekrets auf alle Wahlen des suffrage universel bezieht, aufgehoben (D. P. 61. 1. 401, F. Hélie th. d. C. p. zu Art. 113); jetzt jedenfalls Mat. der §§ 107, 108 u. 109 StGB.

Décret organique du 2—21 fév. 1852, pour l'élection des députés au Corps législatif.

Artt. 31—50 mit Wegfall des Corps législatif unanwendbar geworden.

Ein Urtheil des franz. Kassationshofes v. 11. Mai 1861 (D. P. 61. 1. 401) stellt jedoch die Ansicht auf, daß die Bestimmungen des Dekrets über Wahlunfähigkeiten sowie die Strafvorschriften desselben das Grundgesetz für alle auf dem allgemeinen Stimmrecht beruhenden Wahlen bilden; diese Ansicht, deren Begründung keineswegs überzeugend ist, hat zur Folge, daß man mit F. Hélie die Artt. 109—113 Code pénal für beseitigt erachten muß und daß demgemäß die Artt. 31—50 des Dekrets nicht mehr besondere Vorschriften neben dem Code pénal sind sondern das gemeine Strafrecht über Beeinträchtigung der Wahlfreiheit enthalten. Ueber denselben Gegenstand trifft auch das StGB. in den §§ 107—109 Bestimmungen und zwar nach einer doppelten Richtung, indem es die Ausübung unzulässigen Einflusses auf die Wähler in den §§ 107 u. 109 und die Herbeiführung eines unrichtigen oder Fälschung eines richtigen Wahlergebnisses in § 108 vorsieht. Allerdings stellt nun das Dekr. v. 1852 in breiter Kasuistik eine Reihe von Thatbeständen auf, welche sich nicht durchweg unter die §§ 107—109 subsumiren lassen, dennoch fallen sie sämmtlich entweder unter den Gesichtspunkt einer strafbaren Beeinflussung der Wähler (Artt. 37—40) oder unter den der Verhinderung eines ordnungsmäßigen Wahlergebnisses (Artt. 31—37, 41—45) und betreffen somit entweder die Mat. der §§ 107 u. 109 oder die des § 108, sind also, mit den das Strafmaß und die Verjährung betreffenden Artt. 48—50, durch das StGB. beseitigt. Einzelne dieser Thatbestände fallen überdieß noch unter allgemeine Deliktsbegriffe des StGB., so Art. 31 unter § 271, Artt. 42, 44 unter § 123, während Art. 45 die Materie der Beleidigung und Körperverletzung berührt.

Anhang I.

CODE PÉNAL.

Die irgendwie in Geltung gebliebenen Artt. des C. p. werden durch fette Schrift gekennzeichnet. Neben den das materielle Strafrecht betreffenden Artt. sind entweder die aufhebenden §§ des StGB. und anderer Gesetze oder Theil und Seite dieses Buchs angegeben, wo die betr. Artt. behandelt bezw. abgedruckt sind:

Artt. 1—5 § 1—10, 43—46.
6—13 § 13—42.
14.
15—22 § 13—42.
23—27
28—36 § 13—42.
37—39 G. v. 28. April 1832.
40—50 § 13—42.
51. 52.
53 § 13—42 G. v. 22. Juli 1867.
54. 55 Art. XV EG.
56—58 Thl. II S. 397.
59—63 § 47—50, 257—262.
64—72 § 51—72.
73. 74.
75 § 88.
76 § 87.
77—85 § 89—93.
86 § 80, 81, 94—96.
87—90 § 81—83.
91 § 124, 125, 130.
92 § 127.
93 § 132.
94. 95 Thl. II S. 332.
96—101 § 124—127.
102 Art. 26 G. v. 17. Mai 1819.
103—107 Art. 12 G. v. 28. Apr. 1832.
108 wie 75—102.
109—113 Thl. II S. 411.
114—116 Thl. II S. 333.
117.
118—122 Thl. II S. 333.
123. 124 Thl. II S. 333.
125 Thl. II S. 334.
126—131 Thl. II S. 334 ff.
132—138 Thl. II S. 181.
139—**144** § 267, 271—276 (Thl. II S. 164).
145. 146 Thl. II S. 337.
147—154 § 267—276, zu 149, 152, 153, § 363, zu 154 Thl. II S. 143.
155 Thl. II S. 337.
156. 157 § 363.
158 Thl. II S. 337.
159 § 279.
160 § 278.
161 § 363.
162 § 267—276.
163—165 § 132—162.
166—174 Thl. II S. 337.
175. 176 Thl. II S. 337.
177—184 Thl. II S. 338.
185 Thl. II S. 339.
186 Thl. II S. 339.
187 Thl. II S. 316.
188—198 Thl. II S. 339.
199—206 Thl. II S. 323.
207 Thl. II S. 324.
208 Thl. II S. 324.
209—221 § 110—122.
222—233 § 113, 114, 185—200, 223—233.
234 § 2 EG. z. MStGB.

235 § 140—143.
236 § 138.
237—244 § 120, 121, 347.
245 § 122, 113, 114.
246. 247 § 120, 121.
248 § 257.
249. 250 Thl. II S. 339.
251. 252 § 136.
253 § 242—248.
254 Thl. II S. 340.
255 § 133, 348.
256 § 133, 136, 348.
257 § 304.
258 § 132.
259 § 360 8).
260—264 Thl. II S. 324.
265—268 § 128, 129, 43, 4a.
269—282 § 361, 362.
283—286 Thl. I S. 14.
287 Thl. I S. 16.
288—289 Thl. I S. 16.
290 G. v. 10. Dec. 1830.
291—294 Thl. I S. 189—191.
295—304 § 211—217.
305—308 § 240, 241 (126, 253, 254).
309—313 § 223—233.
314 Thl. II S. 289.
315 wie 309—314.
316 § 224, 226.
317 § 218—220, 229.
318 Thl. II S. 188.
319 § 222.
320 § 230—233.
321—326 § 53, 54.
327 § 1.
328. 329 § 53.
330—340 § 171—184, 338.
341—344 § 239.
345 § 169.
346. 347 X EG., § 68 G. v. 6. Febr. 1875.
348 § 169, 221.
349—353 § 221.
354—357 § 234—238.
358—360 Thl. II S. 313.
361—364 § 154.
365 § 159.
366 § 153.
367—372 Art. 26 G. v. 17. Mai 1819.
373 § 164, 165.
374. 375 wie 367.
376 § 185 ff.
377 wie 374, 375.
378 § 300 (Thl. II S. 253).
379—401 § 252—256.
388 Thl. I S. 182.
401 Thl. II S. 403.
402—404 § 281—283.
405 § 263—266.
406 § 301.
407 § 269.
408. 409 § 246, 274 1).
410 Thl. II S. 235.
411 Thl. II S. 148.
412 Thl. II S. 192.
413 Thl. II S. 104.
414—416 Thl. II S. 100.
417. 418 Thl. II S. 104.
419. 420 Thl. II S. 191.
421. 422 Thl. II S. 236.
423. 424 § 263 (Thl. II S. 181).
424.
425—427 Thl. II S. 217.
428 desgl.
429 desgl.
430—433 § 329.
434. 435 § 306—311.
436 § 126, 241, 254.
437. 438 § 305.
439 § 133, 274 1).
440—442 § 242—256, 303.
443—455 § 303—305 (Thl. I S. 162).
456 § 303, 274 2).
457 § 303—305.
458 § 309—311.
459 Thl. II S. 273.
460. 461 desgl.
462 wie 379—461 Thl. II S. 273.

463 Thl. II S. 401.
464—467 § 1—79.
468. 469.
470 § 40 (360, 367, 369).
471 1° § 368 4).
2° § 367 8), 368 7).
3° § 366 10).
4°—6° Thl. II S. 34.
7°. 8°. **9°**. **10°** Thl. I S. 179 ff.
11° § 185 ff.
12° § 366 7).
13°. 14°. Thl. I S. 181.
15° Thl. II S. 345.
472 wie 471 2° u. 7°, Thl. I S. 179.
473 wie 471 2° u. 10°, Thl. I S. 179.
474 wie 471 1°—15°, Thl. I S. 181.
475
1° Thl. I S. 181.
2° Thl. II S. 143.
3°. 4° Thl. II S. 58.
5° Thl. II S. 236.
6° G. v. 5. Mai 1855, Thl. II S. 188.
7° § 367 11), 366 6).
8° § 366 7).
9°. 10°. Thl. I S. 182.
11° Thl. II S. 182.
12° § 360 10), Thl. II S. 309.
13° Thl. I S. 17.
14° G. v. 27. März 1851, Thl. II S. 188.
15° Thl. I S. 182.
476 Thl. II S. 60.
477 1° 2° 4° wie 475 5° 6° 14, zu 3° § 40, 41, 184.
478 wie 475 1°—15°.
479 1°—4° § 303, Thl. II S. 60.
5° G. v. 27. März 1851, Thl. II S. 182.
6° I Thl. II S. 182.
6° II Thl. II S. 142.
7° Thl. II S. 145.
8° § 360 11).
9° § 134.
10°—12° Thl. II S. 35.
480 wie 479 3° 5° 6° 7° 8°, Thl. II S. 142, 145.
481 wie 479 5° 6° 7°, Thl. II S. 145.
482 wie 479 1°—12°, Thl. II S. 146.
483 wie 471, 475, 479, Thl. I S. 17.
484 Uebergangsbestimmung.

Anhang II.

Chronologische Tabelle

sämmtlicher in Theil I u. II behandelten Gesetze (mit Ausschluß der 5 Codes u. des C. for.)

A.=Arrêté oder Arrêt, D.=Dekret, G.=Gesetz, O.=Ordonnanz.

1607 Ed. v. Dec.	II	14
1650 Lett. pat. 12. Oct.	II	142
1669 O. Aug.	II	17
1697 A. 25. Febr.	I	99
1714 A. 10. April	II	268
1720 A. 3. Mai	II	18
1721 A. 17. Juni	II	18
1723 O. 27. Juli	II	19
1724 A. 24. Sept.	II	173
1728 Dekl. 23. März	II	288

1731	O. 4. Aug.	II	19
1735	A. 10. Sept.	I	11
1741	A. 14. März	II	22
1745	A. 24. "	II	268
1746	A. 19. Juli	II	268
1748	A. 23. "	II	244
1749	Dekl. 26. Jan.	II	153
1755	A. 7. Sept.	II	23
1759	A. 16. Dec.	II	24
1765	A. 27. Febr.	II	25
1772	A. 5. April	II	26
1776	Eb. Febr.	II	141
1777	Dekl. 25. April	II	244
	A. 24. Juni	II	27
1778	Dekl. 29. März	II	143
	O. 4. Nov.	II	142
1781	A. 26. "	II	170
1782	L. p. 1. Juni	II	141
1784	A. 16. Juli	II	268
1789	G. 4. August	I	167
1790	G. 16. "	II	346
1791	G. 13. Jan.	I	11
	D. 31. März	II	151
	D. 18. Mai	I	12
	D. 9. Juni	II	321
	G. 28. Sept.-6. Oct.	I	167
1793	D. 19. Mai	II	207
II	D. 5 brum.	II	232
III	G. 18 germ.	II	179
IV	D. 1 vend.	II	182
	D. 7 »	II	322
	G. 20 »	II	170
	A. 15 pluv.	II	170
	G. 26 vent.	I	179
	G. 22 germ.	II	308
	G. 23 therm.	I	169
V	A. 27 mess.	II	268
	G. 13 fruct.	II	288
VI	D. 9 vend.	II	232
	G. 9 »	II	409
	G. 19 brum.	II	155
VII	G. 6 frim.	II	30
	G. 22 pluv.	II	172
	G. 21 vent.	II	340
VIII	G. 19 frim.	II	179
	C. 22 »	II	336

VIII	G. 27 frim.	II	370
IX	A. 7 brum.	II	179
	A. 23 niv.	II	214
	G. 28 vent.	II	171
	A. 3 germ.	II	179
	A. 27 prair.	II	315
X.	G. 18 germ.	II	322
	G. 29 flor.	II	181
	G. 29 »	II	53
	A. 27 prair.	II	172
XI	G. 21 germ.	II	248
	G. 19 vent.	II	246
	G. 25 »	II	182
XII	A. 5 germ.	II	164
	D. 23 prair.	II	310
XIII	G. 29 pluv.	II	252
	G. 15 vent.	II	316
	D. 1 germ.	II	358
	D. 29 flor.	II	214
	D. 4 therm.	II	312
XIV	D. 2 niv.	II	288
1806	D. 18. März	II	216
	D. 9. August	II	336
1807	G. 3. Sept.	II	227
1808	D. 7. März	II	312
1809	R. 17. Mai	II	376
1810	D. 5. Febr.	I	12
	G. 21. April	II	406
	D. 25. Juli	II	213
	D. 3. August	II	86
	D. 5. Sept.	II	218
	D. 15. Oct.	II	110
	D. 18. Nov.	I	18
	D. 14. Dec.	II	290
1811	D. 1. April	II	218
	D. 13. "	I	19
	D. 18. Juni	II	342
	D. 18. Sept.	II	218
	D. 15. Nov.	II	326
	D. 16. Dec.	II	35
1812	D. 22. "	II	219
1813	D. 3. Jan.	II	407
	D. 14. Juni	II	342
1814	G. 21. Oct.	I	19
	O. 24. "	I	21
	G. 18. Nov.	II	102

1814	O. 9. Dec.	II	371
	G. 21. „	II	232
1815	O. 14. Jan.	II	113
	D. 24. März	I	13
1816	G. 28. April	II	358
	O. 24. Juli	II	291
	O. 8. August	II	213
	O. 23. Sept.	II	213
1817	G. 28. Febr.	I	23
	O. 8. Oct.	I	23
1819	G. 17. Mai	I	24
	G. 26. „	I	25
	O. 26. „	II	213
	G. 9. Juni	I	28
	G. 7. Juli	II	303
1820	O. 4. Febr.	II	53
1822	G. 3. März	II	274
	G. 25. „	I	30
	G. 1. Mai	II	365
	O. 15. „	II	53
1823	O. 18. Juni	II	278
	O. 25. „	II	291
	D. 10. August	II	303
1824	G. 24. Juni	II	369
	G. 28. Juli	II	219
1825	O. 17. „	II	342
	O. 17. August	II	220
	O. 9. Oct.	II	342
1827	G. 21. Mai	I	122
	O. 27. Sept.	II	60
1828	O. 9. Jan.	I	32
	O. 16. Juli	II	60
	G. 18. „	I	33
	O. 20. Sept.	II	114
1829	G. 15. April	I	75
	G. 28. Juni	II	53
	O. 13. Sept.	I	21
1830	O. 15. Nov.	I	96
	G. 10. Dec.	I	38
1832	G. 21. März	II	410
	G. 29. „	II	380
	G. 21. April	II	370
1833	G. 22. Juni	II	343
	G. 28. „	II	327
1834	G. 16. Febr.	I	39
	G. 10. April	I	191
1834	G. 24. Mai	II	293
	G. 24. „	II	382
1835	O. 5. Febr.	II	155
	G. 15. Juni	II	366
	G. 9. Sept.	I	40
	G. 9. „	II	397
1836	O. 3. April	II	213
	G. 23. „	II	367
	G. 21. Mai	II	236
	O. 30. Oct.	II	296
1837	O. 23. Febr.	II	288
	G. 4. Juli	II	182
	G. 18. „	II	347
1838	G. 27. April	II	407
	G. 30. Juni	II	253
1839	O. 17. April	II	182
	O. 16. Juni	II	182
	O. 18. Dec.	II	259
1840	G. 17. Juni	II	407
	O. 28. Oct.	I	88
1841	G. 22. März	II	91
	G. 25. Juni	II	177
1842	G. 23. März	II	38
1843	O. 22. Mai	II	123
	O. 23. „	II	123
	O. 6. Dec.	II	314
1844	G. 3. Mai	I	105
	O. 29. „	II	238
	G. 5. Juli	II	196
1845	G. 15. „	II	38
	G. 15. „	II	408
	G. 19. „	II	261
1846	O. 29. Oct.	II	261
1848	D. 22. März	I	40
	G. 7. Juni	II	307
	D. 28. Juli	I	187
	D. 11. August	I	40
	D. 24. „	II	317
	D. 9. Sept.	II	89
1849	G. 27. Juli	I	42
	G. 16. Oct.	II	320
	G. 29. Nov.	II	165
	G. 3. Dec.	II	405
1850	G. 15. März	II	327
	G. 13. April	II	275
	D. 3. Mai	II	265

1850	G. 2. Juli	II	411
	D. 8. „	II	265
	G. 15. „	II	101
	G. 16. „	I	47
	G. 19. Dec.	II	228
	D. 27. „	II	317
1851	G. 22. Jan.	II	405
	G. 22. Febr.	II	86
	G. 27. März	II	188
	D. 17. Mai	II	89
	G. 30. „	II	61
	G. 24. Juni	II	148
	D. 29. Dec.	II	144
1852	D. 2. Febr.	II	411
	D. 17. „	I	49
	D. 17. März	II	368
	D. 22. „	I	55
	D. 22. „	I	56
	D. 25. „	II	149
	G. 8. Juli	I	57
	D. 10. August	II	69
	D. 25. „	I	57
	D. 30. Dec.	I	60
1853	G. 10. Juni	II	409
1854	D. 28. Mai	II	342
	G. 10. Juni	II	408
	G. 22. „	II	95
	G. 22. „	II	303
	G. 22. „	II	319
1855	D. 30. April	II	97
	G. 5. Mai	I	60
	G. 5. „	II	190
1856	G. 25. Juni	II	319
	G. 14. Juli	II	282
	G. 21. „	II	123
	G. 21. „	II	167
1857	G. 9. Juni	II	405
	G. 23. „	II	220
1858	D. 24. Febr.	II	81
1858	G. 27. Febr.	II	298
1859	G. 4. Juni	II	319
	G. 11. „	II	410
	G. 18. „	I	155
1860	D. 28. Jan.	II	284
	G. 14. Juli	II	300
	G. 18. „	II	146
1861	D. 9. März	II	147
1862	G. 2. Juli	II	410
1863	D. 22. Juni	II	140
	D. 29. August	II	82
1864	D. 6. Jan.	I	60
	G. 25. Mai I 187,	II	99
	D. 1. Oct.	II	266
1865	D. 25. Jan.	II	130
	G. 31. Mai	I	89
	G. 14 Juni	II	182
	G. 12. Juli	II	45
	D. 26. August	I	91
1866	D. 31. Jan.	II	91
	D. 18. April	II	115
	G. 9. Mai	II	408
	G. 13. Juni	II	319
	G. 18. Juli	II	175
	D. 31. Dec.	II	119
1867	D. 9. Febr.	II	120
	G. 10. April	II	328
	G. 24. Juli	II	409
	G. 27. „	II	190
1868	D. 15. Jan.	II	146
	D. 25. „	I	92
	G. 11. Mai	I	62
	G. 23. „	II	204
	G. 6. Juni	I	192
1869	D. 1. Mai	II	45
1870	D. 5. Sept.	I	66
	D. 10. „	I	66
	D. 10. Oct.	I	67
	D. 24 „	II	298

Register.

Abkürzungen.

Die erste arab. Zahl giebt die Nummer des Artikels an, die folgende Tag, Monat und Jahr des Gesetzes rc., die letzte die Seite; also z. B. 2 Ges. 25. 6. 41 S. 177 heißt: Art. 2 des Ges. v. 25. Juni 1841, Seite 177.

Die erste römische Zahl bezeichnet den Abschnitt des Buches, z. B. XV Vbm. I heißt: Nr. I der Vorbemerkung zur Medizinalpolizei.

A.=Arrêté oder Arrêt, G.=Gesetz, D.=Dekret, O.=Ordonnanz, Vbm.=Vorbemerkung.

A.

B.

C. s. auch K.

D.

E.

F.

G.

H.

L.

M.

O.

P.

T.

U.

V.

ALSATICA

Werke über Elsaß-Lothringen

aus dem Verlage

von

Karl J. Trübner

Buchhändler in Straßburg.

Elsaß-Lothringen im Reichstag vom Beginn der ersten Legislatur-Periode bis zur Einführung der Reichsverfassung. Sämmtliche auf Elsaß-Lothringen bezügliche Interpellationen, Gesetzentwürfe, Verwaltungsberichte und Debatten mit sämmtlichen Reden des Fürsten Bismarck, sowie den wichtigeren Reden der Abgeordneten im Wortlaute, einer genauen Wiedergabe des Ganges der Debatten und Abstimmungen, einem Sachregister und einem Anhang, enthaltend die Reichsverfassung und das Reichswahlgesetz, nach den stenographischen Protokollen und den Drucksachen des Reichstags redigirt und herausgegeben von Dr. Aug. Schricker. Gr. 8. (IV und 304 S.). 1873 . . . M. 4 —

Die Verwaltung des General-Gouvernements im Elsaß. Ein Beitrag zur Geschichte des Völkerrechts von Dr. Edgar Löning, Professor der Rechte an der Universität Straßburg. 8. (265 S.) 1874. . . . . M. 5 —

„Das Ganze ist klar, mit vollständiger Beherrschung des Stoffes und mit einer Objectivität geschrieben, welche gegen die Leidenschaftlichkeit gewisser französischen Arbeiten sehr vortheilhaft absticht.“ (Literarisches Centralblatt.)

In die Vogesen. Ein Führer von Dr. Aug. Schricker 8. mit vier Karten in Photographiedruck, eleg. geb. . . . . M. 3 60

Der Odilienberg. Aus dem Vogesenführer von Dr. Aug. Schricker erweitert und ergänzt. Mit einer Karte des Odilienberges von Dr. Jul. Euting. 8. . . . . M. 1 —

Reymanns Kreiskarten von Elsaß-Lothringen, Nr. 1-15 Preis pro Blatt . . . . 60 Pf.

1. Stadt- und Landkreis Straßburg; 2. Hagenau-Weißenburg; 3. Zabern; 4. Molsheim; 5. Erstein und Schlettstadt; 6. Rappoltsweiler-Colmar; 7. Gebweiler-Thann; 8. Mülhausen-Altkirch; 9. Metz, Stadt und Land; 10. Diedenhofen; 11. Bolchen; 12. Forbach; 13. Saargemünd; 14. Chateau-Salins und 15. Saarburg.

Reymanns Karte der Umgegend von Straßburg, in Umschlag gefalzt . . . . M. 2 —

Reymanns Karte der Vogesen. Nördlicher Theil, in Umschlag gefalzt . . . . M. 2 —

Reymanns Karte der Vogesen. Südlicher Theil, in Umschlag gefalzt. . . . . M. 2 —

Verordnungen und amtliche Nachrichten für Elsaß-Lothringen aus der Zeit von Beginn der deutschen Occupation bis Ende März 1872. Herausgegeben vom Oberpräsidial-Bureau. 8. (XLIII und 592 S.). 1872 . . . . M. 4 —

Verordnungen über die Erfordernisse zur Anstellung im Pfarramte der Kirche Augsburgischer Confession in Elsaß-Lothringen. Nach amtlichen Quellen herausgegeben. 8. (20 S.). 1873. . . . . 40 Pf.

Verordnungen über die Prüfung der Candidaten des höheren Schulamts in Elsaß-Lothringen. Nach amtlichen Quellen bearbeitet. 8. (44 S.). 1873 . . . . 60 Pf.

Sammlung der in Elsaß-Lothringen neben dem Strafgesetzbuche in Geltung gebliebenen Gesetze über die Presse, sowie der Vorschriften über strafbare Verletzungen der Fischerei-, Jagd-, Forst- und Feldpolizei-Gesetze, des Vereins- und Versammlungsrechts und über den Holzdiebstahl, mit Erläuterungen herausgegeben von R. Förtsch und A. Leoni, Landgerichtsräthen in Zabern. 8. (IV und 210 S.). 1875 . M. 3 —

— — Zweiter (Schluß-) Band enthaltend sämmtliche übrigen Strafgesetze. 8. (450 S.). 1876 . . . . M. 6 —

Straßburg, Druck von G. Fischbach. — 2509.

FSC
www.fsc.org
MIX
Papier | Fördert gute Waldnutzung
FSC® C083411

Kolibri 360 GmbH
Ferdinand-Jühlke-Straße 7
99095 Erfurt, Deutschland
produktsicherheit@kolibri360.de